D1699654

Monographien
Herausgegeben vom Deutschen Institut für Japanstudien
Band 49, 2011

Holger Rockmann

Demografischer Wandel in Japan und Deutschland

Bevölkerungspolitischer Paradigmenwechsel
in der Familienpolitik

Monographien aus dem
Deutschen Institut für Japanstudien

Band 49
2011

Monographien Band 49
Herausgegeben vom Deutschen Institut für Japanstudien
der Stiftung Deutsche Geisteswissenschaftliche Institute im Ausland

Direktor: Prof. Dr. Florian Coulmas

Anschrift:
Jōchi Kioizaka Bldg. 2F
7-1, Kioichō
Chiyoda-ku
Tōkyō 102-0094, Japan
Tel.: (03) 3222-5077
Fax: (03) 3222-5420
E-Mail: dijtokyo@dijtokyo.org
Homepage: http://www.dijtokyo.org

Umschlagillustration:
Getty Images/Absodels

**Bibliografische Information
der Deutschen Nationalbibliothek**

Die Deutsche Nationalbibliothek verzeichnet diese Publikation in der
Deutschen Nationalbibliografie; detaillierte bibliografische Daten sind im
Internet über http://dnb.d-nb.de abrufbar.

ISBN 978-3-86205-037-6

Diss. Jena 2011

© IUDICIUM Verlag GmbH München 2011
Alle Rechte vorbehalten
Druck: Kessler Druck + Medien, Bobingen
Printed in Germany
ISBN 978-3-86205-037-6
www.iudicium.de

DANKSAGUNG

Die Drucklegung der vorliegenden Dissertationsschrift markiert den Abschluss eines gleichermaßen interessanten wie herausfordernden Forschungsprojektes. Ich möchte das Erscheinen dieses Buches gerne zum Anlass nehmen, um mich bei denjenigen zu bedanken, die mich während der vergangenen Jahre bei zahllosen kleinen und größeren, bisweilen auch mühevollen Schritten auf dem Weg zur Fertigstellung der Arbeit begleitet und unterstützt haben.

Zuerst möchte ich meinem Doktorvater, Herrn Prof. Dr. Heinrich Best, meinen Dank für die Betreuung der Dissertation sowie die Begleitung des Promotionsverfahrens aussprechen. Ich danke außerdem Herrn Prof. Dr. Stephan Lessenich für die Übernahme des Zweitgutachtens. Mein besonderer Dank gebührt Herrn Dr. Matthias Koch, der nicht nur die Aufgabe übernahm, als Drittgutachter die japanologische Expertise zu erstellen, sondern mir während der Entstehung der Promotionsschrift zudem viele Male mit konstruktiver, ehrlicher und stets freundschaftlicher Kritik zur Seite stand.

Danken möchte ich auch dem Deutschen Institut für Japanstudien (DIJ), insbesondere dessen gegenwärtigem Direktor Herrn Prof. Dr. Florian Coulmas. Das einjährige Forschungsstipendium in Tokyo ermöglichte mir die Recherche japanischer und auf Japan bezogener Quellen, die in dieser Form von Deutschland aus nicht möglich gewesen wäre. Des Weiteren danke ich Herrn Dr. Harald Conrad für seine kritischen Anregungen während meines Forschungsaufenthaltes am DIJ.

Mein ausdrücklicher Dank gilt auch Herrn Prof. Dr. Makoto Atoh, der mir als einer der renommiertesten Demografieforscher Japans und ungeachtet stets knapper zeitlicher Ressourcen die Möglichkeit des Gedankenaustausches einräumte und meinen Blick für die Besonderheiten der japanischen Demografiepolitik schärfte.

Tiefe Dankbarkeit empfinde ich gegenüber meiner Mutter und meinem Onkel, die mich nicht nur mit bewundernswerter Geduld und unverbrüchlicher Zuversicht unterstützt haben, sondern darüber hinaus mit ihrer großzügigen finanziellen Hilfe maßgeblich zur Entstehung dieser Arbeit beigetragen haben.

Schließlich möchte ich mich besonders bei Dr. Sybille Höhe sowohl für ihre kompetenten japanologischen Ratschläge als auch für ihre moralische Unterstützung während der letzten Jahre bedanken. Ihr aufopfernder Beistand und wohlwollender Zuspruch halfen mir, die Forschungsarbeit auch in schwierigen Phasen fortzusetzen.

Leipzig, im Sommer 2011   Holger Rockmann

INHALTSVERZEICHNIS

HINWEISE ZUR UMSCHRIFT UND VERWENDUNG JAPANISCHER BEGRIFFE

Die Transkription japanischer Namen und Begriffe erfolgt in vorliegender Arbeit nach der Hepburn-Umschrift. Japanische Begriffe werden in der Regel klein geschrieben. Ausnahmen betreffen Eigennamen wie Personen- und Ortsnamen sowie Namen von Parteien, Institutionen und Organisationen, welche jeweils groß geschrieben werden. Gleiches gilt für Ethnien, Personengruppen etc., sofern für deren Bezeichnung feststehende Begriffe gebräuchlich sind. Die Angabe von Personennamen orientiert sich formal am deutschen Sprachgebrauch. Die in Japan übliche Voranstellung des Familiennamens findet daher im nachfolgenden Text keine Anwendung, vielmehr wird auch bei der Erwähnung japanischer Personennamen der Vorname vor dem Familiennamen genannt.

1 Einleitung

Die wissenschaftliche, politische und öffentliche Auseinandersetzung mit dem Themenkomplex des demografischen Wandels und den mutmaßlichen Konsequenzen dieser Entwicklung hat, ähnlich wie in den meisten industriell entwickelten Staaten, auch in Japan und Deutschland seit den 1990er Jahren erheblich an Dynamik gewonnen. Die zunehmende mediale Präsenz demografischer und demografiepolitischer Fragestellungen in der jüngeren Vergangenheit und der zumeist alarmistische Tenor der Diskussion lassen indes leicht in Vergessenheit geraten, dass der Verlauf der Bevölkerungsentwicklung auch innerhalb der letzten Jahrhunderte bereits immer wieder mit wechselnder Schwerpunktsetzung und Intensität debattiert worden ist. Die gegenwärtige Situation ist mithin keineswegs so singulär, wie es bisweilen den Anschein erwecken mag.

Mit dem Beginn der Frühindustrialisierung setzte in den heute entwickelten Staaten eine Populationsentwicklung ein, die in der Forschung mit dem Konzept des demografischen Übergangs respektive der demografischen Transition[1] beschrieben wird. Dieser Übergang verläuft seither nicht gleichförmig, sondern ist in verschiedene Entwicklungsphasen zu unterteilen. Von den Zeitzeugen der jeweiligen Phasenübergänge wurden die auftretenden Veränderungen oft mit Sorge betrachtet. Es ist kein Zufall, dass die moderne Bevölkerungswissenschaft ihre Wurzeln gerade in der Epoche der europäischen Frühindustrialisierung hat, als das Absinken der Mortalitätsrate eine Ära bis dahin nicht gekannten Bevölkerungswachstums auslöste und die Frage nach der Sicherung der Lebensgrundlagen künftiger Generationen aufwarf. Einer der Väter der modernen Bevölkerungswissenschaft, Johann Peter Süßmilch, unternahm gegen Mitte des 18. Jahrhunderts erstmals den Versuch, die „Tragfähigkeit" der Erde zu ermitteln und lenkte so den Blick auf den Aspekt der Endlichkeit natürlicher Ressourcen und deren sich angesichts zunehmender Populationsgrößen beschleunigenden Verbrauch durch den Menschen. Einen ähnlichen, ebenfalls von der Sorge vor einer Übervölkerung der Erde geleiteten Ansatz verfolgte Thomas Robert Malthus, der ein halbes Jahr-

---

[1] Verkürzt formuliert ist unter diesem Begriff der Übergang von einer demografischen Konstellation mit hohen Sterbe- und Geburtenraten zu einer Konstellation mit niedrigen Sterbe- und Geburtenraten zu verstehen, wobei sich beide Zustände jeweils durch die weitgehende Stabilität der Populationsgrößen bei geringer Wachstums- beziehungsweise Schrumpfungsdynamik auszeichnen.

hundert nach Süßmilch die demografische Entwicklung und deren gesellschaftliche Implikationen untersuchte.

Als zwischen Ende des 19. Jahrhunderts und Beginn des 20. Jahrhunderts mit dem raschen Rückgang der Fertilitätsraten in den sich industriell entwickelnden Regionen eine neue Phase der Bevölkerungsentwicklung einsetzte, provozierte die demografische Entwicklung auch deutliche politische Reaktionen. Der bemerkenswert rapide Geburtenrückgang ereignete sich in einer Epoche, in der die politische Vorstellung mehrheitlich von der Idee einer auch militärisch auszutragenden Konkurrenz der Nationalstaaten um natürliche Ressourcen geprägt war. Die Option militärischer Auseinandersetzungen zum Zweck der nationalen Machterweiterung baute jedoch auf demografischen Voraussetzungen auf, die durch die rückläufige Geburtenentwicklung gefährdet erschienen. Als Antwort auf die Gefahr eines drohenden Bevölkerungsrückgangs führten viele Staaten in den 1930er Jahren Programme zur aktiven Geburtenförderung ein.[2] In Deutschland vermischten sich pronatalistische Ambitionen auf fatale Weise mit eugenisch begründeten antinatalistischen Zielsetzungen. Auch Japan, das sich seit Beginn der Meiji-Restauration in einem rasanten wirtschaftlichen und militärischen Aufholprozess befand und in dieser Phase seiner Entwicklung zahlreiche Ideen zur Modernisierung des eigenen Staatswesens aus dem westlichen Ausland übernahm, orientierte sich bezüglich der bevölkerungspolitischen Gestaltungsoptionen am Vorbild Deutschlands. Die im Namen der in beiden Ländern verabschiedeten Eugenikgesetze begangenen Verbrechen und moralischen Verfehlungen begründeten in der Nachkriegszeit jeweils eine deutliche Ablehnung staatlicher Bevölkerungspolitik. Diese Haltung prägte während der Nachkriegsjahrzehnte die politische Kultur in beiden Staaten wesentlich mit und bedeutete das einstweilige Ende jeglicher aktiver Bevölkerungspolitik.[3]

---

[2] Der in Frankreich 1939 in Kraft getretene „Code de la famille" gilt als erste moderne pronatalistische Bevölkerungspolitik. Vgl. Kaufmann 2003.

[3] Eine der Folgen der Tabuisierung gezielter aktiver Bevölkerungspolitik ist die vergleichsweise hohe Dynamik, mit welcher der demografische Wandel in Japan und Deutschland verläuft. Der jahrzehntelange Verzicht auf Maßnahmen zur Geburtenförderung hat in beiden Ländern dazu beigetragen, die strukturelle Bevölkerungsalterung zu beschleunigen. Es ist daher kein Zufall, dass mit Japan und Deutschland gerade in jenen Ländern, in denen aufgrund der negativen Erfahrungen der 1930er und 1940er Jahre eine aktive Bevölkerungspolitik seitens des Staates besonders vehement abgelehnt wurde, die demografische Transition heute am weitesten vorangeschritten ist und die wirtschaftlichen, sozialen und politischen Folgen dieses Prozesses hier besonders früh und deutlich zutage treten.

Die demografische Entwicklung der Nachkriegszeit schien entsprechende Anstrengungen, insbesondere pronatalistische, nicht zuletzt angesichts der angespannten Versorgungssituation ohnehin nicht zu rechtfertigen. Das Fertilitätsniveau hatte sich aufgrund von Nachholeffekten zunächst stabilisiert und stieg in Deutschland während der 1950er und 1960er Jahre sogar wieder spürbar an. In Japan nahm die Fertilitätskonsolidierung, aufgrund der besonders prekären Versorgungslage im ersten Nachkriegsjahrzehnt mit einem Zeitversatz von etwa zehn Jahren, einen ähnlichen Verlauf, obgleich der Geburtenanstieg im direkten Vergleich mit Deutschland geringer ausfiel. Angesichts dieser demografischen Entwicklung sowie der außerordentlich negativen Konnotation des Begriffs „Bevölkerungspolitik" bestand während der ersten Nachkriegsjahrzehnte innerhalb der politischen Systeme Japans und Deutschlands kaum Interesse an einer Auseinandersetzung mit bevölkerungswissenschaftlichen Fragestellungen.

Als bezeichnend für die Gleichgültigkeit der deutschen Politik jener Zeit gegenüber demografischen Entwicklungen und insbesondere gegenüber dem Fertilitätsaspekt gilt heute eine vielfach zitierte Replik des damaligen Bundeskanzlers Konrad Adenauer auf die Einwände seines Wirtschaftsministers Ludwig Erhard gegen die Umstellung der gesetzlichen Rentenversicherung auf eine Umlagefinanzierung aus dem Jahr 1957, nach der Adenauer angemerkt haben soll: „Kinder kriegen die Leute immer". Auch in Japan erschien eine staatliche Geburtenförderung vor dem Hintergrund der Lebensumstände zu dieser Zeit undenkbar. Die politische und öffentliche Debatte wurde vielmehr bis in die 1970er Jahre hinein von der Angst vor einem allzu starken Bevölkerungswachstum beherrscht. Noch 1974 setzte sich die japanische Politik vorrangig mit der Frage auseinander, ob gegebenenfalls Maßnahmen zur Geburtenvermeidung erforderlich werden könnten.[4]

Interventionen im Sinne einer aktiven Bevölkerungspolitik erschienen sowohl in Japan als auch in Deutschland lange Zeit allenfalls als theoretische Optionen. Während der zwischen Ende der 1960er und Ende der 1970er Jahre in vielen Ländern einsetzende Geburtenrückgang teilweise deutliche politische Gegenreaktionen provozierte[5], verfolgten Japan und

---

[4] Unter dem Eindruck der durch den Ölschock von 1973 hervorgerufenen Wirtschaftskrise empfahl der Rat für Bevölkerungsprobleme in diesem Jahr politische Bemühungen zur Geburtenkontrolle. Ziel sollte demnach sein, die Geburtenrate auf maximal zwei Kinder je Frau zu beschränken. Vgl. Ōnishi 2010.

[5] Der rumänische Diktator Ceaucescu veranlasste 1967 ein Verbot von Verhütung und Abtreibung und erreichte damit, allerdings nur für ein Jahr, eine Verdopplung der Geburtenrate. Die DDR-Regierung betrieb ab 1976 eine mas-

(West-)Deutschland zunächst keine Ambitionen zur Belebung des Reproduktionsgeschehens. Für die Bundesrepublik stellte der damalige Bundeskanzler Helmut Schmidt noch 1979 klar, dass es dem Staat nicht zustehe, die Geburtenentwicklung beeinflussen zu wollen.[6] Bereits ein Jahr zuvor hatte dessen Berater und Leiter der Planungsabteilung im Bundeskanzleramt, Albrecht Müller, der Wissenschaft vorgeworfen, sie leiste „Handlangerdienste bei der Dramatisierung und beim politischen Missbrauch" der in der Bundesrepublik eingetretenen Bevölkerungsentwicklung (Scheuing 2004).

Beide Einlassungen stehen exemplarisch für die ablehnende Haltung weiter Teile des politischen Systems in Deutschland gegenüber bevölkerungspolitischen Interventionen des Staates und das ausgeprägte Misstrauen, mit welchem die Bevölkerungswissenschaft seit der in den 1930er und 1940er Jahren durch sie legitimierten Eugenik- und Rassenpolitik der Nationalsozialisten lange behaftet war. Die erhöhte Sensibilität im Umgang mit dieser Forschungsdisziplin, deren Vertretern und allgemein mit bevölkerungspolitischen Themen zeigte sich unter anderem auch im Zusammenhang mit dem Skandal um einige missverständliche Äußerungen der damaligen Direktorin des Bundesinstituts für Bevölkerungsforschung (BiB), Charlotte Höhn, im Jahr 1994, die schließlich zu ihrer Suspendierung führten und überdies eine heftige Debatte über die Wurzeln, die Legitimität und die politische Verantwortung der Bevölkerungsforschung für die Verbrechen des faschistischen Regimes sowie ihre Rolle im gegenwärtigen Deutschland entfachten. Ähnliches Unbehagen bezüglich etwaiger bevölkerungswissenschaftlicher Ableitungen für die politische Gestaltungspraxis bestand während der zweiten Hälfte des 20. Jahrhunderts auch in Japan, wo der Begriff „Bevölkerungspolitik" ebenfalls lange Zeit mit einem Tabu belegt war. Die Ablehnung gezielter staatspolitischer Maßnahmen zur Erreichung bevölkerungspolitischer Zielsetzungen war sowohl in Japan als auch in Deutschland während der Nachkriegsepoche ein prägendes Merkmal der politischen Kultur. Gleiches gilt für die Anwendung pronatalistischer Fördermaßnahmen im Rahmen der Familienpolitik.

Gegen Ende der ersten Dekade des 21. Jahrhunderts stellt sich die Situation in beiden Ländern indes völlig verändert dar. Der demogra-

---

sive Geburtenförderungspolitik, die zunächst tatsächlich bemerkenswerte Erfolge zeigte (siehe Abschnitt 6.2.2). Frankreich intensivierte seine bereits Ende der 1930er Jahre betriebenen familien- und bevölkerungspolitischen Maßnahmen mit dem Ziel, das Fertilitätsniveau möglichst auf Bestandserhaltungsniveau zu stabilisieren.

[6] Süddeutsche Zeitung 03.08.1979.

fische Wandel ist seit Mitte der 1990er Jahre zu einem der zentralen Zukunftsthemen avanciert und beherrscht sowohl die Medien als auch die politische Diskussion. So erweist sich unter anderem die Positionierung zu gesellschaftsweit debattierten Migrations- und Familienfragen sowohl für Parteien als auch politische Einzelakteure immer häufiger als mitentscheidend für deren Wahlkampferfolge. Nachdem insbesondere Familienpolitik lange als randständig belächelt wurde[7], hat der durch den demografischen Wandel erzeugte politische Handlungsdruck gerade diesem Politikbereich in letzter Zeit einen enormen Bedeutungsgewinn beschert. Mehr denn je dienen heute entlang demografiepolitischer Kriterien zugeschnittene familienpolitische Konzepte dazu, die Kompetenz politischer Parteien respektive Einzelakteure für die Bewältigung zentraler Zukunftsaufgaben nach außen zu dokumentieren. Insbesondere die Bereitschaft, wirksame pronatalistische Anreize zu setzen, gerät immer stärker zu einem Gradmesser für demografiepolitische Gestaltungskompetenz. Erfolgreiche Geburtenförderung gilt mittlerweile als eines der wichtigsten Ziele staatlicher Politik. Diese Feststellung lässt sich für Japan ebenso treffen wie für Deutschland. Der Eintritt Japans in eine Phase des Bevölkerungsrückgangs im Jahr 2005 veranlasste den damaligen Premierminister Junichirō Koizumi dazu, Maßnahmen gegen die sinkende Geburtenrate wiederholt als die wichtigste Aufgabe des Landes zu bezeichnen.[8]

Wie Japan ist auch Deutschland seit kurzem in eine neue Phase der demografischen Transition eingetreten, deren Beginn durch den einsetzenden Populationsrückgang markiert wird und die sich überdies durch eine deutliche Beschleunigung der strukturellen Bevölkerungsalterung bemerkbar macht. Ähnlich wie zurückliegende Phasenübergänge generiert auch die gegenwärtige Entwicklung innerhalb der betroffenen Gesellschaften erhöhte Aufmerksamkeit gegenüber demografischen Zustandsveränderungen sowie deren möglichen Konsequenzen. Angesichts der ausgeprägten Vorbehalte, die in Japan und Deutschland seit Ende des Zweiten Weltkriegs gegen staatliche Maßnahmen zur aktiven Beeinflussung der Bevölkerungsentwicklung bestanden, wirft die Entwicklung der jüngeren Vergangenheit die Frage auf, inwieweit eine offensichtlich erhöhte Aufmerksamkeit gegenüber demografischen Entwicklungen und deren mutmaßlichen Folgen tatsächlich auch in der konkreten Politikgestaltung Niederschlag findet. Dieser Frage soll in der

---

[7] Bekanntheit in Deutschland erlangte etwa ein Ausspruch des damaligen Bundeskanzlers Gerhard Schröder, der Frauen- und Familienfragen im Vorfeld der Vereidigung des Bundeskabinetts von 1998 abfällig als „Gedöns" abtat.

[8] Vgl. Yoshida 2006.

vorliegenden Arbeit nachgespürt werden. Im Mittelpunkt des Interesses steht dabei der Bereich der Familienpolitik, dem hinsichtlich einer nachhaltigen Beeinflussung der Bevölkerungsentwicklung, etwa mittels gezielter Anreize zur Geburtenförderung, besondere Bedeutung zukommt.

2 FORSCHUNGSGEGENSTAND, FORSCHUNGSDESIGN, METHODIK

Zunächst gilt es im nachfolgenden Abschnitt dieses Kapitels, den Forschungsgegenstand der vorliegenden Arbeit fokussierter zu betrachten und genau zu definieren. Der demografische Wandel stellt lediglich den äußeren Rahmen dar, innerhalb dessen sich die zu untersuchenden gesellschaftlichen und politischen Vorgänge vollziehen. Die eigentliche Fragestellung zielt insofern weniger auf die demografischen Veränderungen selbst ab, sondern vielmehr auf die durch sie bedingten Konsequenzen für die politischen Systeme entwickelter Industriestaaten, im hier thematisierten Kontext die Systeme Japans und Deutschlands. Im Zuge der detaillierten Erörterung der Fragestellung und der Formulierung einer Arbeitsthese werden zunächst länderübergreifende Untersuchungsschwerpunkte, wie etwa grundsätzliche Politikoptionen zur Beeinflussung der Bevölkerungsentwicklung, benannt und eingegrenzt.

Der Definition des Untersuchungsgegenstandes und der Erläuterung der Arbeitsthese folgt ein Überblick über das Forschungsdesign der Arbeit. In dem betreffenden Abschnitt (2.2) wird darzulegen sein, welche Aspekte für einen Ländervergleich zwischen Japan und Deutschland sprechen. Außerdem wird begründet, warum das Augenmerk dabei vor allem auf den Bereich der Familienpolitik gerichtet ist, während etwa die Migrationspolitik, die ebenfalls demografiepolitische Relevanz besitzt, weniger ausführlich beleuchtet wird. Des Weiteren sind die theoretischen Voraussetzungen zu klären, die eine gezielte Untersuchung politischer Veränderungsprozesse erst ermöglichen. Ausgangspunkt wird zunächst die Erläuterung unterschiedlicher forschungstheoretischer Ansätze zur Bewertung von Policy-Change-Szenarien sein, deren Anspruch es jeweils ist, die Intentionen und inneren Wirkkräfte solcher Abläufe plausibel zu machen. In einem nächsten Schritt ist das in dieser Arbeit angewandte Konzept Peter Halls näher zu beschreiben, welches eine Kategorisierung politischer Neupositionierungen je nach Art und Umfang der registrierten Veränderungen zulässt, es also ermöglicht, die qualitative Dimension eines etwaigen Politikwandels zu erfassen. Schließlich soll dieses Konzept in seiner konkreten, auf den hier behandelten Forschungsgegenstand bezogenen Anwendung weiter präzisiert werden. Dabei werden vor allem die Bedingungen zu klären sein, unter welchen tatsächlich von einem durch demografische Prozesse induzierten bevölkerungspolitisch motivierten Paradigmenwechsel für den Bereich der Familienpolitik zu sprechen wäre.

Der dritte Abschnitt dieses Kapitels befasst sich mit der Methodik der Arbeit sowie der Erörterung einzelner Eckpunkte, wie dem Analyseraster, dem gewählten Untersuchungszeitraum und dem verwendeten Quellenmaterial.

2.1 FORSCHUNGSGEGENSTAND

Der demografische Wandel zeitigt in den betroffenen Regionen nicht nur weitreichende Konsequenzen für die Entwicklung der Populationsgröße und -struktur, sondern beeinflusst auch die soziale Verfassung der jeweiligen Gesellschaften und hat so indirekt Auswirkungen auf die Rahmenbedingungen des politischen Handelns. Der Wandel zentraler demografischer Bezugsgrößen ist deshalb von besonderer Tragweite, weil dadurch die grundlegenden Determinanten des jeweiligen gesellschaftlichen Koordinatensystems maßgeblich mitdefiniert werden. Es leuchtet daher ein, dass eine nachhaltige Veränderung dieser Parameter deutliche Spuren im, dem Luhmann'schen Begriffsgebrauch folgend, „System Gesellschaft" und dessen vielfältigen Subsystemen hinterlassen muss. Diese Spuren zu untersuchen ist, allgemein formuliert, das Ziel dieser Forschungsarbeit.

Grundsätzlich können die Folgen des demografischen Wandels unter verschiedenen Gesichtspunkten untersucht und interpretiert werden. Häufig liegt das Augenmerk auf den möglichen Auswirkungen auf wirtschaftliche Abläufe innerhalb von Staaten oder anders definierten Regionen. Diese ökonomische Perspektive beinhaltet wiederum diverse Ansätze, welche in der Pointierung der jeweiligen Fragestellung stark differieren können. In Abhängigkeit der jeweiligen kontextspezifischen Interessenlage können etwa die Konsequenzen der demografischen Veränderungen für den Arbeitsmarkt, beispielsweise für die Sicherung des Fachkräfteangebotes, für die Entwicklung von Absatzmärkten oder für die Wettbewerbsfähigkeit von Unternehmen beziehungsweise von Volkswirtschaften hervorgehoben werden. Diese kurze exemplarische Aufzählung ließe sich fast beliebig erweitern.

Aus der Perspektive politischer Entscheidungsträger ist neben den möglichen wirtschaftlichen Auswirkungen der Bevölkerungsentwicklung vor allem die Frage nach der damit in engem Zusammenhang stehenden Problemstellung der Bewahrung respektive der zukunftsorientierten Modifikation der sozialen Sicherungssysteme von besonderem Interesse. Die über Jahrzehnte hinweg gewachsenen Strukturen staatlich organisierter Wohlfahrt auch unter demografisch veränderten Vorzeichen in ihrer Substanz zu erhalten und weiter zu entwickeln, um auch zukünftig ein gesellschaftlich akzeptiertes Maß an sozialer Absicherung gewährleisten zu können, stellt eine der großen Herausforderungen für die Politik im beginnenden 21. Jahrhundert dar. Dies gilt grundsätzlich für die meisten entwickelten Industriestaaten, aber, wie zu zeigen sein wird, für Japan und Deutschland wegen des dort bereits vergleichsweise weit vorangeschrittenen demografischen Alterungsprozesses in besonderer Weise. Die tiefgreifende Veränderung der Bevölkerungsstruktur drängt die politisch Verantwortlichen in beiden Ländern dazu, sich auf Basis ihrer Erwartungen bezüglich dieses zumindest kurz- und mittelfristig unaufhaltsam ablaufenden Prozesses über die notwendigen Weichenstellungen zu verständigen.

Ein Aspekt von besonderer politischer Relevanz betrifft die Verschiebung der Altersgruppenanteile in den Bevölkerungen der untersuchten Staaten. Aus ihr ergibt sich eine dramatische Veränderung des zahlenmäßigen Verhältnisses von Leistungserbringern und Leistungsempfängern innerhalb der betreffenden sozialen Sicherungssysteme, die sich bis auf weiteres kaum grundlegend beeinflussen lässt. Mit diesem Problem sehen sich prinzipiell zwar alle Staaten konfrontiert, die eine ähnliche demografische Entwicklung teilen, allerdings besitzt die Frage nach der künftigen Finanzierbarkeit des gegenwärtig erreichten Niveaus der sozialen Absicherung in Japan und Deutschland aufgrund des in beiden Fällen relativ hohen Anteils an umlagefinanzierten wohlfahrtsstaatlichen Transferleistungen besondere Brisanz.

Diese Überlegungen führen unmittelbar zu der Frage nach einer notwendigen Neujustierung des sogenannten „Generationenvertrages", wobei sich dieser Begriff auf die deutsche Debatte bezieht. Doch auch in anderen Ländern, darunter Japan, zählt die Diskussion über einen angemessenen Ausgleich von Wohlfahrtsproduktion und Inanspruchnahme sozialer Leistungen zwischen der alten und der jungen Generation zu den am häufigsten und intensivsten erörterten Themenbereichen im Zusammenhang mit den ablaufenden demografischen Veränderungsprozessen. Sowohl in Deutschland als auch in Japan besteht weitgehend Konsens darüber, dass das über Jahrzehnte hinweg sorgfältig austarierte wohlfahrtsstaatliche Arrangement zwischen den Generationen künftig mindestens partiell neu definiert werden muss, sofern das bisherige Verteilungssystem sozialer Transferleistungen auch unter sich verändernden demografischen Bedingungen dem Wesen nach erhalten werden soll.

Bereits diese kurzen Vorüberlegungen veranschaulichen die große Varianz möglicher Ansätze für die Entwicklung von Handlungsoptionen bezüglich der Herausforderungen infolge des demografischen Wandels.

Sie deuten zugleich die enorme Tragweite der Konsequenzen an, welche die sich abzeichnende Entwicklung zeitigen könnte. Wie eingangs festgestellt, berühren demografische Prozesse immer auch unmittelbar das Fundament von Gesellschaften sowie das komplexe Verhältnis ihrer funktionalen Subsysteme zueinander. Insofern repräsentiert die nahezu unüberschaubare Anzahl an Argumenten im Rahmen der demografiepolitischen Debatte gewissermaßen die zahllosen Verästelungen der Beziehungen der Subjekte dieser Gesellschaften zueinander.

Sämtliche Überlegungen bezüglich denkbarer Reaktionen politischer Systeme auf die Herausforderungen durch den demografischen Wandel entspringen letztlich der universalen Notwendigkeit der Anpassung dieser Subjekte oder der durch sie geformten Gesellschaften an sich verändernde Bedingungen innerhalb ihrer unmittelbaren Lebensumwelt. Dies gilt umso mehr, als es sich bei dem gegenwärtig in nahezu allen entwickelten Industriestaaten in fast analoger Weise verlaufenden demografischen Transformationsprozess um Veränderungen von historischer Dimension handelt.

Verschiebungen innerhalb der Bevölkerungsstruktur einzelner Regionen hat es zwar auch in der Vergangenheit immer wieder gegeben, allerdings waren sie meist die Folge von Seuchen oder Hungersnöten, wie sie etwa im europäischen Spätmittelalter auftraten.[9] In solchen Fällen resultierte der Bevölkerungsrückgang, im Gegensatz zur gegenwärtigen Entwicklung, in erster Linie aus einem erheblich erhöhten Mortalitätsrisiko. Gleiches gilt für Kriege, welche ebenfalls mehrfach in der Geschichte zur deutlichen Dezimierung von Populationen und/oder einzelner Bevölkerungsgruppen, typischerweise junger Männer, beitrugen.

Die derzeitige Entwicklung durchbricht jedoch dieses in vielen historischen Phasen wiederkehrende Muster demografischer Einschnitte, denn ihre Ursachen sind völlig andere. Der Alterungs- und Schrumpfungsprozess vieler industriell entwickelter Weltregionen vollzieht sich in klarer Abgrenzung zu den historischen Beispielen in Zeiten des Friedens und des relativen Wohlstandes sowie unter Vorzeichen weitgehender wirtschaftlicher Prosperität und ist zudem paradoxerweise gerade dort besonders stark ausgeprägt, wo der Lebensstandard relativ hoch ist.[10] Ungeachtet der im letzten Jahrhundert massiv gestiegenen Lebenserwartung gehen die Populationsgrößen in Deutschland, Japan und anderen Industriestaaten zurück, weil die Fertilität mittlerweile unter das

---

[9] Für Einzelheiten zur historischen Bevölkerungsentwicklung Deutschlands (1500–1800) siehe Pfister 2007.

[10] Das hier angesprochene Phänomen eines demografisch-ökonomischen Paradoxons erörtert auch Herwig Birg. Vgl. Birg 2003: 42ff.

zur Bestandserhaltung erforderliche Niveau abgesunken ist. Dass es sich dabei keineswegs um eine vorübergehende Erscheinung, sondern einen zumindest mittelfristig stabilen Trend handelt, wird später zu zeigen sein.

Derart tiefgreifende Veränderungen der Bevölkerungsstruktur erfordern große Anpassungsleistungen vieler, wenn nicht aller gesellschaftlichen Subsysteme. Insbesondere der Politik kommt hierbei als Initiator notwendiger Interventionen auf legislativ-institutioneller Ebene herausragende Bedeutung zu. Die Reaktion politischer Systeme auf die Herausforderung durch den demografischen Wandel stellt daher den hier zu untersuchenden Forschungsgegenstand dar, den es nachfolgend näher zu betrachten und weiter einzugrenzen gilt.

2.1.1 REAKTIONEN POLITISCHER SYSTEME AUF DEMOGRAFISCHE VERÄNDERUNGEN

Die Veränderung ihrer Bevölkerungsstruktur stellt fast alle modernen Wohlfahrtsstaaten vor große Herausforderungen. Auf den Wandel der demografischen Gegebenheiten in angemessener Weise zu reagieren und sich über die Art und Weise möglicher politischer Interventionen zu verständigen, entwickelt sich daher für die politischen Akteure der betroffenen Staaten zunehmend zu einer der dringlichsten Aufgaben der nahen und mittelfristigen Zukunft. Besonders gilt dies für die Bereitstellung und Verteilung staatlicher Wohlfahrtsleistungen. Die Ausgestaltung einer fiskalisch tragfähigen sowie ethisch vertretbaren sozialen Grundversorgung unterstützungsbedürftiger Menschen und deren Absicherung gegen die schlimmsten Armutsrisiken darf angesichts künftig grundlegend veränderter bevölkerungsstruktureller Voraussetzungen als eine der elementaren Herausforderungen angesehen werden, denen sich die politisch Verantwortlichen in diesem Zusammenhang zu stellen haben.

Politisches Handeln kann, vereinfacht formuliert, als zielgerichtetes Verhalten aufgefasst werden, welches darauf ausgerichtet ist, innerhalb einer Gesellschaft einen Zustand herbeizuführen, der von den jeweils involvierten Handlungssubjekten als erstrebenswert angesehen wird. Die Richtung des Handelns wird dabei sowohl von kontextabhängigen Intentionen der politischen Interaktionssubjekte bestimmt als auch, im Fall abweichender Zielsetzungen, vom Ergebnis deren Ringens um politische Dominanz beziehungsweise, sofern erforderlich, um Konsens. Der eigentliche politische Prozess soll an dieser Stelle nicht eingehender behandelt werden. Für die nachfolgenden Betrachtungen ist zunächst vielmehr die Feststellung von Bedeutung, dass politisches Handeln nie los-

Politisches Handeln? (handwritten marginal note)

gelöst von den äußeren Umständen zu begreifen ist, welche auf das betreffende politische System einwirken und so den Handlungsspielraum seiner Akteure definieren. Für sich wandelnde demografische Bedingungen gilt dies in exemplarischer Weise. Die quantitativen und qualitativen Bezugsgrößen der Bevölkerung definieren einerseits grundlegend den Handlungsraum der politischen Interaktionssubjekte, andererseits ist die Bevölkerung in Gänze oder in Teilen zugleich auch Adressat politischer Aktivitäten. Jedes politische System ist daher auch hinsichtlich seiner demografischen Determinanten zu bewerten und zu verstehen. Es ist unbestreitbar, dass demografische Veränderungen, insbesondere dann, wenn sie so tiefgreifend sind und so dynamisch verlaufen wie der gegenwärtig zu beobachtende Transformationsprozess, prinzipiell politischen Handlungsdruck erzeugen, dem sich die am politischen Handeln Beteiligten nicht entziehen können. Diese Feststellung trifft dabei zunächst noch keine Aussage über die Art oder die Richtung etwaiger demografiepolitisch motivierter Maßnahmen.

In welcher Weise letztlich politische Systeme auf die Veränderung demografischer Parameter reagieren, hängt von vielen unterschiedlichen Faktoren ab. Ein wesentlicher Aspekt ist die Bewertung des Krisenpotentials der erwarteten Entwicklung. Die Einschätzung einer spezifischen demografischen Konstellation kann dabei sehr unterschiedlich ausfallen. Seit dem Ende des 18. Jahrhunderts, als mit dem Erscheinen von Malthus' Bevölkerungslehre[11] die Grundzüge eines wissenschaftlichen Demografieverständnisses entwickelt wurden, stand lange die Sorge vor einem zu raschen Bevölkerungswachstum im Mittelpunkt der jeweiligen zeitgenössischen Bevölkerungsdebatten. Diese Sorge bezog sich vor allem auf die Gefahr einer drohenden Unterversorgung mit Lebensmitteln infolge ungebremsten Bevölkerungswachstums. Gleichzeitig stand die Frage im Raum, wie viele Menschen die Erde überhaupt unter optimalen Bedingungen ernähren könne. Dass sich durch Produktivitätssteigerungen infolge der Industrialisierung während des 19. und 20. Jahrhunderts sowie durch enorme Effizienzsteigerungen im Bereich der Nahrungsmittelproduktion solche Ängste zumindest bislang als weitgehend unbegründet herausstellen würden, war im 18. Jahrhundert noch kaum vorstellbar. Auch im 20. Jahrhundert war es jedoch zunächst die Sorge um ein zu starkes Populationswachstum, welche in weiten Teilen der Welt, einschließlich der hier untersuchten Staaten, Unbehagen hervorrief.[12]

---

[11] Vgl. Malthus 1798.

[12] Noch heute werden in den meisten Ländern der Welt antinatalistische Geburtenpolitiken betrieben (vgl. Tremmel 2005), was angesichts der gegenwärtig in

So wurde beispielsweise in Japan 1954 aus Sorge vor einem allzu starken Bevölkerungswachstum eine Resolution verabschiedet[13] sowie im Jahr 1959 vom Rat für Bevölkerungsprobleme ein Weißbuch[14] veröffentlicht, welche beide die politische Absicht zum Ausdruck brachten, einer drohenden Überbevölkerung entgegentreten zu wollen. Damals betrug Japans Einwohnerzahl etwa 93 Millionen. Am Ende des Jahrhunderts, als Japans Einwohnerzahl auf knapp 127 Millionen gestiegen war, wurde jedoch nicht länger die Übervölkerung thematisiert, sondern statt dessen nunmehr vor einem (weiteren) Geburtenschwund und dem daraus resultierenden Bevölkerungsrückgang gewarnt. Erklärt werden kann diese auf den ersten Blick irrational anmutende Kehrtwende in der demografischen Debatte mit den sozioökonomischen Bedingungen des jeweiligen zeitgeschichtlichen Kontextes. Während die Nachkriegszeit vor allem durch Unsicherheiten hinsichtlich der allgemeinen Versorgungslage gekennzeichnet war und ein Anstieg der Geburtenrate aus damaliger Perspektive deshalb unmittelbar mit einer Verschärfung der ohnehin angespannten Situation für die notleidende Bevölkerung gleichgesetzt wurde, hatte sich die Lage gegen Ende des 20. Jahrhunderts grundlegend verändert. Sowohl für die Erhaltung der Wirtschaftskraft des Landes als auch für die Fortsetzung der staatlichen Wohlfahrtspolitik nach etabliertem Muster war ein Schrumpfen der Population beziehungsweise bereits eine Erhöhung des Altersdurchschnittes nun problematisch geworden. Obwohl das zur Jahrhundertmitte befürchtete explosive Bevölkerungswachstum Japans gegen Ende des Jahrhunderts tatsächlich annähernd wie erwartet eingetreten und somit die Schreckensvision der demografischen Diskussion jener Zeit Wirklichkeit geworden war, hatte sich der Bewertungsrahmen für die Einordnung dieses Prozesses in der Zwischenzeit so verändert, dass die demografische Gesamtlage sowie die vielfältigen Implikationen der Populationsentwicklung nun völlig anders eingeschätzt wurden. Dieses Beispiel verdeutlicht, dass die Beurteilung des Krisenpotentials einer spezifischen demografischen Konstellation nicht ausschließlich von objektiv belegbaren Kriterien wie bevölkerungsstatistischen Kenngrößen abhängt, sondern stets im Zusammenhang mit anderen, auch subjektiven Bewertungen unterliegenden Aspekten, wie zum Beispiel sozioökonomischen Faktoren, betrachtet werden muss.

---

vielen Industriestaaten geführten Debatten leicht übersehen wird. Im globalen Maßstab kommt dem Problem der Überbevölkerung nach wie vor größere Bedeutung zu als der Frage der Alterung und Schrumpfung einiger Gesellschaften in den entwickelten Regionen.

[13] Siehe Gauthier 1996: 116.

[14] Jinkō Mondai Shingikai, Tōkyō 1959.

Unabhängig davon, welche Handlungsoptionen für die in dieser Arbeit behandelten politischen Systeme Japans und Deutschlands im Zusammenhang mit der potentiellen Bedrohungslage des demografischen Wandels nun konkret bestehen und wie diese im Einzelfall genutzt werden, ist zunächst festzuhalten, dass tiefgreifende Umbrüche in der Bevölkerungsentwicklung sich zumindest politisch nicht ignorieren lassen. Der aus quantitativen und qualitativen Veränderungen der Bevölkerung resultierende Handlungsdruck, sei er nun mit objektiv zu belegenden Parametern begründet oder von subjektiven Einschätzungen abgeleitet, zwingt die politischen Akteure in beiden Ländern geradezu, neue, an diese Veränderungen angepasste Konzepte zu entwickeln, um der zunehmenden Besorgnis vieler Menschen vor den Folgen der ablaufenden demografischen Prozesse zu begegnen.

Nachfolgend ist zunächst die Frage zu klären, welche Handlungsoptionen in diesem Zusammenhang grundsätzliche Plausibilität besitzen und welche Politikbereiche für die Realisierung demografiepolitisch motivierter Interventionen in Frage kommen.

2.1.2 Bevölkerungspolitisch motivierte Paradigmenwechsel als mögliche Antwort auf demografische Transformationsprozesse

Wenn die Überlegung zutrifft, dass eine wie auch immer geartete Reaktion auf veränderte demografische Rahmenbedingungen für die politischen Systeme entwickelter Staaten praktisch unvermeidlich ist, drängt sich als Konsequenz dieser Feststellung die Frage auf, in welcher Weise eine solche Reaktion grundsätzlich erfolgen kann. In einem ersten Schritt sollen daher die grundsätzlich denkbaren Optionen für Anpassungen politischer Systeme an den demografischen Wandel erörtert werden.

Wie später noch ausführlich darzulegen sein wird, handelt es sich bei den gegenwärtig ablaufenden demografischen Prozessen um langfristig verlaufende Entwicklungen, deren Auswirkungen für die Gesellschaften Japans und Deutschlands von erheblicher Bedeutung sind. Ein Grund für die enorme Tragweite des sich in beiden Staaten vollziehenden Wandels ist die Tatsache, dass die Veränderung demografischer Determinanten letztlich Einfluss auf sämtliche Bereiche der jeweiligen Gesellschaft hat. Gerade in den letzten Jahren ließ sich deshalb in beiden hier untersuchten Ländern eine deutliche Verstärkung des allgemeinen Interesses an der zukünftigen Bevölkerungsentwicklung und den daraus resultierenden Folgen beobachten. Im politischen Kontext gilt dies besonders für jene Bereiche, die wohlfahrtsstaatliche Aspekte tangieren. Sowohl in Deutschland als auch in Japan steht die Sorge um die Aufrechterhaltung der bestehenden sozialen Sicherungssysteme im Zentrum der politischen, wissenschaftlichen, aber auch der öffentlichen Demografiedebatte. Während allerdings Bevölkerungsforscher bereits seit Jahrzehnten auf das sich zunehmend verstärkende Krisenpotential der demografischen Entwicklung hinweisen, das sich insbesondere aus dem dauerhaften Absinken der Reproduktionsraten ergibt, hat die Diskussion in Politik und Öffentlichkeit erst seit den 1990er Jahren eine deutliche Dynamisierung erfahren. In diese Zeit fallen auch die ersten konkreten Bemühungen in beiden Untersuchungsländern, die entstandene Schieflage durch die demografiepolitisch begründete Einführung neuer sozial- und familienpolitischer Instrumente wieder auszugleichen.

An dieser Stelle soll zunächst nicht ausführlicher auf Spezifika der wohlfahrtsstaatlichen beziehungsweise familienpolitischen Entwicklungen beider Länder eingegangen werden. Zentrale Argumente der jeweils im Zusammenhang damit geführten Diskussionen werden in späteren Abschnitten behandelt. Es ist jedoch offensichtlich, dass nicht nur in Deutschland oder Japan, sondern in nahezu allen Industrieländern, die sich mit ähnlichen demografischen Entwicklungen konfrontiert sehen, die gleichen Problemfelder als besonders dringlich erachtet werden. Seit weitgehend akzeptiert ist, dass es sich bei dem gegenwärtig ablaufenden demografischen Wandel um ein Phänomen handelt, welches zumindest das Potential besitzt, die wohlfahrtsstaatliche Basis entwickelter Industriestaaten zu erschüttern, gelten insbesondere die Sicherung der Rentensysteme, der Krankenversicherungen und die zuverlässige Gewährleistung der Pflege alter Menschen unter sich erschwerenden demografischen Bedingungen als zentrale Herausforderungen für diese Staaten in den kommenden Jahrzehnten. In den genannten Bereichen erscheinen Modifikationen der bestehenden Sozialstaatsarrangements am dringlichsten geboten und zudem kurz- und mittelfristig am aussichtsreichsten. Allerdings können Aktivitäten, die lediglich auf die Anpassung bestehender Wohlfahrtssysteme an die Bedingungen des demografischen Wandels abzielen, letztlich nur der Abmilderung seiner Konsequenzen dienen. Das ursächliche Problem, nämlich das gleichzeitige Auftreten niedriger Geburtenraten und hoher beziehungsweise weiter steigender Lebenserwartungen sowie die durch beide Entwicklungen bedingte Alterung und langfristige Schrumpfung der betreffenden Populationen, bleibt davon unberührt.

Insofern als die ablaufenden demografischen Prozesse mittlerweile weithin als ernste Herausforderung für die etablierten Sozialsysteme der hier untersuchten Staaten anerkannt und von den Politakteuren als reales Bedrohungsszenario wahrgenommen werden, ist es sehr wahrscheinlich, dass politische Kurskorrekturen nicht auf die bloße Adaption bestehender Strukturen an sich verändernde Umstände beschränkt bleiben.[15] Vielmehr erscheint es äußerst naheliegend, dass darüber hinaus auch Versuche unternommen werden, mit den Mitteln der Politik den Ursachen der gegenwärtigen Krise entgegenzuwirken, soweit dies als möglich und unter Berücksichtigung bestehender ethischer, moralischer und kultureller Normen als vertretbar erachtet wird. Diesbezügliche Forderungen werden vereinzelt schon seit geraumer Zeit erhoben. Für die deutsche Debatte sei in diesem Zusammenhang unter anderem auf Max Wingen und Karl Schwarz verwiesen, die in der Vergangenheit immer wieder für eine bevölkerungsbewusste Familienpolitik eintraten (Wingen 2002: 69–85; Schwarz 2000: 431–440).

Der Einsatz bevölkerungspolitischer Instrumente rührt allerdings in Deutschland wie auch in Japan an ein Tabu, welches infolge der negativen Erfahrungen mit Bevölkerungspolitik während der 1930er und 1940er Jahre über Jahrzehnte hinweg unangetastet blieb. Die grausamen Euthanasiegesetze der Nationalsozialisten, die später auch der japanischen Politik als Vorbild für eigene Maßnahmen zur Erreichung bevölkerungspolitischer Ziele dienten, führten dazu, dass in der Nachkriegsära in beiden Ländern Bevölkerungspolitik als nicht statthafte Einmischung des Staates in die individuelle Selbstverwirklichung seiner Bürger und zudem als unzulässige Einschränkung deren Rechts auf vollständige Entscheidungsfreiheit hinsichtlich ihres Reproduktionsverhaltens bewertet wurde. Dieses vor allem auf ethische und moralische Argumente gestützte Tabu stand lange Zeit einer nüchternen Auseinandersetzung mit wohlfahrtsstaatlich begründeten bevölkerungspolitischen Anliegen entgegen.

Die durch den demografischen Wandel heraufbeschworene, überwiegend als krisenhaft eingeschätzte Situation hat jedoch, wie durch die vorliegende Arbeit nachgewiesen werden soll, zu einem Aufweichen dieses Dogmas geführt und sowohl in Japan als auch in Deutschland einen politischen Paradigmenwechsel eingeleitet. Die demografischen Herausforderungen erscheinen offenbar in beiden Staaten als zu bedrohlich und die antizipierten Konsequenzen der Entwicklung für die zukünftige Sicherung der etablierten wohlfahrtsstaatlichen Leistungen als von zu großer Tragweite, als dass sich die politisch handelnden Akteure auf eine passive Position zurückziehen und sich mit einer bloßen Adaption bestehender politischer Instrumente an die sich verändernden Bedingungen zufrieden geben könnten. Auch hat, bedingt durch die starke Dynamisierung der demografiepolitischen Debatte, die Akzeptanz eines

---

[15] Den Zusammenhang zwischen Bevölkerungsentwicklung und Sozialstaat thematisiert (mit Bezug auf Deutschland) u.a. Franz-Xaver Kaufmann. Vgl. Kaufmann 2005: 28ff.

solches Paradigmenwechsels zugenommen. Belege für diese Annahme werden im Verlauf dieser Arbeit erbracht.

Die Hypothese dieser Untersuchung lautet daher:

Der demografische Wandel erzeugt einen starken Handlungsdruck auf die politischen Akteure in Japan und Deutschland. Infolgedessen hat sich in beiden Staaten ein politischer Paradigmenwechsel vollzogen, der sowohl eine Enttabuisierung als auch eine deutliche Verstärkung bevölkerungspolitischer Elemente, insbesondere im Bereich der Familienpolitik, beinhaltet.

Bevor erläutert wird, warum gerade der Bereich der Familienpolitik für eine Renaissance bevölkerungspolitischer Interventionsbestrebungen prädestiniert ist, sollen im folgenden Abschnitt zunächst die grundsätzlichen Handlungsalternativen beleuchtet werden, die sich im Zusammenhang mit dem Versuch, dem demografischen Wandel mit politischen Mitteln zu begegnen, für die Akteure innerhalb der politischen Systeme beider Staaten ergeben.

2.1.3 Politische Optionen für die Einflussnahme auf den Verlauf demografischer Entwicklungen

Bevor die Einflussmöglichkeiten auf eine gezielte Steuerung demografischer Parameter näher untersucht werden, ist zunächst der Begriff der Bevölkerungspolitik kurz zu erörtern. Es gibt verschiedene Definitionen von Bevölkerungspolitik, die sich hinsichtlich ihrer Kernaussage letztlich jedoch meist stark ähneln. Eine prägnante Definition findet sich bei Ralf Ulrich. Er versteht Bevölkerungspolitik folgendermaßen:

„Unter Bevölkerungspolitik versteht man allgemein Maßnahmen staatlicher und nichtstaatlicher Institutionen zur Beeinflussung der Bevölkerungsentwicklung, insbesondere der Bevölkerungsgröße. Sie gehen meist von der Diagnose aus, dass ein Bevölkerungswachstum oder eine Bevölkerungsverringerung negative Folgen für die Gesellschaft hätte und eine Beeinflussung im öffentlichen Interesse daher gerechtfertigt sei."[16]

Dabei gilt es, Bevölkerungspolitik von Rassenpolitik abzugrenzen. Häufig geht die negative Konnotation, die der Bevölkerungspolitik seit der Regierungszeit des nationalsozialistischen Regimes anhaftet, auf eine begriffliche Unschärfe zurück, die hier von vornherein vermieden werden soll. Tatsächlich ist zwar jede Rassenpolitik in ihrer Konsequenz immer auch bevölkerungspolitisch intendiert und bedient sich entspre-

---

[16] Vgl. Ulrich 2001: 51.

chender Maßnahmen. Das bedeutet jedoch nicht, dass dies auch umgekehrt gilt. Wenn etwa Sollnormen hinsichtlich der Gesamtbevölkerung eines Gebietes festgestellt werden, ist eine solche, rein quantitativ orientierte Bevölkerungspolitik nicht notwendigerweise rassistisch (Slupik 1984: 17). Vera Slupik verweist darauf, dass im Fall des NS-Regimes deshalb auch eher von einer rassistischen Bevölkerungspolitik zu sprechen sei (ebd.).

Doch welches sind die Stellschrauben, derer sich politische Systeme bedienen können, um ihre demografischen Ziele zu verfolgen? Insofern als die Populationsentwicklung grundsätzlich von den Parametern Fertilität, Mortalität und Migration abhängt, wird sich auch ihre zielgerichtete Beeinflussung maßgeblich im Spannungsfeld dieser drei Variablen bewegen müssen. Von den genannten demografischen Kenngrößen sind besonders die Fertilität und die Migration für etwaige bevölkerungspolitische Überlegungen interessant. Daher soll in den folgenden Abschnitten der Fokus im Wesentlichen auf diese Faktoren gerichtet werden.

Allerdings ist zuvor anzumerken, dass natürlich auch eine willentliche Beeinflussung des Mortalitätsgeschehens sich einer politischen Einflussnahme nicht grundsätzlich entzieht. Im Gegenteil, die stark gesunkene Mortalität, insbesondere innerhalb der jungen Altersjahrgänge, hat während der vergangenen eineinhalb Jahrhunderte in beiden hier untersuchten Staaten maßgeblich dazu beigetragen, dass es überhaupt zu der gegenwärtig zu beobachtenden demografischen Situation kommen konnte, und sie ist unter anderem auf politische Bemühungen zurückzuführen. Der demografische Wandel in Japan und Deutschland, dessen bestimmendes Merkmal die Erhöhung des Durchschnittsalters der jeweiligen Population ist, wurde und wird neben dem Absinken des durchschnittlichen Fertilitätsniveaus vor allem auch durch das gleichzeitige Sinken des Mortalitätsrisikos in beiden Ländern verursacht. Die Reduktion der Sterblichkeit ist dabei alles andere als ein Zufallsprodukt. Beispielsweise sind die Gründe für die enormen Erfolge bei der Bekämpfung der ehedem hohen Kindersterblichkeit unter anderem auf die Verbesserung hygienischer Standards und der medizinischen Versorgung zurückzuführen. Beides ist unbedingt im Kontext entsprechender politischer Bemühungen zu bewerten. Mittlerweile ist die Mortalität auf einem sehr niedrigen Niveau angelangt und lässt sich, zumindest bezogen auf junge Menschen, nur schwerlich noch weiter reduzieren. Dies bedeutet, dass für eine willentliche Veränderung dieser demografischen Einflussgröße mittelfristig allenfalls sehr geringer weiterer Spielraum besteht, selbst unter der Prämisse, dass der in den letzten Jahrzehnten zu beobachtende Lebenszeitgewinn der älteren Jahrgänge weiter anhalten sollte. Eine detaillierte Darstellung der Entwicklung der Sterblichkeit in Japan und

Deutschland findet sich in den entsprechenden Abschnitten (5.1.1 und 6.1.1) dieser Arbeit, in denen für beide Länder die jeweilige demografische Situation dargelegt sowie der zeitliche Verlauf der zugrunde liegenden Entwicklungen nachgezeichnet wird.

Nachfolgend sollen jedoch zunächst die grundsätzlichen Möglichkeiten erörtert werden, die seitens politischer Akteure hinsichtlich einer zielgerichteten Steuerung des Migrationsgeschehens innerhalb der jeweiligen Zielregion bestehen. Vor allem ist zu prüfen, inwieweit eine willentliche Beeinflussung der Größe und Struktur der Bevölkerung mittels dieses Ansatzes überhaupt erfolgversprechend sein kann.

2.1.3.1 Migrationspolitik als demografiepolitische Option?

Bei der Suche nach Antworten auf die Herausforderungen des demografischen Wandels richtet sich der Blick häufig zuerst auf das Wanderungsgeschehen der betreffenden Staaten und Regionen. Dass in Japan und Deutschland grundsätzlich differierende Einstellungen gegenüber der Zuwanderungsthematik bestehen und sich auch die Migrationspolitiken beider Länder dementsprechend deutlich voneinander unterscheiden, soll an dieser Stelle zunächst nur festgestellt, jedoch noch nicht weiter ausgeführt werden. Später sind im Zusammenhang mit der Darstellung der jeweiligen demografischen Gesamtsituation und der Analyse der politischen Reaktionen auf die Transformation der Bevölkerungsstrukturen die konkreten Zusammenhänge der Migrationspolitik für jeden der beiden Staaten noch detaillierter zu beleuchten (Abschnitte 5.3–5.3.3 und 6.3.1).

Grundsätzlich ist festzuhalten, dass, abgesehen von etwaigen Möglichkeiten zur Beeinflussung des Reproduktionsverhaltens und der Mortalität einer Population, die Kontrolle der Ein- und Auswanderungen eines Landes oder einer Region sehr häufig eine zentrale Rolle bei bevölkerungspolitisch motivierten Interventionen spielt. Die hohe Attraktivität migrationspolitischer Maßnahmen resultiert teilweise aus der Erfahrung, dass in diesem Politikbereich Ansätze zur Steuerung der Bevölkerungsentwicklung relativ schnell umgesetzt und konkrete demografische Zielsetzungen verhältnismäßig rasch erreicht werden können. Ein weiteres Kriterium betrifft die Akzeptanz migrationspolitischer Interventionen zur Veränderung der Einwohnerzahl und/oder der Populationsstruktur eines Staates, die gemeinhin weniger kritisch bewertet werden als beispielsweise etwaige Versuche der Politik, auf das Reproduktionsverhalten der Bürger Einfluss zu nehmen. Migrationspolitische Maßnahmen werden zumindest von der nativen Bevölkerung in der Regel nicht, wie dies etwa bei pro- oder antinatalistischen Maßnahmen der Fall sein kann, als Verletzung des individuellen Selbstbestimmungsrechts aufgefasst.

Der tatsächliche Erfolg der Anwendung migrationspolitischer Instrumente hängt allerdings wesentlich davon ab, welches konkrete Ziel damit verfolgt werden soll. So kann es etwa durchaus naheliegend erscheinen, einen kurz- oder mittelfristig auftretenden Fachkräftemangel durch die Modifikation der Einwanderungsregeln abmildern zu wollen. In Deutschland wurde dies zuletzt in größerem Umfang versucht, als in den Jahren zwischen 2000 und 2004 dem Mangel an hochqualifizierten IT-Fachkräften durch die Förderung der Einwanderung entsprechend ausgebildeter Arbeitskräfte mittels einer von der rot-grünen Regierung unter Bundeskanzler Gerhard Schröder eingeführten „Greencard-Regelung"[17] begegnet werden sollte. Im Verlauf der Maßnahme stellte sich zwar heraus, dass ihr Erfolg letztlich eher bescheiden war[18], dennoch belegt dieses Beispiel zweierlei. Zum Ersten erwies es sich als vergleichsweise unproblematisch, einen sachlichen Konsens zwischen den verschiedenen politischen Lagern herzustellen, der schließlich tragfähig genug war, um die Verabschiedung des entsprechenden Programms durchzusetzen. Zum Zweiten konnte das Maßnahmenbündel[19] relativ schnell konkret umgesetzt werden. Beides wäre für den Fall eines etwaigen Versuchs der politischen Beeinflussung des Reproduktionsverhaltens mittels geburtenfördernder Maßnahmen nicht anzunehmen gewesen. Entsprechende Debatten werden in der Regel wesentlich kontroverser geführt, was sowohl den Prozess der Konsensfindung als auch den der eigentlichen Gesetzgebung verlangsamt. Die Beeinflussung demografischer Parameter mit Mitteln der Migrationspolitik erscheint daher schon allein aus politpraktischen Erwägungen kurzfristig erfolgversprechender als andere, bevölkerungspolitisch ebenso relevante, aber häufig konfliktträchtigere Ansätze.

Allerdings ist die Nachhaltigkeit solcher Interventionen begrenzt. Es ist kein Zufall, dass über Modifikationen der Migrationspolitik vor allem im Kontext relativ übersichtlicher Problemlagen nachgedacht wird. Im Zusammenhang mit der Bekämpfung eines in einem bestimmten geogra-

---

[17] Genaue Bezeichnung: Sofortprogramm zur Deckung des IT-Fachkräftebedarfs. Vgl. Bundesministerium für Arbeit und Sozialordnung, Referat Öffentlichkeitsarbeit und Kommunikation 2000. Ebenfalls zu dieser Maßnahme siehe Abschnitt 6.3.1 in dieser Arbeit.

[18] Zwischen 2000 und 2004 kamen über diese Regelung 16.442 ausländische IT-Fachkräfte nach Deutschland (http: //www.migration-online.de/migstat/view._aWQ9MjQz_.html, letzter Zugriff 24.09.2009). Eine andere Quelle geht von 18.000 zugewanderten IT-Fachkräften innerhalb dieses Zeitraums aus. Vgl. Preuß 2010.

[19] Zum Wortlaut der Verordnung siehe auch http: //www.gesetze-im-internet.de/it-argv/index.html (letzter Zugriff 19.08.2008).

fischen Raum oder Wirtschaftsbereich auftretenden Fachkräftemangels mag bevölkerungspolitisch motivierte Migrationspolitik eine gewisse Wirkung entfalten, grundlegende demografische Entwicklungen, wie die langfristig verlaufende Alterung und Schrumpfung einer ganzen Population, können damit jedoch kaum nennenswert beeinflusst werden. Zumindest erscheint dies wenig plausibel, solange von realistischen Annahmen ausgegangen wird.

Die derzeitigen demografischen Herausforderungen beziehen sich nicht nur, wie oft im Falle arbeitsmarktpolitischer Fragestellungen, auf einen kleinen Teil der Population, sondern sie bestehen vielmehr darin, im Interesse der gesamtgesellschaftlichen Entwicklung zunächst die Geschwindigkeit und schließlich die Richtung der ablaufenden Bevölkerungstransformation zu ändern. Insbesondere richten sich die Bemühungen auf Versuche zur Stabilisierung der Altersstruktur. Dieses Ziel kann jedoch allein mit migrationspolitischen Interventionen nicht erreicht werden. Einige Zahlenbeispiele genügen, um diese Feststellung zu belegen.

Um in Deutschland die Bevölkerungszahl bis 2050 konstant zu halten, müssten jedes Jahr 324.000 Menschen aus dem Ausland einwandern.[20] Für eine Konstanthaltung des Erwerbspersonenpotentials wären jährlich im gleichen Zeitraum bereits 458.000 Zuwanderer erforderlich, wobei sich dieses Exempel auf die Altersgruppe der 15- bis 64-Jährigen bezieht.[21] Bestünde das Ziel darin, den Altenquotienten allein mittels einer Erhöhung der Nettozuwanderung auf heutigem Niveau zu fixieren, müssten bis 2050 in jedem Jahr durchschnittlich 3,4 Millionen Menschen einwandern.[22] Während sich die beiden erstgenannten Zahlenwerte durchaus im Erfahrungsrahmen Deutschlands bewegen und damit für das Land möglicherweise tatsächlich noch verkraftbar wären, würde die letztgenannte Zahl die Grenzen des praktisch Realisierbaren bei weitem sprengen. Diese Rechenbeispiele verdeutlichen, dass der Bevölkerungsalterung als dem vorrangigen Problem der demografischen Entwicklung in Deutschland allein mit den Mitteln der Migrationspolitik nicht wirksam begegnet werden kann.

---

[20] Vgl. Rürup/Gruescu 2003: 55.

[21] Ebd.

[22] Um das Ziel einer raschen Stabilisierung des Altenquotienten auf heutigem Niveau ohne migrationspolitische Maßnahmen zu erreichen, wäre eine sofortige Erhöhung der Fertilitätsrate auf 3,8 durchschnittlich je Frau geborene Kinder oder eine Erhöhung des Renteneintrittsalter auf 77 Jahre notwendig. Vgl. Rürup/Gruescu 2003: 55.

Für Japan existieren ähnliche Berechnungen. Eine Aufrechterhaltung des Erwerbspersonenpotentials auf dem Niveau von 1995 würde bis 2050 eine jährliche Einwanderung von 609.000 Ausländern erfordern. Dies würde die Einwohnerzahl des Landes im gleichen Zeitraum auf 150,7 Millionen erhöhen. Die Folge wäre ein Ansteigen der Zuwandererzahl auf 46 Millionen, was dann einem Ausländeranteil von 30 Prozent entspräche.[23] Weitere Hochrechnungen, die sich auf eine Stabilisierung des Abhängigenquotienten beziehen, erbringen noch absurdere Resultate.[24] Auch im Fall Japans zeigt sich also, dass nur mit migrationspolitischen Mitteln allein keine maßgebliche Entschärfung der demografischen Probleme zu erreichen ist. Viele Faktoren stehen ohnehin einer tatsächlichen Realisierung solcher Zuwanderungsgewinne entgegen. Einer der wichtigsten betrifft die fehlende Akzeptanz von Zuwanderung in der nativen Bevölkerung Japans.

Auch in Deutschland ist die Einbürgerung der zugewanderten Migranten bis heute mit erheblichen Schwierigkeiten verbunden und hat immer wieder für gesellschaftlichen wie politischen Zündstoff gesorgt. Bereits die Integration der seit Mitte der 1950er Jahre zugewanderten Türken gilt als weitgehend gescheitert. Auch die Eingliederung anderer Gruppen, wie die der aufgenommenen Flüchtlinge der Jugoslawienkriege in den 1990er Jahren, verlief nicht wesentlich erfolgreicher. Diese Beispiele fanden in Japan durchaus Beachtung. Dort gilt der Fall Deutschlands als mahnendes Beispiel für die negativen Folgen einer verfehlten Einwanderungspolitik.

Ein weiteres Problem, welches im Rahmen der Diskussion über eine gesteuerte Zuwanderung von Ausländern häufig unzureichend thematisiert wird, betrifft den Umstand, dass völlig ungeklärt ist, woher die vielen Einwanderer, die zudem ja auch bestimmte Kriterien erfüllen müssten, überhaupt kommen sollten. Um die demografische Krise abzumildern, wäre es erforderlich, die Zuwanderung im Wesentlichen auf junge Ausländer zu beschränken. Vor dem Hintergrund der aus sozialpolitischem Kalkül gewünschten Stabilisierung des Abhängigenquotienten wäre es außerdem notwendig, strenge Aufnahmekriterien hinsichtlich des Ausbildungsstandes dieses Personenkreises zu formulieren und diese politisch durchzusetzen. Aufgrund der relativ hohen durchschnittlichen Qualifikationsanforderungen, die für viele berufliche Tätigkeiten auf dem deutschen und ebenso dem japanischen Arbeitsmarkt gelten,

---

[23] Vgl. United Nations, Department of Economic and Social Affairs, Population Division 2001: 53.

[24] Vgl. United Nations, Department of Economic and Social Affairs, Population Division 2001: 54.

würde ansonsten die Aufnahme einer hohen Zahl gering qualifizierter Personen eher zu einer Verschärfung der Probleme als zu deren Entspannung führen. Für die Stabilisierung der Sozialsysteme in beiden hier untersuchten Ländern sollte Zuwanderung im Idealfall den Anteil der Leistungserbringer dieser Systeme erhöhen. Angesichts der erfahrungsgemäß zu erwartenden tendenziell geringeren beruflichen Qualifikation eines großen Teils der potentiellen Einwanderer würde der Zustrom dieser Personen jedoch mit hoher Wahrscheinlichkeit genau das Gegenteil bewirken und den Anteil der von wohlfahrtsstaatlichen Leistungen Abhängigen innerhalb der Sozialsysteme noch zusätzlich ansteigen lassen.

Auf die ebenfalls zu berücksichtigende ethische Dimension solcher Zuwanderungsdebatten weist Herwig Birg hin. Er merkt an, dass eine erfolgreiche Rekrutierung junger und hochqualifizierter Ausländer in großem Stil auch bedeuten würde, die von anderen Ländern unter erheblichen Kosten und Mühen für die notwendige Ausbildung gewonnenen Früchte zu ernten und bemängelt, dass es darüber in Deutschland „nicht den geringsten Ansatz einer öffentlichen Reflexion" gebe (Birg 2005: 149). Bezug nehmend auf den in politischen Debatten häufig thematisierten „Wettbewerb um die Besten" anderer Länder spricht Birg sogar von einer „neuen Art des Kolonialismus" (ebd.). Hinzu kommt, dass Japan und Deutschland in diesem Wettbewerb auch mit anderen Industrienationen konkurrieren, die vor ähnlichen demografischen Herausforderungen stehen. Die in den Industriestaaten benötigten beruflichen Qualifikationen werden fast ausschließlich auch dort erworben, wo sie nachgefragt werden, so dass sich der Wettbewerb um die ausländische Qualifikationselite im globalen Maßstab letztlich als Sackgasse erweist.

Zusammenfassend ist festzustellen, dass Migrationspolitik nicht dazu taugt, die durch den demografischen Wandel bedingten Probleme eines Landes nachhaltig zu lösen. Sie kann allenfalls in begrenztem Umfang dazu beitragen, eine Verlangsamung des Populationsrückgangs zu bewirken. Für eine grundlegende Trendwende hinsichtlich der Verschiebung der Altersstruktur der Bevölkerung kann sie weder in Deutschland noch in Japan einen substantiellen Beitrag leisten. Migrationspolitische Maßnahmen erscheinen daher als flankierende Elemente bevölkerungspolitisch motivierter Interventionen sinnvoll, haben aber für sich allein genommen nur relativ geringen Einfluss auf den weiteren Verlauf der demografischen Entwicklung der betreffenden Staaten.

In langfristiger Perspektive ist eine grundlegende demografische Kursänderung nur durch die Veränderung des reproduktiven Verhaltens der Bevölkerung möglich. Weder die Alterung von Gesellschaften noch die Schrumpfung von Populationsgrößen können aufgehalten werden, sofern das Fertilitätsniveau nicht mindestens auf den zur Bestandserhaltung erforderlichen Wert ansteigt. Dieser liegt beim gegenwärtigen Stand der Mortalität sowohl in Japan als auch in Deutschland bei etwa 2,1 lebend geborenen Kindern je Frau. Niedriger lag diese Schwelle auch in historischer Betrachtung nie. Ein weiteres Absinken ist zudem praktisch unmöglich, da die Sterblichkeit in beiden Staaten mittlerweile ein äußerst geringes Niveau erreicht hat und dieses in Zukunft allenfalls noch marginal unterschritten werden kann. Politische Maßnahmen, welche ernsthaft auf die Verlangsamung, Stabilisierung oder gar auf eine Umkehr der gegenwärtig ablaufenden demografischen Entwicklung abzielen, wären somit nicht nur auf den Bereich der Migrationspolitik zu beschränken, sondern müssten auch pronatalistische Optionen einbeziehen.

Inwieweit dies in den Untersuchungsländern gesellschaftlich und politisch konsensfähig ist, ist später noch zu untersuchen. Zunächst sollen wesentliche Elemente pronatalistischer Politik benannt und erläutert werden. Zusätzlich sind anhand einiger Beispiele für die Anwendung pronatalistischer Maßnahmen sowohl die möglichen Erfolgsaussichten als auch das Konfliktpotential solcher Politikinterventionen zu skizzieren.

2.1.3.2 Pronatalistische und antinatalistische Politik

Unter pronatalistischer Politik sind Bemühungen oder konkrete Maßnahmen zu verstehen, die darauf ausgerichtet sind, das Fertilitätsniveau eines Staates respektive eines spezifischen politischen Geltungsbereiches zu erhöhen. Dazu können neben der reinen Geburtenförderung auch Aktivitäten gezählt werden, die auf die Vermeidung oder ein Verbot von Verhütung und/oder Schwangerschaftsabbrüchen setzen. Ein weiterer möglicher Ansatz pronatalistischer Politik bezieht sich auf den Abbau von Hemmnissen, die einer Realisierung existierender Kinderwünsche entgegenstehen könnten.

Pronatalismus[25] ist jedoch nicht per se mit Bevölkerungspolitik gleichzusetzen, da geburtenfördernde Maßnahmen grundsätzlich auch anderen Zielsetzungen als bevölkerungspolitischen folgen können. Häufig steht Geburtenförderung beispielsweise mit religiösen Überzeugungen in Zusammenhang. Fast alle Weltreligionen befürworten eine solche Politik, wie Herwig Birg bemerkt (Birg 2004: 117). Im Verlauf der Geschichte kamen im Zusammenhang mit pronatalistischen Bestrebungen verschiedene Konzepte zum Tragen, die entweder auf Freiwilligkeit setzten, sich

---

[25] Seltener findet auch der Begriff Natalismus Verwendung.

verschiedener Repressionen bedienten oder aber auch Mischformen dieser beiden Ansätze darstellten.

Antinatalismus, die Umkehrung des Pronatalismus, ist auf die Reduktion der Geburtenzahlen ausgerichtet. Diese Form der willentlichen Beeinflussung des Reproduktionsverhaltens ist im weltweiten Kontext die weitaus am häufigsten anzutreffende. Außerhalb der entwickelten Industriestaaten überwiegt häufig die Sorge vor einer zunehmenden Verknappung lebenswichtiger Ressourcen, wie Wasser und Nahrung, infolge voranschreitender Überbevölkerung. Geburtenkontrolle im Sinne einer Reduzierung der Anzahl der durchschnittlich je Frau geborenen Kinder gilt als eine der wesentlichen Voraussetzungen für die Sicherung der Zukunftsfähigkeit oder gar für das Fortbestehen der Gesellschaften in Entwicklungs- und Schwellenländern. Zahlreiche dieser Staaten leiden unter den wirtschaftlichen, sozialen und ökologischen Folgen ihres anhaltenden Populationswachstums.[26]

Eines der prominentesten Beispiele für konsequente antinatalistische Politik ist China. Dort wurde 1979/80 die sogenannte Ein-Kind-Politik eingeführt, die per Gesetz regelte, dass jede Familie nur ein Kind bekommen durfte. Anlass für diese Maßnahme war das enorme Bevölkerungswachstum, welches das Land in der Zeit nach 1948 verzeichnete beziehungsweise die daraus resultierende Nahrungsmittelverknappung. China sah sich mit dem Bedrohungsszenario anhaltender und sich zukünftig noch weiter verschärfender Hungersnöte konfrontiert. Zudem hätte ein ungehemmtes Wachstum mutmaßlich auch die weitere ökonomische und soziale Entwicklung des Landes gefährdet. Obwohl selbst strenge Sanktionen nicht die vollständige Einhaltung des Gesetzes durch die Bevölkerung erzwingen konnten und die Ein-Kind-Politik vor allem in den ländlichen Gebieten nie so rigoros durchgesetzt werden konnte[27], wie dies außerhalb Chinas bisweilen den Anschein erwecken mochte,

---

[26] Dies bedeutet jedoch keineswegs, dass diese Länder nicht ebenso wie die entwickelten Staaten von einer Erhöhung des Durchschnittsalters ihrer Bevölkerungen betroffen wären. Die Fertilitätsraten befinden sich zwar weiterhin auf vergleichsweise hohem Niveau, so dass die Populationen vieler Entwicklungs- und Schwellenländer absolut betrachtet mittelfristig noch weiter wachsen werden. Da allerdings die Geburtenraten auch in den weniger entwickelten Weltregionen seit einiger Zeit beständig sinken und zudem die Mortalität abgenommen hat, hat auch dort bereits ein demografischer Alterungsprozess eingesetzt.

[27] Dort bestanden ohnehin Ausnahmeregelungen. Unter anderem war es Bauernfamilien erlaubt, ein zweites Kind zu bekommen, sofern der erstgeborene Nachkomme ein Mädchen war. Auch diverse ethnische Minoritäten in China waren von vornherein von der strengen Bevölkerungspolitik ausgenommen.

trug sie doch dazu bei, das Populationswachstum zu verlangsamen und so die befürchtete Versorgungskatastrophe zu verhindern. Allerdings führte sie auch dazu, dass in China ein Alterungsprozess einsetzte, der sogar noch schneller verläuft als in Japan und den westlichen Industriestaaten, einschließlich Deutschland.[28] In den letzten Jahren und mit zunehmendem Wohlstand der Chinesen wurde die Angst vor Hungersnöten von der Sorge vor einer Überlastung des Sozialsystems verdrängt. Mittlerweile sind Anzeichen für eine Abkehr von der Ein-Kind-Politik deutlich auszumachen. In der südchinesischen Millionenstadt Guangzhou wurde die Regelung bereits außer Kraft gesetzt. Paare mit einem Kind wurden dort sogar dazu aufgefordert, ein weiteres Kind zu bekommen (Spiegel Online 05.07.2007). China ist somit nicht allein ein Beispiel für die Umsetzung antinatalistischer Politik, sondern gleichzeitig auch ein Exempel für einen politischen Paradigmenwechsel hin zu einer pronatalistischen Neuorientierung vor dem Hintergrund veränderter demografischer Voraussetzungen.

Grundsätzlich kann festgehalten werden, dass die Beeinflussung des Reproduktionsverhaltens mit politischen Mitteln, egal ob in Form pronatalistischer oder antinatalistischer Interventionen, für die demografische Entwicklung durchaus von hoher Relevanz sein kann, wenn sie denn langfristig betrieben wird. Allerdings gilt dies für geburtenfördernde Politik nicht in gleichem Maße wie für antinatalistische Bestrebungen. Außerdem muss festgestellt werden, dass es äußerst schwierig ist, Veränderungen des Geburtenverhaltens im Nachhinein auf bestimmte politische Interventionen zurückzuführen beziehungsweise deren Wirksamkeit von anderen Faktoren isoliert zu erfassen. Während also die Wirksamkeit antinatalistischer Maßnahmen, wie etwa im Fall Chinas, leicht zu belegen ist, gibt es kaum Beispiele dafür, dass mittels pronatalistischer politischer Maßnahmen eine wesentliche Erhöhung des Fertilitätsniveaus, insbesondere über das Bestandserhaltungsniveau hinaus, herbeigeführt werden kann. Meist sind etwaige Erfolge entsprechender Bemühungen nur von vorübergehender Dauer. In langfristiger Perspektive sind die Chancen, eine nennenswerte Erhöhung der Geburtenrate zu erreichen, als relativ gering einzuschätzen. Das Instrumentarium, welches politischen Systemen in diesem Zusammenhang zur Verfügung steht sowie die Frage nach der möglichen Wirksamkeit pronatalistisch ausgerichteter Politik, sollen im folgenden Abschnitt kurz erörtert werden.

---

[28] Zum weltweiten Verlauf demografischer Trends siehe auch Schulz/Swiaczny 2005.

2.1.3.3 Zentrale Elemente pronatalistischer Politik

Pronatalistische Politik kann im Einzelnen sehr unterschiedliche Merkmale aufweisen, die jedoch im Wesentlichen zwei diametralen Ansätzen zuzuordnen sind. Einerseits können politische Anreize und Unterstützungsmaßnahmen zugunsten von Kindern, Eltern oder ganzen Familien dazu eingesetzt werden, ökonomische, soziale oder organisatorische Hemmnisse zu reduzieren, die einer Verwirklichung vorhandener Kinderwünsche entgegenstehen. Andererseits kann pronatalistische Politik auch über Maßnahmen zur Eindämmung der verschiedenen Möglichkeiten der Geburtenkontrolle erfolgen. Dieser Ansatz kann wiederum über Einschränkungen, Verbote oder gar Repressalien, etwa hinsichtlich des Gebrauchs und der Verfügbarkeit von Kontrazeptiva oder aber der Durchführung von Schwangerschaftsabbrüchen, verfolgt werden. Im realen Politikbetrieb ist häufig ein Mix aus beiden Ansätzen zu beobachten. Während aktive Geburtenförderungspolitik in der Regel auf Anreize zur Realisierung bestehender Kinderwünsche setzt oder es im Idealfall auch bewirken kann, den Kinderwunsch junger Menschen zu verstärken, können politisch durchgesetzte Einschränkungen, Verbote oder Repressalien zur Eindämmung potentiell geburtenvermeidenden Verhaltens nur indirekt pronatalistisch wirken.

Es soll an dieser Stelle nicht der Versuch unternommen werden, sämtliche denkbaren Maßnahmen geburtenfördernder Politik darzulegen. Dennoch sollen kurz einige der häufiger angewandten Elemente des Pronatalismus benannt werden, um die Bandbreite des Instrumentariums zu verdeutlichen, welches politisch Handelnden zum Zweck einer Erhöhung des Reproduktionsniveaus der betreffenden Bevölkerung zur Verfügung steht.

Als politisch vergleichsweise unkompliziert und besonders einfach umzusetzen gelten Maßnahmen, die sich auf bloße Appelle an potentielle Mütter beziehungsweise Eltern beschränken. Sowohl in Japan als auch in Deutschland lässt sich seitens der politischen Akteure, aber auch der Massenmedien, eine in der jüngeren Vergangenheit deutlich gestiegene Tendenz beobachten, eindrücklich auf diverse Nachteile hinzuweisen, die sich mutmaßlich aus der demografischen Entwicklung ergeben sollen. Besonders im Zusammenhang mit Fragen der künftigen Sicherung von Renten-, Gesundheits- und Sozialsystemen werden häufig ausgesprochene Negativszenarien entworfen. Gleichzeitig wird typischerweise auf die Verantwortung des Einzelnen für die zukünftige Entwicklung der Gesamtgesellschaft rekurriert, wobei das vermeintlich zu niedrige Fertilitätsniveau als eine Hauptursache der drohenden Misere in den Fokus gerückt wird. Mit der Beschreibung der mannigfaltigen Effekte, die angeblich aus der geringen Reproduktionsneigung der Bevölkerung resultieren, wird häufig, ob stillschweigend oder auch offen formuliert, die Hoffnung verknüpft, dass ein Reflektieren über die meist als krisenhaft geschilderte demografischen Lage die Adressaten dieser Einbringungen dazu bewegt, ihre Einstellung zu Familie und Kindern positiver zu bewerten und im Idealfall vorhandene Kinderwünsche zu realisieren. So kreisen appellative pronatalistische Maßnahmen im Kern oft um die Frage nach der gesamtgesellschaftlichen Verantwortung des Einzelnen und thematisieren insofern, bewusst oder unbewusst, die Diskrepanz zwischen gesellschaftlicher und individueller Rationalität.

Ein weiteres Handlungsfeld betrifft die Geburtenförderung mittels direkter und indirekter Anreize. Zu den direkten Maßnahmen gehören beispielsweise Kindergeldzahlungen. Durch diese Art von Finanztransfers, die in der Regel unmittelbar mit der Kinderzahl verknüpft sind, kann die materielle Situation von Familien sehr zielgerichtet verbessert werden. Allerdings können solche Leistungen hohe Kosten für die öffentlichen Haushalte verursachen, wobei ihre Wirksamkeit hinsichtlich einer nachhaltig positiven Beeinflussung der Geburtenhäufigkeit, wie später zu zeigen sein wird, durchaus begrenzt ist. Deutschland steht geradezu exemplarisch für diese Art pronatalistischer Politik.

Auch über indirekte Anreize, also eine relative Besserstellung von Menschen mit Kindern gegenüber Kinderlosen, kann ein Staat versuchen, eine Erhöhung der Gesamtfertilität zu bewirken. Die Umsetzung solcher Konzepte kann auf verschiedenen Wegen erfolgen. Eine Möglichkeit besteht beispielsweise in der differenzierten Besteuerung der Einkommen beziehungsweise der Schaffung von materiellen und immateriellen Vorteilen für Eltern gegenüber Kinderlosen. Einige Staaten mit relativ hohen Fertilitätsraten, etwa Frankreich oder Schweden, gewähren Eltern unabhängig vom Familienstand steuerliche Vorteile. Auch in Deutschland existiert mit dem hauptsächlich von den konservativen politischen Kräften unterstützten Ehegattensplitting ein ähnliches Instrument. Allerdings bedeutet es in seiner gegenwärtigen Form für unverheiratete Eltern oft eine Benachteiligung gegenüber verheirateten Paaren, (selbst wenn diese kinderlos sind), weil es in erster Linie die Lebensform der Ehe und nicht wie in den oben genannten Staaten die eigentliche Existenz von Kindern fördert. Die wesentliche Schwäche dieses Instruments besteht in der mangelnden Berücksichtigung der sich verändernden gesellschaftlichen Realität. Diese ist zunehmend durch eine Pluralisierung der Lebens- und Familienformen gekennzeichnet, was immer häufiger dazu führt, dass die Erziehung von Kindern außerhalb des ehelichen Lebensmodells stattfindet. Die asymmetrische Besteuerung von Ehepaaren und die damit verbundene systematische Benachteiligung unverheirateter Eltern ist in Deutschland wiederholt Gegenstand familienpolitischer Kontroversen gewesen.

Abgesehen von pronatalistischen Lenkungsversuchen durch direkte oder indirekte finanzielle Anreize besteht für die Politik darüber hinaus die Option, die infrastrukturellen Rahmenbedingungen für Eltern und deren Kinder zu verbessern. Dies kann etwa im Bereich der Kinderbetreuung geschehen oder auch durch Bemühungen, für Menschen mit Kindern die Vereinbarkeit von Erwerbstätigkeit und familiärem Engagement zu erleichtern. Versuche zur Optimierung der außerhäuslichen Kinderbetreuung zielen oft auf die quantitative Ausweitung des Versorgungsangebots an öffentlichen oder privaten Kinderkrippen- und Kindergartenplätzen, die Erweiterung der Öffnungszeiten von Kindertagesstätten sowie auf die Sicherstellung einer angemessenen Qualifikation des Betreuungspersonals solcher Einrichtungen ab.

Ebenfalls zum Instrumentarium pronatalistisch motivierter Anreizpolitik sind auch Regelungen zu zählen, die eine familienfreundliche Organisation der Erwerbsarbeit betreffen. Der Gestaltungsspielraum zur Verbesserung der Vereinbarkeit von Arbeit und Familie wird dabei gleichermaßen von politischen, unternehmerischen und familiären Interessen definiert. Politische Interventionen können in Form arbeitsrechtlicher Regelungen, etwa durch gesetzliche Bestimmungen zum Schutz des Arbeitsplatzes für Eltern erfolgen. Auf betrieblicher Ebene umsetzbare Maßnahmen betreffen beispielsweise organisatorische Verbesserungen, etwa durch eine Flexibilisierung der Arbeitszeitgestaltung oder die Einrichtung von Betriebskindergärten. Die Verbesserung der Vereinbarkeit von beruflichen und familiären Interessen von Arbeitnehmern ist für eine pronatalistisch orientierte Anreizpolitik von besonderer Bedeutung. Das individuelle Maß an ökonomischer Unabhängigkeit, sozialer Sicherheit und zeitlicher Flexibilität ist für das Reproduktionsverhalten junger Menschen oft ausschlaggebend. Im Umkehrschluss gehören diesbezüglich als ungünstig bewertete Rahmenbedingungen zu den wichtigsten Hemmnissen für die Realisierung vorhandener Kinderwünsche.

Neben anreizorientierten Ansätzen besteht für politische Systeme auch die Option, pronatalistische Interventionen über die Eindämmung potentiell geburtenvermeidenden Verhaltens zu vermitteln. Dies gilt beispielsweise für Einschränkungen und Verbote von Verhütungsmitteln oder von Schwangerschaftsabbrüchen. In der politischen Praxis der meisten Wohlfahrtsstaaten gelten solche Maßnahmen allerdings zumindest als heikel, weil durch sie das individuelle Recht von Frauen, über sich und ihren Körper frei zu entscheiden, bewusst eingeschränkt wird. Während Befürworter eines eingeschränkten Zugangs zu Verhütungsmitteln sich häufig religiöser oder sittlicher Argumente bedienen, verweisen Verfechter von Abtreibungsverboten oder ähnlicher Restriktionen zusätzlich auf das Lebensrecht ungeborener Kinder, um eine solche Einschränkung der individuellen Entfaltungsfreiheit von Frauen zu rechtfertigen.

Der Rückgriff auf stark von religiösen, ethischen, moralischen und weltanschaulichen Überzeugungen beeinflusste Argumente erschwert tendenziell konsensuelles politisches Handeln. Dem hohen politischen, aber auch gesellschaftlichen Konfliktpotential, welches mit Forderungen und/oder der Durchsetzung von Maßnahmen zur Erschwerung, Einschränkung beziehungsweise zum Verbot von Verhütung und Abtreibung mittels gesetzlicher Regelungen verbunden ist, steht eine vergleichsweise geringe bevölkerungspolitische Relevanz gegenüber. Das Merkmal mit der weitaus höchsten Relevanz für das reproduktive Verhalten einer Bevölkerung und somit deren demografischer Entwicklung, nämlich die von jungen Menschen tatsächlich gewünschte Kinderzahl, wird von solchen Maßnahmen ohnehin nicht berührt. Der Ansatz, eine spürbare Anhebung der Fertilitätsrate durch politische Maßnahmen zur Eindämmung potentiell geburtenvermeidenden Verhaltens bewirken zu wollen, erscheint insofern wenig erfolgversprechend.

2.2 Forschungsdesign

Die Reaktionen politischer Systeme auf die durch den demografischen Wandel hervorgerufenen Veränderungen können je nach Forschungsinteresse auf unterschiedliche Weise untersucht werden. Da in dieser Arbeit das Augenmerk auf die Frage gerichtet ist, ob der aus der Veränderung von Bevölkerungsmerkmalen resultierende politische Handlungsdruck auch zu einem belegbaren politischen Paradigmenwechsel im Sinne einer stärkeren Betonung pronatalistisch-bevölkerungspolitischer Elemente führt, ist es vor Beginn der eigentlichen Analyse notwendig, ein Konzept zu entwickeln, das es ermöglicht, in diesem speziellen Kontext aussagekräftige Antworten zu finden. Nachfolgend soll das hier verwendete Forschungsdesign erläutert und begründet werden.

In einem ersten Schritt ist die Abgrenzung des Forschungsgegenstandes weiter zu präzisieren. Dazu soll zunächst die Fokussierung der Untersuchung auf den Bereich der Familienpolitik begründet werden. Weiterhin ist zu erörtern, warum ein Ländervergleich für die untersuchte Fragestellung sinnvoll ist und weshalb Japan und Deutschland sich für diesen Vergleich besonders anbieten. Daran anschließend wird die dieser Arbeit zugrunde liegende theoretische Konzeption dargelegt, mit der sich politische Veränderungsprozesse nachweisen lassen und die darüber hinaus auch eine Einschätzung des Grades solcher Veränderungen ermöglicht. Im Rahmen dieser Darstellung werden auch alternative Forschungsansätze zur Untersuchung politischer Veränderungsprozesse berücksichtigt. Die in dieser Arbeit vertretene Hypothese postuliert einen politischen Paradigmenwechsel. Daher ist es erforderlich, Kriterien festzulegen, die erfüllt sein müssen, um tatsächlich einen solchen fundamentalen Umschwung konstatieren zu können beziehungsweise die Annahme eines Paradigmenwechsels verwerfen zu müssen.

2.2.1 Fokussierung auf Familienpolitik

Da die Zielsetzung dieser Arbeit auf die Suche nach bevölkerungspolitischen und hierbei vornehmlich pronatalistischen Elementen in der Politik Japans und Deutschlands ausgerichtet ist, muss sich die Analyse der Reaktionen der politischen Systeme dieser Staaten auf die Herausforderungen des demografischen Wandels vor allem auf jenen Entscheidungsraum konzentrieren, in dem etwaige bevölkerungspolitisch motivierte Maßnahmen potentiell am stärksten zum Tragen kommen. Von zentraler Bedeutung ist hier der Bereich der Familienpolitik.

Eine genaue Abgrenzung von Familienpolitik gegenüber anderen politischen Handlungsfeldern ist indes nicht trivial. Obgleich der gebräuchliche Oberbegriff „Familienpolitik" den Eindruck erwecken mag, es handele sich hierbei um einen eindeutig zu definierenden Politikbereich, ist familienpolitisches Handeln nicht auf die Tätigkeit eines einzelnen Ressorts festzulegen. Vielmehr überschneiden sich in der Familienpolitik verschiedene Politikbereiche.[29] Ressortübergreifendes Handeln ist geradezu eines der bestimmenden Merkmale von Familienpolitik. Das Fehlen einer präzisen Abgrenzung zu anderen Ressorts macht eine genaue Definition von Familienpolitik schwierig.[30] So können beispielsweise steuerliche Entlastungen zugunsten von Ehepaaren oder Familien je nach Sichtweise entweder als familienpolitische oder als finanzpolitische Maßnahmen interpretiert werden. Eine auf die Belange von Familien, Frauen und Kindern Einfluss nehmende Politik muss außerdem nicht zwangsläufig

---

[29] Begriffliche Unschärfen bestehen außerdem auch hinsichtlich der Definition dessen, was unter „Familie" zu verstehen ist. Rürup und Gruescu weisen beispielsweise darauf hin, dass es weder in Deutschland selbst noch im Vergleich mit anderen Ländern der Europäischen Union einen Konsens darüber gibt, was unter „Familie" beziehungsweise „familialen Lebensgemeinschaften" zu verstehen sei. Siehe Rürup/Gruescu 2003: 3. Die konkrete Verwendung der Termini „Familienpolitik" und „Familie" hängt in der Regel auch von normativen, kulturellen und weltanschaulichen Einflüssen ab.

[30] Zur Debatte über eine geeignete Definition der Begriffe „Familie" und „Familienpolitik" siehe auch Rüling/Kassner 2007: 12.

im engeren Sinne familienpolitisch intendiert sein, sondern kann durchaus anderen, etwa fiskalischen Überlegungen folgen.

Ähnliche Definitions- und Abgrenzungsprobleme können sich, wie später zu zeigen sein wird, bezüglich der Frage ergeben, ob beziehungsweise von welchem Zeitpunkt an im jeweiligen Untersuchungsland überhaupt von der Existenz einer zielgerichteten Familienpolitik auszugehen ist. Zumindest im Fall Japans ist diese Frage durchaus kontrovers zu diskutieren. In dieser Arbeit wird die Auffassung vertreten, dass die Tatsache, dass dort bis heute kein Familienministerium existiert, nicht bedeutet, dass in Japan keine koordinierte, auf Familienbelange ausgerichtete Politik betrieben würde. Ausschlaggebend für eine Bewertung muss letztlich sein, ob überhaupt auf diese Belange zugeschnittene politische Instrumente existieren beziehungsweise mit welcher Intention sie jeweils installiert, angewendet oder modifiziert werden. Solche Instrumente zu erläutern und die mit ihnen verfolgten Absichten darzulegen, ist eines der Anliegen dieser Untersuchung.

Die Auswahl der zu erörternden Maßnahmen erfolgt auf Grundlage ihrer Relevanz hinsichtlich etwaiger bevölkerungspolitischer Intentionen der politisch handelnden Akteure. In diesem Zusammenhang werden materielle und immaterielle Unterstützungsleistungen des betreffenden Staates für Familien beziehungsweise Kinder ebenso berücksichtigt wie Maßnahmen zur Verbesserung der Vereinbarkeit von Arbeit und Beruf, insbesondere für Frauen. Darüber hinaus sind aber auch Konflikte grundsätzlicher Art nachzuzeichnen, welche sich zum Beispiel an der sich verändernden Rolle von Frauen in Familie, Arbeitswelt und Gesellschaft entzünden. In Japan und Deutschland, mit ihren jeweils stark von konservativen Wertvorstellungen (im Fall Japans auch von liberalen Ansätzen) beeinflussten Wohlfahrtssystemen[31], haben solche Diskussionen vor dem Hintergrund des zunehmenden demografischen Drucks gerade in letzter Zeit eine deutliche Dynamisierung erfahren.

2.2.2 Begründung des Ländervergleichs zwischen Japan und Deutschland

Der demografische Wandel ist ein Phänomen von internationaler Relevanz. Für eine Analyse und die qualitative Einschätzung möglicher politischer Reaktionen auf die dadurch bedingten Problemlagen ist es hilfreich, möglichst unterschiedliche Perspektiven auf das Geschehen zu berücksichtigen. Aus diesem Grund sollen in dieser Arbeit zwei Länder

---

[31] Hier wird Bezug genommen auf die häufig zitierte Klassifikation von Wohlfahrtsstaaten nach Esping-Andersen. Vgl. Esping-Andersen 1990.

miteinander verglichen werden, die für das Verständnis der Bevölkerungsentwicklung und der demografischen Alterung innerhalb der Gruppe der entwickelten Industriestaaten von besonderer Bedeutung sind. Deutschland gilt als der Staat, in dem die demografische Alterung besonders früh einsetzte. In Japan, wo einerseits die Fertilitätsrate bereits auf ein besonders niedriges Niveau gesunken ist und andererseits die durchschnittliche Lebenserwartung der Menschen weltweit den höchsten Wert erreicht, hat dieser Prozess zwar etwas später begonnen, verläuft aber seither von allen Industrienationen (abgesehen von China) am schnellsten und ist zudem am weitesten fortgeschritten. Im Fall der gegenwärtigen demografischen Veränderungen bietet sich ein Vergleich Deutschlands und Japans auch deshalb an, weil sich hinsichtlich des Tempos und des Verlaufs dieser Entwicklung, trotz einiger Unterschiede im Detail, so starke Parallelen ergeben, dass bezüglich der demografischen Ausgangsbedingungen für etwaige politische Reaktionen von sehr ähnlichen Voraussetzungen ausgegangen werden kann.[32]

Bei aller Ähnlichkeit der demografischen Rahmenbedingungen in den entwickelten Industrienationen bieten sich in den jeweiligen Staaten durchaus unterschiedliche Optionen, um den daraus resultierenden Herausforderungen politisch zu begegnen. Dabei werden diese grundsätzlichen Handlungsalternativen von der wohlfahrtsstaatlichen Grundorientierung ebenso beeinflusst wie von kulturspezifischen Merkmalen. Für die politischen Akteure der vom demografischen Wandel betroffenen Staaten ist ein Vergleich mit dem Ausland schon deshalb interessant, weil die dort diskutierten Ideen die eigene Debatte befruchten können und außerdem andernorts gemachte Erfahrungen bei der Entscheidung für oder gegen eine konkrete Maßnahme von hohem praktischen Nutzen sein können. Auf diese Weise ist es möglich, erwiesenermaßen taugliche Instrumente im eigenen Land zügiger zu implementieren beziehungsweise ungeeignete rascher zu verwerfen. Idealerweise kann der problemspezifische Lernprozess der am politischen Handeln beteiligten Akteure auf diese Weise deutlich beschleunigt werden. So erfolgte die Einführung der nach deutschem Vorbild gestalteten Pflegeversicherung in Japan beispielsweise nach deutlich kürzerer politischer Debatte als hier.

---

[32] Da auf Einzelheiten der demografischen Entwicklung beider Staaten in den jeweiligen Abschnitten (5.1 und 6.1) noch eingehend Bezug genommen wird, sei an dieser Stelle nur auf einen, allerdings markanten Wendepunkt der Populationsentwicklung verwiesen. In beiden Ländern hat etwa zur gleichen Zeit ein Rückgang der Bevölkerungsgröße eingesetzt. In Japan im Jahr 2005 (Foreign Press Center Japan 26.12.2005; The Asahi Shimbun 17.12.2005). In Deutschland bereits im Jahr 2003 (Statistisches Bundesamt 2006).

Auch aus deutscher Sicht bietet sich ein Vergleich mit Japan an. Ebenso wie in Deutschland vollzieht sich auch dort eine rapide Alterung der Bevölkerung, die ihre Ursachen in der gestiegenen Lebenserwartung und der innerhalb der letzten Jahrzehnte stark gesunkenen Geburtenrate hat. Diese Entwicklung hat in Japan zwar etwas später eingesetzt als in Deutschland, verläuft dort aber umso schneller. Deshalb sieht sich das dortige politische System grundsätzlich mit den gleichen Herausforderungen konfrontiert wie das deutsche und steht sogar unter noch stärkerem Reformdruck, um das erreichte Wohlfahrtsniveau auch in Zukunft zu erhalten. Es ist daher aus deutscher Perspektive außerordentlich interessant zu beobachten, welche Lösungsansätze aus einer annähernd identischen Problemlage heraus in Japan generiert werden. Der Vergleich ist auch angesichts der Parallelen beider Länder hinsichtlich ihrer wohlfahrtsstaatlichen Grundorientierung attraktiv. Nach der (modifizierten) Systematik Esping-Andersens[33] sind beide zur Gruppe der konservativen Wohlfahrtsstaatsregimes zu zählen, teilen also zumindest in der Tendenz ähnliche politische Handlungsmuster bezüglich der Organisation staatlicher Sozialleistungen.

Die Kategorisierung Esping-Andersens wird im Zusammenhang mit der familienpolitischen Kategorisierung von Staaten allerdings kontrovers diskutiert. So verweist beispielsweise Priscilla A. Lambert darauf, dass der Power-Mobilization-Ansatz Esping-Andersens im Fall Japans, zumindest hinsichtlich der Einordnung der dortigen familienpolitischen Aktivitäten, nicht Ziel führend sei (Lambert 2004: 30ff). Sie wendet ein, dass die Komplexität des Handlungsfeldes der Familienpolitik auf Grundlage dieses Ansatzes nicht hinreichend zu erfassen und daher die Systematik für diesen Politikbereich nicht aussagekräftig sei. Höhere Erklärungskraft schreibt Lambert einer alternativen Systematik auf Grundlage der gesellschaftlichen Stellung von Frauen zu, die besonders auch in der Familienpolitik ihren Niederschlag findet. Die Kategorisierung von Sozialstaaten bezüglich ihrer familienpolitischen Philosophien sollte deshalb in Form einer Zuordnung zu Modellen erfolgen, welche die Stellung von Frauen im Kontext familialer, gesellschaftlicher und politischer Strukturen berücksichtigen. Konkret sollte sich eine solche Eintei-

---

[33] Ursprünglich wurde Japan in dieser Systematik der Kategorie der liberalen Wohlfahrtsstaatsregimes zugeordnet (Esping-Andersen 1990). Später nahm Gøsta Esping-Andersen mehrere Repositionierungen vor, im Zuge derer er Japan erst der Kategorie der konservativen Wohlfahrtsstaatsregimes zuordnete und es ab 1999 schließlich als konservativ-korporatistisch charakterisierte. Zu diesen Repositionierungen und Esping-Andersens Beweggründen dafür siehe Seeleib-Kaiser 2001: 13–14.

lung daher Lamberts Ansatz zufolge darauf beziehen, ob die Familienpolitik eines Staates sich eher am Breadwinner- beziehungsweise Alleinernährermodell orientiert, auf liberalen Ideen aufbaut oder Gender-neutrale Züge aufweist.[34] Das Alleinernährermodell bezieht sich auf Arrangements, bei denen Familien vorrangig von einem männlichen Alleinernährer versorgt werden, wobei Frauen sich in der Regel in wirtschaftlicher Abhängigkeit von ihrem männlichen Partner befinden. Dagegen ist das Liberale Modell einerseits durch die Gewährung minimaler öffentlicher Leistungen für die Familienförderung und -unterstützung gekennzeichnet sowie andererseits durch das Fehlen darüber hinaus reichender Maßnahmen zur aktiven Förderung oder Ermutigung jener Frauen, die eine eigene Erwerbstätigkeit anstreben. Staaten, die ihrer Familienpolitik ein Gender-neutrales Modell zugrunde legen, zeichnen sich Lamberts Vorschlag zufolge durch eine sozial- und familienpolitische Förderung der Geschlechtergleichstellung sowie gezielter arbeitsmarktpolitischer Maßnahmen zur Förderung weiblicher Erwerbstätigkeit beziehungsweise zur Verbesserung der Vereinbarkeit von Erwerbsarbeit und Familien-Engagement (etwa vermittels großzügiger Erziehungsurlaubsregelungen und/oder einem hohen quantitativen und qualitativen Niveau öffentlicher Kinderbetreuungsangebote) aus.[35]

Über die hier vorgestellten Klassifizierungen wohlfahrtsstaatlicher und familienpolitischer Regimes hinaus existieren noch weitere Ansätze, die ebenfalls auf die Formen familienpolitischer Interventionen rekurrieren, jedoch hier nicht ausführlich dargelegt werden sollen.[36] Unabhängig davon, auf welche Systematik Bezug genommen wird, sind große Ähnlichkeiten zwischen Japan und Deutschland hinsichtlich ihrer sozial- und familienpolitischen Grundorientierung augenscheinlich. Nach Esping-Andersen zählen beide zur Kategorie konservativer Wohlfahrtsstaaten. Für den Fall Japans gilt die Einschränkung, dass, auch bedingt durch den starken amerikanischen Einfluss während der Nachkriegszeit, das Politikverständnis von liberalen Ideen mitgeprägt wird und darüber hinaus zusätzlich auch korporatistische Elemente auszumachen sind. Innerhalb des von Lambert präferierten Schemas ist Deutschland idealtypisch dem

---

[34] Einen ähnlichen Ansatz verfolgt auch Jane Lewis, die sich mit ihrer Systematik der Wohlfahrtsstaatsregimes ebenfalls auf die soziokulturelle Bedeutung des Breadwinner-Modells beziehungsweise das jeweils dominierende Geschlechterrollenarrangement bezieht. Vgl. Lewis 1992.

[35] Für eine ausführlichere Erläuterung dieser Systematik, einschließlich einer exemplarischen Zuordnung einiger Industriestaaten, siehe Lambert 2004: 24–27.

[36] Dazu beispielsweise siehe auch Hülskamp 2006: 27.

Alleinernährermodell zuzuordnen, während Japan zusätzlich Züge des liberalen und des Gender-neutralen Modells aufweist und insofern eine Mischform der verschiedenen Modelle darstellt (Lambert 2004: 27).

Über diese Ähnlichkeiten hinaus weisen beide Staaten auch starke historische Parallelen auf. Sowohl der Prozess der Industrialisierung als auch das typischerweise dadurch in den sich entwickelnden Regionen initiierte rasche Bevölkerungswachstum setzten nach sehr ähnlichem Muster erst verhältnismäßig spät ein. Zudem mussten Japan und Deutschland schmerzhafte Kriegsniederlagen verkraften und infolge schwerster Zerstörungen enorme Wiederaufbauleistungen erbringen. In beiden Fällen betrieben die Regierungen in der Zeit zwischen den Weltkriegen deutlich pronatalistisch ausgerichtete Bevölkerungspolitiken, die von nationalistischen und rassistischen Ideen getragen waren. Beide Staaten verbindet der Umstand, dass die Erfahrungen mit dem Unrecht, welches im Namen dieser Politik jeweils begangen wurde, eine deutliche Ablehnung gegenüber bevölkerungspolitischen Ambitionen in der Nachkriegszeit begründeten. Diese Ablehnung manifestierte sich jeweils in Form einer fast dogmatisch aufrechterhaltenen Tabuisierung aller bevölkerungspolitischen Interventionen seitens der staatlichen Politik. Das bevölkerungspolitische Tabu hatte jahrzehntelang Bestand und prägte die politische Kultur beider Länder mit. In diesem Sinne wirkt es, sich allmählich abschwächend, bis in die Gegenwart fort. Die Ähnlichkeiten hinsichtlich der historischen Erfahrungen mit Bevölkerungspolitik, ihrer nationalistischen und rassistischen Auswüchse sowie der mit diesen Erfahrungen begründeten Ablehnung bevölkerungspolitischer Interventionen während der Nachkriegszeit machen einen Ländervergleich ausgesprochen interessant.

Die starke negative Konnotation, die seit Beginn der Nachkriegsära mit dem Begriff „Bevölkerungspolitik" verbunden ist, hat in Japan und Deutschland dazu beigetragen, dass solche Elemente im Rahmen der Gestaltung von Familienpolitik weitgehend ausgeklammert blieben. Erst die sich verbreitende Erkenntnis, dass der demografische Wandel das Potential besitzt, die etablierten Wirtschafts- und Sozialsysteme fundamental zu erschüttern, hat dazu geführt, dass dieses Tabu überhaupt wieder thematisiert wird. Die Ausgangslage für die Reaktionen der politischen Systeme beider Staaten auf die ablaufenden demografischen Veränderungsprozesse stellt sich auch bezüglich dieses Aspekts sehr ähnlich dar.

All diese Überlegungen werfen die Frage auf, ob vor dem Hintergrund der beschriebenen Parallelen damit zu rechnen ist, dass sich die Wohlfahrtspolitiken, beziehungsweise genauer formuliert die Familienpolitiken beider Länder konvergent entwickeln oder ob die politischen

Akteure in Japan und Deutschland zu voneinander abweichenden Schlussfolgerungen gelangen.[37] Dabei müssen sich konvergente und divergente Tendenzen in der politischen Entwicklung von Staaten nicht per se ausschließen, sondern können je nach Blickwinkel und Betrachtungsebene unterschiedlich wahrgenommen werden (Seeleib-Kaiser 2001: 26–27). Auf den untersuchten Forschungsgegenstand bezogen ist es denkbar, dass in beiden Staaten eine Neubewertung bevölkerungspolitischer und insbesondere pronatalistischer Elemente für den Bereich der Familienpolitik zu einer Abkehr von dem seit Kriegsende bestehenden Tabu bevölkerungspolitischer Interventionen führt und entsprechend auf dieser Ebene eine Konvergenz der Entwicklungen zu beobachten ist. Gleichzeitig ist es jedoch wahrscheinlich, dass sich die konkreten politischen Maßnahmen zur Bewältigung der demografischen Strukturveränderungen in beiden Ländern mehr oder weniger deutlich voneinander unterscheiden, die Entwicklungen auf Ebene des eingesetzten politischen Instrumentariums demzufolge also divergent erscheinen. Genau diese Differenzen machen den Vergleich der Familienpolitiken Japans und Deutschlands besonders interessant, weil sich aus ihnen für die politisch Handelnden auch die Chance ableitet, von den Erfahrungen anderer Staaten zu profitieren und gegebenenfalls eigene Lernprozesse zu beschleunigen.[38] Der Anspruch, die bestehenden demografischen Herausforderungen erfolgreich zu bewältigen, erfordert es geradezu von den politischen Akteuren beider Länder, ein möglichst breites Spektrum potentiell nutzbringender Optionen zu berücksichtigen und dabei auch Erfahrungen anderer Staaten zur Kenntnis zu nehmen. Der Vergleich zwischen Japan und Deutschland kann insofern aus der Perspektive beider Staaten gewinnbringend sein und zur Entwicklung jeweils geeigneter Lösungsansätze beitragen. Das japanische Fallbeispiel hat in dieser Arbeit insgesamt überproportionales Gewicht. Eines der Anliegen der Untersuchung ist es, einen vornehmlich an den deutschen Leser adressierten Überblick über die demografiepolitischen Aktivitäten Japans zu erarbeiten und durch den Verweis auf die deutsche Fallstudie eine Einordnung der in Japan ablaufenden politischen Prozesse zu ermöglichen. Insofern fällt der Vergleich

---

[37] Die Frage, ob die Sozialpolitiken verschiedener Staaten sich eher konvergent oder divergent entwickeln, untersucht beispielsweise auch Martin Seeleib-Kaiser am Beispiel der USA, Japans und Deutschlands. Vgl. Seeleib-Kaiser 2001.

[38] Freiwillige Policy-Transfers, bei denen gezielt Erfahrungen aus anderen Regionen, aber auch aus der Vergangenheit in aktuellen politischen Prozessen berücksichtigt werden, hat Richard Rose untersucht, der dafür den Begriff „Lesson-Drawing" verwendet. Vgl. Rose 1993.

bewusst asymmetrisch aus. Der bereits ausführlich in anderen Arbeiten behandelte deutsche Fall dient vor allem als Bezugspunkt der demografischen und demografiepolitischen Entwicklungen in Japan. Aus diesem Grund beschränkt sich die Analyse des deutschen Falls, neben der Darstellung der Ausgangsbedingungen für etwaige demografiepolitische Interventionen, auf einen vergleichsweise kurz gefassten Abriss der wichtigsten demografie- und bevölkerungspolitisch relevanten Entwicklungslinien.

2.2.3 Theorien zur Erklärung politischer Veränderungen

In Vorbereitung des Versuchs, politische Umbrüche und Paradigmenwechsel nachzuweisen, ist zu erörtern, wie politische Veränderungen überhaupt erklärt werden können. Wodurch sind politische Kurswechsel motiviert? Welches sind die treibenden Kräfte hinter solchen Prozessen? Die Policy-Forschung hat verschiedene Ansätze hervorgebracht, um auf solche Fragen Antworten zu finden. Einige sollen hier kurz vorgestellt werden. Dabei kann kein Anspruch auf Vollständigkeit erhoben werden. Es soll vielmehr ein kurzer Überblick über einige der wichtigsten Theorien gegeben werden.

Zunächst gilt für soziologische ebenso wie für naturwissenschaftliche Zusammenhänge, dass keine Zustandsveränderung ohne das Existieren einer spezifischen Ursache denkbar ist. Auf dieser Grundüberlegung baut auch das sozialwissenschaftliche Paradigma des Challenge-Response-Ansatzes auf. Der Ursprung dieses Modells geht auf den britischen Geschichtsphilosophen Arnold Joseph Toynbee (1889–1975) zurück, der das Wirken eines grundlegenden Gesetzes von Herausforderung und Antwort postulierte.[39] Die Bedeutung des Challenge-Response-Ansatzes[40] als forschungsleitende Perspektive für die Transformationsforschung wurde von Heinrich Best eingehend untersucht (Best 2007). Best stellt fest, dass es sich im Kern um eine akteurszentrierte Theorie sozialen Wandels handelt, die auch Fehlanpassungen und Entwicklungsumwege, einschließlich des katastrophalen Scheiterns, zulässt. Ein konkretes Entwicklungsziel ist dabei nicht vorgegeben, und soziale Entwicklungsprozesse sind grundsätzlich dadurch gekennzeichnet, dass die Folgen der Handlungen, mit denen Menschen Problemlagen begegnen, unabänderlich zu neuen Problemlagen führen (Best 2007: 12). Dieses ständi-

---

[39] Hier wird auf das 1961 vollendete Hauptwerk Toynbees *Der Gang der Weltgeschichte* Bezug genommen. Vgl. Toynbee 1961.

[40] Zur Klärung der Begriffe „Challenge" und „Response" im Zusammenhang mit diesem Ansatz siehe Reiser/Schnapp 2007: 29–38.

ge Generieren neuer Krisenszenarien infolge vorhergehender Problemlösungsversuche bezeichnet Best als „Challenges zweiter Ordnung" (Best
2007: 16–18). Grundsätzlich wird innerhalb des Challenge-Response-Pa-
radigmas davon ausgegangen, dass sich historische Verläufe als Verzwei-
gungsprozesse vollziehen, in denen sich Episoden schnellen Wandels
und erratischer Übergänge sowie langsamere Entwicklungsabschnitte
abwechseln (Best 2007: 14). Die erratischen Übergänge an historischen
Verzweigungspunkten münden schließlich wieder in Phasen emergenten
Wandels, welcher entlang von Entwicklungspfaden verläuft. Doch auch
in diesen Phasen, in denen wieder Institutionen bestimmend sind und
sich neue kognitive und normative Interpretationsschemata ausbilden,
entstehen selbst bei zunächst erfolgreicher Anpassung neue Probleme,
die schließlich von neuem zu Challenges werden (ebd.).

Die Herausforderungen infolge des demografischen Wandels sind für
solche Prozesse ein treffendes Beispiel. Besonders deutlich wird dies etwa
im Fall Chinas. In einer Zeit, die vor allem von Befürchtungen hinsichtlich der Folgen der prognostizierten Übervölkerung des Landes geprägt
war, reagierte die politische Führung des Landes vergleichsweise rigoros
mit der Einführung der Ein-Kind-Politik. In diesem Schritt war, obwohl
bezogen auf die ursprünglich verfolgten Absichten beachtliche Erfolge
erzielt werden konnten, die nächste Problemlage bereits angelegt. Gerade
weil die bevölkerungspolitische Reglementierung und die gezielte Begrenzung des Reproduktionsniveaus so erfolgreich verliefen, führte dies
dazu, dass als Folge der rasch sinkenden Geburtenzahlen auch eine
zuerst langsam verlaufende, sich aber immer weiter beschleunigende
Alterung der Population einsetzte. Dieser Trend machte schließlich erneute politische Eingriffe nötig und zwingt China gegenwärtig, wie oben
erwähnt, zu einer kritischen Infragestellung der bisherigen Ein-Kind-
Politik. Parallelen für das Auftauchen solcher Challenges zweiter Ordnung finden sich auch in Japan, wo ebenfalls in der Nachkriegszeit das
politische Interesse vor allem auf Maßnahmen zur Eindämmung eines zu
starken Bevölkerungswachstums gerichtet war, seit den 1990er Jahren
jedoch die Bemühungen forciert werden, dem mittlerweile eingetretenen
Geburtenrückgang und der Alterung der Population politisch zu begegnen.

Abgesehen von diesem Erklärungsmodell politischen Wandels existieren weitere Ansätze, die weniger das Kausalitätsprinzip in den Mittelpunkt der Betrachtungen rücken, sondern sich vor allem der Frage widmen, in welcher Weise bestimmte Faktoren den Verlauf und die Richtung
solcher Veränderungsprozesse letztlich bestimmen. Die nachfolgend angesprochenen Theorien beziehen sich auf lerntheoretische Ansätze.

Nils Bandelow unterscheidet drei Typen lerntheoretischer Erklärungsmodelle (Bandelow 2003: 116). Dem ersten Typus, der vor allem die wissenschaftliche Debatte der 1980er und frühen 1990er Jahre prägte, lassen sich demnach vor allem Ansätze zuordnen, die einen normativen Lernbegriff zugrunde legen. In Bezug auf politische Akteure wird Lernen dabei als mögliches Mittel zur Verbesserung der Effektivität und Effizienz öffentlicher Politik angesehen. Dies gilt etwa für die Konzepte des Government-Learning[41] oder auch des Lesson-Drawing[42], die in der Tradition der Politikfeldanalyse stehen. Diese Erklärungsmodelle sind eher praktisch ausgerichtet. So beschreibt zum Beispiel das Lesson-Drawing-Modell politische Lernprozesse, bei denen Erfahrungen aus anderen Regionen, aber auch aus der Vergangenheit in aktuellen politischen Prozessen berücksichtigt werden. Solche Handlungsmuster lassen sich recht häufig beobachten und spielen auch im Zusammenhang mit einer angemessenen Modifikation etablierter Politikinstrumente vor dem Hintergrund der Herausforderungen des demografischen Wandels eine Rolle. Nicht zuletzt stellt auch die vorliegende Untersuchung einen Versuch dar, andernorts gemachte Erfahrungen zu erfassen und so verwertbar zu machen.

Beim zweiten von Bandelow klassifizierten Typus lerntheoretischer Modelle steht der praktische Aspekt der Policy-Analyse eher im Hintergrund (Bandelow 2003: 116). Dieser Typus, dem etwa der Advocacy-Koalitionsansatz[43] zuzuordnen ist, hat zum Beispiel in der deutschen Politikfeldanalyse vor allem die Debatte Mitte der 1990er Jahre geprägt. Als Vertreter dieses Ansatzes sind unter anderem Hugh Heclo, Paul Sabatier und Hank Jenkins-Smith zu nennen. Sie verwenden den Lernbegriff für eine wertfreie Beschreibung der dauerhaften Veränderung politischer Verhaltensweisen auf Grundlage veränderter Überzeugungen. Das Konzept des Policy-Lernens dient in diesen Ansätzen weniger der Verbesserung praktischer Politik als vielmehr der verbesserten Erklärung politischer Veränderungen (ebd.). Der Advocacy-Koalitionsansatz knüpft an Überlegungen aus institutionalistischen Rational-Choice-Ansätzen an. Politische Entscheidungen werden danach zunächst nicht auf Wahrnehmungen politischer Akteure, etwa auf Sprache oder auf Argu-

---

[41] Vgl. Etheredge 1981: 73–161.

[42] Vgl. Rose 1993.

[43] Der Advocacy-Koalitionsansatz wurde von Paul Sabatier zusammen mit Hank Jenkins-Smith entwickelt (Sabatier/Jenkins-Smith 1999: 117–166). Er stellt keinen rein lerntheoretischen Ansatz dar und weist bezüglich einiger zentraler Aussagen Parallelen zu dem später noch ausführlich zu erörternden Modell Peter Halls auf.

mente, zurückgeführt, sondern auf Bedingungen, die nicht von den Überzeugungen und Wahrnehmungen politischer Akteure abhängen (Bandelow 2003: 107). Grundsätzlich steht bei diesem Konzept die Erklärung politischer Veränderungen im Vordergrund und weniger die Option, wissenschaftliche Ratschläge für die politische Praxis abzuleiten.

Als Wegbereiter dieser Sicht ist Hugh Heclo anzusehen, der in den 1970er Jahren den Versuch unternahm, die unterschiedlichen sozialpolitischen Entwicklungen in Großbritannien und Schweden zu erklären (Bandelow 2003: 99). Er betont, dass die jeweils gewählten politischen Strategien nicht allein als Reaktionen auf Probleme des aktuellen Zeitkontextes zu erklären sind. Vielmehr reflektieren sie gleichzeitig Erfahrungen mit früheren Strategien (Heclo 1974). Heclo hebt die Rolle einzelner Individuen („policy middlemen") für Prozesse des politischen Lernens hervor, die wesentlich dazu beitragen, dass sich historische Erfahrungen in den Strategien korporativer gesellschaftlicher Akteure überhaupt erst manifestieren. Heclo nimmt also Normen nicht als gegebene Größe an, sondern hinterfragt ihren Ursprung. Entscheidungen politischer Akteure sind dieser Sichtweise zufolge sowohl durch den anzunehmenden zukünftigen Nutzen als auch durch gegenwärtige Normen geprägt (Bandelow 2003: 100).

Der dritte in Bandelows Systematik unterschiedene Typus lerntheoretischer Ansätze der Policy-Analyse betrifft jene Konzepte, die auf eine stärkere begriffliche Differenzierung vor allem bezüglich des Lernbegriffs selbst abzielen. Als Lernen können danach Veränderungen von Entscheidungsstrukturen innerhalb politischer Organisationen, aber auch Veränderungen der Normen und Ziele politischer Akteure sowie „Verbesserungen" bezüglich der Strategien der jeweiligen politischen Handlungssubjekte zur Erreichung gegebener Normen und der vor ihrem Hintergrund formulierten Ziele bezeichnet werden (Bandelow 2003: 117). Diese Differenzierung ermöglicht es, die Praxisferne von Ansätzen zu reduzieren, welche Lernen allein als Veränderungsprozess charakterisieren (Malek/Hilkermeier 2003). Die Debatte um die praktische Anwendbarkeit theoretischer Ansätze ist nicht neu. Als zwei der sowohl hinsichtlich ihrer theoretischen als auch empirischen Rezeption einflussreichsten lerntheoretischen Ansätze der Policy-Analyse haben sich der bereits angesprochene Advocacy-Koalitionsansatz sowie Peter Halls Modell politischer Paradigmenwechsel herausgestellt (Bandelow 2003: 99). Die vorliegende Arbeit stützt sich konzeptionell auf die Systematik Peter Halls.

Das von Hall entwickelte Modell zur Erklärung politischer Paradigmenwechsel bezieht sich ursprünglich auf wirtschaftspolitische Fragestellungen (Hall 1993). Es gehört zu den einflussreichsten lerntheoretischen Ansätzen in der Politikfeldanalyse. Dabei ist zu beachten, dass Halls

Modell zunächst nicht als übergreifender analytischer Rahmen konzipiert ist, sondern auf die Erklärung eines konkreten empirischen Problems abzielt (Bandelow 2003: 103). Um ein solches handelt es sich auch bei dem in dieser Arbeit behandelten Forschungsgegenstand. Ähnlich wie Hall untersuchte, ob sich in der britischen Wirtschaftspolitik in den 1980er Jahren ein politischer Paradigmenwechsel vollzog, soll in der vorliegenden Studie nach einem solchen Wechsel hinsichtlich der Familienpolitiken zweier Staaten in den 1990er und den 2000er Jahren gefragt werden. Auch wenn es sich in beiden Fällen also um zwei unterschiedliche Politikbereiche handelt, lassen sich die zur Klärung dieser Fragestellung notwendigen konzeptionellen Elemente, trotz der fraglos bestehenden Unterschiede bezüglich der konkreten Merkmale und Aspekte der jeweils betrachteten Politikfelder, durchaus übertragen. Allerdings ist Halls Systematik für diese Arbeit geringfügig zu modifizieren beziehungsweise zuzuspitzen, denn im Gegensatz zu dessen Betrachtungen geht es hier weniger um eine Definition möglicher Abstufungen politischer Veränderungen, sondern konkret um die Frage, ob ein Paradigmenwechsel zu konstatieren ist oder ob dies (noch) nicht zutrifft. Das Modell wird also dahingehend angepasst, dass die mehrstufige Systematik Halls auf zwei bewertungsrelevante Zustände reduziert wird. Bevor dieser Gedanke weiter verfolgt wird, soll zunächst eine Erläuterung des Hall'schen Modells vorangestellt werden, um zu verdeutlichen, auf welchen Annahmen es basiert und welcher konzeptionellen Elemente es sich bedient.

2.2.3.1 Soziales Lernen:
Zentrale Bezugsgröße politischer Veränderungsprozesse

Ihren Ursprung hat die Hall'sche Systematik politischen Wandels in der Auseinandersetzung mit dem großen Erfolg keynesianischer Wirtschaftspolitik in der Zeit nach der Weltwirtschaftskrise der 1930er Jahre und während der drei Jahrzehnte nach Ende des Zweiten Weltkriegs. Die Ideen John Maynard Keynes' bildeten in vielen entwickelten Industriestaaten zu jener Zeit die Grundlage des wirtschaftspolitischen Handelns. Die Frage danach, warum sich dieses Paradigma zwar in vielen, aber dennoch nicht in allen diesen Staaten durchsetzen konnte, führte Hall dazu, nach Faktoren zu suchen, die eine solch unterschiedliche Entwicklung bedingten. Insbesondere untersuchte er, welche dieser Faktoren in jenen Staaten, die Keynes' Wirtschaftsmodell umsetzten, für dessen Erfolg ausschlaggebend waren (Hall 1989a). Er entwickelte sein Modell aus dem Fazit eines Sammelbandes[44], der in einer Reihe von Fallstudien zu

---

[44] Vgl. Hall 1989b.

unterschiedlichen westeuropäischen Ländern und den USA die Bandbreite der jeweiligen Umsetzung keynesianischer Elemente in der Wirtschaftspolitik verdeutlicht (Bandelow 2003: 103). Anfang der 1990er Jahre entwickelte er dieses Modell weiter, ging in seiner Fragestellung allerdings den entgegengesetzten Weg, indem er nun in einer separaten Fallstudie untersuchte, welche Faktoren in Großbritannien in den 1970er und 1980er Jahren dazu geführt hatten, dass der Keynesianismus als bestimmendes wirtschaftspolitisches Paradigma zugunsten des an seine Stelle getretenen Monetarismus aufgegeben wurde (Hall 1993). Dabei interessierte ihn besonders der Übergang von einem Paradigma zu einem anderen. Grundlage seines Erklärungsversuches für solche grundlegende Politikwechsel waren dabei lerntheoretische Überlegungen.

Ausgangspunkt von Halls Konzeption politischer Paradigmenwechsel ist dabei zunächst ein etabliertes Paradigma, welches von der Mehrheit der Handlungssubjekte getragen wird. Kommt es zu realen Entwicklungen, die durch das bestehende Paradigma nicht oder nur unzureichend erklärt werden können, treten seine Unzulänglichkeiten zumindest für die konkrete Krisensituation zunehmend zutage. Das Paradigma erscheint dann vor dem Hintergrund des tatsächlichen Ereignisverlaufs insofern immer stärker als ungeeignet, als es keine probaten Handlungsalternativen zur Bewältigung der aufgetretenen Herausforderungen mehr hervorbringen kann. Tritt infolge einer krisenhaften Situation dieser Fall ein, werden verstärkt alternative politische Prozesse getestet, was dazu führt, dass die Verfechter des alten Paradigmas an Einfluss verlieren. Es folgen öffentliche und politische Auseinandersetzungen um den richtigen Weg zur Bewältigung der Krise, die letztlich dazu führen können, dass das alte Paradigma verworfen und durch ein neues ersetzt wird. Dies geschieht in der Regel im Rahmen politischer Entscheidungsmechanismen, etwa Wahlen und Abstimmungen. Die Entwicklung von Institutionen festigt dann das neue Paradigma, zumindest so lange, bis eine neue Krise auch seine Plausibilität in Frage stellt.

Ob ein Paradigma sich durchzusetzen vermag, ist sowohl von politischen als auch von administrativen Faktoren abhängig. Zuerst muss es inhaltlich geeignet sein, zentrale Probleme[45] zu lösen (Hall 1989b: 370–375). Der zweite Faktor, der über den Erfolg eines neuen Paradigmas entscheidet, bezieht sich auf die Durchsetzungskraft innerhalb politischer Auseinandersetzungen, die sich oft weniger an rein wissenschaft-

---

[45] In Halls Untersuchung sind es ökonomische Probleme. Er spricht in diesem Zusammenhang daher von der Notwendigkeit der „economic viability" des neuen Paradigmas.

lichen Argumenten orientieren als vielmehr an spezifischen Interessen machtpolitisch relevanter Einflussgrößen, etwa von Parteien. Decken sich zentrale Aspekte des potentiellen neuen Paradigmas nicht mit solchen Interessen, ist sein Scheitern wahrscheinlich. Verfügt es aber über ein ausreichendes Maß an politischer Tragfähigkeit („political viability"), hängt es schließlich vom dritten, von Hall als maßgeblich erachteten Erfolgsfaktor, nämlich der administrativen Tragfähigkeit („administrative viability"), ab, ob es schließlich tatsächlich zu einem Paradigmenwechsel kommt. Es ist demnach erforderlich, dass auch die nicht parteipolitisch geprägten Institutionen eines politischen Systems, in Halls Betrachtungen etwa Zentralbanken, dazu bereit und in der Lage sind, die Umsetzung des neuen Paradigmas zu ermöglichen (ebd.).

Abb. 1: Schema politischer Paradigmenwechsel nach Peter Hall

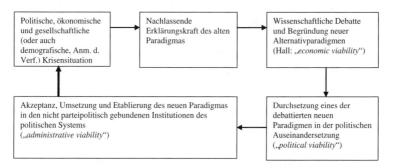

Quelle: Eigene Darstellung nach Hall (1989b). Ähnliche Abbildung bei Bandelow (2003: 105).

Das hier skizzierte Modell geht von einer zirkulären Entwicklung aus, im Zuge derer immer wieder neue Paradigmen an die Stelle alter Denkmuster treten, welche sich in einer spezifischen Krisensituation als untauglich erwiesen haben und daher obsolet geworden sind. Die beteiligten Akteure befinden sich dabei in einem fortlaufenden Lernprozess, in dessen Verlauf auf Grundlage vorangegangener Erfahrungen stetig neue Erkenntnisse mit dem bestehenden Handlungsmuster abgeglichen werden. Hall führt als Beleg für seine Interpretation des Lernbegriffs im Rahmen politischen Handelns folgendes Zitat von Paul Sacks an: *„The most important influence in this learning is previous policy itself."*[46] Stärker als die äußeren Umstände allein sind es demnach Erfahrungen mit bereits im Vorfeld der bestehenden Krise umgesetzten politischen Maßnahmen,

---

[46] Zitiert aus Hall 1993: 277. Vgl. Sacks 1980: 356.

welche den Lernprozess der jeweiligen Akteure maßgeblich bestimmen. Sofern möglich, werden diese Akteure stets versuchen, Handlungsoptionen aus bereits bekannten Mustern zu generieren beziehungsweise aus dem Vergleich mit ähnlichen Situationen der Vergangenheit plausible Schlussfolgerungen zu ziehen, die zur Entwicklung erfolgversprechender Problemlösungsstrategien führen. Erst wenn dieser Versuch fehlschlägt oder die Krisensituation erkennbar so stark von bis dahin bekannten Szenarien abweicht, dass ein Scheitern der bekannten Strategien im Rahmen des bestehenden Paradigmas zu erwarten ist, wird es grundlegend in Frage gestellt.

Das alte Muster wird also in der Regel erst dann revidiert, wenn bloße Adaptionen innerhalb dieser Logik nicht mehr ausreichen, um neu aufgetretenen Problemen in angemessener Weise zu begegnen und somit keine andere Option mehr besteht, als ein gänzlich neues Paradigma zu formulieren. Im realen politischen Geschehen erweisen sich solche Prozesse meist als langwierig und konfliktreich. Ein neues Paradigma ist häufig das Ergebnis lange andauernder Debatten und intensiv geführter Kontroversen. Deshalb sind grundlegende politische Richtungsänderungen vergleichsweise selten zu beobachten. Auf dem Weg dorthin lassen sich verschiedene Entwicklungsstadien beobachten. Hall bezieht sich in seiner Systematik auf drei Kategorien politischer Veränderungen, wobei nur die dritte mit einem politischen Paradigmenwechsel gleichzusetzen ist.

2.2.3.2 Klassifizierung von Policy-Change-Szenarien nach Peter Hall

Peter Hall unterscheidet drei Kategorien von Policy-Change-Szenarien, die jeweils als Ergebnis der oben beschriebenen Lernprozesse der am politischen Handeln beteiligten Akteure zu deuten sind.[47] Hall zufolge ist politisches Handeln als Prozess zu verstehen, der im Wesentlichen von drei Variablen beeinflusst wird: übergeordnete Ziele, welche die Politik in eine bestimmte Richtung lenken; Techniken oder politische Instrumente, mit Hilfe derer diese Ziele erreicht werden sollen; sowie die präzise Festlegung der genauen Justierung dieser Instrumente (Hall 1993: 278). Halls Systematik operiert im Spannungsfeld dieser Variablen, um Aussagen über die Tragweite politischer Veränderungen zu ermöglichen. Die wesentlichen Größen sind letztlich die Ziele und die Instrumente der Politik. Politische Instrumente sind dabei in unterschiedlicher Funktion als Stellschrauben innerhalb des jeweiligen politischen Systems relevant.

---

[47] Für eine detaillierte Erklärung der unterschiedlichen Kategorien beziehungsweise Ordnungen politischen Wandels siehe Hall 1993: 281–287.

Sie können sowohl im Sinne einer bloßen Anpassung an veränderte äußere Bedingungen modifiziert als auch gänzlich durch neue Instrumente ersetzt werden. Übergeordnete Ziele sind als Ergebnis wissenschaftlicher, gesellschaftlicher und politischer Diskussionen zu verstehen. Sie stellen gewissermaßen die Richtschnur dar, an der konkrete politische Maßnahmen auszurichten sind und definieren mithin den Entscheidungsraum, innerhalb dessen Problemlösungsversuche unternommen werden können. Die Neuformulierung dieser Ziele ist die notwendige Voraussetzung, um einen politischen Paradigmenwechsel, im Sinne der nachfolgend kurz darzulegenden Systematik Halls einen Policy Change dritter Ordnung, konstatieren zu können. Allerdings kommt es im realen Politikbetrieb nur selten zu Umschwüngen solchen Ausmaßes. Häufiger lassen sich Konstellationen beobachten, die Hall als Policy Change erster beziehungsweise zweiter Ordnung bezeichnet.

Unter politischen Veränderungen erster Ordnung versteht Hall zunächst die Veränderung des Einsatzes bestehender politischer Instrumente im Sinne einer Anpassung an geänderte Rahmenbedingungen, ohne dabei jedoch die Instrumente selbst zu verändern. Dies geschieht häufig im regulären Politikbetrieb, beispielsweise dann, wenn Budgetschwankungen eine situationsabhängige Anpassung öffentlicher Unterstützungsleistungen erfordern. Veränderungen zweiter Ordnung beinhalten die Modifikation oder auch den Wechsel der politischen Instrumente selbst, allerdings unter Beibehaltung der übergeordneten Zielsetzung der Politik. Diese neuen oder modifizierten Instrumente dienen dazu, bereits formulierte Ziele zu erreichen. Das bedeutet, dass das etablierte Paradigma trotz veränderter Instrumente weiterhin fortbesteht. Seine Grundzüge werden bei Veränderungen dieser Art nicht in Frage gestellt. Politische Veränderungen dritter Ordnung, welche schließlich gleichbedeutend mit einem Paradigmenwechsel sind, lassen sich dann konstatieren, wenn nicht nur eine Veränderung der eingesetzten Instrumente erfolgt, sondern gleichzeitig auch eine Abkehr von den ursprünglich innerhalb des alten Paradigmas verfolgten Zielen der Politik vollzogen wird und diese Abkehr sich durch die Formulierung neuer übergeordneter Ziele respektive politischer Leitideen manifestiert.

Die Verwendung des Begriffs des Paradigmenwechsels für sozialpolitische Zusammenhänge stößt in der wissenschaftlichen Debatte teilweise auf Widerspruch, auch weil vollständige Paradigmenwechsel, wie sie im Kontext des von Peter Hall untersuchten Bereichs der Wirtschaftspolitik durchaus plausibel erklärbar sind, im Rahmen von Sozialpolitik unwahrscheinlicher erscheinen mögen. Tanja Zinterer weist in diesem Zusammenhang für den Bereich der Sozialpolitik auf die Existenz eines der Politik übergeordneten Rahmenparadigmas in Form gesellschaftlich verankerter Normen und Werte hin (Zinterer 2004: 35ff.). Gerade für die Familienpolitik gelte dies in besonderer Weise. Starke ethisch und moralisch begründete Überzeugungen bestimmten hier demnach maßgeblich die Reichweite und das denkbare Ausmaß politischer Veränderungen. Insofern seien nur innerhalb dieses Definitionsraums Abweichungen von einem bestehenden Paradigma möglich. Deshalb schlägt Zinterer vor, nicht von Paradigmenwechseln, sondern treffender vom Wandel sozialpolitischer Paradigmen zu sprechen. Im Zusammenhang mit bevölkerungspolitischen Überlegungen gibt sie weiter zu bedenken, dass auch eine Situation eintreten könne, in der ein neues politisches Paradigma gegen die Prinzipien eines übergeordneten Rahmenparadigmas verstößt, so dass im Prinzip gar kein vollständiger Paradigmenwechsel vollzogen würde. Im konkreten Bezug auf die Anwendung pronatalistischer Bevölkerungspolitik wirkten, laut Zinterer, vor allem historisch begründete Vorbehalte in der Gesellschaft und damit auch in Politik und Wissenschaft bis heute fort, die einen umfassend vollzogenen Paradigmenwechsel verhinderten (ebd.).[48] Im Verlauf dieser Untersuchung soll geklärt werden, ob sich dieser Vorbehalt entgegen den Erwartungen Zinterers aufzulösen beginnt und genau aus diesem Grund doch ein Paradigmenwechsel im Bereich der Familienpolitik nachzuweisen ist.

Zunächst ist es jedoch erforderlich, zu präzisieren, in welcher Weise das eigentlich auf wirtschaftspolitische Fragestellungen zugeschnittene

---

[48] Allerdings ließe sich dieses Argument in ähnlicher Weise auch für wirtschaftspolitische Zusammenhänge anführen. Auch Wirtschaftspolitik findet letztlich eingebettet in ein übergeordnetes, normativ vermitteltes Rahmenparadigma statt. Schließlich sind auch die übergeordneten Ziele situativen wirtschaftlichen Handelns, nämlich das Generieren von Profiten sowie grundlegende wirtschaftsethische Überzeugungen, in der Regel deutlich stabiler als die im Laufe der Geschichte immer wieder veränderten wirtschaftspolitischen Deutungsmuster. Dennoch ist etwa Peter Halls Interpretation des Übergangs vom Keynesianismus zum Monetarismus in Großbritannien als paradigmatischem Wechsel von einer wirtschaftspolitischen Leitidee zu einer anderen durch diese Feststellung nicht weniger plausibel. Zinterers Kritik an der Übertragbarkeit des Hall'schen Modells auf sozialpolitische Zusammenhänge verweist auf eine gewissermaßen als Metaebene in Erscheinung tretende Dimension grundlegender menschlicher Normen und Wertvorstellungen, die jedoch Halls Verständnis von übergeordneten politischen Zielsetzungen im Sinne gesellschaftlich mehrheitsfähiger Leitideen entrückt ist. Dessen politisch kontextuierte Abgrenzung wirtschaftstheoretischer Modelle in Form unterscheidbarer Paradigmen negiert nämlich keineswegs die Existenz von Kontinuitäten und einer übergeordneten Rahmung, sondern verweist zuspitzend auf die prägenden Besonderheiten differenter, aber sich nicht vollständig widersprechender Wirtschaftsideologien zu verschiedenen zeitgeschichtlichen Phasen.

Konzept Peter Halls auf die hier verfolgte Problemstellung bevölkerungspolitisch respektive demografiepolitisch motivierter Veränderungen innerhalb der Familienpolitiken der untersuchten Vergleichsländer angewendet werden kann.

2.2.3.3 Anwendung des Hall-Modells auf demografiepolitische Zusammenhänge

Die politische Debatte über mögliche Folgen des demografischen Wandels ist sowohl in Japan als auch in Deutschland vor allem von eindring-
lichen Warnungen vor mutmaßlichen negativen Konsequenzen für die
bestehenden wohlfahrtsstaatlichen Systeme geprägt. Die Einschätzungen
bezüglich des tatsächlichen Krisenpotentials gehen dabei hauptsächlich
in Bezug auf die Tragweite der erwarteten Negativfolgen auseinander.
Dass jedoch wegen der demografischen Entwicklungen soziale, ökonomische und letztlich auch politische Verwerfungen zu erwarten sind,
wird indes kaum angezweifelt. In beiden Ländern teilt die Mehrheit der
politischen Akteure weitgehend die Sorge, dass es sich bei den gegenwärtig ablaufenden und für die kommenden Jahrzehnte prognostizierten
Bevölkerungsprozessen um eine Krise bedrohlichen Ausmaßes handelt.[49]
Diese Ausgangssituation ist für die weiteren Überlegungen von großer
Bedeutung. Peter Hall zufolge besteht eine Voraussetzung für politische
Paradigmenwechsel in der von einer Mehrheit der politischen Akteure
geteilten Überzeugung, mit einer Problemkonstellation konfrontiert zu
sein, die politische Veränderungen unumgänglich macht.

Dabei ist es zunächst unerheblich, welche Lösungsansätze für die
Bewältigung der demografischen Problemlage von den involvierten
Handlungssubjekten im Verlauf des politischen Verständigungspro-
zesses im Einzelnen diskutiert werden und ob sich die Befürchtungen
hinsichtlich des erwarteten Verlaufs der Krise in ihrem realen Verlauf
später auch tatsächlich als zutreffend erweisen. Entscheidend ist vielmehr, ob die Herausforderungen dieser Krise mehrheitlich als so umfassend eingeschätzt werden, dass sie eine Schwächung beziehungsweise die vollständige Aufgabe des bestehenden Paradigmas rechtfertigen.

---

[49] Die Charakterisierung des demografischen Wandels als Krise ist dabei keineswegs ein objektives Faktum, sondern zumindest teilweise auch ein Produkt
politisch-sozialer Konstruktionen, also das Ergebnis politischer und sozialer
Deutungs- und Interpretationsakte. Der Aspekt der Bevölkerungskonstruktion
ist innerhalb der bevölkerungssoziologischen Literatur immer wieder thematisiert worden. Dazu siehe Ehmer 2006; Mackensen 2005; Etzemüller 2007.

Die in der Nachkriegszeit bestehenden familienpolitischen Paradigmen der in dieser Arbeit untersuchten Staaten lassen sich unter anderem durch die Kontinuität zweier wichtiger Merkmale beschreiben. Eines bezieht sich auf die in beiden Gesellschaften dominierende Auffassung, dass Familienbelange in erster Linie der individuellen respektive familiären Verantwortung der betreffenden Personen obliegen und staatliche Hilfeleistungen allenfalls ergänzenden Charakter haben sollten, etwa um wirtschaftliche oder soziale Benachteiligungen auszugleichen. Eine darüber hinausreichende Einmischung staatlicher Politik in Familienfragen wird im Rahmen dieser Politikauffassung abgelehnt. Dies gilt insbesondere im Hinblick auf das Reproduktionsverhalten. Diese Haltung steht in engem Zusammenhang mit der grundsätzlichen Ablehnung bevölkerungspolitisch motivierter Maßnahmen seit Ende des Zweiten Weltkriegs. Das Tabu von Bevölkerungspolitik und damit von gezielten pronatalistischen Maßnahmen ist sowohl in Japan als auch in Deutschland über Jahrzehnte hinweg gewissermaßen das Fundament der jeweiligen Familienpolitiken gewesen und darf deshalb als weiteres bestimmendes Merkmal der während der Nachkriegsära jeweils bestehenden familienpolitischen Paradigmen angesehen werden. Ob der demografische Wandel als potentieller Auslöser gesellschaftlicher, politischer und ökonomischer Krisenerscheinungen in einem oder auch in beiden Staaten dazu führt, dieses Paradigma zu überwinden und durch ein neues zu ersetzen, soll im Verlauf dieser Arbeit auf Grundlage der Systematik Peter Halls zur Klassifizierung politischer Veränderungen analysiert werden.

Grundsätzlich kann die in Halls Modell erforderliche Sensibilisierung für eine spezifische Problemlage, durch welche fundamentale politische Veränderungsprozesse überhaupt erst in Gang gesetzt werden, langsam oder auch abrupt, beispielsweise infolge von Katastrophenereignissen, erfolgen. Der demografische Wandel stellt ein Beispiel für die allmähliche Verbreitung eines Problembewusstseins dar. Die gegenwärtig ablaufende demografische Entwicklung wurde in ihrer Charakteristik bereits früh erkannt. Allerdings handelt es sich bei dieser Transformation um einen dynamisch verlaufenden Prozess, der zunächst fast unmerklich einsetzte, sich aber seither beschleunigt. Analog dazu hat auch die Aufmerksamkeit gegenüber demografischen Abläufen erst langsam zugenommen, um schließlich in den letzten Jahren zu einem der bestimmenden politischen Themen zu avancieren. Während die wissenschaftliche Auseinandersetzung mit dem demografischen Wandel und seinen vielfältigen Folgen bereits seit Jahrzehnten geführt wird, drang er als konkretes Bedrohungsszenario erst in der jüngeren Vergangenheit ins politische und öffentliche Bewusstsein. Doch führt das gestiegene Problembewusstsein auch zu umfassenden politischen Veränderungen?

Lange vor einem tatsächlichen Paradigmenwechsel kommt es laut Hall zu Veränderungen bezüglich der Art und des Einsatzes bereits bestehender politischer Instrumente. Zunächst wird versucht, durch den Rückgriff auf bewährte Strategien die aufgetretenen Krisensymptome abzumildern. Bezogen auf die Folgen des demografischen Wandels lassen sich als Beispiele etwa die Erhöhung des Renteneintrittsalters oder der Beiträge für Renten- und Gesundheitsversicherungen anführen. Mit diesen und ähnlichen Interventionen wird versucht, durch eine situationsgerechte Anpassung der vorhandenen politischen Instrumente positive Effekte zur Bewältigung der demografischen Problemlage zu generieren. Solche Veränderungen, die vor allem auf ein rasches Krisenmanagement durch die Modifikation bereits etablierter Instrumente setzen, werden von Hall als Policy Changes erster Ordnung bezeichnet.

Wird jedoch deutlich, dass Maßnahmen dieser Art nicht genügen, um die aufgetretenen Schwierigkeiten zu bewältigen, wird üblicherweise zusätzlich zur Modifikation vorhandener Instrumente auch die Einführung gänzlich neuer erwogen. Hall bezeichnet dies als politische Veränderungen zweiter Ordnung. Vom Einsatz neuer Instrumente wird erwartet, damit die aufgetretenen Krisensymptome nachhaltiger bekämpfen zu können als dies mit den bis dahin existierenden politischen Mitteln möglich wäre. Ein Beispiel, das dies sowohl für Japan als auch für Deutschland veranschaulicht, ist die Einführung der Pflegeversicherung.[50] Die Implementierung dieses neuen Instruments staatlicher Wohlfahrtspolitik erfolgte auf Basis der mehrheitlich geteilten Überzeugung der involvierten politischen Akteure, dass die Betreuung einer zukünftig stark zunehmenden Zahl pflegebedürftiger Menschen mit den bis dahin bestehenden sozialen Sicherungsmodellen nicht zu finanzieren gewesen wäre.

Auch die Einführung neuer politischer Instrumente dient jedoch oft nur dazu, die Folgen der Krise, im Kontext der vorliegenden Untersuchung die des demografischen Wandels, abzuschwächen oder auf einem beherrschbaren Niveau zu stabilisieren. Bleibt politisches Handeln auf

---

[50] In Deutschland wurde die Pflegeversicherung zum 01.01.1995 eingeführt. Auch in Japan gab es seit Anfang der 1990er Jahre Überlegungen zur Einführung einer solchen obligatorischen Versicherung. Nachdem das deutsche Vorbild auch in Japan einige Beachtung fand, wurde dort schließlich 1997 ein entsprechendes Gesetz verabschiedet, welches am 01.04.2000 in Kraft trat. Ausführlich zum Vergleich beider Gesetze sowie zum gesellschaftlichen, politischen und ökonomischen Kontext der Einführung der Pflegeversicherung in Japan siehe Bosse 1997: 374ff.

solche Maßnahmen begrenzt, sind diese innerhalb des Rahmens bereits existierender politischer Ziele zu deuten. Sie stellen noch keinen Paradigmenwechsel dar, weil Richtung und Zweck der Interventionen im Wesentlichen unverändert bleiben. Kennzeichnend für diese Kategorie politischer Veränderungsprozesse ist, dass trotz des zunehmenden Problembewusstseins für die Gefahren der Krise vorerst an jenen übergeordneten Interpretationsschemata festgehalten wird, die bereits wirksam waren, als die Krise noch nicht bestand respektive noch nicht als Bedrohung wahrgenommen wurde.

Bedingung für den Übergang zu einem neuen Paradigma ist laut Hall, dass über die Veränderung und Neueinführung politischer Instrumente hinaus auch jene fundamentalen Überzeugungen von der Mehrheit der in den politischen Gestaltungsprozess involvierten Akteure in Zweifel gezogen werden, welche die Grundzüge des etablierten Paradigmas definieren. Die Infragestellung bestehender Überzeugungen vor dem Hintergrund einer konkreten Krisensituation führt so zu einer Neudefinition der übergeordneten politischen Ziele. Voraussetzung für einen auf Basis demografischer Prozesse induzierten politischen Paradigmenwechsel wäre demnach, dass eine hinreichende Zahl der relevanten Politakteure in den hier untersuchten Staaten zu der Auffassung gelangte, dass den erwarteten Problemen nicht länger allein durch die Modifikation und Reorganisation des bestehenden Maßnahmenrepertoires begegnet werden könne und dass daher ein grundlegender politischer Kurswechsel unvermeidlich sei. Ließe sich ein solcher Kurswechsel am tatsächlichen politischen Output nachweisen, wäre gemäß der Terminologie Peter Halls von einer Veränderung dritter Ordnung zu sprechen. Für den Nachweis eines solchen Paradigmenwechsels für den Bereich der Familienpolitik kann die dreistufige Systematik Halls noch weiter zugespitzt werden.

2.2.3.4 Bedingungen für den Nachweis eines bevölkerungspolitisch motivierten Paradigmenwechsels in den Familienpolitiken Japans und Deutschlands

Die Beantwortung der in dieser Arbeit untersuchten Frage nach einem bevölkerungspolitisch motivierten Paradigmenwechsel in den Familienpolitiken Japans und Deutschlands soll auf Basis von Peter Halls dreistufiger Konzeption zur Klassifizierung politischen Wandels erfolgen. Die These, dass sich in beiden Untersuchungsländern ein solcher Paradigmenwechsel bereits vollzogen hat, lässt sich indes ausschließlich durch den Nachweis eines in der Terminologie dieser Systematik als Veränderung dritter Ordnung bezeichneten Umschwungs belegen. Aus diesem Grund ist der Fokus auf Indizien für den Nachweis einer solchen Kategorie politischer Veränderungen zu richten. Das dreistufige Modell Halls lässt sich daher für den Kontext obiger Fragestellung auf die Unterscheidung zweier Konstellationen, nämlich auf nichtparadigmatische und paradigmatische politische Veränderungen, verdichten. Diese Zuspitzung bietet den Vorteil, dass gezielt nach Anzeichen für eine Neubewertung grundlegender politischer Überzeugungen respektive übergeordneter Politikziele gesucht werden kann. Dazu müsste sich insbesondere eine Abkehr von besonders stabilen Überzeugungen belegen lassen, welche zunächst die familienpolitischen Paradigmen der Nachkriegsära in Japan und Deutschland in besonderer Weise geprägt haben. Als charakteristische Merkmale dieser Paradigmen sind, wie oben bereits ausgeführt, die starke Betonung der Eigenverantwortung von Familien für die Erfüllung grundlegender sozialer Funktionen und der Gewährleistung der dazu erforderlichen ökonomischen Voraussetzungen sowie die dogmatische Ablehnung bevölkerungspolitischer Interventionen durch den Staat in den Gesellschaften beider Untersuchungsländer hervorzuheben. Dem politischen Umgang mit diesen Themenkomplexen ist deshalb im Verlauf dieser Arbeit besondere Beachtung zu schenken.

Peter Halls Konzeption politischen Wandels fußt auf der Annahme, dass umfassende politische Veränderungsprozesse oft infolge krisenhafter Situationen auftreten, die von den Akteuren eines politischen Systems als derart bedrohlich empfunden werden, dass die Suche nach alternativen Handlungsoptionen und die Formulierung neuer Ziele zur Bewältigung der Krise, notfalls auch in Widerspruch zu tradierten Normen und Überzeugungen, mehrheitsfähig wird. Im vorliegenden Untersuchungsfall existiert mit dem demografischen Wandel eine langfristig verlaufende und sich überdies sogar noch weiter verschärfende Krise. Durch die Dynamisierung der gegenwärtig zu beobachtenden demografischen Entwicklungstendenzen erhöht sich mit deren weiterem Voranschreiten auch fortlaufend der Handlungsdruck auf die in den politischen Gestaltungsprozess involvierten Handlungssubjekte. In besonderer Weise verstärkt sich der Handlungsdruck auf die Akteure jener Politikbereiche, von denen über Maßnahmen zur bloßen Anpassung an die Krisenfolgen hinaus ein substanzieller Beitrag zur Bekämpfung ihrer Ursachen erwartet wird. Für die Beeinflussung einer der wesentlichen Ursachen des demografischen Wandels, nämlich der abnehmenden Geburtenhäufigkeit, gewinnt daher vor allem der Bereich der Familienpolitik massiv an Bedeutung. Allerdings steht eine willentliche Einflussnahme auf das Reproduktionsverhalten der Menschen mit politischen Mitteln sowohl in Deutschland als auch in Japan in diametralem Widerspruch zu zentralen Grundsätzen der familienpolitischen Paradigmen der Nachkriegsära. Ein deutlicher Ausbau der staatlichen Familien- und

Kinderförderung würde eine Schwächung des Eigenverantwortungs-grundsatzes von Familien bedeuten, und die Entwicklung gezielter fami-lienpolitischer Lösungsansätze zur Anhebung des Geburtenniveaus wäre unvereinbar mit dem Tabu staatlicher Bevölkerungspolitik. Ein Bruch mit diesen fest in der politischen Kultur beider Länder verankerten Grund-sätzen käme daher einem Paradigmenwechsel gleich.

Bevölkerungspolitisch motivierte pronatalistische Interventionen wurden in beiden Staaten lange Zeit vehement abgelehnt und geradezu tabuisiert. Es ist jedoch zu fragen, welchen Stellenwert dieses Tabu in der heutigen Zeit unter den gegenwärtigen demografischen Bedingungen noch hat. Die oben aufgestellte Hypothese enthält die Behauptung, dass es bereits zu einem deutlichen Abweichen von dieser Position gekommen ist und ein diesbezügliches Tabu heute faktisch nicht mehr besteht. Trifft diese Annahme zu und ist zusätzlich eine deutliche Zunahme potentiell pronatalistisch wirksamer familienpolitischer Maßnahmen zu belegen, so sind die Voraussetzungen gegeben, einen familienpolitischen Paradig-menwechsel zu konstatieren.

Anhand welcher Belege wäre die Abkehr von einem Tabu staatlicher Bevölkerungspolitik nun aber konkret nachzuweisen? Erforderlich ist vor allem die Auseinandersetzung mit dem tatsächlichen familienpoli-tischen Output, das heißt mit gesetzgeberischen Maßnahmen zur Verän-derung oder Neueinführung politischer Instrumente, da diese die zentra-len Bezugsgrößen der Hall'schen Systematik darstellen. Die übergeord-neten politischen Zielsetzungen lassen sich an ihnen direkt oder indirekt ablesen. In die für eine solche Beurteilung notwendige Erörterung der Bedeutung einzelner politischer Maßnahmen und der mit ihnen ver-folgten Absichten ist der jeweilige gesellschaftliche, politische und zeitge-schichtliche Kontext einzubeziehen. Dies ermöglicht es, Trendrichtung, Dynamik und Ausmaß politischer Veränderungen sichtbar zu machen. Sofern sich anhand konkreter gesetzgeberischer Maßnahmen darlegen ließe, dass neu eingeführte oder modifizierte Gesetze und Regelungen deutlich pronatalistische Ambitionen verfolgten, wäre es angesichts der rigorosen Ablehnung solcher Interventionen innerhalb der familienpoli-tischen Paradigmen Deutschlands und Japans während der Nachkriegsä-ra statthaft, die generelle Diskreditierung staatlicher Bevölkerungspolitik als hinfällig zu betrachten und von einem familienpolitischen Paradig-menwechsel im Sinne der Hypothese dieser Arbeit zu sprechen.

2.3 METHODIK

Methodische Grundlage dieser Arbeit ist ein Mix aus Quer- und Längs-schnittanalyse. Von einer Querschnittanalyse ist zu sprechen, weil mehrere Staaten miteinander verglichen werden. Die Kriterien für die Auswahl der hier untersuchten Beispielländer wurden bereits in Abschnitt 2.2.2 erörtert, so dass an dieser Stelle auf weitere Ausführungen diesbezüglich verzichtet werden soll. Die Einordnung der Untersuchung als Längsschnittanalyse bezieht sich darauf, dass im Rahmen des Ländervergleichs auch längere Zeiträume betrachtet werden, um dem prozesshaften Charakter der politischen Veränderungen in Deutschland beziehungsweise Japan gerecht zu werden. Dies ist unabdingbare Voraussetzung für den Nachweis etwaiger politischer Paradigmenwechsel. Nur die langfristige Beobachtung der Abläufe und Veränderungen in den Familienpolitiken der Zielländer gestattet es, zu tragfähigen Aussagen bezüglich der Entwicklung übergeordneter politischer Zielsetzungen zu gelangen. Auch die zur Einordnung und Interpretation dieser Entwicklung notwendige Berücksichtigung der jeweils zugrunde liegenden wissenschaftlichen, politischen und gesellschaftlichen Diskurse erfordert einen zeitlich relativ weit gefassten Untersuchungshorizont.

Zusätzlich ist die Tatsache zu berücksichtigen, dass die Konsequenzen politischer Veränderungen meist erst mit zeitlicher Verzögerung zutage treten. Diese Konsequenzen sind für den Lernprozess der am politischen Handeln beteiligten Akteure jedoch von herausragender Bedeutung. Erfahrungen, die infolge der Veränderung oder der Einführung spezifischer familienpolitischer Maßnahmen gesammelt werden, fließen, wie bereits beschrieben, in das zukünftige Verhalten politischer Handlungssubjekte ein. Im konkreten Kontext dieser Untersuchung ist ein familienpolitischer Paradigmenwechsel ohne vorheriges Scheitern von Maßnahmen innerhalb des Rahmens des alten Paradigmas gar nicht denkbar. Nur das Versagen etablierter Problemlösungsmuster veranlasst die Akteure dazu, tatsächlich neue Wege zu beschreiten und dabei Strategien zu entwickeln, denen mehrheitlich das Potential zugeschrieben wird, erfolgreicher zu sein als die bis dahin bekannten und bereits umgesetzten Ansätze.

2.3.1 ANALYSEZEITRAUM

Sowohl die Untersuchung demografischer Entwicklungen als auch die Erforschung der darauf zurückzuführenden politischen Veränderungsprozesse erfordern einen längerfristigen Ansatz, wobei hinsichtlich der Beschreibung der demografischen Ausgangssituation eine wesentlich größere Zeitspanne zu berücksichtigen ist als für die Untersuchung des eigentlichen Politikwandels. Veränderungsprozesse in der Bevölkerungsstruktur lassen sich erst über viele Jahrzehnte so darstellen, dass stabile Trends sichtbar werden. Die Erkenntnis, dass es sich bei den gegenwärtig zu beobachtenden Strukturveränderungen innerhalb der Populationen Japans und Deutschlands um weit in die Zukunft reichende Prozesse handelt, ist gewissermaßen Vorbedingung dafür, dass in den politischen Systemen beider Staaten überhaupt ein ausreichend ausgeprägtes Problembewusstsein erwachsen kann, welches schließlich umfassenden politischen Veränderungen den Weg ebnet. Die demografische Situation in Japan beziehungsweise Deutschland wird in dieser Untersuchung daher relativ ausführlich darzustellen sein. Die präzise Kenntnis über die demografischen Ausgangssituationen ist eine grundlegende Voraussetzung für die anschließende Erörterung der politischen Reaktionen in Japan und Deutschland sowie der etwaigen demografie- beziehungsweise bevölkerungspolitischen Motivationen der am politischen Gestaltungsprozess beteiligten Akteure.

Der Zeithorizont für die Darstellung der demografischen Situation erstreckt sich über etwa 150 Jahre. Ausgangspunkt ist das ausgehende 19. Jahrhundert, als mit dem nachhaltigen Absinken des Mortalitätsrisikos, maßgeblich bedingt durch die Reduktion der Kindersterblichkeit und dem damit verbundenen Anstieg der durchschnittlichen Lebenserwartung sowie dem Rückgang der Fertilitätsraten in beiden Ländern, die für die gegenwärtige und zukünftige Problemkonstellation maßgeblichen Entwicklungspfade einsetzten. Den Schwerpunkt der Erörterung der demografischen Bedingungen bilden dabei die letzten vier Jahrzehnte, in denen sich der Geburtenrückgang beschleunigte und die zur Bestandserhaltung notwendigen Reproduktionsquoten dauerhaft unterschritten wurden. Erst diese Entwicklung leitete eine Phase der dramatischen Dynamisierung des demografischen Wandels ein und machte die Bevölkerungsentwicklung zu einer umfassenden Problemlage in beiden Ländern.

Weiterhin sind auch Zukunftsprognosen zu berücksichtigen, deren Szenarien dazu dienen sollen, den weiteren Verlauf der demografischen Entwicklung abzuschätzen. Da diese Projektionen auch eine wichtige Entscheidungsgrundlage für politische Akteure darstellen und insofern für die vorliegende Arbeit von Bedeutung sind, ist die Darstellung dieser Befunde unverzichtbar. Demografische Projektionen reichen meist einige Jahrzehnte in die Zukunft. Gegenwärtig erfasst der Prognosezeitraum typischerweise die erste Hälfte des 21. Jahrhunderts. Vorhersagen darüber hinaus existieren zwar, doch aufgrund der stark abnehmenden Treffsicherheit solcher Langfristvorhersagen wird ihnen im Rahmen dieser Untersuchung nur untergeordnete Bedeutung beigemessen.

Der Zeitrahmen für die Untersuchung der politischen Prozesse in den Auswahlländern ist wesentlich enger gefasst als der für die Darstellung deren jeweiliger demografischer Gesamtsituation. Er bezieht sich vor allem auf die letzten Jahrzehnte, wobei die jüngere Vergangenheit stärker zu gewichten ist als länger zurückliegende Zeitabschnitte. Allerdings wird zur Erläuterung der Grundzüge familienpolitischer Entwicklungen auch auf Ereignisse einzugehen sein, welche zwar schon etwas länger zurückliegen, sich aber diesbezüglich als besonders bedeutsam erweisen. So ist es beispielsweise notwendig, die Erfahrungen mit Bevölkerungspolitik in Japan und Deutschland während der 1930er und 1940er Jahre zu beschreiben, weil ohne Kenntnis der Charakteristika der von bevölkerungspolitischen Ideen durchdrungenen Familienpolitiken in jener historischen Phase auch das während der Nachkriegszeit wirkende Tabu staatlicher Einmischung in Fragen des Reproduktionsverhaltens nicht plausibel ist. Darüber hinaus sind die Entstehung und Ausformung der familienpolitischen Systeme während der Nachkriegszeit darzulegen und dabei die Merkmale der in diesen Jahrzehnten etablierten familienpolitischen Regimes zu erläutern. Da ein potentieller familienpolitischer Paradigmenwechsel gegenüber diesen Regimes abzugrenzen ist, soll im Zusammenhang mit politischen Maßnahmen der jüngeren Vergangenheit verstärkt auf deren begleitende Debatten und die jeweiligen Rahmenbedingungen eingegangen werden.

Eine umfassende Neuausrichtung der Familienpolitik setzt voraus, dass eine Problemlage wie der demografische Wandel von zahlreichen relevanten Akteuren als krisenhaft erkannt beziehungsweise eingeschätzt wird. Deshalb ist auch der wissenschaftlichen, politischen und gesellschaftlichen Demografiedebatte Augenmerk zu schenken. Diese hat in den 1970er Jahren zunächst eher verhalten eingesetzt und in Japan seit Anfang der 1990er Jahre, in Deutschland mit Beginn der 2000er Jahre erheblich an Dynamik gewonnen. Da diese Dynamisierung einen wichtigen Indikator für den hier postulierten Paradigmenwechsel darstellt, wird der Zeitraum seit dem Aufkeimen entsprechender Debatten in beiden Staaten bis zur Gegenwart eingehend zu untersuchen sein. Die Untersuchung umfasst für das japanische Fallbeispiel Ereignisse bis einschließlich 2006 und bezogen auf Deutschland Ereignisse bis einschließlich 2009. Das zur Erörterung der demografischen Situationen der Beispielländer genutzte statistische Quellenmaterial schließt Veröffentlichungen ein, die bis Ende 2008 (Japan) beziehungsweise Oktober 2009 (Deutschland) erschienen sind.

Insgesamt soll die Darstellung der politischen Entwicklungen analog zum Ablauf der zugrunde liegenden demografischen Prozesse chronologisch erfolgen. Auf diese Weise sind Zusammenhänge zwischen situationsspezifischen Problemkonstellationen und den politischen Reaktionen darauf am anschaulichsten darzustellen.

2.3.2 AUSWAHL DES MATERIALS UND ERÖRTERUNG DES ANALYSERASTERS

Grundlage aller Überlegungen zu politischen Veränderungen, die durch den demografischen Wandel ausgelöst werden können, ist die Kenntnis des Prozesses selbst. Zur Analyse der demografischen Entwicklung werden Zeitreihen demografischer Daten herangezogen, die in erster Linie aus statistischen Quellen der jeweiligen Staaten stammen. Diese werden durch Datenmaterial internationaler Organisationen (z.B. UN, OECD etc.) unterfüttert, sofern dieses Material zusätzliche Informationen liefern kann. Diese Daten bilden den Rahmen für die kontextuelle Analyse der politischen Aktivitäten hinsichtlich der zentralen Fragestellung nach bevölkerungspolitischen Ansätzen in den Familienpolitiken der untersuchten Länder.

Um die Frage nach etwaigen demografisch beziehungsweise bevölkerungspolitisch motivierten familienpolitischen Interventionen zu untersuchen, muss zunächst dargestellt werden, welche Maßnahmen innerhalb des Zeithorizonts der Untersuchung überhaupt ergriffen wurden. Dies erfolgt in erster Linie chronologisch. Dabei werden sowohl Primär- als auch Sekundärquellen ausgewertet. Primärquellen werden vor allem herangezogen, um politische Maßnahmen zu belegen und zu erläutern. Zudem erfolgt eine Auswertung der relevanten Sekundärliteratur zu den Hintergründen des demografischen Wandels und verschiedener damit assoziierter Aspekte, um das Verständnis für die ablaufenden Prozesse, welche je nach Land ähnlichen, aber nicht deckungsgleichen Mustern folgen, zu vertiefen.

Ausgehend von einer deskriptiven Darstellung des familienpolitischen Geschehens in den betreffenden Staaten ist eine qualitative Deutung der angewandten Maßnahmen vorzunehmen, um die ihnen zugrunde liegenden Intentionen herauszuarbeiten. Dazu soll jeweils die Zielstellung der einzelnen Maßnahmen erläutert werden und dabei der Kontextbezug zu den ablaufenden demografischen und gesellschaftlichen Prozessen untersucht werden. Hierbei werden auch die zum jeweiligen Zeitpunkt geführten öffentlichen und politischen Debatten einbezogen. Die Analyse der Familienpolitiken beider hier untersuchter Staaten erfolgt also im Stil einer dichten Beschreibung der entsprechenden Abläufe.

Die Auswertung des Materials orientiert sich an dem Anspruch, zum einen die objektiven Entwicklungen der politischen Abläufe zu erfassen und zum anderen eine Einschätzung der betreffenden Maßnahmen hin-

sichtlich ihrer demografischen Relevanz beziehungsweise ihrer bevölkerungspolitischen Motivationen vorzunehmen. Die Bewertung spezifischer Maßnahmen erfolgt auf Deutungsebene vor allem mit Blick auf
die damit verfolgten Absichten, teilweise auch unter Berücksichtigung
des Erfolges ihrer Implementierung, sofern sich Aussagen darüber auf
Basis verwertbarer und zur Verfügung stehender Quellen treffen lassen.

3 FORSCHUNGSSTAND

Zu Ursachen und Verlauf demografischer Veränderungen und den daraus resultierenden Folgen für einzelne Staaten sowie deren politische, wirtschaftliche und soziale Systeme ist bereits seit Jahrzehnten geforscht worden. In den folgenden Abschnitten soll dargelegt werden, welche Schwerpunkte hinsichtlich der in dieser Arbeit behandelten Problemstellung bereits untersucht und welche Resultate dabei erarbeit wurden. Die folgenden Betrachtungen werden für Japan und Deutschland separat vorgenommen und gehen zunächst von einer kurzen Bestandsaufnahme der demografischen Forschung im Allgemeinen aus. Dabei wird besonders auf die Auseinandersetzung mit dem Phänomen der abnehmenden Geburtenzahlen und der fortschreitenden strukturellen Alterung der betreffenden Populationen eingegangen. In einem weiteren Schritt soll ein kurzer Überblick über die vorliegenden Untersuchungen zu Aspekten der Familienpolitik und Bevölkerungspolitik in beiden Ländern gegeben werden.

3.1 JAPAN

Bereits seit einigen Jahrzehnten und verstärkt in den vergangenen Jahren wird in Japan versucht, den demografischen Wandel wissenschaftlich zu erfassen und aus dieser Forschung mögliche Konsequenzen für die Gesellschaft als Ganzes sowie ihre funktionalen Subsysteme abzuleiten. Die nachfolgende kurze Darstellung der jüngeren demografischen Forschung soll vor allem jene beiden Aspekte behandeln, die in der japanischen Demografiedebatte die herausragende Rolle spielen – Alterung und Fertilitätsrückgang.

3.1.1 DER DEMOGRAFISCHE WANDEL UND SEINE BEDEUTUNG FÜR DIE JAPANISCHE POLITIK

Spätestens seit der Gründung des Instituts für Bevölkerungsprobleme (*Jinkō Mondai Kenkyūjo*) im Jahr 1939 ist die Erforschung der Bevölkerungsentwicklung in der japanischen Politik auch institutionell verankert. Die 1996 in Nationales Institut für Bevölkerungs- und Sozialforschung (*Kokuritsu Shakai Hoshō Jinkō Mondai Kenkyūjo*) umbenannte Einrichtung veröffentlicht seither in Weißbüchern, Arbeitspapieren und einer Zeitschrift[51] den Stand der demografischen Entwicklung des Landes. Bevölkerungsfragen werden in Japan also bereits seit Jahrzehnten auch innerhalb des politischen Systems zur Kenntnis genommen. Dies belegt auch die Gründung des Rates für Bevölkerungsprobleme im Jahr 1953 durch das Ministerium für Gesundheit und Wohlfahrt („Ministry of Health and Welfare", MHW). Dieses Gremium trägt seither mit der Publikation seiner Weißbücher ebenfalls dazu bei, die demografische Entwicklung im Bewusstsein der politischen Akteure zu verankern und darüber hinaus auch politische Strategien zur Lösung der auftretenden Probleme zu entwickeln. Die Richtung der durch die Veröffentlichungen angestoßenen Debatten hat sich dabei im Laufe der Zeit grundlegend geändert. Ursprünglich war nicht etwa die Schrumpfung der Population oder die Alterung der Gesellschaft thematisiert worden. Im Gegenteil, der Tenor der Auseinandersetzung mit Fragen der demografischen Entwicklung des Landes richtete sich vorrangig auf die Vision einer Übervölkerung Japans und der dadurch drohenden Unterversorgung der Menschen.[52] Diese Perspektive war vor allem den einschneidenden Erfahrungen der unmittelbaren Nachkriegszeit geschuldet, die vielfach durch Hunger und Mangel gekennzeichnet waren. Die nationale Notsituation in jenen Jahren war durch die Repatriierung von Soldaten und Auslandsjapanern sowie das bis dahin noch hohe, obgleich bereits im Sinken begriffene Fertilitätsniveau verschärft worden.

Die Befürchtungen der 1950er Jahre traten schließlich nicht ein. Vielmehr zeichnete sich in der Folgezeit immer deutlicher ab, dass Japan sich auf einem Entwicklungspfad befand, der zuerst zur Verlangsamung des Bevölkerungswachstums und schließlich zu einem Rückgang der Populationsgröße führen würde. Die bedingenden Umstände dieser Entwicklung, namentlich die Kombination aus einem deutlichen Anstieg der durchschnittlichen Lebenserwartung der Menschen und dem parallel dazu verlaufenden Rückgang der Fertilitätsrate, wurden relativ frühzeitig erkannt und seit den 1970er Jahren von Forschung und Politik zunehmend als gesellschaftspolitisch relevante Entwicklungsparameter für das Land thematisiert.

Einer der einflussreichsten Demografen Japans, Makoto Atoh[53], ehemaliger Direktor des Instituts für Bevölkerungs- und Sozialforschung, warnt seit vielen Jahren vor den Folgen einer alternden Gesellschaft mit gleichzeitig sinkender Kinderzahl (*shōshi kōreika shakai*), wobei er insbesondere auf die Konsequenzen einer dauerhaft unter Bestandserhal-

---

[51] The Japanese Journal of Population.
[52] Siehe dazu Jinkō Mondai Shingikai, Tokyo 1959.
[53] Ein Interview mit Makoto Atoh findet sich im Anhang dieser Arbeit.

tungsniveau liegenden Fertilitätsrate für das bestehende soziale Sicherungssystem, die japanische Wirtschaft sowie das politische System selbst verweist. Ursprünglich konzentrierte sich die demografische Debatte in Japan auf den Aspekt der Alterung der Gesellschaft und ihrer Folgen. Seit einigen Jahren wird jedoch verstärkt auch der Rückgang der Kinderzahlen kritisch verfolgt sowie der Aspekt möglicher politischer Maßnahmen gegen diese Entwicklung ins Zentrum der Diskussion gerückt (Atoh 2000). Atohs Beiträge betonen seit langem den doppelten Charakter des demografischen Wandels (Atoh 1996).

Etwa seit Ende der 1980er Jahre hat sich der Schwerpunkt der demografischen Debatte von der Erforschung der reinen Alterungsproblematik hin zu einer Analyse der Ursachen und damit der Fokussierung auf den Aspekt der sinkenden Geburtenrate verschoben. Im Mittelpunkt des Interesses stehen seither differenzierte demografische Bestandsaufnahmen, die sich nicht damit begnügen, nur die Bevölkerungsentwicklung selbst zu erfassen, sondern verstärkt versuchen, die relevanten Einflussgrößen näher zu beleuchten.

Einen kurz gefassten Überblick über das Alterungsgeschehen in Japan für den Zeitraum seit 1950, einschließlich eines Ausblicks bis 2025, auf Grundlage statistischer Daten gibt zum Beispiel die Arbeit von Griffith Feeney, die auch das Beziehungsgeflecht der einzelnen Faktoren der demografischen Entwicklung beschreibt (Feeney 1990). Des Weiteren sind zwei Arbeiten Ralph Lützelers zu erwähnen. Er betrachtet die Bevölkerungsentwicklung mit Schwerpunkt auf die Entwicklung während der wirtschaftlichen Hochwachstumsphase Japans, also zwischen Beginn der 1950er und Ende der 1980er Jahre (Lützeler 1992). Im Gegensatz zu den meisten Untersuchungen beschränkt sich seine Analyse allerdings nicht auf die übliche nationale Perspektive, sondern zeichnet sich dadurch aus, dass sie auch demografische Entwicklungen auf präfekturaler Ebene betrachtet (Lützeler 1992, Lützeler 2008).

Darüber, dass sowohl die Alterung als auch ein Rückgang der Populationsgröße weitreichende Folgen für die japanische Gesellschaft haben dürften, besteht kaum Dissens. Je nach Forschungsinteresse wird der Fokus jedoch unterschiedlich ausgerichtet. Häufig wird er auf wirtschaftliche Konsequenzen, etwa hinsichtlich der Probleme bei der Stabilisierung etablierter sozialer Sicherungsinstrumente oder auf andere sozioökonomische Effekte gelenkt. Auch wenn hier nicht in erster Linie der Einfluss der Bevölkerungsalterung auf die zukünftige wirtschaftliche Entwicklung Japans zu erörtern ist, sei exemplarisch auf eine Arbeit David Horlachers verwiesen, die zahlreiche ökonomische und sozioökonomische Aspekte im Kontext demografischer Entwicklungen behandelt (Horlacher 2002). Darüber hinaus sind gerade in letzter Zeit verstärkt auch die ökonomischen Chancen, die sich aus der Alterung der japanischen Gesellschaft ergeben können, in das Blickfeld des wissenschaftlichen Interesses gerückt. Das Phänomen des sogenannten Silbermarkts wird beispielsweise in einem von Florian Kohlbacher und Cornelius Herstatt herausgegebenen Sammelband von verschiedenen Blickwinkeln beleuchtet (Kohlbacher/Herstatt 2008).

Das Spektrum wissenschaftlicher Untersuchungen zur Folgenabschätzung der mutmaßlichen Populationsentwicklung ist so breit, wie das Thema vielschichtig ist. Daher ist es im Sinne der in dieser Arbeit verfolgten Fragestellung weder sinnvoll noch möglich, die Bandbreite der Veröffentlichungen in ihrer Gänze wiederzugeben. Es soll jedoch beispielhaft und in Orientierung an den inhaltlichen Gründzügen der Alterungsdebatte in Japan kurz auf einige Untersuchungen eingegangen werden, die sich mit den erwarteten Konsequenzen für die Sozialsysteme beschäftigen.

Ein immer wieder debattierter Themenkomplex ist die Sicherung des Rentensystems. Zwei Jahre vor Einführung der obligatorischen Pflegeversicherung im April 2000 konstatierte Friederike Bosse einen starken Reformdruck im Bereich der Alterssicherung (Bosse 1998). In ihrer Arbeit beschreibt sie die vielgestaltigen Ursachen für die angespannte Situation sowie verschiedene Reformansätze, welche die Rentendebatte in Japan in Grundzügen widerspiegeln. Die politischen Umstände der Einführung der Pflegeversicherung beschreiben die Arbeiten von Paul Talcott und Rihito Kimura (Talcott 2002; Kimura 2002).

Die Frage, ob die Einwanderung von Ausländern eine geeignete Lösungsstrategie zur Bewältigung des demografischen Wandels in Japan sein kann, wird ebenfalls kontrovers diskutiert. So stellt Kazutoshi Kōshiro stellvertretend für einen großen Teil der in dieser Angelegenheit überwiegend skeptischen japanischen Bevölkerung die Frage, ob das Land überhaupt auf Einwanderer angewiesen ist, um seine demografisch bedingten Probleme zu lösen (Kōshiro 1998). Die rechtliche Situation von Einwanderern, insbesondere im Zusammenhang mit Fragen der Arbeitsmigration, beleuchtet Katsuko Terasawa, die darüber hinaus auch die Lebensumstände der in Japan lebenden Ausländer und ihrer Kinder untersucht (Terasawa 2000). Takamichi Kajita widmet sich der Frage der Integration von Ausländern in Japan (Kajita 1998). Überdies nimmt er eine interessante Unterscheidung von Japanern ethnischen und soziologischen Sinnes vor, um zu unterstreichen, dass die Zugehörigkeit zur Nation in Japan, ähnlich wie in Deutschland, nach wie vor stark ethnisch definiert wird. Ähnliche Betrachtungen stellt auch John Lie an, der die Debatte darüber verfolgt, was unter ‚Japanertum' zu verstehen sei (Lie 2000). Er geht der Frage nach, anhand welcher Merkmale Japaner definieren, was ‚japanisch' ist und stellt dabei die von der Mehrheit der nativen Bevölkerung, aber auch von vielen Ausländern unterstellte ethnische Homogenität der Bevölkerung in Frage.

Über die Prognose möglicher Folgen des demografischen Wandels hinaus ist auch eine Debatte über die Ursachen der Entwicklung und ihrer bestimmenden Parameter im Gange. In der jüngeren Vergangenheit rückte, parallel zur Verschärfung des Geburtenrückgangs, der anhaltende Kindermangel als Hauptursache des demografischen Wandels immer stärker ins Blickfeld. Mit den verschiedenen Ursachen und Folgen des Geburtenrückgangs setzen sich Shigemi Kōno und Minoru Okada auseinander (Kōno/Okada 1992). Kōno ist zudem auch Verfasser einiger umfassender Analysen zum demografischen Wandel in Japan, seiner Ursachen und Auswirkungen. Dabei zeichnet er keineswegs ein durchgehend negatives Szenario, sondern verweist auch auf mögliche positive Aspekte der Entwicklung. Dazu zählt er etwa das potentielle Absinken der Jugendkriminalität, die sich überproportional häufig in Form von Gewaltdelikten äußert und so unmittelbaren Bezug zum Alltagsleben der Menschen besitzt (Kōno 1996). Den in der gegenwärtigen Debatte recht selten geäußerten Standpunkt, dass bei einer strukturellen Alterung der Gesellschaft durchaus die positiven Effekte überwiegen könnten, vertritt auch Keiko Higuchi, die dazu aufruft, die Alterung daher nicht zuvörderst als Übel anzusehen, sondern sie vielmehr als Chance zu begreifen, die Zukunft bewusst und positiv zu gestalten (Higuchi 1997). Dabei plädiert sie nachdrücklich dafür, die Krise als Anstoß aufzufassen, endlich das konservative Frauenbild in Japan zu überwinden, welches sie mitverantwortlich für die rückläufige Geburtenentwicklung macht.

In den letzten Jahren ist verstärkt eine Analyse der Gründe für die Weigerung der Frauen, mehr Kinder zur Welt zu bringen, betrieben worden. Die geringe Reproduktionsneigung als wesentliche Ursache für die demografische Entwicklung steht als Faktum längst fest. Zu klären ist jedoch, wo die Gründe für dieses Verhalten liegen. Früher kaum beachtete Fragen der Frauen- und Familienpolitik haben daher in Japan für den Gesamtdiskurs rund um den demografischen Wandel erheblich an Bedeutung gewonnen.

3.1.2 FAMILIENPOLITIK UND PRONATALISMUS IM ZEICHEN DER DEMOGRAFIEDEBATTE

Im Zuge der Debatte über angemessene politische Konsequenzen aus der Kenntnis der Ursachen und möglichen Folgen des demografischen Wandels hat in Japan der Stellenwert der Familienpolitik deutlich zugenommen. Früher als weiche Themen belächelt, werden die Belange von Familien, Frauen und Kindern zunehmend ernster genommen, immer häufiger sogar als existenziell wichtig für die weitere Entwicklung des Landes eingestuft. Die politische Reaktion auf die demografischen Verschiebungen hat unter anderem Yoshimi Chitose erforscht (Chitose 2004). Sie belegt, dass der scheinbar unaufhaltsame Rückgang der Geburtenrate von der Mehrzahl der Japaner mittlerweile als äußerst besorgniserregend wahrgenommen wird und sie deshalb politische Maßnahmen dagegen unterstützt. Diese Stimmung hat dazu beigetragen, dass Familienpolitik zu einem politischen Trendthema geworden ist.

Ausführungen zur japanischen Familienpolitik und zu deren Ausbau seit den 1980er Jahren finden sich auch bei Martin Seeleib-Kaiser, der die Wohlfahrtssysteme Deutschlands, Japans und der USA sowie die sie bestimmenden Diskurse analysiert und vergleicht (Seeleib-Kaiser 2001). Dies geschieht im Rahmen der von ihm verfolgten Fragestellung, ob die Globalisierung zu einer Konvergenz der jeweils betriebenen Sozialpolitiken führt oder eher divergente Tendenzen überwiegen. Seeleib-Kaisers Arbeit beinhaltet auch eine Darstellung der Entwicklung und Charakteristik des japanischen Wohlfahrtsstaates sowie Ausführungen zur Finanzierung sozialpolitischer Maßnahmen.

Die japanische Familienpolitik während der 1990er Jahre hat Priscilla Ann Lambert untersucht, deren besonderes Augenmerk dem Einfluss wirtschaftlicher Interessen auf den politischen Entscheidungsprozess gilt (Lambert 2004). Sie geht auch auf die starke konservative Prägung japanischer Familienpolitik ein, der es zum guten Teil geschuldet sei, dass die Befindlichkeiten von Frauen lange Zeit weitgehend ignoriert wurden. Neben anderen Faktoren sei dies aus heutiger Sicht als ein wichtiger Grund für die gesunkene Neigung der japanischen Frauen zu werten, Kinder zur Welt zu bringen und aufzuziehen. Der Rolle der Familie in der japanischen Gesellschaft widmet sich die Arbeit von Margret Neuss-Kaneko (Neuss-Kaneko 1990). Sie stellt gleich zu Beginn ihrer Untersuchung fest: *„Der Wandel der japanischen Familie nach 1945 in ihrer rechtlichen Grundlage, ihrer Mitgliederstruktur und in ihren Lebensbedingungen ist so radikal gewesen wie zu keiner anderen Epoche"* (Neuss-Kaneko 1990: 99). Im weiteren Verlauf ihrer Arbeit wird detailliert dargestellt, wie dieser Wandel im Einzelnen verlaufen ist und welche Parameter diese Entwicklung beeinflussten.

Die japanische Familienpolitik wurde auch mehrfach in vergleichenden Arbeiten thematisiert. So richtet Patricia Steinhoff den Blick auf die kulturelle Bedeutung der Familie in Japan und den USA (Steinhoff 1994). Sie geht dabei auf die verschiedenen Traditionen, Werte und Normen ein und beschreibt die zahlreichen Verknüpfungen zwischen der Familienebene und anderen sozialen Netzwerken. Außerdem erläutert sie den Einfluss ökonomischer Aspekte auf Zuordnung und Ausformung der Geschlechterrollen und wagt einen Ausblick auf die weitere Entwicklung der Familie in den beiden von ihr untersuchten Staaten. Einen Vergleich der Familienpolitik in Japan und Frankreich stellt Patricia Boling an, wobei ihre Ausführungen auch Verweise auf die familienpolitische Situation in den USA enthalten. Sie kommt zu dem Ergebnis, dass zwischen Japan und Frankreich einige unerwartete Ähnlichkeiten bestehen (Boling 2004). Sie verweist in diesem Zusammenhang auf die Existenz von Finanztransfers zugunsten von Müttern beziehungsweise Eltern, die beispielsweise in den USA nicht gewährt würden. Des Weiteren führt sie an, dass, ebenfalls im Gegensatz zu den USA, die Unterstützung von Kindern und Eltern in beiden Staaten auch als öffentliche Aufgabe verstanden werde und familienpolitische Maßnahmen in den letzten Jahren merklich ausgebaut wurden. Ein Grund dafür sei die in beiden Ländern geteilte Sorge eines lang anhaltenden Bevölkerungsschwunds, falls nicht mit familienpolitischen Interventionen gegengesteuert würde. Nobutaka Fukuda stellt im Rahmen seines Vergleichs familienfreundlicher Politikansätze in Japan und Europa fest, dass als Ergebnis ähnlicher sozioökonomischer Entwicklungen auch eine Konvergenz der Familienpolitiken zu erkennen sei (Fukuda 2003). In seiner Arbeit bezieht sich die Analyse der europäischen Familienpolitik auf die westlichen EU-Staaten und Norwegen. Osteuropa findet keine Berücksichtigung.

Eine wesentliche Komponente von Familienpolitik ist in den meisten Industriestaaten die Organisation der Kinderbetreuung. Meist existieren eine Reihe unterschiedlicher politischer Instrumente, die darauf ausgerichtet sind, die Versorgung und Betreuung von Kindern auf akzeptablem Niveau sicherzustellen. Die Entwicklung der Familienpolitik und insbesondere der Kinderbetreuungspolitik in Japan seit dem Zweiten Weltkrieg zeigt Ito Peng auf (Peng 2000). Sie beschreibt die historischen Entwicklungsschritte auf dem Weg zu dem während der ersten fünf Nachkriegsjahrzehnte etablierten System familienpolitischer Leistungen und den Aufbau der staatlichen Kinderbetreuung. Dabei weist sie darauf hin, dass eine solche Politik keineswegs nur das Wohl von Frauen und Kindern im Sinn habe, sondern durchaus auch andere, beispielsweise wirtschaftliche Interessen, bediene. Ihre Arbeit beschäftigt sich sowohl mit dem Einfluss solcher Interessen auf Entscheidungsabläufe im Bereich der Familienpolitik als auch mit der konkreten Ausgestaltung der öffentlichen Kinderbetreuung. Außerdem widmet sie sich der Frage nach den politischen Einflussmöglichkeiten von Frauen, die Pengs Einschätzung zufolge durch ihre abnehmende Neigung zu heiraten und Kinder zu bekommen, durchaus erheblichen Druck auf das politische System Japans ausüben können. Den Einfluss von Frauen auf die Gestaltung der japanischen Sozialpolitik untersucht auch Mikiko Etō Murase. Sie beleuchtet dabei vor allem Aspekte der Ressourcen, Strategien und Möglichkeiten des Lobbying politisch ambitionierter Frauen (Etō Murase 2001). Ausgangspunkt ihrer Überlegungen ist die Feststellung, dass die gegenwärtige Verfassung des japanischen Wohlfahrtsstaates im Wesentlichen auf das Wirken männlicher Bürokraten zurückgeht, welche die sozialpolitischen Regularien ausarbeiten und umsetzen lassen. So sei ein System sozialer Sicherung entstanden, das in erster Linie auf die Bedürfnisse der ebenfalls meist männlichen Einkommenserwerber zugeschnitten ist und dessen gedankliche Basis darin besteht, Frauen vorrangig als von diesem Erwerbseinkommen abhängige Angehörige anzusehen. Allerdings habe der Rückbau des Sozialstaats seit Mitte der 1970er Jahre dazu geführt, dass sich die Menschen mehr und mehr darauf besinnen müssen, ihre wirtschaftliche Situation aus eigener Kraft zu verbessern. Dadurch werde langfristig ein stärkeres berufliches, aber auch gesellschaftliches Engagement von Frauen begünstigt. Dieses Engagement findet Etō Murase zufolge schließlich auch immer mehr Niederschlag in politischen Entscheidungsprozessen.

In den letzten Jahren hat der bislang unaufhaltsame Rückgang der Geburtenrate in Japan dazu geführt, dass bevölkerungspolitische Vorstöße zur Lösung der demografischen Probleme des Landes an Häufigkeit und Entschlossenheit zugenommen haben und zumindest einzelne Aspekte, insbesondere hinsichtlich der Möglichkeiten zur Umsetzung pronatalistischer Zielsetzungen, allmählich offener debattiert werden. Begleitet wird diese Entwicklung allerdings von erheblichem Unbehagen vor allem der älteren Japaner. Die während der 1930er und 1940er Jahre mit Bevölkerungspolitik gesammelten Erfahrungen sind vielen Menschen noch in schlechter Erinnerung. Makoto Atoh und Mayuko Akachi stellen dazu fest, dass die japanische Politik es deshalb bis heute vermeidet, im Zusammenhang mit ihren Bemühungen zur Stabilisierung und Anhebung der Geburtenrate explizit von Bevölkerungspolitik zu sprechen (Atoh/Akachi 2003: 7). Um zu verstehen, warum es trotz der angespannten demografischen Situation in Japan nach wie vor ausgeprägte Vorbehalte gegen zielgerichtete staatliche Bevölkerungspolitik gibt, ist es erforderlich, sich die Entwicklung und Ausgestaltung einer solchen Politik in der ersten Hälfte des 20. Jahrhunderts vor Augen zu führen. In einigen Forschungsarbeiten wurde versucht, die wesentlichen Aspekte der bisherigen Erfahrungen mit Bevölkerungspolitik in Japan zu beschreiben und zu bewerten.

Einen Überblick über die Bevölkerungspolitik der Vorkriegs- und Kriegszeit bietet Elise Tipton (Tipton 1995). Sie weist darauf hin, dass zielgerichtete Geburtenpolitik kein Phänomen der 1930er Jahre war, sondern bis in die Tokugawa-Zeit[54], also bis ins 17. Jahrhundert, zurückreicht (Tipton 1995: 41). Tipton geht in ihren Ausführungen zudem auch auf die Frauenbewegung in Japan während der ersten Jahrzehnte des 20. Jahrhunderts sowie auf deren politischen Einfluss ein. Die Geschichte der Familienplanung untersucht Minoru Muramatsu, der ebenfalls zunächst einen Blick in die Historie unternimmt, um die Entwicklungen des letzten Jahrhunderts zu veranschaulichen (Muramatsu 1996). Seine Arbeit enthält einen kurzen Exkurs in die Demografiegeschichte Japans seit dem rapiden Populationszuwachs während der ersten Hälfte der Tokugawa-Zeit (1600–1868). Darüber hinaus widmet er sich der familienpolitischen Gesetzgebung seit Ende des Zweiten Weltkriegs und zeigt, welche Versuche der Beeinflussung des Geburtsverhaltens seitens der japanischen Politik in der Nachkriegszeit unternommen wurden. Recht ausführlich beleuchtet er dabei die Entwicklung und mehrfache Veränderung der Abtreibungs- und Verhütungspolitik.

Das Abtreibungsrecht Japans sowie der lange Zeit staatlich reglementierte Zugang zu bestimmten Verhütungsmitteln, namentlich der Antibabypille, stehen in einem kaum aufzulösenden Widerspruch, zumindest aber in einem konfliktträchtigen Verhältnis zum Reproduktionsrecht des Einzelnen, vor allem des Rechtes von Frauen, über sich und ihren Körper selbst zu bestimmen. Auf diesen Umstand verweist Yuriko Ashino, die sich in ihrer Arbeit der weiblichen Perspektive auf die japanischen Abtreibungsbestimmungen beziehungsweise -beschränkungen widmet (Ashino 1996). Sie verweist auf die UN-Konvention zur Abschaffung aller Formen der Diskriminierung von Frauen[55] aus dem Jahr 1979, die schließlich mit einiger Verspätung 1985 auch in Japan ratifiziert wurde und gemäß derer jede Frau das Recht und die Verantwortung hat, selbst zu entscheiden, wieviele und in welchen Abständen sie Kinder bekommen möchte. Dieses Recht sieht Ashino durch die Verschärfung des Abtreibungsrechts seit Ende der 1990er Jahre verletzt und kritisiert die japanische Gesetzgebung in diesem Bereich.

3.2 Deutschland

Auch bezüglich Deutschlands ist der demografische Wandel bereits in zahlreichen Arbeiten untersucht worden. Ähnlich wie in Japan wird auch

---

[54] Die Tokugawa-Zeit, also die historische Phase der Herrschaft der Dynastie der Tokugawa über Japan (1600–1868), wird alternativ auch als Tokugawa-Shogunat (*Tokugawa bakufu*) oder Edo-Periode bezeichnet.

[55] Zum Text dieser Konvention siehe u. a. United Nations 2000.

hier dem andauernden Fertilitätsrückgang und der aus dieser Entwicklung resultierenden und durch die gleichfalls zunehmende Lebenserwartung zusätzlich verstärkten strukturellen Alterung der Gesellschaft besondere Bedeutung beigemessen. Der folgende Abschnitt setzt sich daher vorrangig mit der Forschung zu den mit dieser Bevölkerungstransformation verknüpften Konsequenzen für die weitere Entwicklung Deutschlands auseinander. Darüber hinaus wird auf einige Forschungsarbeiten zur Entwicklung und Gestaltung der Familienpolitik, insbesondere vor dem Hintergrund des demografischen Wandels, Bezug genommen, wobei auch Untersuchungen zu Fragen der Bevölkerungspolitik in Deutschland angesprochen werden.

3.2.1 Ursachen und Folgen des demografischen Wandels

Abgesehen von den regelmäßig erscheinenden bevölkerungsstatistischen Veröffentlichungen des Statistischen Bundesamtes und dessen Pendants auf Länderebene liegen für Deutschland einige demografische Untersuchungen vor, die sich neben der Darstellung des reinen Zahlenwerks auch um die Aufklärung der Hintergründe des demografischen Wandels bemühen. Sie tragen dazu bei, den für die Bewertung der gegenwärtigen Situation notwendigen zeitlichen, räumlichen und inhaltlichen Kontext zu vermitteln, der eine fundierte Einschätzung der Tragweite der ablaufenden Entwicklung und ihres Krisenpotentials erst ermöglicht.

Einen Überblick über die demografische Entwicklung Deutschlands im 20. Jahrhundert gibt Karl Schwarz, der diesbezüglich zuspitzend von einer demografischen Revolution spricht (Schwarz 1999). Er begreift den demografischen Wandel als eine Herausforderung epochalen Ausmaßes. Die tiefgreifenden strukturellen Veränderungen der Population und ihre mannigfaltigen Auswirkungen machen es Schwarz zufolge erforderlich, die nationale Perspektive auf die auftretenden Probleme zu überwinden und stattdessen auf internationaler Ebene zu kooperieren. Er verweist ferner ausdrücklich auf die Notwendigkeit intergenerationaler Solidarität, die er zwar keineswegs als selbstverständlich, wohl aber als wünschenswert ansieht.

Eine Bestandsaufnahme der spezifischen Ausprägung des demografischen Wandels in Deutschland findet sich bei Evelyn Grünheid, die in konzentrierter Form die wesentlichen Parameter und Einflussgrößen abhandelt (Grünheid 2006). Einen Vergleich der demografischen Entwicklung Deutschlands mit der anderer Staaten Europas nimmt Herwig Birg vor (Birg 2001). Er betont ebenso wie Karl Schwarz die immense Tragweite des Prozesses und spricht von einem Jahrhundertproblem. Zudem hebt er die zeitliche Parallelität des Fertilitätsrückgangs und des Anstiegs der Lebenserwartung in den untersuchten Ländern hervor. Als Begründung für das anhaltend niedrige Geburtenniveau führt er an, dass sich im Zuge des Zivilisationsprozesses der Gesellschaften die Wahrscheinlichkeit für langfristige Festlegungen im Lebensverlauf in Form von Eheschließungen und, damit einhergehend, der Geburt von Kindern verringerte (Birg 2001: 1). Birg geht auch auf den Aspekt der Trägheit demografischer Prozesse ein. Er stellt in diesem Zusammenhang fest, dass auch ein schneller und starker Anstieg der Geburtenrate den langfristig verlaufenden Alterungsprozess nicht aufhalten, sondern allenfalls noch abmildern würde (Birg 2005). Birg beschränkt sich in seiner Arbeit nicht auf die demografische Entwicklung Deutschlands, sondern zeigt, dass andere Staaten sich mit ähnlichen Problemlagen konfrontiert sehen. So verweist er darauf, dass es in Osteuropa und Asien durchaus Regionen gibt, in denen die Fertilitätsrate noch wesentlich niedriger liegt und demzufolge der Alterungsprozess dort mit noch größerer Dynamik verläuft respektive in Zukunft verlaufen wird als dies für Deutschland prognostiziert wird. Mit der zukünftigen Entwicklung Deutschlands unter den gegenwärtig bestehenden und den künftig zu erwartenden demografischen Bedingungen setzt sich Charlotte Höhn auseinander (Höhn 2000). Aus ihrer Sicht stehen für Deutschland besonders die Konsequenzen der demografischen Alterung sowie Fragen der internationalen Migration und der Integration von Zuwanderern auf der politischen Agenda. Als weitere Konsequenz erwartet sie verstärkte politische Reformbemühungen zur Sicherung des Alterseinkommens, des Gesundheitswesens und der Pflege alter Menschen.

Welche Handlungsoptionen in einer alternden Gesellschaft bestehen und wie gegebenenfalls auf die Alterung mit politischen Mitteln Einfluss genommen werden kann, untersucht Harald Wilkoszewski (Wilkoszewski 2004). Er bemerkt dazu, dass der Alterungstrend langfristig angelegtes Handeln erfordert, welches aber im schnelllebigen politischen Prozess kaum Platz findet. Statt jedoch auf die Beeinflussung der Bevölkerungsalterung durch Versuche zur Anhebung der Geburtenrate oder zusätzliche Zuwanderung zu setzen, hält Wilkoszewski es für zielführender, und zwar in mehreren Politikfeldern gleichzeitig, angepasste Konzepte für eine gealterte Gesellschaft zu entwickeln, um für die wachsende Zahl älterer Menschen auch unter den Vorzeichen des mittelfristig nicht aufzuhaltenden Alterungsprozesses akzeptable Lebensbedingungen zu schaffen (Wilkoszewski 2004: 3). In seinen Betrachtungen geht er exemplarisch auf die Bereiche Arbeiten und Wohnen ein.

Eine der Hauptursachen der Alterungsentwicklung, nämlich die zunehmende Kinderlosigkeit in Deutschland, beleuchtet Jürgen Dorbritz (Dorbritz 2005). Auch wenn die Gründe für die rückläufige Fertilitätsentwicklung vielfältig sein mögen, ist einer der wichtigsten Faktoren dafür die gestiegene Neigung vieler Frauen, gänzlich auf Kinder zu verzichten. Dorbritz verfolgt daher in seiner Untersuchung das Anliegen, die Dimensionen von Kinderlosigkeit in Deutschland und Europa vergleichend darzustellen und geht dabei zudem auch auf die unterschiedlichen Spezifika von Kinderlosigkeit in Ost- und Westdeutschland ein (Dorbritz 2005: 143). Ebenfalls mit den Ursachen niedriger Fertilität in Industriestaaten setzt sich Nicola Hülskamp auseinander (Hülskamp 2006). Sie benennt und erläutert verschiedene Theorien zur Erklärung des Geburtenrückgangs, wobei sie diese nach soziologischen beziehungsweise ökonomischen Ansätzen gruppiert. Ihre Arbeit enthält detaillierte Erörterungen zu zahlreichen Facetten des Phänomens der sinkenden Geburtenraten in hoch entwickelten Staaten und beschreibt die vielschichtigen Argumente junger Eltern bei ihrer Entscheidung für oder gegen Kinder. Auf den Umstand, dass Kinderlosigkeit häufig auf (durchaus unfreiwillige) Partnerlosigkeit zurückzuführen ist und nicht zwangsläufig als eine bewusste Entscheidung gegen die Geburt von Kindern zu betrachten ist, verweist Jan Eckhard (Eckhard 2006). Er kommt zu dem Schluss, dass die partnerschaftsbezogenen Voraussetzungen für einen solchen Entscheidungsprozess oft schlicht nicht gegeben sind. Vor allem die Verbreitung der Partnerlosigkeit im mittleren Erwachsenenalter sowie die zeitliche Verkürzung der Paarbeziehungen infolge einer gestiegenen Trennungsanfälligkeit wirken sich demnach negativ auf die Geburtenentwicklung aus.

Einem weiteren Aspekt, der allerdings in der wissenschaftlichen Debatte über die Ursachen der rückläufigen Fertilitätsentwicklung häufig kaum Beachtung findet, widmet sich Nicole Brose, die davon ausgeht, dass Religiosität und die Wahrnehmung des Kindernutzens in einem kausalen Verhältnis zueinander stehen (Brose 2006). Sie betont, dass die Normen und Werte, die in der familiensoziologischen Forschung oft als prägend für die Entscheidungen für oder gegen Familiengründungen und -erweiterungen herausgestellt werden, nicht unbedingt als Ursache oder als Folge des generativen Verhaltens angesehen werden müssen. Sie sucht deshalb nach Anhaltspunkten für Mechanismen, auf denen eine mögliche Korrelation zwischen religiöser Zugehörigkeit und der Kinderzahl beruhen könnte. Im Rahmen ihrer Arbeit untersucht sie zwei Hypothesen, die den positiven Effekt der Religionszugehörigkeit auf die Kinderzahl alternativ entweder als Ergebnis höherer Erwartungen an den emotionalen Nutzen von Kindern oder als Ausdruck und Folge einer stärkeren Bereitschaft zur Eheschließung und/oder einer geringeren Trennungs- oder Scheidungsneigung erklären.

Einen wesentlichen Bestandteil der wissenschaftlichen Diskussion über die gegenwärtigen demografischen Entwicklungen stellen Versuche zur Abschätzung der möglichen Folgen von Geburtenrückgang und Alterung auf die Gesellschaft im Gesamten und auf einzelne funktionale Subsysteme dar. Dabei kreist die Debatte besonders häufig um ökonomische Aspekte, wobei sich allerdings, etwa mit Blick auf die zukünftige Organisation der Alterssicherung und Gesundheitsversorgung, auch Schnittmengen mit sozialen Themenfeldern ergeben. Den Versuch einer Abschätzung der ökonomischen Folgen des demografischen Wandels unternimmt unter anderem Andreas Heigl, der vor allem die volkswirtschaftliche Dimension der Alterung betrachtet (Heigl 2007). Er geht dabei von einer Vorausschätzung der Konsum- und Sparprofile bis zum Jahr 2030 aus und kommt zu dem Schluss, dass sich die Alterung auf der Nachfrageseite weit weniger problematisch darstellt als die drohende Schrumpfung der Bevölkerung. Auf der Angebotsseite jedoch scheinen Alterung und Schrumpfung gleichermaßen die Innovationskraft und Produktivität zu bedrohen. Die Frage nach der Zukunft von Arbeit und Arbeitslosigkeit wird von Ernst Kistler und Markus Hilpert diskutiert (Kistler/Hilpert 2001). Sie stellen fest, dass der demografische Wandel es nicht zulassen wird, in gleicher Weise wie bisher die Humanressourcen und das Potential älterer und/oder weiblicher Arbeitskräfte brach liegen zu lassen (Kistler/Hilpert 2001: 11). Außerdem halten sie eine Neujustierung der bisher eher auf kurzfristige Erfolge ausgerichteten Wirtschaftsphilosophie im Sinne einer nachhaltigeren und langfristigeren Orientierung für geboten (Kistler/Hilpert 2001: 13). Zu einem ähnlichen Urteil gelangt auch Gerhard Naegele, der ebenfalls dafür plädiert, dass sich viele Betriebe in ihrer Personalpolitik und -planung strategisch stärker auf ältere Beschäftigte einstellen müssen (Naegele 2001). Bislang würde auf Seiten der Unternehmen zu wenig getan, um aus der Alterung der Gesellschaft die notwendigen Konsequenzen zu ziehen. Da in Zukunft die Belegschaften insgesamt älter sein werden, müssten diese einen höheren Anteil an Frauen und Ausländern aufweisen, um die wirtschaftliche Konkurrenzfähigkeit weiterhin sicherstellen zu können (Naegele 2001: 3).

Wirtschaftliche Überlegungen sind auch für die Zukunftsfähigkeit der Alterssicherungssysteme von herausragender Bedeutung. Roman Bartnik und Frank Micheel erläutern in vergleichender Perspektive den Handlungsspielraum bei der zukünftigen Gestaltung der Rentensysteme Deutschlands und Japans (Bartnik/Frank 2005). Sie widmen sich dabei vor allem der Frage, wie die im Wesentlichen auf dem Umlageverfahren basierenden Alterssicherungssysteme beider Länder unter dem Einfluss der demografischen Entwicklung zukunftsfähig gemacht werden können. Ähnliche Herausforderungen betreffen auch das Kranken- und Pflegeversicherungssystem, das ebenfalls durch die strukturellen Veränderungen der Gesamtpopulation destabilisiert zu werden droht. Bernd Hof gelangt in einem Gutachten für den Gesamtverband der Deutschen Versicherungswirtschaft und den Verband der privaten Krankenversicherung zu der Einschätzung, dass eine Anhebung der Beitragssätze sowohl für die gesetzliche Krankenversicherung (GKV) als auch für die Pflegeversicherung als Reaktion auf den demografischen Wandel wahrscheinlich ist (Hof 2001: 266). Er untersucht verschiedene Szenarien und beziffert die zu erwartenden Beitragssteigerungen entsprechend der darin zugrunde gelegten Annahmen.

Das Wissen um die Richtung der demografischen Entwicklung hat auch die Zuwanderungsdebatte in Deutschland um neue Argumente erweitert. Einige Aspekte im Zusammenhang mit demografisch motivierter Migrationspolitik erörtert Josef Schmid, der darin eines der zentralen Handlungsfelder hoch technisierter und wohlfahrtsstaatlich organisierter Industriestaaten erkennt, um die Folgen von Alterung und Bevölkerungsrückgang abzumildern (Schmid 2001). Auch Rainer Münz hält eine geregelte Zuwanderung für eine denkbare Handlungsoption des Staates, um die Zukunftsfähigkeit seiner funktionalen Systeme zu sichern (Münz 2001).

Es ist festzustellen, dass das Bewusstsein für demografisch bedingte Problemstellungen in Deutschland in den letzten Jahren allgemein zugenommen hat und sich keineswegs nur auf den wissenschaftlichen Diskurs beschränkt. Besondere Bedeutung kommt vor allem der Einschätzung der vielfältigen Implikationen des demografischen Wandels auf Seiten der relevanten politischen Akteure zu, da durch ihr Handeln maßgeblich mitbestimmt wird, welche Folgen die weitere Populationsentwicklung letztlich tatsächlich zeitigen wird. Inwiefern sich aus dem Wissen um die demografische Situation Deutschlands politische Verantwortung ableiten lässt, hat Herwig Birg untersucht (Birg 1998). Er gibt zu bedenken, dass es Aufgabe der Politik sei, Sorge um das Wohl der nachfolgenden Generationen zu tragen. Diese Sorge verpflichtet laut Birg die heute aktiven politischen Akteure geradezu, Familienpolitik, Migrationspolitik und Integrationspolitik der demografischen Entwicklung anzupassen und dabei auch bevölkerungspolitische Ansätze nicht zu tabuisieren.

Ein wichtiger Einflussfaktor für die Akzeptanz etwaiger bevölkerungspolitischer Schritte des Staates ist das demografische Wissen der Menschen, die innerhalb eines demokratisch verfassten politischen Systems entsprechende politische Bemühungen autorisieren müssten. Jürgen Dorbritz, der diesen Aspekt erforscht, kommt zu dem Ergebnis, dass sowohl der demografische Wandel selbst als auch seine Folgen durchaus in der Bevölkerung wahrgenommen werden (Dorbritz 2004). Der Mehrzahl der Menschen sind demografische Basisdaten wie Bevölkerungszahl und durchschnittliche Lebenserwartung zumindest näherungsweise bekannt. Familiendemografische Entwicklungen werden relativ aufmerksam verfolgt, wobei hauptsächlich jene Veränderungen als ungünstig bewertet werden, welche auf die Gefährdung von Modellen partnerschaftlichen Zusammenlebens mit Kindern hinweisen. Dazu zählen etwa die niedrige Geburtenhäufigkeit, die steigende Zahl der Ehescheidungen und die wachsende Kinderlosigkeit. Außerdem besteht in der deutschen Bevölkerung großes Interesse am gesamten Themenbereich der Vereinbarkeit von Familie und Erwerbstätigkeit. In einer weiteren Studie hat Jürgen Dorbritz zusammen mit Andrea Lengerer und Kerstin Ruckdeschel die Einstellungen der Deutschen gegenüber bevölkerungspolitisch relevanten Politikoptionen untersucht (Dorbritz/Lengerer/Ruckdeschel 2005). Auch die Ergebnisse dieser Arbeit belegen, dass stärkere politische Bemühungen zur Erleichterung der Vereinbarkeit von Arbeit und Familie von der Mehrzahl der Deutschen begrüßt werden. Die bestehenden Schwierigkeiten, sowohl Erwerbstätigkeit als auch familiäres Engagement zu koordinieren, werden demnach als wesentliches Hemmnis bei der Realisierung von Kinderwünschen angesehen.

Es existieren auch einige Arbeiten, die sich mit den Ursachen und Folgen des demografischen Wandels in Deutschland und Japan in vergleichender Perspektive auseinandersetzen. Dabei stehen meist Fragen der Alterung und der diesbezüglichen sozialpolitischen Konsequenzen im Vordergrund. Eine Beschreibung der Sozialsysteme beider Länder findet sich beispielsweise bei Harald Conrad und Ralph Lützeler (Conrad/Lützeler 2002). Deren Arbeit beinhaltet außerdem eine systematische Zuordnung Japans und Deutschlands zu den Wohlfahrtsstaatskategorien Esping-Andersens und setzt sich mit der Diskussion über Kriterien für diese Zuordnung auseinander. Darüber hinaus werden Ursprünge und wesentliche Entwicklungsschritte der jeweiligen Sozialsysteme erläutert sowie Umstrukturierungsmaßnahmen seit Beginn der 1990er Jahre angesprochen.

Nachfolgend soll der Blick auf den Forschungsstand auf dem Gebiet der Familien- und Bevölkerungspolitik in Deutschland gerichtet werden. Auch dabei kann es nicht um eine vollständige Bestandsaufnahme gehen, sondern lediglich um eine exemplarische Aufzählung einiger, für die in dieser Arbeit untersuchte Fragestellung relevanter Untersuchungen.

3.2.2 FAMILIEN- UND BEVÖLKERUNGSPOLITIK

In den letzten Jahren sind der Situation von Familien und den verschiedenen Facetten von Familienpolitik in Deutschland erhöhte Aufmerksamkeit durch Wissenschaft, Politik und Öffentlichkeit zuteil geworden. Die demografische Entwicklung ist als einer der Hauptgründe für diesen Trend anzusehen. Einen Überblick über die bundesdeutsche Familienpolitik vermittelt eine umfangreiche Arbeit Max Wingens, die unter anderem in einem historischen Abriss der Nachkriegsjahrzehnte detailliert auf deren einzelne Entwicklungsschritte eingeht (Wingen 1993). Über die Deskription der deutschen Familienpolitik hinaus hat Wingen auch die wesentlichen Problemfelder der gegenwärtigen Gestaltung und Anpassung dieses Politikbereiches an die demografischen und familienstrukturellen Veränderungen untersucht (Wingen 1997). Er behandelt zudem verschiedene Theorien über die Einflüsse gesellschaftlicher Bestimmungsfaktoren auf die Familie beziehungsweise das Familienbild innerhalb der Gesellschaft und stellt diese zusammenfassend dar (Wingen 1997: 85ff.).

Mit den vielfältigen Veränderungsprozessen, denen Familien und mit ihnen auch die Familienpolitik unterliegen, setzt sich Christoph Butterwegge auseinander (Butterwegge 2003). Dabei richtet er den Blick auf die sich wandelnde gesellschaftliche Rolle von Frauen und Kindern. Er stellt in diesem Zusammenhang fest, dass Frauen im Zuge ihres in den letzten Jahrzehnten verstärkten beruflichen Engagements die Festlegung auf Haushaltsführung und Kinderbetreuung hinter sich gelassen haben und infolge der gewachsenen Unabhängigkeit von männlichen Versorgern vehementer als früher ihr Recht auf individuelle Selbstverwirklichung einfordern. Die Folgen dieser Entwicklung beleuchtet Butterwegge ebenso wie die Tatsache, dass der Kindernutzen sich während der vergangenen Dekaden stark verändert hat, was im Rahmen einer modernen Familienpolitik entsprechenden Niederschlag finden müsse. Dies gilt besonders für den Fall, dass die Politik sich dem Ziel verpflichtet sieht, die geringe Reproduktionsneigung der Deutschen positiv zu beeinflussen. Ohne das notwendige Verständnis für die Ursachen des seit Jahrzehnten unter Bestandserhaltungsniveau liegenden Fertilitätsniveaus kann dies nicht gelingen.

Der Erfolg entsprechender politischer Bemühungen hängt allerdings stark von deren Akzeptanz seitens der Bevölkerung als dem Hauptadressaten familienpolitischen Handelns ab. Mit diesem Aspekt beschäftigt sich die Arbeit Andrea Lengerers (Lengerer 2004). Sie untersucht die Wünsche und Erwartungen der Deutschen an die Familienpolitik. Dabei geht sie unter anderem auf Unterschiede zwischen Ost- und Westdeutschland ein, die sich zwar belegen lassen, aber dennoch eher marginaler Natur sind. Die bestehenden Differenzen betreffen vor allem die Art der Familienförderung, stellen diese jedoch grundsätzlich nicht in Frage. Schließlich kommt Lengerer zu dem Schluss, dass sich die höchste Zustimmung zu einem verstärkten familienpolitischen Engagement des Staates bei den (potentiellen) Leistungsempfängern findet sowie bei denjenigen, die der Familie und Kindern einen hohen ideellen Wert beimessen.

Frank Kupferschmidt hat untersucht, welche Optionen bestehen, dieses Engagement finanziell zu gestalten und sich in diesem Zusammenhang auch mit der Frage auseinandergesetzt, welche Effekte die Verteilung respektive Umverteilung öffentlicher Transferleistungen zur Folge haben könnte (Kupferschmidt 2007). Ausgehend von einer Beschreibung bereits existierender, familienpolitisch relevanter, wohlfahrtsstaatlicher Verteilungsmechanismen stellt Kupferschmidt darüber hinaus dar, welche Alternativen zu den derzeitigen Regelungen und Verfahren denkbar wären. Seine Arbeit schließt eine Diskussion des aktuellen familienpolitischen Policy Mixes in Deutschland ein, der häufig dafür kritisiert wird, dass er nicht in ausreichendem Maße dem sich gegenwärtig vollziehenden Wandel des Familienleitbildes, weg vom traditionalistischen Alleinernährermodell und hin zur Pluralisierung der Lebensformen, Rechnung trüge beziehungsweise dieser Pluralisierung sogar im Wege stünde. Kupferschmidt geht im Rahmen seiner Auseinandersetzung mit dieser Kritik auch auf das Ehegattensplitting als finanzpolitischer Entsprechung der einseitigen Bevorzugung der Ehe vor anderen Familien- und Partnerschaftsmodellen ein.

Für eine Neuausrichtung der Familienpolitik und eine stärkere Ausrichtung auf die Nachhaltigkeit familienpolitischen Handelns plädieren auch Sandra Gruescu und Bert Rürup, die darauf verweisen, dass, wie die Erfahrungen anderer Länder (zum Beispiel Norwegens oder Islands) belegen, eine hohe Erwerbsbeteiligung von Frauen nicht mit einer geringeren Geburtenrate einhergehen muss (Gruescu/Rürup 2005). Sie identifizieren die Kinderlosigkeit, ein Phänomen, welches besonders unter beruflich hochqualifizierten Frauen verbreitet ist, als das Kernproblem der demografischen Entwicklung in Deutschland, dem am ehesten mit einer Verbesserung der Vereinbarkeit von Erwerbstätigkeit und familiärem Engagement für diese Frauen zu begegnen sei. Ähnlich argumentiert auch Wassilios Emmanuel Fthenakis, der sich ebenfalls mit den zukünftigen Perspektiven für die deutsche Familienpolitik auseinandersetzt (Fthenakis 2006). Er belegt den veränderten gesellschaftlichen Status der Frauen mit statistischen Daten und fordert, familienpolitische Konsequenzen aus der offenkundig verstärkten Erwerbsneigung von Frauen zu ziehen. Die Politik sollte den Rahmen dafür schaffen, dass Frauen Familie und Beruf miteinander vereinbaren können. Die Auffassung, dass Familienpolitik immer stärker auch als Zukunftpolitik zu verstehen ist, vertreten Hans Bertram, Wiebke Rösler und Nancy Ehlert (Bertram/Rösler/Ehlert 2005a; 2005b). Ein Vergleich der Gestaltung der Familienpolitiken in Frankreich und Finnland mit der Situation in Deutschland führt sie zu dem Schluss, dass hierzulande insbesondere hinsichtlich der Koordination einzelner familienpolitischer Maßnahmen noch erheblicher Verbesserungsbedarf besteht (Bertram/Rösler/Ehlert 2005a).

Parallel zu dem Bedeutungszuwachs, den die Familienpolitik in den letzten Jahren in Deutschland erfahren hat, sind bevölkerungspolitische und damit verbunden auch familienpolitische Aspekte stärker ins Blickfeld gerückt. Der ursächliche Anlass für die erstaunliche Dynamisierung der familienpolitischen Debatte liegt maßgeblich darin begründet, dass eine von vielen Menschen als bedrohlich empfundene Lage eingetreten ist, deren Ursprung in erster Linie unerwartete demografische Entwicklungen sind. Dabei ist der fortwährende ‚Kindermangel' als wichtigster Ausgangspunkt der erwarteten demografischen Krise nicht in Frage zu stellen. Es ist daher plausibel, dass infolge des niedrigen Reproduktionsniveaus auch Überlegungen zu gezielten bevölkerungspolitischen Gegenmaßnahmen wieder zunehmendes Interesse hervorrufen. Viele Untersuchungen, welche die künftige Gestaltung der deutschen Familienpolitik thematisieren, setzen sich explizit mit den unterschiedlichen Aspekten etwaiger bevölkerungspolitischer Interventionen auseinander. Diese Debatte gilt allerdings aufgrund der negativen Erfahrungen mit der Bevölkerungspolitik in der Zeit des Nationalsozialismus durchaus als heikel.

Konkret mit der nationalsozialistischen Familienpolitik beschäftigt sich Wolfgang Voegeli, der dabei zwischen dem ideologischen Anspruch und der tatsächlichen Umsetzung der diese Politik prägenden Motivationen unterscheidet (Voegeli 2001). Erläuterungen zu einzelnen, gezielt auf eine Anhebung der Geburtenzahlen ausgerichteten Maßnahmen der NSDAP-Regierung finden sich bei Wolfgang Voegeli und Barbara Willenbacher (Voegeli/Willenbacher 2001). Sie gelangen in ihrer Studie zu dem Ergebnis, dass letztendlich sämtliche Bemühungen der nationalsozialistischen Familienpolitik, eine nennenswerte Steigerung der Geburtenzahlen in der Mittelschicht der Gesellschaft als Hauptadressat dieser Bemühungen zu erreichen, erfolglos blieben.

Da die seit Jahrzehnten äußerst niedrige Gesamtfertilität in Deutschland als eine der Hauptursachen für die gegenwärtige, vielfach als krisenhaft charakterisierte demografische Entwicklung gilt, erscheint es nur konsequent, dass, gewissermaßen als Reaktion auf die daraus resultierende ‚Unterjüngung' der Population, verstärkt auch darüber diskutiert wird, die Geburtenrate mit Hilfe politischer Interventionen wieder anzuheben. Ein Befürworter bewusst pronatalistischer Zielsetzungen in der deutschen Familienpolitik ist Max Wingen (Wingen 2002). Er betont jedoch, dass es generell grundlegendes Recht für alle Menschen und Paare sein müsse, frei, verantwortlich und informiert über die Zahl ihrer Kinder, also auch über ihre etwaige Kinderlosigkeit, zu entscheiden. Es bestünde allerdings die Pflicht des Staates und der Gesellschaft, Barrieren abzubauen, die gegen die Erfüllung vorhandener Kinderwünsche gerichtet sind. Grundsätzlich gilt es Wingens Auffassung zufolge, bevölkerungsbewusste Familienpolitik von einer Bevölkerungspolitik abzugrenzen, die Kinderwünsche und ihre Erfüllung von außen festzulegen versucht. Wingen setzt sich in seiner Arbeit nicht nur mit den Möglichkeiten einer solchen Politik, sondern auch mit den Grenzen hinsichtlich ihrer Durchsetzbarkeit und Wirksamkeit auseinander (Wingen 2003).

Diana Auth und Barbara Holland-Cunz sehen die Grenzen der Wirksamkeit pronatalistischer Politik dort erreicht, wo sie den Emanzipationsprozess der Frauen ignoriert, sie also Frauen als Objekte statt als Subjekte des Politischen begreift (Auth/Holland-Cunz 2007). Es reiche deshalb nicht aus, nur an die Oberfläche statt an die gesellschaftlichen Tiefenstrukturen zu rühren. Vielmehr sei es notwendig, die „Freiheits-Wünsche" von Frauen strukturell statt nur instrumentell zu bearbeiten (Auth/ Holland-Cunz 2007: 10). Auth kritisiert in einer weiteren Arbeit zudem den pronatalistischen Aktionismus, der sich aus einer verstärkten Ökonomisierung und bevölkerungspolitischen Instrumentalisierung speist (Auth 2007). Im Mittelpunkt der Familienpolitik stünden nicht die Wünsche von Frauen und Männern, sondern ökonomische und bevölkerungspolitische Zielsetzungen. Überdies gingen die konkret ergriffenen Maßnahmen häufig entweder an den Gründen der Kinderlosigkeit vorbei oder stünden isoliert in einem sozioökonomischen und politischen Klima, welches von prekärer Beschäftigung, ökonomischer Planungsunsicherheit, veralteten Mütterleitbildern etc. geprägt sei (Auth 2007: 100). So erkläre sich nach der Ansicht Auths, warum die meisten Gründe für Kinderlosigkeit nicht oder nur bedingt politisch beeinflussbar seien (Auth 2007: 98).

Stellvertretend für die von Diana Auth kritisierte Fokussierung der demografischen Debatte in Deutschland auf ökonomische Aspekte und in diesem Zusammenhang stehende bevölkerungspolitische Überlegungen sei auf die Arbeit von Gunther Steinmann verwiesen, der, wie viele andere, den bestehenden Kindermangel als Bedrohung für den wirtschaftlichen Wohlstand Deutschlands ansieht (Steinmann 2007). Um negative ökonomische Folgen zu vermeiden, plädiert er für eine bevölkerungspolitisch ausgerichtete Familienpolitik. Dabei zeigt er auf, welche Möglichkeiten des politischen Eingriffs aus seiner Sicht bestehen und geht dabei unter anderem auf die Möglichkeit der Einführung einer privaten Kinderrente ein (Steinmann 2007: 128–130).

3.3 ZWISCHENFAZIT

Es wird deutlich, dass mittlerweile eine große Bandbreite von Veröffentlichungen existiert, die sich mit den unterschiedlichsten Aspekten von Familien- und Bevölkerungspolitik im Kontext des sich vollziehenden demografischen Wandels beschäftigen. Einige Werke setzen sich umfassend mit der Entwicklung der Familienpolitik oder auch mit der Geschichte von Bevölkerungspolitik auseinander. Daneben finden sich zahlreiche Studien, die sich spezifischer Teilprobleme annehmen, welche sich in diesem Kontext ergeben. Dabei werden vor allem die befürchteten Konsequenzen aus dem weiteren Verlauf der demografischen Strukturveränderungen thematisiert. In Japan ebenso wie in Deutschland fällt die stark ökonomisch geprägte Perspektive hinsichtlich der Extrapolation der mutmaßlichen Folgen dieser Entwicklung ins Auge. Die Sorge um die künftige Entwicklung Deutschlands als Wirtschaftsstandort und die Sicherung der etablierten Sozialsysteme finden in der wissenschaftlichen Debatte breiten Niederschlag. Häufig kreisen Befürchtungen um die diffuse Bange vor einem Verlust des bereits erreichten Niveaus wirtschaftlichen Wohlstands sowie vor einer möglichen Verschlechterung der Fürsorge für alte und schwache Menschen. Die in zahlreichen Arbeiten entworfenen Negativszenarien dienen nicht selten als argumentativer Unterbau für eine Vielzahl verschiedener Vorschläge, die einen Ausweg aus dem demografischen Dilemma beschreiben oder zumindest einen Beitrag zur Abmilderung seiner Folgen leisten sollen.

Die Gesamtsituation der Familienpolitik ist allerdings nur selten Gegenstand eingehender Analysen. Insbesondere die naheliegende Frage danach, ob die nicht bestreitbare generelle Notwendigkeit politischer Reaktionen auf den demografischen Wandel seitens der betreffenden Wohlfahrtsstaaten dazu führt, dass diese einen wahrnehmbaren Kurswechsel in Richtung einer stärkeren Betonung bevölkerungspolitischer Aspekte vollziehen, hat bislang kaum Beachtung gefunden. Insbesondere in Form eines Ländervergleichs zwischen Japan und Deutschland wurde diese Frage bisher nicht verfolgt. In dieser Arbeit soll daher der Versuch unternommen werden, erstmals im Rahmen eines solchen Vergleiches durch Fakten fundierte Aussagen über die spezifischen Reaktionen der politischen Systeme Japans und Deutschlands für den Bereich der Familienpolitik zu treffen. Auf diese Weise sollen schließlich jeweils Schlussfolgerungen über einen zunächst nur hypothetisch angenommenen paradigmatischen Politikwechsel im Sinne einer Verstärkung bevölkerungspolitischer Ambitionen erarbeitet werden.

4 Vorbemerkungen zu Reichweite und Treffsicherheit demografischer Prognosen

Die Frage danach, wie die Welt im 21. Jahrhundert aussehen wird, lässt sich nur für wenige Themenkomplexe so treffsicher beantworten wie für die Bevölkerungsentwicklung. Die Zusammenhänge zwischen den für eine Vorhersage relevanten Faktoren und deren Beziehung zueinander sind zum großen Teil bekannt. Während sich beispielsweise Wirtschaftsprognosen immer wieder als wenig verlässlich erweisen oder zumindest über eine nur geringe zeitliche Reichweite verfügen, ist die demografische Forschung durchaus in der Lage, sehr zuverlässige Prognosen für mehrere Jahrzehnte im Voraus abzugeben. Als prominentes Beispiel gilt die UN-Bevölkerungsschätzung aus dem Jahr 1958 (United Nations 1958). Damals gingen die Demografen von einem Anstieg der Weltbevölkerung von seinerzeit 2,5 Milliarden Menschen auf 6,3 Milliarden im Jahr 2000 aus. Diese Schätzung wird seither fortlaufend mit immer wieder erweitertem Zeithorizont aktualisiert. Die Korrekturen beziehen sich dabei vor allem auf die Präzisierung der Bevölkerungszahlen in diversen Entwicklungsländern. In vielen dieser Staaten gestaltet sich die Erfassung der Populationsgröße wesentlich schwieriger als in den entwickelten Industrienationen, deren Meldewesen in der Regel besser ausgebaut sind. Schon die erste UN-Schätzung erwies sich mit einem Fehler von nur etwa drei Prozent als sehr präzise, was angesichts des Vorhersagezeitraums von nicht weniger als 42 Jahren durchaus bemerkenswert ist. Für Länder wie Deutschland oder Japan, in denen sehr genaue Angaben über die Größe und Zusammensetzung der jeweiligen Populationen verfügbar sind, dürften die heute aufgestellten Prognosen eher noch geringere Abweichungen aufweisen.

Wie erklärt sich aber die hohe Treffsicherheit demografischer Vorhersagen? Einer der maßgeblichen Gründe ist, dass ein großer Teil der Menschen, auf die sich die Aussagen solcher Prognosen beziehen, bereits lebt. Zudem sind die Wechselwirkungen zwischen den für die Bevölkerungsentwicklung relevanten Bezugsgrößen wie Fertilität, Mortalität und Migration durch die moderne Bevölkerungswissenschaft gut erforscht. Es lässt sich beispielsweise relativ leicht ermitteln, in welcher Weise die Höhe der Geburtenrate die Entwicklung einer Population beeinflusst. Vorhersagen können außerdem durch die Einbeziehung der statistischen Sterbewahrscheinlichkeit und die Berücksichtigung des Migrationsverhaltens weiter präzisiert werden. Auch die Einbeziehung weiterer Faktoren kann die Zuverlässigkeit demografischer Prognosen verbessern, sofern eine ausreichende Datengrundlage existiert. So lässt sich die Fertilität etwa in Abhängigkeit von der sozialen oder räumlichen Herkunft oder auch dem Bildungsniveau der (potentiellen) Eltern betrachten. Sie kann ebenso in Abhängigkeit von sozioökonomischen Faktoren untersucht werden, das heißt auch Einflussgrößen wie Einkommen, Beschäftigungssicherheit etc. können zur Beurteilung der Lage herangezogen werden. Gleiches gilt für gesellschaftliche Normen, religiöse Überzeugungen oder geschlechtsspezifische Rollenmuster. Auch diese Merkmale können dazu dienen, das Reproduktionsverhalten von Menschen zu erklären. Je nach Schwerpunkt der Interessenlage lässt sich, eine statistische Erfassung der zu untersuchenden Aspekte vorausgesetzt, ein sehr präzises Bild der Reproduktionssituation einer Bevölkerung zeichnen. Ähnlich wie die Fertilität lassen sich auch Mortalität und Migrationsverhalten hinsichtlich unterschiedlicher Kriterien untersuchen.

Die demografische Forschung verfügt über ein umfassendes statistisch-mathematisches Instrumentarium, um ausgehend von zuvor definierten Annahmen relativ präzise Berechnungen hinsichtlich der zukünftigen Bevölkerungsentwicklung durchzuführen. Üblicherweise erfolgen Aussagen in demografischen Prognosen in Form von „wenn-dann"-Formulierungen. Dabei werden für verschiedene Ausgangsbedingungen, unter Einbeziehung bestimmter Basisannahmen, die sich jeweils aus diesen Annahmen ergebenden Konsequenzen untersucht und in die Zukunft extrapoliert. So entstehen je nach Ausgangsvermutung demografische Szenarien, welche mögliche künftige Entwicklungen respektive verschiedene alternative Entwicklungspfade beschreiben. Das Maß an Übereinstimmung solcher Szenarien mit der tatsächlichen zukünftigen Entwicklung hängt vor allem davon ab, wie genau die getroffenen Basisannahmen die realen Ausgangsbedingungen widerspiegeln.

Trotz der immanenten Unsicherheit solcher Schätzungen ist es möglich, Aussagen über die Reliabilität der Ausgangsgrößen zu treffen. Die existierenden Bevölkerungsstatistiken weisen relativ selten radikale Ausschläge auf. Selbst Katastrophenereignisse, wie Kriege, Epidemien oder Hungersnöte, die in der Regel die größten Brüche in der Bevölkerungsgeschichte markieren, werden üblicherweise von längerfristigen Trends überlagert. Daher ist es möglich, unter Einbeziehung des Wissens über bereits zurückliegende Prozesse, mit hoher Treffsicherheit auf den zukünftigen Verlauf der Populationsentwicklung zu schließen. Der Blick in die Vergangenheit hilft zu begründen, innerhalb welcher Grenzen bestimmte Annahmen plausibel erscheinen. Um sinnvolle demografische Prognosen zu erstellen, wird im Regelfall eine überschaubare Zahl an plausiblen Alternativszenarien entwickelt. Auf diese Weise entsteht ein

Erwartungskorridor, in dessen Grenzen die zukünftige Bevölkerungsentwicklung mit sehr hoher Wahrscheinlichkeit verlaufen wird. Für die in dieser Arbeit untersuchten Staaten deuten indes selbst die positivsten Szenarien noch auf ein erhebliches Krisenpotential bezüglich der künftigen demografischen Entwicklung hin.

5 JAPAN

5.1 DEMOGRAFISCHE SITUATION IN JAPAN

Im Rahmen des ersten Teils des Ländervergleichs zwischen Japan und Deutschland wird die Hypothese dieser Arbeit zunächst für den japanischen Fall untersucht. Dabei dient die Darstellung der demografischen Situation des Landes als Ausgangspunkt für die daran anschließende Analyse der politischen Reaktion auf die Folgen des demografischen Wandels. Da die Kenntnis der Parameter dieser Entwicklung unerlässlich für das Verständnis der in Japan betriebenen Politik ist, wird nachfolgend der Versuch unternommen, die für den Verlauf des demografischen Wandels maßgeblichen Faktoren angemessen detailliert darzulegen.

5.1.1 MORTALITÄT

In den letzten 80 Jahren ist die Mortalität der Japaner deutlich gesunken und gleichzeitig die Lebenserwartung stark angestiegen.[56] Seit den 1920er Jahren hat sie sich annähernd verdoppelt. Zu Beginn der 1920er Jahre wurden Frauen in Japan durchschnittlich noch 43,2 Jahre und Männer 42,06 Jahre alt.[57] Mittlerweile kann jeder zu Beginn des Millenniums geborene Japaner statistisch betrachtet damit rechnen, etwa 80 Jahre alt zu werden (Männer 79 Jahre; Frauen 85,81 Jahre). Diese enorme Steigerung der Lebenserwartung ist historisch ohne Beispiel, und gegenwärtig deutet nichts auf ein Ende dieser Entwicklung hin. Im Gegenteil, für die Zukunft wird mit einer weiteren Erhöhung des durchschnittlich erreichbaren Lebensalters gerechnet. Eine Projektion des National Institute of Population and Social Security Research (NIPSSR) prognostiziert für das Jahr 2055 für Männer eine mittlere Lebenserwartung von 83,67 Jahren und für Frauen von 90,34 Jahren.[58]

---

[56] Zur demografischen Entwicklung Japans während der vergangenen 100 Jahre siehe auch Atoh 2008.

[57] Die in diesem Abschnitt angeführten Daten sind, sofern nicht explizit auf andere Quellen verwiesen wird, der offiziellen japanischen Bevölkerungsstatistik entnommen. Siehe NIPSSR 2008.

[58] Die Angaben beziehen sich auf die mittlere Prognosevariante. Vgl. Ryūichi/Ishikawa/Ishii et al. 2008: 99 (Tab. 4–2).

Abb. 2: Entwicklung der Lebenserwartung in Japan (1921–2055)

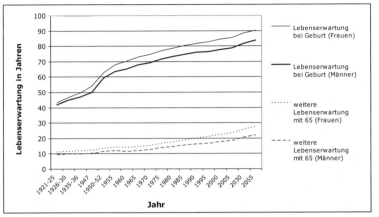

Eigene Darstellung. Datenquelle: NIPSSR 2008: 48 (Tab. 5.9).

Bei der Analyse der Zahlen fällt auf, dass sich auch die geschlechtsspezifische Differenz hinsichtlich der Lebenserwartung vergrößert hat. Während Frauen zu Beginn der 1920er Jahre im Durchschnitt etwa ein Jahr länger lebten als Männer, hat sich dieser Abstand gegenwärtig auf knapp sieben Jahre erhöht. Sollten sich die aktuellen Projektionsrechnungen als zutreffend erweisen, wird die Differenz bis zum Jahr 2055 allerdings kaum weiter zunehmen, sondern sich ungefähr auf diesem Niveau stabilisieren.

Der rasante Anstieg der Lebenserwartung bis in die Mitte des 20. Jahrhunderts hinein hing zunächst sehr stark mit einer deutlichen Absenkung der Säuglings- und Kindersterblichkeit zusammen. Die durchschnittliche Lebenserwartung ist in erster Linie als mathematische Größe zu verstehen, deren reiner Zahlenwert separat betrachtet noch keine Rückschlüsse auf das Mortalitätsrisiko innerhalb verschiedener Altersgruppen zulässt und so leicht zu Verzerrungen führen kann. Untersucht man die Verteilung des Sterberisikos eingehender, wird deutlich, dass das geringe rechnerische Durchschnittsalter im frühen 20. Jahrhundert vor allem der relativ hohen Sterblichkeit in den damals besonders kritischen ersten Lebensmonaten beziehungsweise Lebensjahren geschuldet war. Durch die hohe Zahl nicht gelebter Jahre war der Einfluss der Sterbefälle sehr junger Menschen auf den statistischen Gesamtdurchschnitt der Lebenserwartung überproportional groß. Daher muss die aus heutiger Sicht sehr niedrige Lebenserwartung zu jener Zeit immer im Zusammenhang mit dem Aspekt der hohen Säuglings- und Kindersterblichkeit beurteilt werden.

In welchem Maße die positive Entwicklung des durchschnittlich erreichbaren Lebensalters zumindest für die erste Hälfte des 20. Jahrhunderts auf die Absenkung der Kindersterblichkeit zurückzuführen ist, mag der Vergleich der Zahlen von 1900 mit den Werten des Jahres 2006 veranschaulichen.[59] Starben 1900 noch 155 von 1000 geborenen Menschen im Kindesalter (24,2 Prozent aller Todesfälle), so ist diese Zahl auf 2,6 Sterbefälle pro 1000 Lebendgeborener zurückgegangen, was 0,3 Prozent der Gesamtmortalität entspricht. Dabei sind Krankheiten als damals häufigste Todesursache im Kindesalter heute von Unfällen abgelöst worden. Die Säuglingssterblichkeit, welche um 1900 bei 79 Kindern pro 1000 Geburten lag (51 Prozent der Gesamtkindersterblichkeit), hat sich während dieses Zeitraums auf 1,3 Todesfälle je 1000 Geburten verringert (50,4 Prozent der Gesamtkindersterblichkeit). Dies sind Werte, die kaum weiter nennenswert zu verringern sein dürften. Mit abnehmender Kindersterblichkeit kam und kommt deshalb der Verlängerung der Lebensspanne der Menschen zunehmend größere Bedeutung für die Entwicklung der statistischen Lebenserwartung zu.

Welchen Anteil jeweils die Absenkung der Sterblichkeitsrate der jungen Altersjahrgänge beziehungsweise der Lebenszeitgewinn älterer Menschen am generellen Anstieg der Lebenserwartung im 20. Jahrhundert hatte, verdeutlicht folgende Tabelle.

Tab. 1: Entwicklung der Lebenserwartung und prozentualer Beitrag der altersgruppenspezifischen Mortalität in Japan (1900–2006)

Zeitspanne		Lebenserwartung		Prozentualer Beitrag zur Erhöhung der Gesamtlebenserwartung durch die Veränderung der altersgruppenspezifischen Mortalität					
Sterbe-tafel Nr.	Jahr	Lebenser-wartung bei Geburt	Zuwachs der Lebens-erwartung	0	1–4	5–14	15–39	40–64	älter als 65
1.–8.	(1891–1898) – (1947)								
	Männer	35.29	14.79	51,2	17,1	10,8	8,8	9,4	2,7
	Frauen	36.86	17.10	46,4	13,7	10,8	16,9	8,7	3,5
8.–9.	(1947) – (1950–1952)								
	Männer	50,80	9,51	18,0	21,8	5,5	32,9	15,8	6,0
	Frauen	53,96	9,02	18,5	24,0	6,2	31,0	13,2	7,1
9.–10.	(1950–1952) – (1955)								
	Männer	59,59	4,00	23,5	22,0	5,4	23,9	18,4	6,9
	Frauen	62,98	4,77	18,0	20,7	6,0	26,9	17,6	10,8
10.–11.	1955–1960								
	Männer	63,60	1,72	33,0	22,3	9,3	26,5	16,3	-7,4
	Frauen	67,75	2,45	27,6	18,6	6,9	26,3	21,4	-0,8

---

[59] NIPSSR 2008: 42–43 (Tab. 5.2; Tab. 5.3).

Zeitspanne		Lebenserwartung		Prozentualer Beitrag zur Erhöhung der Ge-samtlebenserwartung durch die Veränderung der altersgruppenspezifischen Mortalität					
11.–12.	**1960–1965**								
	Männer	65,32	2,42	35,6	11,9	5,3	20,2	19,8	7,2
	Frauen	70,19	2,73	29,6	10,5	5,2	20,2	21,6	12,9
12.–13.	**1965–1970**								
	Männer	67,74	1,58	26,1	5,9	3,8	8,6	27,6	28,0
	Frauen	72,92	1,73	20,8	4,9	2,5	11,2	24,0	36,6
13.–14.	**1970–1975**								
	Männer	69,31	2,42	10,9	2,7	3,1	15,6	30,4	37,4
	Frauen	74,66	2,23	9,5	2,4	2,2	10,3	29,5	46,1
14.–15.	**1975–1980**								
	Männer	71,73	1,62	12,8	3,6	3,3	14,7	25,3	40,4
	Frauen	76,89	1,88	8,9	2,5	2,0	10,1	24,7	51,8
15.–16.	**1980–1985**								
	Männer	73,35	1,43	12,5	3,4	2,6	6,6	21,0	53,8
	Frauen	78,76	1,72	7,0	2,4	1,4	4,8	18,5	65,9
16.–17.	**1985–1990**								
	Männer	74,78	1,44	6,0	1,0	2,0	10,3	30,4	50,4
	Frauen	80,48	1,42	5,2	1,0	0,6	4,5	19,6	69,1
17.–18.	**1990–1995**								
	Männer	75,92	0,46	6,3	3,6	0,2	10,2	32,1	47,6
	Frauen	81,90	0,95	2,7	0,4	-0,6	2,9	6,3	88,3
18.–19.	**1995–2000**								
	Männer	76,38	1,34	6,3	2,4	3,1	3,2	18,6	66,4
	Frauen	82,85	1,75	3,8	1,8	2,4	1,4	12,7	77,9
19.–20.	**2000–2005**								
	Männer	77,72	0,84	5,1	2,5	0,1	7,5	25,0	59,8
	Frauen	84,60	0,92	5,7	1,2	0,1	0,9	14,5	77,7

Datenquelle: NIPSSR 2008: 50 (Tab. 5.12).

Die Daten belegen, dass sich der Hauptbeitrag zur Steigerung der Lebenserwartung in den letzten Jahrzehnten von einem Lebenszeitgewinn der jungen Altersgruppen hin zu einer stärkeren Zunahme der Lebenserwartung der Alten verlagert hat. In der Zeit zwischen 2000 und 2005 stieg beispielsweise die statistische Lebenserwartung von Männern um 0,84 Jahre und die der Frauen um 0,92 Jahre. Von diesem Zuwachs entfielen 59,8 Prozent (Männer) respektive 77,7 Prozent (Frauen) auf die Zunahme der Lebenserwartung der über 65-Jährigen. Da eine weitere Senkung der Kindersterblichkeit, wie bereits erwähnt, praktisch auszuschließen ist und ohnedies kaum Einfluss auf die künftige Entwicklung der durchschnittlichen Lebenserwartung hätte, ist eine für die Zukunft prognostizierte weitere Zunahme der Lebenserwartung im Bevölkerungsdurchschnitt in eindeutigem Zusammenhang mit dem Lebenszeitgewinn der höheren Altersgruppen zu bewerten.

Ein weiterer Indikator, der zur Bewertung der Entwicklung der Lebenserwartung herangezogen werden kann, ist die Wahrscheinlichkeit, mit der ein bestimmtes Lebensalter erreicht werden wird.

Tab. 2: Entwicklung der Überlebenswahrscheinlichkeit in Japan (1921–2055)

Jahr	Überlebenswahrscheinlichkeit in Prozent (1921–2055)					
	bis 15 Jahre		bis 65 Jahre		bis 75 Jahre	
	Männer	Frauen	Männer	Frauen	Männer	Frauen
1921–25	72,47	73,26	30,52	35,02	12,80	18,71
1955	93,19	93,98	61,84	70,61	34,57	47,62
1970	97,57	98,20	72,07	82,57	43,53	61,17
1990	99,10	99,30	82,60	91,32	63,04	79,85
2000	99,38	99,50	84,68	92,59	66,73	83,71
2006	99,50	99,58	86,14	93,26	70,34	85,51
2030	99,64	99,69	88,94	94,71	76,09	88,92
2055	99,71	99,75	90,42	95,37	79,31	90,52

Datenquelle: NIPSSR 2008: 50 (Tab. 5.11).

Zu Beginn der zwanziger Jahre des 20. Jahrhunderts betrug die Wahrscheinlichkeit, ein Alter von 65 Jahren, also das heute übliche Rentenalter, zu erreichen, nur knapp über 30 Prozent. Gegenwärtig können über 86 Prozent der Männer und über 93 Prozent der Frauen damit rechnen, dieses Alter zu erreichen. Die statistische Chance, 75 Jahre alt zu werden, war in den 1920er Jahren mit 12,8 Prozent für Männer und 18,7 Prozent für Frauen vergleichsweise gering. Die 2006 geborenen Personen erreichen mit einer statistischen Wahrscheinlichkeit von 70,3 Prozent der Männer und 85,5 Prozent der Frauen dieses Alter. Die Entwicklung wird sich nach aktuellen demografischen Prognosen auch in Zukunft fortsetzen, wie die Schätzungen des NIPSSR belegen.

Parallel zu den quantitativen Veränderungen des Mortalitätsrisikos hat sich auch ein qualitativer Wandel hinsichtlich der Todesursachen vollzogen. Zu Beginn des 20. Jahrhunderts und bis in die 1950er Jahre hinein gehörten Infektionskrankheiten, etwa die Tuberkulose, sowie entzündliche Erkrankungen der Atemorgane, wie Lungenentzündung und chronische Bronchitis, zu den häufigsten Todesursachen. Als Gründe hierfür sind vor allem die damals im Vergleich zu heute ungünstigeren äußeren Lebensumstände sowie der allgemein niedrigere Hygienestandard anzusehen. Im Laufe der Zeit und im Zuge der Verbesserung der hygienischen Bedingungen sowie der medizinischen Versorgung verloren diese Erkrankungen an Bedeutung. Ab Mitte des letzten Jahrhunderts gewannen dagegen mit Herz- und Gefäßerkrankungen sowie Krebsleiden vor allem solche Krankheiten stark an Bedeutung, die überdurchschnittlich häufig ältere Menschen betreffen beziehungsweise vielfach mit dem Lebensstil in modernen Industriegesellschaften in Verbindung gebracht werden. Für die jungen Altersjahrgänge bis zu einem Lebensalter von 24 Jahren, welche nur relativ selten von diesen Krankheiten betroffen sind, gehören mittlerweile Unfälle zu den häufigsten Todesursachen.

In den kommenden Jahrzehnten wird gemäß der Projektionsrechnung des NIPSSR die Sterberate von etwa 9,4 Fällen je 1000 Einwohnern (2008) auf etwas über 16,2 Fälle (2050) steigen (NIPSSR 2002: 29; Tab. 5). Dies ist hauptsächlich der Tatsache geschuldet, dass der Anteil der Alten, also der Gruppe mit der höchsten statistischen Sterbewahrscheinlichkeit, an der Gesamtbevölkerung zunimmt. Die Mortalitätsrate wird dieser Projektion zufolge voraussichtlich in der Zeit zwischen 2065–2070 ihren Höhepunkt bei etwa 18,9 Todesfällen je 1000 Einwohner erreichen und danach bis zum Ende des 21. Jahrhunderts wieder leicht auf dann ungefähr 16 Sterbefälle je 1000 Einwohner absinken (NIPSSR 2002: 29; Tab. 5).

Die zunehmende demografische Alterung der japanischen Gesellschaft führt also langfristig, trotz des ungebrochenen Trends steigender Lebenserwartung, auch zu einer Erhöhung des Sterberisikos für einen wachsenden Teil der Bevölkerung. Diese Tatsache deutet somit bereits eine Grenze der demografischen Alterung an. Die überdurchschnittliche Sterbewahrscheinlichkeit der gegenwärtig schon großen und in den nächsten Jahrzehnten weiter wachsenden Gruppe alter Menschen wird selbst unter der Prämisse dauerhaft und konstant niedriger Geburtenzahlen das bis zur Mitte des Jahrhunderts zunächst noch zunehmende zahlenmäßige Übergewicht der Alten gegen Ende dieses Zeitabschnittes schließlich wieder etwas in Richtung der Jungen verlagern. Insofern wohnt dem Prozess der demografischen Alterung in langfristiger Perspektive durchaus auch ein selbstregulatives Moment inne.

5.1.2 FERTILITÄT

Seit Anfang des 20. Jahrhunderts besteht in Japan hinsichtlich der Entwicklung der Gesamtfertilitätsrate ein deutlich rückläufiger Trend. Beeinflusst wurde diese Entwicklung durch die seit den frühen 1920er Jahren an Popularität gewinnenden Konzepte zur Geburtenkontrolle. Die durch den Einfluss ausländischer Intellektueller (allen voran der amerikanischen Frauenrechtlerin Margaret Sanger, aber auch H.G. Wells oder Albert Einstein) geförderte Bewegung stellte einen Gegenentwurf zu den traditionell seit der Tokugawa-Zeit von den Regierungen betriebenen Kampagnen zur Geburtenförderung dar und wurde von vielen Japanern als Beitrag zur Modernisierung des Landes verstanden (Tipton 1995: 42). Der in der Folgezeit einsetzende Fertilitätsrückgang ist seither nur durch wenige, relativ kurze Wachstumsphasen unterbrochen worden. Betrachtet man die Daten für die Zeit nach 1920, so fallen vor allem die Ausschläge in der ersten Hälfte der 1940er Jahre sowie der starke Einbruch im Jahr 1966 auf.

Abb. 3:   Anzahl der Lebendgeburten und Entwicklung der Gesamtfertilitätsrate (1925–2006)

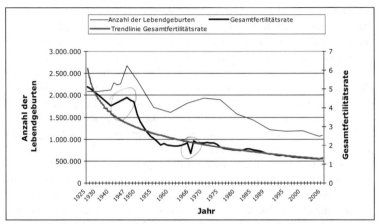

Eigene Grafik. Datenquelle: NIPSSR 2008: 24, 25 (Tab. 4.3 und 4.4).

Ab 1940 konnte für einige Jahre der Trend sinkender Geburtenraten umgekehrt werden. Ursache hierfür war vor allem die in jener Zeit seitens der japanischen Regierung betriebene Bevölkerungspolitik, die sich an das Beispiel des Dritten Reiches anlehnte und zum Ziel hatte, Quantität und ‚Qualität' der Geburten zu erhöhen.[60] Mutterschaft im Interesse des Krieg führenden Staates (*kokkateki bosei*)[61] wurde in den 1940er Jahren ähnlich wie in Deutschland glorifiziert (Miyake 1991: 270). Ab 1947 [62] folgte die Entwicklung allerdings wieder einem deutlichen und sich ab 1950 dramatisch beschleunigenden Abwärtstrend. Allein zwischen 1949 und 1957 ging die Gesamtfertilitätsrate um mehr als die Hälfte zurück.

Der drastische Geburteneinbruch des Jahres 1966 markiert einen weiteren signifikanten Punkt auf der Fertilitätskurve. Der überaus starke, aber auf nur dieses eine Jahr beschränkte Geburtenrückgang auf eine

---

[60] Diese Ziele verfolgten unter anderem das Nationale Eugenikgesetz (*kokumin yūsei-hō*) von 1940 (siehe dazu: Doi 1941) und die Kabinettsrichtlinie zur Etablierung einer Bevölkerungspolitik (*jinkō seisaku kakuritsu yōkō*) von 1941 (siehe dazu: Tachi 1943).

[61] Diesen Begriff verwendet Kuni Nakajima. Vgl. Nakajima 1984.

[62] Für das Jahr 1945 fehlen in Japan statistische Angaben zur Fertilität.

Gesamtfertilitätsrate von 1,58 (1965: 2,14; 1967: 2,23)[63] hatte seine Ursache in einem landesspezifischen Aspekt der japanischen Alltagskultur. Das Jahr 1966 fiel nach dem traditionellen chinesisch-japanischen Kalender mit dem Jahr des Feuerpferdes zusammen. Da ein verbreiteter Aberglaube Unglück für jene Frauen, die in diesem Jahr geboren werden, respektive deren Ehemänner beschwört, schoben viele Paare den Wunsch nach Kindern um ein Jahr auf.[64] Der dramatische Einbruch der Geburtenzahl markierte seither einen Extremwert, der zunächst als singulär wahrgenommen wurde. Dass ein solcher Wert unter ‚normalen' Umständen möglich wäre, erschien zu diesem Zeitpunkt kaum vorstellbar.

Seit den 1970er Jahren vollzieht sich der Fertilitätsrückgang in Japan sehr gleichmäßig und verhältnismäßig langsam. Während beispielsweise in Deutschland (Westdeutschland) die Gesamtfertilitätsrate bereits seit 1974 relativ konstant bei etwa 1,4 Kindern je Frau liegt, wurde dieser Wert in Japan erstmalig 1997 unterschritten.[65] Bis zu diesem Zeitpunkt verlief der Geburtenrückgang in Japan also langsamer als in Deutschland. Insofern ist auch der Anteil dieses Rückgangs am Gesamtphänomen der demografischen Alterung in Japan lange Zeit schwächer gewesen als in Deutschland, während der Effekt der steigenden Lebenserwartung der Bevölkerung gleichzeitig umso stärker ins Gewicht fiel. Gleichwohl ist der Zusammenhang zwischen demografischer Alterung und Rückgang der Geburtenzahlen in Japan ebenso zu beobachten wie in anderen Staaten. Während in Deutschland die Gesamtfertilitätsrate bei knapp unter 1,4 stagniert, wurde dieser Wert in Japan seit 1997 nicht mehr erreicht. Vielmehr ist die Geburtenrate seither sogar stetig weiter gesunken. Im Jahr 2005 lag die Gesamtfertilitätsrate bei 1,26 lebend geborenen Kindern je Frau, was einen neuen historischen Tiefststand markierte (NIPSSR 2008: 24; Tab 4.3). Die Bevölkerungsstatistik weist für 2006 zwar wieder einen leichten Anstieg der Fruchtbarkeitsrate aus, allerdings kann daraus

---

[63] NIPSSR 2008: 23 (Tab. 4.3).

[64] Das Jahr des Feuerpferdes (*hinoe uma no toshi*) wiederholt sich alle sechzig Jahre. Ein seit der Frühmoderne in Japan verbreiteter Aberglaube besagt, dass Frauen, die im 43. Jahr dieses sechzigjährigen Zyklus (*jikkan jūnishi*) geboren werden, später heftige Konflikte mit ihren Ehemännern ausfechten oder diese gar töten würden. Beeinflusst durch diesen Aberglauben lassen sich im gleichen Rhythmus immer wieder starke Geburteneinbrüche (z.B. 1846, 1906) beobachten. Ähnliches gilt für die Zahl der Eheschließungen innerhalb der weiblichen Geburtskohorten der entsprechenden Jahrgänge. Ausführliche Erläuterungen zu diesem Thema, inklusive historischer demografischer Daten, finden sich im Jinkō Daijiten (Nihon Jinkō Gakkai 2002: 104ff.).

[65] In diesem Jahr fiel der Wert auf 1,39 lebend geborene Kinder je Frau. Vgl. NIPSSR 2008: 24; Tab. 4.3.

keine grundsätzliche Trendumkehr abgeleitet werden.[66] Das Beispiel einiger osteuropäischer Staaten belegt, dass selbst noch niedrigere Fertilitätsraten nicht prinzipiell auszuschließen sind.[67] Das Bestandserhaltungsniveau (gegenwärtig 2,07 Lebendgeburten je Frau) ist in Japan zuletzt 1965 erreicht worden. Der Prozess des Schrumpfens der japanischen Gesamtpopulation warf seine Schatten also bereits voraus, als die öffentliche Wahrnehmung noch von ausgeprägten Ängsten vor den Fährnissen der Übervölkerung des Landes und den mutmaßlichen Folgen der bereits prognostizierten Bevölkerungsexplosion geprägt war.

Ebenso wie in den 1960er Jahren die Sorge verbreitet war, dass eine zu schnelle und zu starke Zunahme der Populationsgröße die Lebensgrundlagen der Japaner bedrohen würde, gilt dies heute für das Sinken der Geburtenrate. Allerdings ist dabei zu berücksichtigen, dass die Höhe der Gesamtfertilitätsrate, auf die sich die politische und öffentliche Debatte häufig bezieht, keineswegs so aussagekräftig ist, wie es zunächst den Anschein erwecken mag. Gerade diese bevölkerungsstatistische Kennzahl ist relativ stark von kurz- und mittelfristigen Trends abhängig, die zu entsprechenden Verzerrungen führen können. Deshalb kann sie das reale Reproduktionsverhalten nur unter der Prämisse zuverlässig abbilden, dass die altersspezifische Fruchtbarkeit zum Zeitpunkt der Datenerhebung auch für den Rest der fertilen Jahre der betreffenden Frauen unverändert bleibt, es also zu keinen nennenswerten Verschiebungen des durchschnittlichen Alters der Frauen bei der Geburt ihrer Kinder kommt. Wieviele Kinder eine Frau im Laufe ihres Lebens bekommt, kann erst dann mit Sicherheit gesagt werden, wenn ihre fruchtbare Phase tatsächlich abgeschlossen ist. Diese Phase wird üblicherweise als die Zeitspanne zwischen dem 15. und 49. Lebensjahr definiert. Für die Ermittlung der Kohortenfertilitätsrate, dem bevölkerungsstatistischen Indikator zur Erfassung des Reproduktionsverhaltens innerhalb dieser Gesamtzeitspanne, werden jeweils fünf Frauenjahrgänge zu einer Kohorte zusammenfasst. Die letzte Kohorte, für die auf Grundlage der aktuellen japanischen Bevölkerungsstatistik abschließende Aussagen zur tatsächlichen Geburtenhäufigkeit je Frau möglich sind, ist die 1955er Kohorte. Sie schließt jene Frauen ein, die 2005 ihr 49. Lebensjahr vollendet hatten. Für diese Altersgruppe liegt die Kohortenfertilität mit 1,98 Kindern je Frau wesentlich höher als die gegenwärtige Gesamtfertilitätsrate, die für das Jahr

---

[66] Der letzte Geburtenanstieg lag zu diesem Zeitpunkt bereit sechs Jahre zurück. Von 2005 auf 2006 stieg erstmals seit dem Jahr 2000 die Gesamtfertilitätsrate wieder leicht von 1,26 auf 1,32 Kinder je Frau an. Vgl. NIPSSR 2008: 24; Tab. 4.3.

[67] Zu den Staaten mit den weltweit niedrigsten Geburtenraten gehören die Ukraine, Tschechien, die Slowakei und Slowenien. Daten siehe Birg 2005: 41.

2006 einen Wert von 1,32 ausweist (NIPSSR 2008: 30,24; Tab 4.7, Tab 4.3). Es ist daher noch keineswegs sicher, ob die realen Geburtenzahlen tatsächlich derart dramatisch zurückgehen werden, wie es der gegenwärtige Wert der Gesamtfertilitätsrate zunächst suggeriert. Allerdings deutet die Diskrepanz der beiden Fertilitätsindikatoren darauf hin, dass während der letzten Jahrzehnte hinsichtlich des Geburts-Timings deutliche Verschiebungen stattgefunden haben. Um dies zu klären, ist es hilfreich, das altersspezifische Reproduktionsverhalten zu untersuchen. Die folgende Abbildung veranschaulicht die Entwicklung der prozentualen Beiträge einzelner Altersgruppen zur Gesamtanzahl der Lebendgeburten in Japan zwischen 1925 und 2006.

Abb. 4: Prozentualer Beitrag einzelner Altersgruppen zur Gesamtfertilität in Japan (1925–2006)

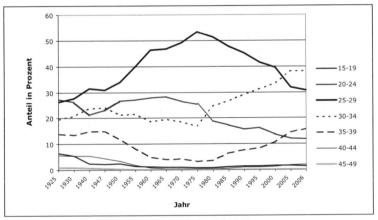

Eigene Grafik. Datenquelle: NIPSSR 2008: 25 (Tab. 4.4).

Es wird deutlich, dass die Altersgruppe der 25- bis 29-jährigen Frauen lange Zeit mit Abstand den größten Anteil an der Gesamtanzahl der Geburten aufwies, dieser jedoch seit Mitte der 1970er Jahre stark zurückgeht. Auch die Gruppe der 20- bis 24-Jährigen hat für das Reproduktionsgeschehen stark an Bedeutung verloren. Gleichzeitig nahm der Beitrag der Altersgruppe der 30- bis 34-jährigen Frauen deutlich zu. Die Gruppe der 35- bis 39-jährigen Frauen hat ihren Anteil innerhalb der letzten Jahrzehnte ebenfalls erhöht. Kurz gefasst hat seit den 1970er Jahren in Japan ein Trend zur zeitlichen Verschiebung von Geburten eingesetzt, dessen Ende bislang nicht absehbar ist. Während die Altersgruppe der 30- bis 34-jährigen Frauen 1970 nur 16,8 Prozent aller in diesem Jahr geborenen Kinder zur Welt brachte, lag der Anteil dieser Altersgruppe im

Jahr 2006 bereits bei 38,2 Prozent (NIPSSR 2008: 25; Tab 4.4). Sie hat damit mittlerweile den größten Anteil aller Altersgruppen an der Gesamtzahl der neugeborenen Kinder in Japan.

Eine weitere Information ist den Daten zu entnehmen. Der Beitrag der jüngsten Altersgruppe der 15- bis 19-jährigen Frauen sowie der beiden ältesten Kohorten der 40- bis 44-jährigen und der 45- bis 49-jährigen Mütter beläuft sich seit 1960 in der Summe durchgehend auf nur etwa 2 bis 3,5 Prozent. Für die Fertilitätsentwicklung in Japan ist der Beitrag dieser drei Altersgruppen also kaum relevant. Das bedeutet aber auch, dass von den beiden Altersgruppen der zwischen 40 und 49 Jahre alten Frauen keine maßgebliche Erhöhung der Kohortenfertilität zu erwarten ist. Auch wenn die zuvor getroffene Aussage zutrifft, dass gegenwärtig nur für die Geburtsjahrgänge bis 1955 ein abschließender Wert für die Kohortenfertilität bestimmt werden kann, so ist es ebenso richtig, davon auszugehen, dass die vorläufige Kohortenfertilität, die unter Nichtberücksichtigung der beiden ältesten Kohorten nach Datenlage der aktuellen japanischen Bevölkerungsstatistik gegenwärtig bei 1,59 liegt, sich kaum noch nennenswert verändern wird. Der Befund eines deutlichen Rückgangs der Fertilität in Japan wird also auch durch die Entwicklung der Kohortenfertilität gestützt.

Der Blick auf die Entwicklung der altersgruppenspezifischen Geburtenraten belegt, dass trotz der zeitlichen Verschiebung eines Teils der Geburten der Einfluss dieses Effekts für den übergeordneten Trend des Fertilitätsrückgangs nur von relativ geringer Bedeutung ist.

Abb. 5: Altersgruppenspezifische Fertilitätsraten in Japan (1925–2005)

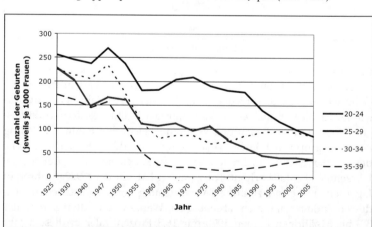

Eigene Grafik. Datenquelle: NIPSSR 2008: 25 (Tab. 4.4).

Der leichte Anstieg der Geburtenhäufigkeit innerhalb der zusammengefassten Altersgruppe der 30- bis 39-jährigen Frauen kann den massiven
Rückgang innerhalb der zusammengefassten Altersgruppe der 20- bis 29-
jährigen Frauen nicht kompensieren. Anders ausgedrückt ist, selbst wenn
ein Teil der Frauen einen in jungen Jahren aufgeschobenen Kinderwunsch zu einem späteren Zeitpunkt ihrer fertilen Phase noch realisiert,
dieser Teil bei weitem zu gering und die Zahl der nachgeholten Geburten
insgesamt zu niedrig, um dem Rückgang der Gesamtfertilität maßgeblich
entgegenzuwirken.

5.1.3 Ursachen der rückläufigen Fertilitätsentwicklung

Bei näherer Untersuchung der Gründe für die abnehmende Geburtenrate
in Japan wird deutlich, dass es sich um einen äußerst vielschichtigen
Ursachenkomplex handelt. Beispielsweise kam es parallel zum oben beschriebenen Fertilitätsrückgang[68] in den vergangenen Jahrzehnten auch
zu deutlichen Veränderungen hinsichtlich der Anzahl und des Timings
von Eheschließungen. Diese stehen ihrerseits im Zusammenhang mit
sozialen und ökonomischen Transformationsprozessen, welche während
der Nachkriegszeit weite Teile der Gesellschaft erfassten. Dazu gehören
unter anderem auch Veränderungen hinsichtlich der familialen Strukturen. Auch dieser Themenkomplex schließt eine Reihe unterschiedlicher
Aspekte ein, etwa die Entwicklung der Familiengrößen, die zeitliche und
räumliche Organisation von Familien etc., welche wiederum durch den
rasanten Wandel der Lebens- und Arbeitsbedingungen infolge der wirtschaftlichen Entwicklung und Modernisierung des Landes beeinflusst
werden. Zudem ist seit einigen Jahrzehnten eine teilweise Neudefinition
der Geschlechterrollen zu beobachten, die auch eine zunehmende Emanzipation der Frauen inkludiert. Zwischen allen diesen und weiteren Aspekten bestehen mannigfaltige Wechselwirkungen. Aufgrund der Vielzahl von Einflussfaktoren ist es im Sinne einer fundierten und möglichst
detaillierten Erklärung der Ursachen des Fertilitätsrückgangs zwar
grundsätzlich problematisch, aber dennoch unvermeidlich, eine Verdich-
tung auf einige wenige Aspekte vorzunehmen. Auch im Rahmen dieser
Arbeit muss daher eine Zuspitzung auf besonders aufschlussreiche Ein-

---

[68] Eine Differenzierung des Fertilitätsrückgangs in drei zeitliche Phasen nehmen
Retherford, Ogawa und Sakamoto vor, die folgende Zuordnung vorschlagen:
1. Phase 1950–1957: rapider Fertilitätsrückgang bis auf das ungefähre Reproduktionsniveau von etwa zwei Kindern je Frau; 2. Phase 1957–1973: Stagnation
des Fertilitätsniveaus; 3. Phase ab 1973: weiterer Fertilitätsrückgang. Vgl.
Retherford/Ogawa/Sakamoto 1999: 121.

flussgrößen vorgenommen werden. Einige der oben aufgezählten Aspekte werden in späteren Abschnitten dieser Arbeit im Zusammenhang mit der Darstellung des Bezugsrahmens familienpolitischen Handelns in Japan erörtert. In diesem Abschnitt soll der Fokus jedoch zunächst auf das Heiratsverhalten gerichtet werden, denn für viele hinsichtlich der Entwicklung des Reproduktionsgeschehens in Japan besonders bedeutsame sozioökonomische Veränderungen ist das veränderte Heiratsverhalten ein wichtiger Indikator.

Es gibt Untersuchungen, die zeigen, dass als Hauptgrund für den Rückgang der Gesamtfertilitätsrate, zumindest seit der ersten Hälfte der 1970er Jahre, vor allem die Tendenz zu immer späteren Eheschließungen und/oder gänzlichem Eheverzicht anzusehen ist (u.a. Ogawa/Retherford 1993). Der Blick auf die statistischen Daten zeigt, dass sich das durchschnittliche Heiratsalter von Frauen innerhalb von nur drei Dekaden von 25,4 Jahren (1976) auf 29,6 Jahre (2006) erhöht hat, nachdem es in der Zeit zwischen Ende des 19. Jahrhunderts und Beginn der 1970er Jahre fast konstant geblieben war (NIPSSR 2008: 67; Tab. 6.12). Der Anstieg des Erstheiratsalters vollzog sich gleichzeitig zu dem ebenfalls während dieser Phase beobachteten Fertilitätsrückgang. Dass die sinkende Gesamtfertilität tatsächlich mit dem Prozess des Ansteigens des Heiratsalters (von Frauen) verkoppelt ist, wird deutlich, wenn man das Reproduktionsverhalten verheirateter Frauen separat betrachtet. Die folgenden Aussagen beziehen sich auf die vier wichtigsten Altersgruppen für die Entwicklung der Gesamtfertilität, schließen also verheiratete Frauen zwischen 20 und 39 Jahren ein. Die Fertilität innerhalb der Ehe steht tatsächlich in auffallendem Kontrast zur allgemeinen Tendenz sinkender Reproduktionsquoten. Untersucht man nur die Geburtenzahlen verheirateter Frauen, so ergibt sich ein überraschender Befund. Mit Ausnahme der Gruppe der 25- bis 29-jährigen Japanerinnen ist die Zahl der durchschnittlich je Frau lebend geborenen Kinder für alle anderen Altersgruppen in den letzten Jahrzehnten leicht gestiegen. (siehe Abb..6)

Soweit es verheiratete Frauen betrifft, kann mit Ausnahme einer Altersgruppe von sinkender Fertilität also keine Rede sein. Dass Frauen allerdings verstärkt dazu neigen, die Geburt eines Kindes zeitlich hinauszuschieben, um möglicherweise andere biografische Optionen zu realisieren oder sich solche Optionen möglichst lange offen zu halten, legen die gegenläufigen Tendenzen der Fertilitätsentwicklung der beiden mittleren Altersgruppen nahe, welche Frauen in einem Alterskorridor zwischen 25 und 34 Jahren umfassen. Der Kinderwunsch wird demnach häufig nicht vollständig aufgegeben, sondern lediglich verschoben. Für die Gruppe der 30- bis 34-jährigen Frauen fällt die Fertilitätszunahme zwischen 1975 und 2001 mit einem Zuwachs von 77,1 auf 136,7 Geburten

Abb. 6: Altersgruppenspezifische Fertilitätsraten verheirateter Frauen in Japan
(1930–2005)

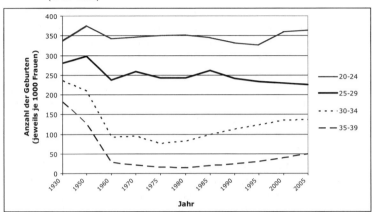

Eigene Grafik. Datenquelle: NIPSSR 2008: 31 (Tab 4.8).

je 1000 verheirateter Frauen jedenfalls mit Abstand am deutlichsten aus.
Für die Entwicklung der Gesamtfertilität ist jedoch bereits der Umstand
der zeitlichen Verschiebung von Geburten nachteilig, weil aufgrund der
zeitlich begrenzten Gebärfähigkeit von Frauen mit der verspäteten Realisierung des ersten Kinderwunsches auch die Geburt weiterer Kinder
zunehmend unwahrscheinlicher wird. Gleichzeitig belegen die Daten des
Japanese National Fertility Survey, dass sich die gewünschte Kinderzahl
von Ehefrauen zwischen 1977 (2,17) und 2002 (2,11) praktisch nicht verändert hat (NIPSSR 2008: 39; Tab. 4.19). Bezogen auf verheiratete Frauen
hat sich das Reproduktionsgeschehen in den letzten Jahrzehnten also
insgesamt als relativ stabil erwiesen.

Ein bei der Beurteilung des Geburtenverhaltens in Japan sehr bedeutsamer Aspekt betrifft den außerordentlich engen Zusammenhang zwischen Ehestatus und Geburtenentwicklung, der nur in wenigen Ländern
so stark ausgeprägt ist wie dort. Aufgrund des hohen Stellenwertes tradierter familialer Normen ist der Anteil unehelich geborener Kinder in
Japan bis heute extrem gering.[69] Die gesellschaftliche Bedeutung der Ehe
ist daher besonders in Bezug auf die Entwicklung der Fertilität außerordentlich hoch. Ruth B. Dixon weist darauf hin, dass in Japan (ebenso wie

---

[69] Im Jahr 2006 betrug der Anteil unehelich geborener Kinder an der Gesamtheit der
Geburten lediglich 2,11 Prozent. Vgl. NIPSSR 2008: 37; Tab. 4.16. Allerdings ist seit
Mitte der 1970er Jahre (Anteil der unehelich geborenen Kinder im Jahr 1975: 0,8
Prozent) eine leichte, aber stetige Steigerung dieses Anteils zu registrieren.

in China und Korea) ungeachtet einer wahrnehmbaren Schwächung des konfuzianistischen Elements in der Gesellschaft noch immer ein besonders großer Heiratsdruck auf die Frauen wirkt (Dixon 1978: 458). Auch deshalb, weil die soziale Akzeptanz von Frauen bis heute stark von deren Ehestatus bestimmt wird, gehört Japan international zu den heiratsfreudigsten Nationen. Erst als *okusan*, also als Ehefrau, nehmen sie nach Ansicht vieler Japaner ihre vorgesehene gesellschaftliche Position ein (Neuss-Kaneko 1990: 121). Dieser Status gilt nach wie vor als Zeichen des abgeschlossenen Übergangs in das Erwachsenenleben und markiert den Beginn einer selbständigen, von den Eltern unabhängigen Existenz, die wiederum als Voraussetzung für eine Familiengründung angesehen wird.

Begünstigt durch Veränderungen der sozialen und materiellen Lebensumwelt der Japaner infolge der Modernisierung des Landes ist jedoch die traditionelle Ehe als spezifische formale Ausprägung partnerschaftlicher Bindung spätestens seit Ende des Zweiten Weltkriegs unter Druck geraten und wird zunehmend durch alternative Beziehungsmodelle und Lebensentwürfe bedroht. Die Zunahme an Alternativen für die individuelle Lebensführung bringt es geradezu zwangsläufig mit sich, dass tendenziell immer weniger Menschen heiraten und auch die durchschnittliche Ehedauer zurückgeht. Der Anteil zeitlebens unverheirateter Frauen steigt bereits seit Jahrzehnten an. Dieser Trend betrifft sowohl die Gesamtheit der Frauen als auch die einzelnen Altersgruppen, wie folgende Abbildung verdeutlicht:

Abb. 7: Anteil unverheirateter Frauen nach Altersgruppen (1920–2005)

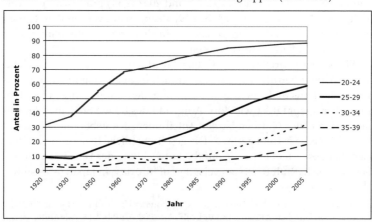

Eigene Grafik. Datenquelle: NIPSSR 2008: 74 (Tab. 6.22).

Der hohe Anteil nicht verheirateter Frauen[70] gerade in den Altersjahrgängen zwischen 20 und 29 Jahren, also einem für das Reproduktionsgeschehen sehr wichtigen Lebensabschnitt, verdeutlicht die Brisanz der Entwicklung. Die bereits angesprochene enge Verkopplung von Fertilität und ehelicher Bindung macht den negativen Einfluss dieser Entwicklung offenkundig. Der Verzicht auf eine Eheschließung, aus welchen Gründen auch immer, reduziert in Japan die Reproduktionswahrscheinlichkeit annähernd auf Null. Dieser Zusammenhang kann auch durch Nachholeffekte nicht wesentlich abgeschwächt werden. Obwohl der Anteil nicht verheirateter Frauen in den höheren Altersgruppen geringer ausfällt, ist er auch dort seit Jahrzehnten stetig angestiegen. Die Entwicklung führt somit insgesamt zu einer deutlichen Verschiebung des Zeitpunkts der potentiellen Verwirklichung von Kinderwünschen. Mit der zeitlichen Verschiebung der möglichen Realisierung einer ersten Geburt verringert sich auch die Wahrscheinlichkeit weiterer Geburten und das obwohl, wie bereits gezeigt wurde, die durchschnittlich gewünschte Kinderzahl seit Jahrzehnten fast unverändert geblieben ist. Für die künftige Entwicklung der Gesamtfertilität erweist sich die zeitliche Verschiebung von Eheschließungen und damit potentieller Geburten als äußerst nachteilig.

Die eigentliche Ursache der sinkenden Zahl von Eheschließungen ist allerdings nicht in einer generell verminderten Heiratsneigung zu sehen. Nach wie vor gibt ein Großteil der Frauen (über 90 Prozent in der Altersgruppe der 18- bis 29-Jährigen) an, grundsätzlich irgendwann heiraten zu wollen (Raymo 1998).[71] Die vielfältigen Gründe für die rückläufige Zahl der Eheschließungen können hier nicht eingehender untersucht werden. Auf einige wesentliche Aspekte wird allerdings später im Zusammenhang mit der Darstellung von Veränderungen der gesellschaftlich-normativen und ökonomischen Rahmenbedingungen familienpolitischen Handelns in Japan während der letzten Jahrzehnte (Abschnitt 5.4.2) noch Bezug zu nehmen sein.

5.1.4 MIGRATION

Im Jahr 2006 lebten in Japan 2,08 Millionen Ausländer, von denen 837.350 (40,17 Prozent) einen dauerhaften Aufenthaltsstatus besaßen (NIPSSR 2008: 119; Tab. 10.4). Gemessen an der Gesamtbevölkerung von 127,8

---

[70] Damit sind hier Frauen gemeint, die zum Zeitpunkt der Datenerhebung noch nie verheiratet waren.

[71] Für Umfrageergebnisse bezüglich der Einstellungen von Japanern zur Ehe siehe auch NIPSSR 1995: 4.

Millionen Menschen[72] ergibt sich laut amtlicher Statistik ein sehr geringer Ausländeranteil von nur 1,26 Prozent. Dieser Wert ist zugleich der höchste innerhalb der letzten 86 Jahre registrierte. Im Jahr 1920 lag er bei 0,88 Prozent und schwankte seither mit äußerst geringen Ausschlägen im Zehntelprozentbereich um Werte von knapp unter einem Prozent. Die einzige Ausnahme bildete die Zeit während des Zweiten Weltkriegs, als sich hunderttausende ausländische Zwangsarbeiter (mehrheitlich Chinesen und Koreaner) unfreiwillig in Japan aufhielten. Für das Jahr 1940 weist die Bevölkerungsstatistik einen Ausländeranteil von 1,41 Prozent aus. Dieser Wert wurde seither nie wieder erreicht. Die Schwelle von einem Prozent wurde erstmalig wieder im Jahr 2000 überschritten. Die folgende Abbildung gibt die Zusammensetzung der Gesamtheit der in Japan registrierten Ausländer nach ihrer Herkunft wieder.

Abb. 8:   Ausländer in Japan

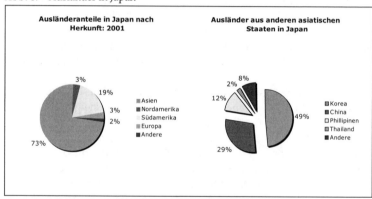

Eigene Grafik. Datenquelle: NIPSSR 2008: 119 (Tab. 10.4).

Die Nettozuwanderung schwankt von Jahr zu Jahr recht stark. In den vergangenen zehn Jahren war der Einwanderungsüberschuss mit 30.085 Personen im Jahr 1999 am niedrigsten und unmittelbar im Folgejahr mit 87.708 am höchsten. Bezogen auf die letzten fünf Jahre lag der Durchschnittswert bei 54.209 Zuwanderern jährlich. Da von Jahr zu Jahr erhebliche Abweichungen von einem solchen Mittelwert auftreten und diese zudem von nicht vorhersehbaren Ereignissen gravierend beeinflusst werden können, sind Prognosen über die zukünftige Entwicklung des Außenwanderungsgeschehens schwierig. Dennoch wagt eine Studie des NIPSSR einen Ausblick auf das Jahr 2025 (NIPSSR 2002). Den Projekti-

---

[72] Diese Zahl entspricht gleichzeitig der höchsten jemals ermittelten Einwohnerzahl für Japan. Vgl. NIPSSR 2008: 1 (Tab. 1.1).

onsrechnungen zufolge wird die Nettoeinwanderungsquote weiter auf Werte um 95.000 (Frauen ca. 51.000/Männer ca. 44.000) steigen (NIPSSR 2002: 21; Abb. 10). Allerdings sind diese Zahlen aufgrund der großen Unsicherheiten, mit denen die Schätzung behaftet ist, mit Vorsicht zu bewerten. Die Migrationssituation hängt unter anderem stark von ökonomischen Gegebenheiten ab, deren zukünftige Entwicklung sich kaum vorhersehen lässt.

Die japanische Einwanderungspolitik ist äußerst restriktiv. Bislang spielte selbst die Einwanderung qualifizierter Arbeitnehmer aus wirtschaftlichen Erwägungen allenfalls eine untergeordnete Rolle. David Chiavacci hat sich mit der Einwanderungssituation und besonders mit der Rolle von Arbeitsmigranten auseinandergesetzt und stellt fest, dass erste signifikante Immigrationsströmungen (in der Zeit nach dem Zweiten Weltkrieg) erst spät, ab dem Jahr 1979, das als Jahr Null der neuen Immigration gilt, zu verzeichnen waren (Chiavacci 2004: 49). In der Hauptsache betrifft die legale Arbeitsmigration allerdings Personen mit Entertainervisum, welche die weitaus wichtigste Gruppe ausländischer Arbeitskräfte, die per Arbeitsvisum nach Japan einreisen, darstellen. Diese speziellen Arbeitserlaubnisse regeln laut Gesetz den Aufenthalt von ausländischen Tänzern, Musikern, Schauspielern und Fotomodellen. Allerdings ist ein großer Teil der Inhaber solcher Visa weiblichen Geschlechts und tatsächlich häufig im Sexgewerbe tätig (Chiavacci 2004: 49–50). Abgesehen davon findet Arbeitsmigration zumindest offiziell nur in sehr geringem, fast zu vernachlässigendem Umfang statt. Nicht einmal während der Hochwachstumsphase der japanischen Wirtschaft in den 1960er und 1970er Jahren war eine nennenswerte Zuwanderung zu verzeichnen (Bartram 2000).

Die meisten Einwanderer sind der Statistik zufolge eher jung. Stark vertreten sind vor allem die Altersjahrgänge zwischen 18 und 30 Jahren (NIPSSR 2002: 21; Abb. 11). Der geringe Ausländeranteil in Japan bedeutet, dass, verglichen mit den meisten westlichen Staaten und speziell Deutschland, ein relativ großer Spielraum bestehen sollte, zukünftig weitere Ausländer aufzunehmen. Oberflächlich betrachtet spricht vieles dafür, dass Japan über ein bedeutendes, bislang nicht ausgeschöpftes Potential verfügt, der demografischen Alterung mit verstärkter Einwanderung entgegenzuwirken. Doch solche Überlegungen erscheinen nur in der Theorie schlüssig, da etwaige politische Interventionen wohl einerseits an der mangelnden gesellschaftlichen Akzeptanz von Zuwanderung und andererseits auch an der zu geringen demografischen Wirksamkeit solcher Maßnahmen scheitern würden. Auf die Bereitschaft der japanischen Öffentlichkeit und Politik, das Einwanderungsvolumen zu erhöhen, wird an späterer Stelle (Abschnitte 5.3.1 und 5.3.2) noch einzugehen sein. Hier soll zunächst dargelegt werden, dass auch rein statistisch betrachtet selbst eine starke Ausweitung der Zuwanderung von Ausländern nach Japan keine Lösung des demografischen Dilemmas bedeuten würde.

Die Frage, ob mittels verstärkter Einwanderung von Ausländern der Bevölkerungsschwund und die demografische Alterung in den betroffenen Staaten kompensiert werden können, haben die Vereinten Nationen in einer eigenen Studie untersucht und dabei Prognosen entwickelt, die von der Gegenwart bis ins Jahr 2050 reichen (United Nations 2001). Für Japan kommt die UN-Studie zunächst zu dem Schluss, dass auch in Zukunft keine wesentlich gesteigerte Nettomigration zu erwarten ist. Sofern der japanische Staat aber tatsächlich eine massiv gesteigerte Einwanderung als Mittel zur Erhaltung der gegenwärtigen Populationsgröße (2005) in Betracht zöge, müssten bis 2050 ceteris paribus 381.000 Ausländer jährlich aufgenommen werden. Allerdings würde dann der Ausländeranteil auf 17,7 Prozent im Jahr 2050 steigen. Wollte man gar die Altersstruktur der Gesamtbevölkerung beibehalten und dabei insbesondere das Verhältnis von Menschen im Erwerbsalter zu den von deren Einkommen abhängigen Personen bewahren, müssten zwischen 1995 und 2050 jährlich etwa 10 Millionen Menschen aufgenommen werden, wodurch die Population des Landes auf 818 Millionen Einwohner zum Ende dieses Zeitraums anwachsen würde und sich der Anteil der Migranten und ihrer Nachkommen auf 87 Prozent erhöhen würde.[73] Betrachtungen wie diese machen deutlich, dass selbst eine theoretisch denkbare Ausweitung der Zuwanderung weit über jedes bisher vorstellbare Niveau hinaus für Japan kaum einen Weg aus dem demografischen Dilemma zu weisen vermag.

5.1.5 ALTERSSTRUKTUR

Die Japaner werden immer älter. Die Entwicklungen des Durchschnittsalters sowie des Medianalters veranschaulichen die Dynamik dieses Prozesses. Im Jahr 1930 betrug das Durchschnittsalter in Japan 26,3 Jahre (Medianalter 21,8 Jahre). Seither steigt es kontinuierlich an, überschritt 1965 erstmals die Schwelle von 30 Jahren (30,4 Jahre; Medianalter 27,5 Jahre) und betrug im Jahr 2001 schließlich 41,8 Jahre (Medianalter 41,8 Jahre) (NIPSSR 2008: 14; Tab. 2.6).

In den Projektionsrechnungen des NIPSSR wird für sämtliche Varianten von einer weiteren Erhöhung des Durchschnittsalters ausgegangen. Für 2030 wird mit einem Altersdurchschnitt von 50,9 Jahren (Medianalter 53,0 Jahre) und für das Jahr 2055 von 55,0 Jahren (Medianalter 57,8 Jahre)

---

[73] Für einen Überblick über die verschiedenen Szenarien der Studie, einschließlich der hier aufgeführten Fallbeispiele, siehe United Nations 2001: 53–54.

gerechnet. Etwa zu dieser Zeit dürfte das Durchschnittsalter der japanischen Bevölkerung seinen höchsten Wert erreichen, denn für die zweite Jahrhunderthälfte wird wieder mit einer, allerdings nur geringfügigen, Verjüngung gerechnet. Für das Jahr 2100 wird ein Durchschnittsalter von 49,2 Jahren (Medianalter 50,5 Jahre) angenommen (NIPSSR 2008: 15; Tab. 2.8). Die vergleichsweise hohe Mortalität des bis auf weiteres steigenden Anteils alter und sehr alter Menschen wird gegen Ende des Jahrhunderts das neuerliche Absinken des Durchschnittsalters für eine Zeit lang sogar beschleunigen. Dessen ungeachtet wird das 21. Jahrhundert für Japan in demografischer Hinsicht vor allem von der Alterungstendenz bestimmt werden, zum einen durch die dramatische Verschärfung der Problematik innerhalb der ersten Jahrhunderthälfte und zum anderen durch den Verbleib des Durchschnittsalters auf einem weiterhin hohen Niveau während der zweiten Hälfte des Jahrhunderts.

Wichtiger als die Entwicklung statistischer Mittelwerte ist mit Blick auf die Organisation wohlfahrtsstaatlicher Politik allerdings die relative Verteilung der jeweiligen Altersgruppen zueinander, also die Altersstruktur der Bevölkerung. Auch die unter altersgruppenspezifischen Gesichtspunkten vorgenommene Analyse der Populationsentwicklung unterstreicht indes die Dramatik des bereits beschriebenen Alterungsprozesses. In Japan ist der Anteil junger Menschen an der Bevölkerung bereits seit Jahrzehnten rückläufig, während gleichzeitig der Anteil der Alten steigt. Die Transformation der Altersstruktur hin zu einer höheren Präsenz älterer Menschen in der Gesellschaft kann anhand von Bevölkerungspyramiden grafisch veranschaulicht werden. Der Vergleich der Formen der japanischen Bevölkerungspyramide zu vier ausgewählten Zeitpunkten, wie in den folgenden Abbildungen zusammengestellt, lässt die Richtung der demografischen Transformation von einer jugenddominierten hin zu einer altersdominierten Gesellschaft augenscheinlich zutage treten.

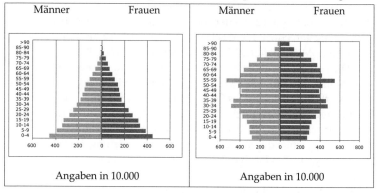

Abb. 9: Japanische Bevölkerung 1930

Abb. 10: Japanische Bevölkerung 2006

Angaben in 10.000

Angaben in 10.000

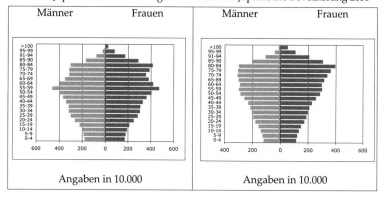

Abb. 11: Japanische Bevölkerung 2030

Abb. 12: Japanische Bevölkerung 2055

Angaben in 10.000

Angaben in 10.000

Eigene Grafiken, erstellt auf Grundlage der Daten der Bevölkerungsstatistik des NIPSSR. NIPSSR 2008: 7–8 (Tab. 2.1(1) und 2.2(2)); NIPSSR 2008: 11 (Tab. 2.4(1), und 2.4(2)).

In den 1930er Jahren wies die Bevölkerungspyramide noch ihre klassische, Namen gebende Form auf, den ihr das zahlenmäßige Übergewicht jüngerer Altersjahrgänge gegenüber der Anzahl von Menschen höheren Lebensalters ursprünglich verlieh. In Japan wird diese idealtypische Form mit breitem, nach oben spitz zulaufendem Sockel auch als dreieckige (*sankakukei no jinkō piramiddo*) oder Fuji-förmige (*fujisangata no jinkō piramiddo*) Bevölkerungspyramide bezeichnet.[74] In der Gegenwart

---

[74] Interkulturelle Betrachtungen zum bevölkerungswissenschaftlichen Wort-

hat sie diese Form allerdings verloren, weil sich das Verhältnis junger und alter Menschen deutlich zugunsten der Alten verschoben hat. Ursachen für diese Entwicklung sind die gesunkene Sterblichkeit und das rückläufige Reproduktionsniveau in Japan. Die Entwicklung ist zudem noch in vollem Gange, so dass die Alterspyramiden der nächsten Jahrzehnte sich noch weiter vom Ideal der Dreiecksform entfernen werden. Im Jahr 2055 wird sich die Bevölkerungspyramide stark verändert haben, was bedeutet, dass die jungen Altersjahrgänge dann schwächer vertreten sein werden als die mittleren und die alten. Die voranschreitende Überalterung bei gleichzeitiger Unterjüngung wird dazu führen, dass grafische Darstellungen der Altersstruktur eher an ein umgekehrtes Dreieck erinnern werden. Japanische Demografen sprechen teilweise auch von pagodenförmigen Bevölkerungspyramiden (*buttōgata no jinkō piramiddo* oder auch *pagodagata no jinkō piramiddo*).[75]

Die Verschiebung der Anteile der unterschiedlichen Altersgruppen an der Gesamtpopulation veranschaulicht auch die folgende Abbildung, welche die jeweilige Veränderung über einen Zeitraum von 76 Jahren (1930–2006) darstellt.

Abb. 13: Veränderung der Altersgruppenanteile an der japanischen Gesamtbevölkerung (1930–2006)

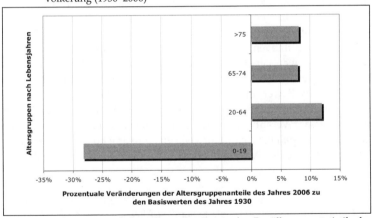

Eigene Berechnungen auf Grundlage der Daten der Bevölkerungsstatistik des NIPSSR. NIPSSR 2008: 7–8 (Tab. 2.1(1) und 2.2(2)).

---

schatz stellt Matthias Koch an, der die verschiedenen Begriffe für die Charakterisierung der Ausprägungen von Bevölkerungspyramiden eingehend erklärt. Vgl. Koch 2007: 1.

[75] Ebd.

Diese Darstellungsform veranschaulicht die Gegenläufigkeit der Entwicklungen in den jeweiligen Altersgruppen noch drastischer als Bevölkerungspyramiden. Vor allem aber zeigt sie besonders deutlich, wie stark allein der Einfluss des Negativsaldos der Entwicklung der jungen Altersjahrgänge auf die Gesamtentwicklung ist. Für die jüngste Altersgruppe ist die Abweichung von den Werten des Jahres 1930 mit Abstand am größten. Zu jener Zeit betrug der Anteil der unter 20-Jährigen noch 46,8 Prozent, machte also knapp die Hälfte der Gesamtbevölkerung aus. Bis zum Jahr 2006 fiel er um 28,2 Prozent auf nun 18,6 Prozent. Parallel dazu stieg im gleichen Zeitraum der Anteil der höheren Altersgruppen deutlich an. Die Daten weisen für die Gruppe der über 65 Jahre alten Personen für das Jahr 1930 eine Quote von 4,7 Prozent aus. Im Jahr 2006 lag der Wert bereits bei 20,8 Prozent. Ihr Anteil wird voraussichtlich weiter auf 31,8 Prozent im Jahr 2030 und zum Ende des Prognosezeitraums im Jahr 2055 auf 40,6 Prozent steigen. Die unter 20-Jährigen werden dann nur noch einen Anteil von 11,8 Prozent der japanischen Bevölkerung ausmachen.[76]

Das Zahlenverhältnis junger zu alter Menschen ist für die Gestaltung wohlfahrtsstaatlicher Arrangements deshalb so bedeutsam, weil es direkt den Aspekt der Versorgungsabhängigkeit ökonomisch nicht selbstständiger Menschen, etwa Kinder und alter Menschen, vom wirtschaftlich aktiven Teil der Bevölkerung berührt, auf den die durch entsprechende Versorgungsleistungen verursachten Kosten letztlich umgelegt werden müssen. Eine von verschiedenen statistischen Kennzahlen zur Darstellung des quantitativen Verhältnisses von (potentiell) wirtschaftlich aktiven zu inaktiven Personen stellt der Altenquotient[77] dar, auf welchen die politische Debatte häufig rekurriert und der auch als Grundlage für die qualitative Bewertung der Altersstruktur hinsichtlich ihrer sozioökonomischen Implikationen dient. An dieser Kennzahl lässt sich die Zunahme der Fürsorgeverantwortung der Jungen gegenüber den Alten deutlich ablesen.[78] In Japan hat sie mittlerweile einen relativ hohen Wert erreicht. Im Jahr 2001 lag der Altenquotient bei 26,5 (NIPSSR 2003: 14; Tab. 2.6).

---

[76] Daten für 2030 und 2055 siehe NIPSSR 2008: 11; Tab. 2.4(1) und Tab. 2.4(2).

[77] Darüber hinaus sind auch die Synonyme Altersquotient, Altenlastquotient oder Altersabhängigkeitsquotient gebräuchlich. Im Japanischen werden in der Regel die Begriffe *rōnen jinkō shisū* beziehungsweise *rōrei jinkō izon hiritsu* verwendet. Die Angaben im vorliegenden Text werden zur besseren Veranschaulichung in der üblichen, mit dem Faktor 100 multiplizierten Darstellungsform wiedergegeben.

[78] Bei einem Vergleich der Werte für Japan und Deutschland ist der Umstand zu berücksichtigen, dass die in japanischen Statistiken verwendete Angabe des Altenquotienten meist anders berechnet wird als dies in deutschen Statistiken

Das bedeutet, dass zu diesem Zeitpunkt einhundert Personen im Erwerbsalter statistisch betrachtet bereits 26,5 Rentnern gegenüberstanden. Der Wert von 30 wurde erstmals im Jahr 2005 überschritten (30,5) (NIPSSR 2008: 15; Tab. 2.8). Den Verlauf der bisherigen und der für die kommenden Jahrzehnte erwarteten Entwicklung des Altenquotienten veranschaulicht folgende Grafik:

Abb. 14: Entwicklung des Altenquotienten in Japan (1930–2055)

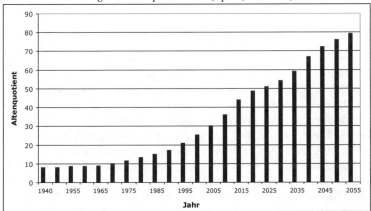

Eigene Grafik. Datenquelle: NIPSSR 2003: 14 (Tab 2.6); ab 2005: NIPSSR 2008: 15 (Tab. 2.8).

Zusätzlich zur Abhängigkeit alter Menschen von der ökonomischen Leistung der Erwerbsbevölkerung muss auch die Abhängigkeit von Kindern und Jugendlichen, der Jugendquotient, berücksichtigt werden, um die tatsächliche Belastung der an der ökonomischen Wertschöpfung des Landes beteiligten Personen annähernd realistisch zu beziffern.[79] Im Jahr 2005 wurde dieser Wert in Japan mit 20,8 angegeben. Addiert man Alten-

---

üblich ist. In Japan werden üblicherweise die Altersjahrgänge zwischen 15 und 64 Jahren als Erwerbsbevölkerung eingestuft, während ihr in deutschsprachigen Arbeiten in der Regel die Jahrgänge zwischen 20 und 64 Jahren zugeordnet werden. Aufgrund dieser Abweichung hinsichtlich der statistischen Bezugsgrößen sind der deutsche und der japanische Altenquotient, was die reinen Zahlenwerte betrifft, nicht direkt vergleichbar. Trotz dieses Umstandes lässt sich anhand des Vergleichs der landesspezifischen Altenquotienten jedoch die Feststellung treffen, dass der relative Anteil alter Menschen in beiden Ländern in ähnlicher Weise zunimmt.

[79] Genau genommen müsste auch die Zahl der Arbeitslosen, der nicht erwerbstätigen Hausfrauen, der Behinderten etc. erfasst werden, um die tatsächliche

quotient und Jugendquotient, so erhält man den Gesamtabhängigenquotient, der für 2005 bei 51,3 lag.[80] Für das Jahr 2055 wird mit einem Anstieg des Altenquotienten auf 79,4 gerechnet (NIPSSR 2008: 15; Tab. 2.8). Der Gesamtabhängigenquotient würde sich unter dieser Prämisse auf 95,7 erhöhen, wobei dieser Anstieg fast ausschließlich auf die zunehmende Zahl älterer Menschen zurückzuführen ist, weil der Anteil der Kinder und Jugendlichen seit Jahrzehnten sinkt und sich dieser Trend voraussichtlich innerhalb der nächsten Jahrzehnte nicht umkehren lässt. Sollten sich die Prognosen als zutreffend erweisen, werden im Jahr 2055 annähernd jedem Japaner im definierten Erwerbsalter von 15 bis 64 Jahren fast ebenso viele Menschen im Kindes- oder Rentenalter gegenüberstehen.

Der Vergleich mit anderen Staaten belegt, mit welch hoher Geschwindigkeit der Alterungsprozess in Japan verläuft. Als Indikator für das Tempo der demografischen Alterung eines Landes wird in der bevölkerungswissenschaftlichen Forschung häufig die Zeitspanne für die Verdopplung des Anteils der über 65-Jährigen an der Gesamtbevölkerung herangezogen. Eine solche Zunahme vollzog sich in Japan zwischen 1970 und 1995, also in einem Zeitraum von nur 25 Jahren.[81] Deutschland, im internationalen Vergleich ebenfalls ein Staat mit rasch verlaufender Alterungsentwicklung, benötigte mit 42 Jahren (1930–1972) für die gleiche Steigerung erheblich längere Zeit. Die Vergleichsdaten weiterer Industrienationen (siehe Tab. 3) verdeutlichen, dass sich die Verdopplung des Altenanteils gerade in Japan und Deutschland besonders schnell vollzog.

Versorgungslast der erwerbstätigen Personen ermitteln zu können. Auch die Angabe des Jugendquotienten erfolgt in dieser Arbeit in der gebräuchlichen, mit Faktor 100 multiplizierten Form.

[80] Alternativ werden häufig auch die Begriffe Abhängigkeitsquotient, Lastquotient oder Gesamtbelastungsquotient verwendet. Angabe in der üblichen, mit Faktor 100 multiplizierten Form.

[81] In diesem Zeitraum stieg der Altenanteil von 7 Prozent auf 14 Prozent. Bis zum Jahr 2020 wird er sich voraussichtlich sogar erneut mehr als verdoppeln. Der Prognosewert wird für diesen Zeitpunkt mit 29,2 Prozent angegeben. Vgl. NIPSSR 2008: 15 (Tab. 2.8).

Tab. 3: Zeitspanne für die Verdopplung des Altenanteils (über 65-Jährige) im internationalen Vergleich

Land	Benötigter Zeitraum zur Erhöhung des Anteils über 65-jähriger Personen an der Gesamtbevölkerung auf ausgewählte Werte			
	7%	10%	14%	Zeitspanne für die Verdopplung des Altenanteils von 7% auf 14% in Jahren
Japan	1970	1985	1995	25
Deutschland	1930	1952	1972	42
Großbritannien	1930	1950	1976	46
Schweiz	1935	1959	1982	47
USA	1945	1975	2014	69
Schweden	1890	1959	1972	82
Frankreich	1865	1935	1979	114

Tabelle aus Kono 1996: 18. Datenquellen: bis 1940 siehe United Nations 1956; ab 1940 siehe United Nations 1997.

Wie oben bereits ausgeführt wurde, ist dieser Trend bislang ungebrochen und setzt sich noch auf Jahrzehnte hinaus in die Zukunft fort. Die rasante Alterung der Bevölkerung stellt daher eine große Herausforderung für die politisch Verantwortlichen in Japan dar, die eine langfristige Perspektive entwickeln müssen, um den aus der demografischen Entwicklung resultierenden Problemen in geeigneter Weise zu begegnen.

5.2 Schema der Untersuchung demografiepolitisch relevanter Politikfelder: Ausgangsbedingungen, Bezugsrahmen, Gestaltung

Die demografische Gesamtsituation wird in Japan überwiegend als negativ oder gar als bedrohlich für die künftige Entwicklung des Landes wahrgenommen. Auch innerhalb des politischen Systems besteht weitgehend Übereinstimmung hinsichtlich der Einschätzung, dass es im Interesse der langfristigen Zukunftssicherung des Landes nicht genüge, lediglich Maßnahmen zur besseren Kontrollierbarkeit der Folgen der Bevölkerungsentwicklung zu ergreifen. Immer stärker rücken auch Optionen für eine direkte Beeinflussung der demografischen Entwicklung in den Fokus des politischen Interesses. Von besonderer Bedeutung für etwaige Versuche, die Populationsentwicklung gezielt zu lenken, sind die Bereiche der Migrationspolitik und der Familienpolitik. Die nachfolgende Untersuchung der politischen Reaktionen auf die Herausforderung des demografischen Wandels in Japan muss sich daher vor allem auf diese beiden Politikbereiche konzentrieren.

Dabei wird das Handeln der in den politischen Gestaltungsprozess involvierten Akteure nicht allein von deren Intentionen bestimmt. In der Regel sind auch historische Ausgangsbedingungen sowie kulturelle und normative Gegebenheiten zu berücksichtigen. Nur innerhalb dieses Bezugsrahmens ist eine erfolgreiche Implementierung konkreter bevölkerungspolitischer Interventionen überhaupt denkbar. Weder in der Migrations- noch in der Familienpolitik sind Lösungsansätze losgelöst von exogenen und endogenen Restriktionen zu entwickeln. Daher ist es zunächst erforderlich, jene Ausgangsbedingungen und Bezugsrahmen zu untersuchen, welche die Basis und die Grenzen der tatsächlich umsetzbaren Politik definieren. Erst im Anschluss daran und in Kenntnis der in den einzelnen Politikbereichen bestehenden Gestaltungsspielräume ist es sinnvoll, einzelne politische Maßnahmen eingehender zu erörtern.

Die nachfolgenden Betrachtungen orientieren sich deshalb an diesem Schema: Zuerst erfolgt eine kurze Analyse der historischen Ausgangsbedingungen für die genannten Politikbereiche, anschließend wird der normative und kulturelle Bezugsrahmen für mögliche Interventionen erörtert, in einem dritten Schritt erfolgt die Darstellung tatsächlich umgesetzter demografiepolitisch relevanter Maßnahmen. Der Rückgriff auf dieses Analysemuster soll helfen, einerseits der hohen Komplexität der Thematik gerecht zu werden und andererseits die Ausführungen möglichst übersichtlich und transparent zu gestalten.

5.3 MIGRATIONSPOLITIK

Über die Steuerung der Zuwanderung können bevölkerungspolitisch motivierte Interventionen am unmittelbarsten Wirksamkeit entfalten. Unabhängig davon, ob die Zielsetzungen konkreter migrationspolitischer Maßnahmen jeweils demografiepolitischen Überlegungen folgen oder andere, etwa wirtschaftspolitische Anliegen im Vordergrund stehen, ist grundsätzlich festzuhalten, dass die willentliche Beeinflussung der Quantität und/oder der Qualität von Zu- und Abwanderung durch migrationspolitische Instrumente von grundsätzlicher Bedeutung für die Entwicklung der Bevölkerung eines Staates ist. Insofern beinhaltet staatliche Migrationspolitik immer auch ein mehr oder weniger stark ausgeprägtes bevölkerungspolitisches Element.

Im Fall Japans, das mit einer ausgesprochen dynamischen Alterungs- und Schrumpfungsproblematik konfrontiert ist, richtet sich das Interesse vorrangig auf die Frage, inwiefern verstärkte Zuwanderung von außen die Folgen der gegenwärtig ablaufenden Bevölkerungsentwicklung abmildern kann. Um diese Frage zu beantworten, ist es notwendig, zu klären, wie realistisch eine nennenswerte Erhöhung der Immigration vor dem Hintergrund der in Japan innerhalb der nativen Bevölkerung bestehenden Einstellungen gegenüber Zuwanderung und der Integration von Ausländern überhaupt ist. Zum einen fließt das ethnische und nationale Selbstverständnis der Japaner in die migrationspolitische Willensbildung der relevanten politischen Handlungssubjekte ein, zum anderen wird deren Gestaltungsspielraum bei der Umsetzung etwaiger migrationspolitischer Maßnahmen maßgeblich von dem Maß an Akzeptanz beziehungsweise Ablehnung von Zuwanderung in der Gesellschaft bestimmt. Im Vorgriff auf diese Erörterungen sind, wie bereits im letzten Abschnitt dargelegt, zunächst die historischen Ausgangsbedingungen der gegenwärtigen Migrationspolitik zu behandeln. Die stark von Vorbehalten gegenüber Zuwanderung von außen gekennzeichnete Einstellung der Mehrheit der Japaner ist nur in diesem Kontext nachvollziehbar zu deuten. Im Anschluss an die Auseinandersetzung mit den hier angesprochenen Aspekten wird schließlich eine kurze Übersicht über die Gestaltung der japanischen Zuwanderungspolitik in der jüngeren Vergangenheit gegeben.

5.3.1 HISTORISCHE AUSGANGSBEDINGUNGEN

Japan war aufgrund seiner Insellage während seiner 2000-jährigen Geschichte nur selten Schauplatz nennenswerter Einwanderungsbewegungen.[82] Im 8. Jahrhundert läutete der Zustrom vieler Intellektueller und Künstler, die meist aus Korea und China stammten, eine Periode des kulturellen Aufblühens ein. Viele Jahrhunderte später, während der 1640er Jahre, als unter der Herrschaft der Familie Tokugawa das Land nach außen weitgehend abgeschottet war, wurde einigen Adelsfamilien der chinesischen Ming-Dynastie Asyl gewährt, um der Verfolgung durch die neu etablierte Ch'ing-Dynastie in China zu entgehen. Allerdings muss betont werden, dass bis auf wenige Ausnahmen wie diese gerade die Epoche des Tokugawa-Shogunats von 1603 bis 1868 ansonsten durch die fast vollständige Abschließung des Landes gekennzeichnet war.[83]

---

[82] Kazutoshi Kōshiro unterscheidet und beschreibt vier Einwanderungswellen, auf die hier Bezug genommen wird. Vgl. Kōshiro 1998.

[83] Ab 1633 wurden nach und nach immer strengere Ein- und Ausreiseverbote erlassen, die sich zunächst vor allem auf christliche Missionare und ihre Unterstützer (meist Spanier und Portugiesen) bezogen, später aber auch Japanern untersagten, nach längeren (ab fünfjährigen) Auslandsaufenthalten wieder heimischen Boden zu betreten. Später (1635) wurde ein allgemeines Ausreisebeziehungsweise Wiedereinreiseverbot für Japaner erlassen. Ab 1640 wurden

Diese Epoche, die für Japan zugleich eine Zeit des Friedens und der kulturellen Blüte bedeutete, prägt die Einstellung vieler Japaner gegenüber Ausländern bis heute. Das ambivalente Verhältnis gegenüber Fremden und ausländischen Einflüssen wird nach wie vor sowohl von großer Faszination als gleichzeitig auch von Misstrauen bestimmt.

In den 1930er und 1940er Jahren wurden viele Koreaner und Chinesen nach Japan verschleppt, von denen die meisten nach Ende des Zweiten Weltkriegs in ihre Heimat zurückkehren konnten. Über 100.000 dieser Ausländer, in der Mehrzahl Koreaner, blieben auch nach Kriegsende in Japan. Bis auf historische Ausnahmesituationen wie diese wies das Land fast immer einen Auswanderungsüberschuss auf (Kōshiro 1998: 151). Auch in den Nachkriegsjahrzehnten gab es kaum nennenswerte Einwanderung nach Japan.[84] Erst seit Mitte der 1980er Jahre wird eine verstärkte, meist wirtschaftlich motivierte Zuwanderung registriert. Während die Einwanderung hochqualifizierter Ausländer durchaus begrüßt wird, wird der Zustrom geringqualifizierter oder unqualifizierter Arbeiter sehr kritisch verfolgt. Insbesondere die Anwesenheit illegaler Arbeitsimmigranten gilt als großes Problem.

5.3.2 Kulturell-normativer Bezugsrahmen

Die Einstellung der japanischen Bevölkerung gegenüber der Einwanderung von Ausländern und deren gesellschaftlicher Integration bildet den entscheidenden Bezugsrahmen für die Gestaltung der Migrationspolitik des Landes. Wie im letzten Abschnitt bereits erwähnt, bestehen in Japan ausgeprägte Vorbehalte bezüglich der Aufnahme einer größeren Zahl von Ausländern, insbesondere dann, wenn ihr Aufenthalt nicht von vornherein zeitlich begrenzt ist. Während die Zuwanderung von hochqualifizierten Arbeitskräften durchaus als nutzbringend für die heimische Wirtschaft begrüßt und insofern als Bereicherung empfunden wird, verfolgt die Mehrheit der Japaner die Einwanderung weniger qualifizierter Personen äußerst skeptisch. Zeitlich begrenzte Aufenthaltsregelungen werden weniger kritisiert als unbefristete Arrangements. Eine

---

Spanier und Portugiesen des Landes verwiesen. Die Engländer zogen sich freiwillig zurück. Japans Kontakte nach außen bestanden in der Folgezeit fast ausschließlich in Handelsbeziehungen zu Holland, wobei auch holländische Schiffe nur den Hafen von Nagasaki nutzen durften.

[84] Abgesehen vom Zustrom zahlreicher Soldaten aus der Kriegsgefangenschaft nach Ende des Zweiten Weltkriegs und der Rückkehr von Auslandsjapanern (*Nikkeijin*) aus Südamerika, besonders aus Brasilien, die in den 1980er Jahren dringend als Arbeitskräfte für die damals boomende japanische Wirtschaft benötigt wurden.

Ursache für die allgemeine Ablehnung von (dauerhafter) Zuwanderung ist in der Selbstwahrnehmung der Japaner hinsichtlich ihrer nationalen Identität zu sehen.

Ganz allgemein kann festgestellt werden, dass in Japan die Ansicht sehr verbreitet ist, die Bevölkerung des Landes sei ethnisch homogen. Dies ist allerdings nur bedingt richtig. Es existieren durchaus ethnische Minderheiten, etwa die der *Ainu*[85], der *Burakumin*[86] oder der Bewohner des Ryūkyū-Archipels[87]. Die Nachkommen der etwa zwei Millionen koreanischen Zwangsarbeiter, die mittlerweile in dritter Generation in Japan leben, stellen eine weitere Minderheit, die ähnlich wie die *Ainu* und *Burakumin* seit Jahrzehnten gegen ihre Diskriminierung aufgrund ihrer Herkunft ankämpfen. Dessen ungeachtet ist die bereits aus der Vorkriegszeit stammende Theorie eines ethnisch homogenen Japan nach wie vor sehr lebendig (Mayer 1998: 117).

Nationale Zugehörigkeit wird, anders als etwa in typischen Einwanderungsländern wie den USA oder Australien, wo das Ius Soli (Geburtsortprinzip, wörtl. Recht des Bodens) gilt, allein über die Abstammung definiert. Zugrunde liegt das Prinzip des Ius Sanguinis (Recht des Blutes), welches bestimmt, dass die Erlangung der Staatsbürgerschaft voraussetzt, dass mindestens ein Elternteil bereits über die japanische Staatsangehörigkeit verfügen muss. Dieses Prinzip findet in der japanischen Rechtsprechung nach wie vor Anwendung, obwohl seine rigorose Auslegung im Rahmen der Durchsetzung entsprechender Bestimmungen des Nationalitätsgesetzes bereits mehrfach vom Obersten Gerichtshof als verfassungswidrig erklärt wurde.[88]

In Japan wird seit längerem eine Debatte über die japanische Kultur und rassische Besonderheiten der Japaner geführt. Diese Auseinandersetzung mit dem „Japanertum" (*nihonjinron*), die seit Ende des Zweiten Weltkriegs in mehreren Phasen verlief und bis heute anhält, lässt sich in

---

[85] Eines von mehreren Urvölkern Japans. Die heutigen *Ainu* (übersetzt „Mensch" in der *Ainu*-Sprache), die sich selbst Utari (übersetzt „Gefährte" in der *Ainu*-Sprache) nennen, leben im Norden Japans.

[86] Der Begriff *Burakumin* (jap. für Bewohner der Sondergemeinde) geht auf die soziale Organisation Japans während der Edo-Periode zurück, als Menschen, welche Berufen nachgingen, die als unrein galten (etwa Totengräber, Henker, Gerber, Schlachter etc.), von dem etablierten Vier-Stände-System (Krieger, Bauern, Handwerker, Kaufleute) sozial, aber auch räumlich ausgeschlossen wurden. Noch heute kämpft diese Minderheit gegen ihre Diskriminierung.

[87] Staatsbürger Japans auf Okinawa und zahlreichen weiteren, zum japanischen Territorium gehörenden Inseln.

[88] http://japaninfo.at/news/japan-aktuell_344-meilenstein-der-rechtssprechung (letzter Zugriff 19.01.2009).

ihren Ansätzen bis ins 19. Jahrhundert zurückverfolgen.[89] Im Kern geht es um die Frage, ob die Staatszugehörigkeit ethnisch oder sozial zu definieren ist.[90] Auch die Sicht auf das Ausland, besonders das westliche, unterlag in Laufe der Zeit großen Veränderungen. Bewunderung und Ablehnung der Lebensart westlicher oder anderer asiatischer Länder (hier diente und dient meist China als Vergleichsobjekt) wechselten sich mehrfach ab.[91]

Die verbreitete Abneigung gegen Zuwanderung schließt selbst jene Immigranten nicht aus, die japanische Wurzeln besitzen. So kam es in den 1980er und 1990er Jahren zu einer verstärkten Zuwanderung aus Südamerika, insbesondere aus Peru und Brasilien. Die Einwanderer wurden, häufig zu Niedriglöhnen, vor allem in der damals boomenden Automobilindustrie beschäftigt. In den meisten Fällen handelte es sich bei den Neuankömmlingen um Nachfahren der ab dem späten 19. Jahrhundert ausgewanderten Japaner, die ihr Land damals wegen der vermeintlich besseren Lebensbedingungen in Richtung Lateinamerika verlassen hatten, um sich dort eine neue Existenz aufzubauen (Vogt 2007: 239). Die gesellschaftliche Integration der im 20. Jahrhundert als *Nikkeijin* nach Japan zurückgekehrten Nachkommen jener Emigranten gestaltete sich konfliktreich, zumal die Regelungen zum dauerhaften und uneingeschränkten Aufenthalt in Japan vielfach als Schlupfloch für die Einwanderung ungelernter Arbeitsmigranten genutzt und dementsprechend von vielen Japanern kritisch betrachtet wurden.[92] Die Zugewanderten wurden ungeachtet ihrer Abstammung in der Regel als Ausländer wahrgenommen. Ein zentrales Problem hinsichtlich der Akzeptanz der *Nikkeijin* und ganz allgemein von Ausländern stellen die oft mangelnden Japanischkenntnisse der Zugewanderten dar. Ebenso wie in Deutschland gilt der zügige Erwerb der Sprache des Ziellandes als Voraussetzung für eine adäquate Teilhabe am sozialen Leben und wird als Beleg für den Integrationswillen der betreffenden Ausländer praktisch vorausgesetzt (Vogt 2007: 240).

Ungeachtet etwaiger Integrationsbemühungen seitens der Einwanderer ist festzustellen, dass die Beschäftigung von Ausländern in Japan grundsätzlich unerwünscht ist (Sommer 1999: 214). Ausnahmen beziehen sich auf hochqualifizierte Spezialisten, deren Fähigkeiten sehr ge-

---

[89] Dazu siehe Befu 1993.
[90] Ausführlicher zu dieser Diskussion siehe Kajita 1998.
[91] Befu unterscheidet für die Zeit seit Anfang des 19. Jahrhunderts fünf Phasen. Vgl. Befu 1993: 125.
[92] Mit der Bedeutung der *Nikkeijin* für die japanische Migrationspolitik hat sich auch Dietrich Trähnhardt auseinandergesetzt. Vgl. Trähnhardt 2006: 257ff.

schätzt werden. Folge dieser weit verbreiteten Haltung ist, dass in Japan praktisch keine Einwanderungspolitik existiert[93] und dementsprechend kaum nennenswerte Zuwanderung stattfindet, was der dauerhaft niedrige Ausländeranteil deutlich widerspiegelt.

Die Erfahrungen Deutschlands mit der staatlichen Förderung des Zuzugs von Gastarbeitern während der 1960er und 1970er Jahre und die Folgen dieser Politik für das Land sind in Japan sehr aufmerksam verfolgt worden. Nicht zuletzt deshalb, weil vor dem Hintergrund der teils massiven Probleme, welche die Integration von Ausländern in Deutschland bis heute bereitet, die deutsche Migrationspolitik von vielen japanischen Beobachtern als gescheitert angesehen wird, gilt der deutsche Fall geradezu als mahnendes Beispiel für Japan (Berger 1998: 320). Bisweilen wird daher offen gefordert, auch zukünftig an der Abschottung des japanischen Arbeitsmarktes nach außen festzuhalten (Nishio 1992).

Zusammenfassend kann festgestellt werden, dass in Japan gegenüber Zuwanderung aus dem Ausland deutliche Vorbehalte bestehen, die ihren Ausdruck nicht zuletzt darin finden, dass das Land im Vergleich zu anderen OECD-Staaten einen ausgesprochen niedrigen Ausländeranteil aufweist. Diese Situation ist seit Jahrzehnten stabil, und es deutet gegenwärtig wenig darauf hin, dass es in absehbarer Zeit zu einem grundsätzlichen Kurswechsel im Bereich der Migrationspolitik kommen könnte. Der politische Umgang mit diesem Thema ist in Japan von der verbreiteten Ablehnung stärkerer Zuwanderung quer durch alle Schichten der Gesellschaft geprägt. Weil der politische Erfolg von Parteien und Einzelakteuren von der Zustimmung der Wähler in zentralen inhaltlichen Positionen abhängt, kann die künftige japanische Migrationspolitik nur entlang bestehender Einstellungen und Überzeugungen einschließlich der dargelegten Vorbehalte entwickelt werden, was bedeutet, dass die theoretisch bestehende Option einer deutlichen Anhebung der Einwandererzahl durch gezielte Maßnahmen in der politischen Praxis als irrelevant einzuschätzen ist. Die demografischen Probleme des Landes sind mit migrationspolitischen Mitteln ohnehin nicht zu lösen. Ein kurzer Abriss der Einwanderungspolitik der letzten Jahrzehnte mag verdeutlichen, wie eng der tatsächliche Gestaltungsspielraum gefasst ist. Der folgende Abschnitt stellt einige wesentliche Maßnahmen kurz dar.

5.3.3 GESTALTUNG DER JAPANISCHEN MIGRATIONSPOLITIK

Es ist gewiss legitim, festzustellen, dass das vorrangige Ziel der japanischen Migrationspolitik neben der Steuerung und Kontrolle von Ein-

---

[93] Vgl. Bosse 2000: 561.

wanderung vor allem in ihrer Vermeidung besteht. Unter allen Industriestaaten verfolgt Japan die restriktivste Einwanderungspolitik. Dies gilt
sowohl für die Aufnahme von Flüchtlingen als auch für den Umgang mit
Arbeitsmigration. Nachfolgend sollen kurz die Entwicklungen der letzten Jahrzehnte dargestellt und erläutert werden.

In der unmittelbaren Nachkriegszeit wurde die japanische Politik,
also auch die Migrationspolitik, von der amerikanischen Militärverwaltung bestimmt. Im Jahr 1951 wurde ein Beschluss zur Einwanderungskontrolle[94] erlassen, dessen Gestaltung, ebenso wie die des im Folgejahr
erlassenen Gesetzes zur Einwanderungskontrolle, vom Modell der US-
Einwanderungspolitik beeinflusst war. Allerdings wurden und werden
im Gegensatz zur amerikanischen Gesetzgebung in den japanischen Ge-
setzestexten die Termini „Einwanderer" oder „Einwanderungspolitik"
vermieden. Dagegen wird häufig von „Einwanderungskontrolle" beziehungsweise von „Ausländerpolitik" gesprochen (Kondō 2002: 417). Bereits diese Wortwahl legt nahe, dass dauerhafte Zuwanderung von außen
sowie die Integration von Ausländern in die japanische Gesellschaft eher
untergeordnete Priorität bei der Gestaltung der Migrationspolitik genießen.

Der 1951 geschlossene Friedensvertrag von San Francisco[95], der die
Annexion Koreas aufhob, führte dazu, dass die in Japan lebenden Koreaner[96], die bis dahin von der Regierung formell als Angehörige des Kaiserreichs angesehen wurden, schlagartig ihren Status verloren und de jure
zu Ausländern wurden. Das 1952 erlassene Gesetz zur Einwanderungskontrolle schuf allerdings die Kategorie des dauerhaften Aufenthalts-
rechts, welche den betroffenen Personen den Verbleib im Land ermöglichte. Die Regelungen betrafen auch die in Japan lebenden Taiwanesen
und Festlandchinesen, die ebenfalls im Rahmen der japanischen Koloni-
alpolitik als Zwangsarbeiter verschleppt worden waren. Bis in die 1980er
Jahre hinein rekrutierte sich der weitaus überwiegende Teil der in Japan
ansässigen Ausländer mit permanentem Aufenthaltsrecht aus diesem
Personenkreis beziehungsweise den Nachkommen dieser Menschen
(Kashiwazaki/Akaha 2006).

---

[94] Kabinettsbeschluss Nr. 319 des Jahres 1951.
[95] Unterzeichnet am 08.09.1951 zum Abschluss der Friedenskonferenz von San
Francisco (01.09.1951–08.09.1951). Der Vertrag trat am 28.04.1952 in Kraft. Er
gab Japan seine volle Souveränität zurück und beendete offiziell die Besat-
zungsperiode (1945–1952).
[96] Nach der Annexion Koreas durch Japan im Jahr 1910 wurden etwa 2 Millionen
Koreaner als Zwangsarbeiter in das japanische Kaiserreich verschleppt. Viele
dieser Menschen und deren Nachkommen bilden bis heute eine ethnische
Minderheit (ca. 680.000 Menschen) in Japan. Vgl. Mayer 1998: 120.

In dem Zeitraum zwischen 1952 und den frühen 1970er Jahren fand keine nennenswerte Zuwanderung von Ausländern statt. Selbst das starke Wirtschaftswachstum in dieser Zeit führte nicht wie in anderen Staaten, etwa Deutschland, zu einer verstärkten Anwerbung von Gastarbeitern. Die hohe Nachfrage nach Arbeitskräften wurde zum großen Teil durch den Rückgriff auf Personen aus den ländlichen Gebieten Japans gestillt (Iriyama 2003). Zudem stellte die rasante Automatisierung der Industrie eine Alternative zu massenhaften Neueinstellungen dar. Sie ermöglichte außerdem auch eine zusätzliche Produktivitätssteigerung und stärkte somit Japans internationale Wettbewerbsfähigkeit deutlich.

Ursache dafür, dass die Migrationspolitik nach Jahrzehnten, in denen kaum Möglichkeiten für die Einwanderung nach Japan bestanden hatten, gegen Ende der 1970er Jahre an Bedeutung gewann, war vor allem der Umstand, dass sich Japan mit einer Flüchtlingswelle aus Vietnam konfrontiert sah. Es zeigte sich, dass die formalen Voraussetzungen fehlten, um einer solchen Herausforderungen angemessen zu begegnen. Erst die konkrete Notsituation setzte einen politischen und gesellschaftlichen Diskussionsprozess in Gang, der dazu führte, dass Japan schließlich mehr als 10.000 vietnamesische Flüchtlinge aufnahm und nach Jahrzehnten des Zögerns im Jahr 1979 die UN-Menschenrechtsabkommen, einschließlich ihrer Zusatzprotokolle, sowie im Jahr 1982 die UN-Flüchtlingskonvention ratifizierte. Allerdings änderte dies nichts an der weiterhin bestehenden grundsätzlichen Zurückhaltung bezüglich der Annerkennung des Flüchtlingsstatus und der Gewährung von Asyl. Zwischen 1983 und 2003 wurden von etwa 2.800 Asylsuchenden nur 350 als Flüchtlinge im Sinne der UN-Flüchtlingskonvention anerkannt (Iriyama 2003). Auch im Jahr 2008 betrug die Ablehnungsquote noch etwa 90 Prozent und markierte damit einmal mehr den höchsten Wert aller Industrienationen. Während der vergangenen 25 Jahre wurden nur 451 Menschen als Flüchtlinge anerkannt. Im Jahr 2007 wurde beispielsweise nur 41 Personen Asyl gewährt, womit die Zahl des Vorjahres (26 stattgegebene Asylgesuche) schon deutlich übertroffen wurde.[97] Zum Vergleich: Allein im Jahr 2007 wurden in Deutschland 304 Asylanträge anerkannt und weitere 7566 Personen unter Abschiebeschutz gestellt beziehungsweise Abschiebungshindernisse festgestellt.[98] Dabei ist zu beachten, dass hier die Asylbewerberquote des Jahres 2007 mit 19.164 Anträgen so niedrig lag wie seit über 20 Jahren nicht mehr.[99] Zwischen 1990 und 1999, einer Phase hohen Asylbewerberaufkommens, nahm Deutschland etwa 156.700

---

[97] The Japan Times Online 12.10.2008.
[98] Bundesamt für Migration und Flüchtlinge 2008: 43.
[99] Bundesamt für Migration und Flüchtlinge 2008: 8ff.

Flüchtlinge auf, Japan im gleichen Zeitraum lediglich 49 (Kondō 2002: 428). So gering das Engagement Japans bei der Aufnahme von Flüchtlingen ist, so groß ist es hinsichtlich der finanziellen Unterstützung des UNHCR[100]. Das japanische Spendenaufkommen ist das drittstärkste nach dem der USA und der EU.[101]

Die übrigen Maßnahmen der japanischen Migrationspolitik der letzten zwei Jahrzehnte betrafen vor allem die Organisation der Visavergabe durch das für Einreisefragen zuständige Justizministerium beziehungsweise dessen Immigrationsabteilung, welche durch die Festlegung von Kategorien und Aufenthaltsgründen die Voraussetzungen für den Erwerb von Einreisegenehmigungen bestimmt. Bis 1990 bestanden nur wenige Einreisemöglichkeiten für Ausländer. Vorgesehen waren vor allem Anlässe wie Familienzusammenführungen, Kurzaufenthalte von Touristen und Geschäftsleuten beziehungsweise Besuche von Verwandten. Visa wurden in verschiedenen Kategorien, beispielsweise für Studenten, Akademiker, Künstler etc., vergeben, welche hinsichtlich der genauen Aufenthaltsgründe weiter differenziert wurden. Auf diese Weise wurde präzise geregelt, welchen Tätigkeiten Ausländer innerhalb des Landes unter welchen Bedingungen nachgehen durften. An diesem System wird grundsätzlich bis heute festgehalten, allerdings wurde seither die Liste der Kategorien und Aufenthaltsgründe mehrfach ergänzt. Sie umfasst derzeit sieben Kategorien und 27 Differenzierungen bezüglich des jeweiligen Aufenthaltsstatus.[102]

Eine Ursache für die Reorganisation der Visavergabe war unter anderem das enorme Wirtschaftswachstum Japans in den 1980er Jahren. Die hohe Nachfrage nach Arbeitskräften für sogenannte 3-K-Tätigkeiten (*kitanai, kitsui, kiken* [schmutzig, schwer, gefährlich]) sowie der hohe Yen-Kurs machten das Land vor allem für Arbeitsuchende aus Bangladesch, Pakistan und dem Iran attraktiv (Vogt 2007: 239). Nach jahrelangem beträchtlichem Zustrom von Arbeitsmigranten aus den genannten Staaten kündigte Japan 1989 die mit Pakistan und Bangladesch bestehenden Abkommen über die Visumbefreiung und drei Jahre später (1992) auch entsprechende Verträge mit dem Iran (ebd.). Die benötigten Arbeitskräfte waren bereits während der 1980er Jahre zunehmend stärker aus japanischstämmigen Südamerikanern, besonders aus Brasilien und Peru, re-

---

[100] United Nations High Commissioner for Refugees (Flüchtlingskommissariat der Vereinten Nationen; genau genommen bezeichnet die Abkürzung den Hohen Flüchtlingskommissar der Vereinten Nationen).

[101] The Japan Times Online 12.10.2008.

[102] http://www.mofa.go.jp/j_info/visit/visa/03.html#categories (letzter Zugriff: 22. 01.2009).

krutiert worden. Die Rückimmigration dieser, wie oben bereits angesprochen, als *Nikkeijin* bezeichneten Personen wurde ab 1990 durch die Revision des Immigrationskontrollgesetzes (*Shutsunyūkoku kanri oyobi nanmin nintei-hō*)[103] erleichtert, die eine neue Visumkategorie einführte, durch welche nun sogenannte „dauerhafte Aufenthalte" ermöglicht wurden. Auch wenn offensichtlich war, dass durch diesen Schritt ein Schlupfloch für die Einreise und den Aufenthalt geringqualifizierter Arbeitskräfte geschaffen wurde, führten offizielle Verlautbarungen stets humanitäre Gründe an, etwa die Erleichterung von Besuchen ausländischer *Nikkeijin* bei ihren Verwandten in Japan (Vogt 2007: 240).

Ein weiteres Ziel, welches mit dieser Revision verfolgt wurde, war die Förderung der Immigration hochqualifizierter ausländischer Arbeitskräfte. Bereits im Jahr 1983 war unter Premierminister Nakasone ein Versuch unternommen worden, mit der Schaffung einer neuen Visumkategorie für Sprachstudenten (*ryūgakusei*[104]) die Zahl der an japanischen Universitäten studierenden Ausländer auf 100.000 zu verzehnfachen (Haak 2006: 116). Mit dieser Maßnahme sollte es ausländischen Studierenden ermöglicht werden, in Vorbereitung auf das eigentliche Universitätsstudium an einer japanischen Hochschule, zunächst die japanische Sprache zu erlernen. Allerdings stellte sich heraus, dass die in der Regelung enthaltene Erlaubnis, zur Finanzierung des Sprachunterrichts an privaten Schulen einer Teilzeitbeschäftigung nachzugehen, in vielen Fällen dazu führte, dass zahlreiche der hauptsächlich chinesischen Studenten ihr Augenmerk vor allem auf die Verdienstmöglichkeiten richteten. Außerdem kam es vielfach zu Betrugsfällen, bei denen lernwillige Studenten in „Geisterschulen" zwar das Schulgeld bezahlten, aber keinen oder nur unzureichenden Sprachunterricht erhielten, was zu Verstimmungen mit China führte (Chiavacci 2004: 51). Als Konsequenz dieser Negativerfahrungen wurden die Schulen in der Folgezeit stärker kontrolliert und auch die Vergabe der Sprachvisa restriktiver gehandhabt, was die Zahl der ausländischen Sprachstudenten wieder sinken ließ (Tanaka 1995: 181).

An dem Ziel, hochqualifizierte Arbeitskräfte zu gewinnen, wurde trotz dieser Probleme festgehalten. Die Revision der Immigrationsverordnung von 1990 erweiterte deshalb abermals die Berufskategorien und vereinfachte das Genehmigungsverfahren für die Visavergabe. Allerdings zeitigten die Bemühungen nicht die gewünschten Erfolge. Die Einreise beruflich hochqualifizierter Personen nahm nur geringfügig zu, das Problem illegaler Einwanderung konnte nicht gelöst werden. Die

---

[103] Oft abgekürzt als *Nyūkan-hō*.
[104] Wörtliche Bedeutung: „ausländischer Student" oder je nach Kontext auch „im Ausland Studierender".

Neuorganisation der Immigrationsbestimmungen, welche erst nach einem langen und konfliktreichen politischen Diskussionsprozess zustande kam, zeigte außerdem, dass bezüglich der genauen Zielformulierung bis dahin eine inhaltlich klare und langfristige Ausrichtung der japanischen Einwanderungspolitik gefehlt hatte.

Bereits die 1990er Revision sah deshalb die Ausarbeitung eines Rahmenplans vor, der zwei Jahre später unter der Bezeichnung „Erster Basisplan für Einwanderungskontrolle" (*Daiichiji shutsunyūkoku kanri kihon keikaku*)[105] veröffentlicht wurde. Zentrales Anliegen war es, die Bedingungen für die Einwanderung von Ausländern oder auch für die Zurückweisung einreisewilliger Personen für die nächsten Jahre zu definieren. Im Wesentlichen ging es um zwei Aspekte. Einerseits sollte die Öffnung des Landes für hochqualifizierte Arbeitskräfte vorangetrieben werden, deren Engagement vor dem Hintergrund der Globalisierung und des zunehmenden internationalen Wettbewerbs begrüßt oder zumindest als notwendig für eine weitere positive ökonomische Entwicklung Japans erachtet wurde. Andererseits wurde deutlich gemacht, dass illegale Einwanderung künftig entschlossener zu bekämpfen sei. Der Plan markiert insofern einen Wendepunkt für die japanische Migrationspolitik, als er erstmals Einwanderung, zumindest in bestimmten Bereichen, als wünschenswert für das Land herausstellte.

Im März 2000 veröffentlichte das Justizministerium den Zweiten Basisplan (*Dainiji shutsunyūkoku kanri kihon keikaku*)[106]. Es handelte sich dabei nicht um einen kompletten Neuentwurf, sondern um eine Revision des ersten Basisplans. Er betonte unter anderem den Aspekt der gesellschaftlichen Integration von Ausländern, deren Status durch die Einführung neuer Visumkategorien und langfristiger ausgelegter Aufenthaltsgenehmigungen verbessert werden sollte. Insgesamt sollte durch diese Maßnahmen eine möglichst reibungslose Integration von Ausländern in die japanische Gesellschaft erreicht werden. An den Hauptzielen des ersten Basisplans, sowohl eine stärkere Zuwanderung hochqualifizierter Personen zu erreichen als auch illegale Einwanderung einzuschränken, wurde weiterhin festgehalten.

Ein 2001 von der UN veröffentlichter Bericht[107], der sich der Frage widmet, welche Rolle Ersatzmigration für Industriestaaten bei der Bewältigung ihrer demografischen Probleme spielen könnte, sorgte für großes

---

[105] Hōmushō 1992.

[106] http: //www.moj.go.jp/nyuukokukanri/kouhou/press_000300–2_000300–2–2.html (letzter Zugriff: 20.06.2010).

[107] United Nations, Department of Economic and Social Affairs, Population Division 2001.

Aufsehen, da er deutlich die für Japan besonders brisante Situation herausstellte. In der Debatte, welche im Anschluss an das Erscheinen der Untersuchung entbrannte, trat besonders der mächtige japanische Wirtschaftsverband Nippon Keidanren für die Anpassung der Migrationspolitik an die sich verändernden Anforderungen des Arbeitsmarktes ein.[108] Im Januar 2003 erschien eine Publikation des Verbandes mit dem Titel *Japan 2025: Envisioning a Vibrant, Attractive Nation in the Twenty-First Century*, in der gefordert wurde, die Einwanderungsbedingungen für beruflich hochqualifizierte Ausländer zu verbessern, so dass diese ihre Fähigkeiten zum Wohle des Landes einbringen können: *„... the government must open Japan's doors to people from around the globe so that they can display their ability in this country"* (Nippon Keidanren 2003b: 7). Weitere Präzisierungen, wie ein positives Umfeld für die umworbenen Fachkräfte zu schaffen sei, folgten in einem im November des gleichen Jahres veröffentlichten Bericht, der Vorschläge für die Verbesserung der Lebens- und Arbeitsbedingungen ausländischer Arbeitskräfte und ihrer Akzeptanz in einem japanischen Beschäftigungsumfeld enthielt (Nippon Keidanren 2003a).[109]

Fünf Jahre nach der Veröffentlichung der zweiten Fassung des Basisplans erschien 2005 dessen dritte Edition (*Daisanji shutsunyūkoku kanri kihon keikaku*)[110], die abermals betonte, dass die Anstrengungen, um das noch immer hohe Niveau illegaler Einwanderung zu reduzieren, weiter verstärkt werden müssten. Auf der anderen Seite wird in dem bis 2010 gültigen Papier darauf hingewiesen, dass das Umfeld für einreisewillige technische Fachkräfte und andere Hochqualifizierte zu verbessern sei, um die beginnende Schrumpfung der Arbeitsbevölkerung durch die Anwerbung geeigneter ausländischer Arbeitskräfte wenigstens teilweise zu kompensieren.

Zusammenfassung

Betrachtet man die Entwicklung der japanischen Migrationspolitik während der letzten drei Jahrzehnte, wird deutlich, dass die Einwanderung von Ausländern nach wie vor überwiegend kritisch bewertet wird. Dass die Akzeptanz von Zuwanderung unter gewissen Voraussetzungen dennoch allmählich zunimmt, ist vor allem dem Umstand geschuldet, dass der demografische Wandel und vor allem seine möglichen ökonomischen Auswirkungen im Rahmen des öffentlichen und politischen Diskurses stark an Bedeutung gewonnen haben und viele Japaner sich darum sor-

---

[108] Ausführlicher dazu und zur japanischen Debatte über die Erleichterung von Arbeitsmigration für hochqualifizierte Fachkräfte siehe Vogt 2007: 242.

[109] Ausführlicher zum Inhalt dieses Berichts siehe Vogt 2007: 242.

[110] http://www.moj.go.jp/content/000001935.pdf (letzter Zugriff 20.06.2010).

gen, zukünftig ihren Lebensstandard halten zu können. Es ist daher weniger ein Umschwung bezüglich der grundsätzlichen Einstellungen gegenüber der Einwanderung von Nichtjapanern festzustellen als vielmehr ein zunehmendes Problembewusstsein für die Folgen der demografischen Entwicklung. Dies führt dazu, dass Zuwanderung stärker als bisher, gewissermaßen als eine den speziellen Umständen geschuldete und insofern unvermeidbare Notwendigkeit, anerkannt wird. Allerdings besteht ein ausgeprägtes Interesse daran, die Kontrolle über Umfang und Art der Einwanderung zu behalten und diese an den konkreten Bedürfnissen des Landes auszurichten. Dabei spielt die Nachfrage nach hochqualifizierten Arbeitnehmern für die Industrie eine zentrale Rolle. Gleiches gilt für die Rekrutierung von Pflegekräften für die steigende Zahl alter und kranker Menschen. Sofern der Nutzen für das Land nachvollziehbar und der Bevölkerung vermittelbar ist, wird Zuwanderung mittlerweile in gewissen Grenzen durchaus toleriert.

Anders gestaltet sich die Situation hinsichtlich der Aufnahme von Flüchtlingen. Japans Engagement diesbezüglich ist vorwiegend finanzieller Natur. Obwohl Japan der drittgrößte Geldgeber des UNHCR ist, nimmt kein Industrieland weniger Flüchtlinge auf. Diese offensichtliche Ambivalenz im Umgang mit Fragen der Flüchtlingsaufnahme und Asylvergabe kann als Indiz für die Richtigkeit der zu Beginn des Abschnitts getroffenen Feststellung angesehen werden, dass der japanischen Migrationspolitik, neben der strengen Kontrolle aller mit der Einwanderung ausländischer Personen und der konkreten Gestaltung ihres Aufenthaltes verbundener Aspekte, vor allem an der Vermeidung zu starker Zuwanderung gelegen ist. Trotz aller Bekundungen, den Umfang der Einwanderung zukünftig, zumindest für bestimmte und als gewinnbringend für das Land erachtete Personengruppen, zu erhöhen und zu fördern, ist derzeit nicht absehbar, dass die generelle Zurückhaltung hinsichtlich einer Erleichterung der Zuwanderung aufgegeben würde. Auch vor dem Hintergrund der überwiegend als negativ wahrgenommenen Erfahrungen anderer Staaten mit der Aufnahme von Arbeitsmigranten und Flüchtlingen und der teilweise erheblichen Schwierigkeiten, diese Menschen in das dort bestehende soziokulturelle Umfeld zu integrieren, ist vielmehr zu erwarten, dass die japanische Migrationspolitik auch weiterhin nur sehr vorsichtig weiterentwickelt werden wird. Insbesondere der deutsche Fall gilt in Japan als warnendes Beispiel.

Einwanderung erweist sich im Fall Japans insgesamt nicht als geeignetes Mittel, um der Schrumpfung und Alterung der Bevölkerung wirksam entgegenzutreten. Ob dies angesichts der hohen Geschwindigkeit des ablaufenden demografischen Prozesses überhaupt möglich wäre, ist ohnehin zweifelhaft. Um die gegenwärtige Altersstruktur zu stabilisieren, wäre eine unrealistisch hohe Zahl junger und ausreichend qualifizierter Zuwanderer erforderlich, die zudem in die japanische Gesellschaft zu integrieren wären. Dieses Szenario erscheint vor dem Hintergrund der bisherigen Organisation der japanischen Migrationspolitik als ausgesprochen unwahrscheinlich.

Weil die Modifikation der Migrationspolitik kaum einen nennenswerten Beitrag zur Lösung der demografischen Probleme des Landes leisten kann, müssen Ansätze in anderen Politikbereichen entwickelt werden. Die wichtigste Rolle kommt dabei der Familienpolitik zu. Dies schließt andere Politikbereiche, beispielsweise Sozial- oder Arbeitsmarktpolitik, ein, deren konkrete Gestaltung häufig auch familienpolitische Aspekte berührt.

5.4 FAMILIENPOLITIK

Es ist noch einmal deutlich hervorzuheben, dass Migrationspolitik in Japan, ebenso wie in den meisten Industriestaaten, als alleiniges Instrument nicht ausreicht, um bevölkerungspolitische Ziele wie die Erhaltung der Populationsgröße, die Stabilisierung oder gar Senkung des Altersdurchschnitts zu erreichen. Dem demografischen Wandel und seinen Folgen ist auf diese Weise kaum, zumindest nicht ausreichend wirksam, zu begegnen. Maßnahmen im Bereich der Migrationspolitik können daher lediglich flankierenden Charakter haben. Die wesentlichen Impulse zur Bewältigung der demografischen Entwicklung in den hier untersuchten Staaten müssen andere Politikbereiche generieren, besonders jene, deren Maßnahmen direkt oder indirekt Effekte hinsichtlich des reproduktiven Verhaltens der Bevölkerung entfalten können. Der Familienpolitik kommt im Zusammenhang mit der Formulierung bevölkerungspolitischer Ziele sowie der Koordination entsprechend wirksamer politischer Interventionen eine zentrale Position zu, auch wenn zur Durchsetzung dieser Ziele Instrumente verwendet werden, die im engeren Sinne anderen Politikbereichen, wie beispielsweise der Sozial- oder Wirtschaftspolitik, zuzuordnen sind.

Um die Familienpolitik Japans und ihre Bedeutung für die Bewältigung der demografischen Herausforderung einordnen zu können, ist es sinnvoll, zunächst, analog zu dem Vorgehen für den Bereich der Migrationspolitik, die Ausgangsbedingungen und den Bezugsrahmen zu erörtern, welche sowohl den Gestaltungswillen der politischen Akteure als auch deren Gestaltungsspielraum bei der Umsetzung konkreter politischer Bemühungen definieren. Anschließend wird ausführlich die Entwicklung der Familienpolitik der letzten Jahrzehnte dargestellt, um schließlich die Frage zu beantworten, ob in Japan tatsächlich ein politischer Paradigmenwechsel hin zu einer stärkeren Gewichtung bevölkerungspolitischer Aspekte zu verzeichnen ist.

5.4.1 Ausgangsbedingungen für die Gestaltung der japanischen Familienpolitik

Ziel dieses Abschnittes ist es, die Ausgangsbedingungen für die Gestaltung der japanischen Familienpolitik zu erläutern. Dabei ist zunächst auf die Verwendung des Begriffes „Familienpolitik" für den spezifisch japanischen Kontext einzugehen, da dieses Politikfeld in Japan durchaus anderen Traditionen folgt und anders organisiert ist als in Deutschland. Die bestehenden Unterschiede sind im Rahmen des in dieser Arbeit vorgenommenen Ländervergleichs zu berücksichtigen, um jeweils sinnvolle Aussagen hinsichtlich eines etwaigen politischen Paradigmenwechsels treffen zu können.

Darüber hinaus sollen die Grundlagen der heutigen Familienpolitik Japans dargelegt werden, was einen kurzen geschichtlichen Abriss der ursprünglich bevölkerungs- und sozialpolitischen Entwicklungslinien dieses noch relativ jungen Politikbereichs einschließt. Der Blick in die Geschichte ist insofern aufschlussreich, als die Erfahrungen innerhalb der genannten Politikfelder als prägend für die Gestaltung der Familienpolitik während der Nachkriegszeit anzusehen sind und sie auf diese Weise die Familienpolitik zum Teil bis heute beeinflussen. Ohne eine Analyse dieser Ausgangsbedingungen ließe sich die Bedeutung von Veränderungen innerhalb der japanischen Familienpolitik nur unzureichend einordnen und bewerten.

5.4.1.1 Verwendung des Begriffs „Familienpolitik" im Fall Japans

Ein Vergleich der japanischen und der deutschen Familienpolitik macht es zunächst erforderlich, auf die Besonderheiten hinsichtlich der Organisation familienpolitisch wirksamer Maßnahmen in Japan einzugehen.

Im Gegensatz zu Deutschland existiert in Japan kein Familienministerium als Koordinationszentrum entsprechender politischer Aktivitäten. Dieser Umstand ist jedoch nicht mit der Absenz familienpolitischer Zielsetzungen gleichzusetzen. Zudem sind gerade in jüngerer Vergangenheit verstärkt Bemühungen unternommen worden, um der zunehmenden Bedeutung von Familien-, Kinder-, Frauen-, und Gleichstellungsfragen auch auf der Ebene staatlicher Organisationsstrukturen Rechnung zu tragen. So wurde im Dezember 2004 erstmalig direkt im Kabinettsbüro (*naikakufu*) der Posten eines Staatsministers für besondere Aufgaben (*nai-*

kakufu tokumei tantō daijin) eingerichtet, der explizit für die „Maßnahmen gegen den Geburtenrückgang" (*shōshika taisaku*) und die „Geschlechtergleichstellung" (*danjo kyōdō sankaku*) zuständig ist.[111] Dies belegt einerseits die mittlerweile hohe Relevanz des Problems des anhaltenden Geburtenrückgangs für die japanische Politik und drückt andererseits die sich allmählich durchsetzende Auffassung aus, dass diese Entwicklung in enger Verbindung mit Fragen der Geschlechtergleichstellung zu begreifen ist.

Grundsätzlich ist zu bemerken, dass der Verantwortungsbereich der japanischen Familienpolitik nur schwer nach Ressorts abzugrenzen ist und vielmehr, ebenso wie in Deutschland, eine gesellschaftspolitische Querschnittsaufgabe darstellt. In der Regel erfordert die Umsetzung familienpolitischer Leitlinien das gemeinsame Wirken verschiedener Ministerien und Ämter. Ein großer Teil der familienpolitisch bedeutsamen Sachentscheidungen wird vom Ministerium für Gesundheit, Arbeit und Soziales (MHLW) getroffen und von diesem in konkrete Maßnahmen umgesetzt. Finanzielle Transferleistungen, beispielsweise für ökonomisch benachteiligte Familien, Frauen oder Kinder, berühren darüber hinaus den Zuständigkeitsbereich des Wirtschafts- beziehungsweise des Finanzministeriums. Teilaspekte der Familienpolitik überschneiden sich außerdem mit der Bildungspolitik.

Die Beantwortung der Frage, ob im Fall Japans die Verwendung des Begriffs „Familienpolitik" legitim ist, sollte daher nicht am Fehlen eines Familienministeriums festgemacht werden. Entscheidend ist, ob familienpolitische Zielsetzungen formuliert, koordiniert und verfolgt werden und nicht auf welchem Wege dies geschieht. Obgleich sich die Wege der Konsensfindung hinsichtlich familienpolitisch relevanter Entscheidungen und der Koordination ihrer Umsetzung in Japan und Deutschland voneinander unterscheiden[112], ist der Gebrauch des Terminus „Familienpolitik" als Oberbegriff für die Gesamtheit familienpolitisch relevanter Aktivitäten in beiden Fällen gleichermaßen legitim.

Tatsächlich hat das Interesse an familienpolitischen Aspekten in Japan erst in den letzten Jahren stark zugenommen. Wesentlicher Grund dafür ist, dass der demografische Wandel zunehmend als reale Bedrohung für

---

[111] Als erste Ministerin bekleidete Kuniko Inoguchi (LDP) dieses Amt. Von September 2008 bis Juni 2010 wurde es von Yūko Obuchi (LDP) ausgeübt. Seit der Einsetzung des gegenwärtigen Kabinetts unter der Führung des Premierministers Naoto Kan (DPJ) am 08.06.2010 besetzt den Posten Kōichirō Genba (zusätzlich zuständig für die Reform des Beamtentums).

[112] Mit den Besonderheiten des japanischen Policy-Making setzt sich Abschnitt 5.4.3.7 in dieser Arbeit auseinander.

das soziale Sicherungssystem und die Wirtschaftskraft des Landes angesehen wird. Erst die Sorge um den im Verlauf der Nachkriegszeit erreichten Wohlstand führte zu einer Auseinandersetzung mit familienpolitischen Fragestellungen, nachdem diese lange Zeit weitgehend unbeachtet geblieben waren. Traditionell obliegt die Organisation und Vermittlung sozialer Funktionen in Japan praktisch ausschließlich der Familie, die auch für die ökonomische Absicherung ihrer Mitglieder aufkommt. Mit der schwindenden Bedeutung des Modells der Großfamilie, der daraus resultierenden abnehmenden Reichweite familialer Beziehungsnetzwerke sowie den zunehmenden Schwierigkeiten der räumlichen und zeitlichen Koordination familiärer Kontakte gelingt es aber heute immer seltener, die ökonomische und soziale Existenzsicherung rein privat zu organisieren. Nach und nach setzt sich daher in Japan die Auffassung durch, dass es, ebenso wie in anderen entwickelten Wohlfahrtsstaaten, im Interesse der Gesamtgesellschaft liegt, grundlegende Familienfunktionen, insbesondere die wirtschaftliche Existenzsicherung und Fürsorge für unterstützungsbedürftige Personen wie Kinder und alte Menschen, durch geeignete politische Maßnahmen zu flankieren, sofern die betreffenden Personen in unverschuldete Notlagen geraten sind und diese Aufgaben nicht allein aus dem Familienkontext heraus bewältigt werden können. Gerade vor dem Hintergrund der demografischen Entwicklung wächst seit einigen Jahren die Zustimmung für eine grundsätzlich stärkere Familienorientierung der staatlichen Politik. Es gilt mittlerweile geradezu als eine zentrale Zukunftsaufgabe der Politik, ein sozioökonomisches Umfeld zu generieren, in welchem jungen Menschen mit vorhandenem Kinderwunsch möglichst wenige Hindernisse bei der Realisierung dieses Wunsches entgegenstehen.

Es ist festzuhalten, dass in Bezug auf familienpolitische Bemühungen erst seit einigen Jahren eine deutliche Dynamisierung zu verzeichnen ist. Einwände dagegen, auch im Fall Japans von der Existenz einer „Familienpolitik" zu sprechen, beziehen sich meist auf die Zeit vor Einsetzen dieser noch relativ jungen Entwicklung beziehungsweise zielen darauf ab, dass sich die japanische Politik bis vor kurzem schwer damit tat, familienpolitische Aktivitäten als elementar bedeutsam für die weitere Entwicklung der Gesellschaft und der Nation anzuerkennen. Wenn in dieser Arbeit dennoch für den gesamten Entwicklungsprozess familienpolitisch relevanter Aktivitäten in Japan der Terminus „Familienpolitik" verwendet wird, dann geschieht dies in dem Bewusstsein, dass Familienpolitik im eigentlichen Sinne in Japan vor allem ein Phänomen der letzten Jahrzehnte, insbesondere der vergangenen fünfzehn Jahre, ist und bei einem Vergleich mit Deutschland außerdem landesspezifische Unterschiede zu berücksichtigen sind.

Die Entwicklung der japanischen Familienpolitik hin zu einem eigenständigen Politikbereich hat ihren Ursprung in verwandten Politikfeldern mit erheblich längerer Tradition. Ihre Wurzeln liegen vor allem in der Bevölkerungs- und Sozialpolitik. Der nachfolgende Abschnitt wird sich daher zunächst diesen Ursprüngen widmen, ohne die das Verständnis der heutigen Familienpolitik in Japan unvollständig bliebe.

5.4.1.2 Ursprünge der japanischen Familienpolitik

Familienpolitisch wirksame Maßnahmen sind schon seit langem Bestandteil japanischer Politik, auch wenn erst seit kurzem eine verstärkte Bündelung entsprechender Aktivitäten zu verzeichnen ist, welche die Verwendung des Begriffs „Familienpolitik" tatsächlich rechtfertigt. Lange Zeit wurden meist Intentionen verfolgt, bei denen das Wohl von Familien eher Nebenprodukt als eigentliche Zielsetzung waren. Das Hauptinteresse war häufig eher sozialpolitischer oder auch bevölkerungspolitischer Natur. Die Ursprünge der gegenwärtigen Familienpolitik Japans lassen sich daher im Wesentlichen in diesen Politikfeldern ausmachen. Nachfolgend sollen deren Traditionen kurz dargelegt und jeweils konkrete Maßnahmen genannt werden, die aus heutiger Perspektive als frühe Vorstufen auf dem Weg zu einer koordinierten Familienpolitik zu bewerten sind.

5.4.1.2.1 Bevölkerungspolitik

Die bevölkerungspolitischen Bemühungen Japans während der 1930er und 1940er Jahre stellten schon damals keineswegs ein gänzlich neues Phänomen dar. Insbesondere pronatalistische politische Ambitionen waren seit der Tokugawa-Zeit charakteristisch für alle japanischen Regierungen gewesen (Tipton 1995: 41). Auch in der Meiji-Ära[113] wurde diese gezielt auf Geburtenförderung und Populationszuwachs ausgerichtete Politik fortgesetzt, nicht zuletzt deshalb, weil, ähnlich wie in vielen anderen Staaten im ausgehenden 19. und beginnenden 20. Jahrhundert, ein direkter Zusammenhang zwischen der Bevölkerungszahl und der Stärke der Nation hergestellt wurde. Pronatalismus als legitimes Anliegen staatlicher Politik wurde zu jener Zeit daher kaum ernsthaft in Frage gestellt. Tatsächlich fand eine Auseinandersetzung mit dem Für und Wider pronatalistischer Bevölkerungspolitik in der japanischen Gesellschaft bis zum Ende des Zweiten Weltkriegs, als es infolge der vernichtenden Nie-

---

[113] Diese auch Meiji-Restauration (*Meiji-ishin*) genannte historische Phase Japans umfasst den Zeitraum von 1868 bis 1912 (Amtszeit des Kaisers Mutsuhito, posthum Kaiser Meiji bzw. *Meiji-tennō*).

derlage des Kaiserreichs zu einer grundsätzlichen Neubewertung der staatlichen Politik kam, kaum statt (ebd.).

Die Ursprünge der modernen Bevölkerungspolitik in Japan reichen bis zum Ende des 19. Jahrhunderts zurück. Bereits die Meiji-Regierung hatte, mit Blick auf das Ziel, ein rasches Populationswachstum anzuregen, den Abbruch von Schwangerschaften im Jahr 1880 per Gesetz zu einem illegalen Akt erklärt (Ueno 1998: 105). Das Abtreibungsverbot, welches 1907 im Zuge einer Gesetzesrevision abgemildert wurde, ist seither im Grundsatz bis heute gültig (ebd.).

Als Japan sich ab 1917 mit einer tiefen wirtschaftlichen und sozialen Krise konfrontiert sah, die, befeuert durch die einsetzende Hungersnot, 1918 in den sogenannten „Reisaufständen" gipfelte, gewannen malthusianische Ideen und mit ihnen verbunden auch Fragen der Familienplanung und Geburtenkontrolle an Bedeutung.[114] Besonders von der noch jungen japanischen Frauenbewegung wurde das Thema Geburtenkontrolle aufgegriffen und leidenschaftlich propagiert.

Die japanische Bevölkerungspolitik des frühen 20. Jahrhunderts wurde neben staatlichen Interessen also auch von der sich allmählich als gesellschaftspolitische Größe formierenden Frauenbewegung beeinflusst, die sich stark an westlichen Vorbildern orientierte. Ein zentrales Ziel der westlichen wie auch der japanischen Frauenbewegungen war die Emanzipation der Frauen. Das Eintreten für dieses Ziel beinhaltete auch den Kampf um das Recht, in allen Belangen frei über den eigenen Körper bestimmen zu dürfen. Geburtenkontrolle, einschließlich der Forderung nach uneingeschränktem Zugang zu Kontrazeptiva sowie der Erlaubnis, ungewollte Schwangerschaften abbrechen zu dürfen, wurde so zu einem bestimmenden Thema der Frauenrechtlerinnen. Ein starker Impuls für die Verbreitung emanzipatorischer Ansichten ging von dem Besuch der amerikanischen Feministin Margaret Sanger im Jahr 1922 aus. Ziel dieses Besuches war es, die japanischen Frauenrechtlerinnen um Shizue Katō bei ihrer Werbung für Geburtenkontrolle zu unterstützen. Tatsächlich konnte die Kampagne bemerkenswerte Erfolge verzeichnen, wie etwa die Einrichtung spezieller Abtreibungskliniken. Die Zahl solcher Kliniken nahm vor allem im Raum Tokyo bis zum Ende der 1920er Jahre stetig zu.[115] Die japanische Regierung stand dieser Entwicklung zwar zuneh-

---

[114] Die Bevölkerung Japans hatte sich seit Beginn der Meiji-Ära annähernd verdoppelt. Dies in Verbindung mit der Ressourcenarmut des Landes erschwerte zunehmend die Erhaltung der Lebensgrundlagen des japanischen Volkes, was eine Popularisierung malthusianischer Ideen zur Folge hatte.

[115] Im Jahr 1930 soll es in Tokyo mehr als 60 solcher Kliniken gegeben haben. Dazu siehe Tipton 1995: 45.

mend kritisch gegenüber, sah jedoch lange Zeit von expliziten Gegenmaßnahmen ab.

Während zahlreiche Frauenrechtlerinnen für die Förderung von Geburtenkontrolle und Familienplanung eintraten, folgte die Regierung des Kaiserreichs einem anderen Kurs. Er war durch die aggressive Expansionspolitik des Landes im Vorfeld des Zweiten Japanisch-Chinesischen Krieges[116] beziehungsweise des Zweiten Weltkriegs begründet, die sich vor allem gegen China und Russland richtete. Damit verbunden war eine grundsätzlich von den Ansätzen der Feministinnen abweichende Auffassung bezüglich der weiteren Bevölkerungsentwicklung. Statt auf die Eindämmung des Bevölkerungswachstums, setzte die staatliche Politik auf einen möglichst raschen Populationszuwachs, der dazu dienen sollte, die angestrebten territorialen Eroberungen durch Besiedlung zu festigen, um so schließlich den Einfluss Japans in der gesamten Region zu stärken.

Ein umfassender bevölkerungspolitischer Kurswechsel deutete sich seit Beginn der 1930er Jahre an. Beeinflusst durch das Vorbild des in Deutschland 1933 verabschiedeten Gesetzes zur Verhütung erbkranken Nachwuchses wurden vermehrt Stimmen laut, die ähnliche politische Maßnahmen auch für Japan forderten. Einer der Vorreiter dieser Bewegung war der Eugeniker Hisomu Nagai. Begünstigt durch die immer stärkere Orientierung der Politik auf militärische Zielsetzungen kam es im Verlauf der 1930er Jahre zu einer deutlichen Popularisierung eugenischer Konzepte. Mehrfach (1934, 1935 und 1937) wurden Anträge für ein japanisches Eugenikgesetz ins Parlament eingebracht, die jedoch zunächst noch allesamt abgelehnt wurden (Tipton 1995: 46). Zu einem entscheidenden Wendepunkt in der Entwicklung der japanischen Bevölkerungspolitik wurde der Zweite Japanisch-Chinesische Krieg, in des-

---

[116] Alternative Bezeichnung: Zweiter Sino-Japanischer Krieg (07.07.1937–09.09.1945). Dieser Konflikt ging nach Kriegseintritt der USA am 07.12.1941 und der offiziellen Kriegserklärung Chinas an Japan am 08.12.1941 unmittelbar in die Kampfhandlungen des Zweiten Weltkriegs über. Der Gesamtkonflikt zwischen dem Angriff Japans auf China am 07.07.1937 und dem Ende des Zweiten Weltkriegs durch die offizielle Unterzeichnung der Kapitulationsurkunde durch den japanischen Außenminister Japans, Mamoru Shigemitsu, (am 15.08.1945) wird auch als Pazifischer Krieg (*taiheiyō sensō*) bzw. (seltener) als Pazifikkrieg bezeichnet. In Japan war ab 1941 auch die Bezeichnung Großostasiatischer Krieg (*daitōa sensō*) gebräuchlich. Der Japanisch-Chinesische Krieg endete offiziell mit der Unterzeichnung des Kapitulationsvertrags in Nanjing am 09.09.1945.

sen Vorfeld die pronatalistische Propaganda stark forciert wurde. Die japanische Militärregierung hatte großes Interesse daran, mittels politischer Maßnahmen eine weitere Erhöhung der Geburtenzahlen zu bewirken.

Die Ziele der Frauenbewegung liefen dem zuwider und wurden daher zunehmend kritisch bewertet. Im Nachhinein erscheint es beinahe erstaunlich, wie lange die Aktivitäten der Feministinnen geduldet wurden. Noch 1937 wurde Margaret Sanger, die sich vehement für das Recht von Frauen auf Abtreibungen, allerdings auch für die Idee der ‚Rassenhygiene‘, einsetzte[117], erneut die Einreise gestattet. Erst mit dem Ausbruch des Krieges, später im gleichen Jahr, kamen die Aktivitäten der Frauenrechtlerinnen für die Verbreitung der Geburtenkontrolle zum Erliegen.

Der Beginn des unerklärten Krieges (7. Juli 1937) wurde von der Regierung zum Anlass genommen, der Bevölkerungspolitik eine neue Ausrichtung zu geben. Im Fokus stand nun explizit die Erhöhung der Geburtenrate. Die gesamte Politik wurde im Sinne einer möglichst effektiven Unterstützung des Militärs umgestaltet. Diesem war unter anderem an der Steigerung der Zahl verfügbarer Rekruten sowie der Verbesserung deren Gesundheitszustands gelegen (Rudd 1994: 16). Diesem Ziel diente eine ganze Reihe von Maßnahmen, die bereits im Vorfeld des Krieges ergriffen worden waren, wie die Revision des Gesetzes zur Unterstützung des Militärs (*Gunji fujo-hō*) 1937, der Erlass eines Gesetzes zum Schutz von Müttern und Kindern (*Boshi hogo-hō*) im gleichen Jahr sowie die Gründung des Ministeriums für Gesundheit und Soziales (*Kōsei-shō*; nachfolgend abgekürzt als MHW, von engl. Ministry of Health and Welfare) im Jahr 1938. Auch die Gründung des Institutes für Bevölkerungsprobleme (*Jinkō mondai kenkyūjo*) 1939 erfolgte primär in dem Bestreben, das Bevölkerungswachstum weiter zu fördern (Boling 2004: 18).

Der endgültige Kurswechsel zu einer klar pronatalistisch orientierten Bevölkerungspolitik wurde mit dem Erlass des „Nationalen Eugenikgesetzes" (*Kokumin yūsei-hō*) im Jahr 1940 vollzogen. Das übergeordnete Ziel, sowohl die Quantität als auch die ‚Qualität‘ der japanischen Bevölkerung zu erhöhen, wurde in einem 1941 vorgestellten Kabinettsentwurf zur Entwicklung einer Bevölkerungspolitik (*Jinkō seisaku kakuritsu yōkō*) offen formuliert.

Das japanische Eugenikgesetz enthielt, wie das deutsche Pendant, ein Verbot von Verhütungsmitteln und förderte Abtreibungen der Embryos von Eltern mit geistigen oder körperlichen Krankheiten oder Behinde-

---

[117] In den USA stieß ihre teilweise Befürwortung eugenischer Prinzipien vielfach auf heftige Kritik.

rungen.[118] Es markierte zudem den Startschuss für eine landesweite Kampagne, im Rahmen derer unter dem Motto „Gebärt und vermehrt Euch" (*„umeyo, fuyaseyo"*) unter anderem Medaillen und ähnliche Preise für besonders kinderreiche Paare vergeben wurden. Als Reproduktionsziel für verheiratete Paare galten fünf Kinder innerhalb eines Zeitraums von zehn Jahren. Außerdem sollte während dieser Zeit auch das durchschnittliche Erstheiratsalter um drei Jahre gesenkt werden (Tipton 1995: 47). Als flankierende Maßnahme wurden rassehygienische Eheberatungsbüros zur Unterstützung und gesundheitlichen Versorgung Schwangerer und gebärwilliger Frauen eingerichtet. Projekte, die sich für eine Verringerung der Säuglings- und Kindersterblichkeit einsetzten, wurden finanziell gefördert. Aufklärungsmaterial wurde indes als pornografisch gebrandmarkt und verboten. Entsprechende medizinische Utensilien erhielten eine Deklarierung als gefährlich für die Gesundheit. Ärzten, die Geburtenkontrolle unterstützten, wurde die Erlaubnis zur Abtreibung entzogen (Muramatsu 1996: 31). Ab 1942 wurde ein System zur zentralen Registrierung von Eheschließungen eingerichtet und eine entsprechende Meldepflicht eingeführt (Ueno 1998: 126).

Für Frauen bedeutete der bevölkerungspolitisch motivierte und pronatalistisch akzentuierte Kurswechsel erhebliche Einschränkungen hinsichtlich ihrer individuellen Selbstentfaltungsmöglichkeiten sowie außerdem wachsenden sozialen Druck. Kinder zu gebären und sich für die Familie aufzuopfern, galt als patriotischer Beitrag zur Verteidigung des Vaterlandes sowie der japanischen Gesellschaft und wurde insofern zunehmend als zumindest moralisch verpflichtend angesehen. Somit wurden Ehe und Familie wieder zur einzigen sozial akzeptierten Option für junge Japanerinnen.

Auch das Ende des Krieges änderte diese Situation nicht über Nacht. Das Nationale Eugenikgesetz blieb noch bis zu seiner 1948 vorgenommenen Revision und Umbenennung in „Gesetz über eugenische Geburtenkontrolle" (ursprüngliche Bezeichnung: *Yūsei hogo-hō*, alternativ auch: *Botai hogo-hō*) in Kraft (Muramatsu 1996: 31). Einige wesentliche Bestimmungen, etwa jene zur Vermeidung erbranken Nachwuchses durch Sterilisation, wurden jedoch auch darin noch beibehalten.[119] Die Regelungen

---

[118] Im Gegensatz zum deutschen Gesetz zur Verhütung erbkranken Nachwuchses waren solche Abtreibungen allerdings nicht verpflichtend, sondern freiwillig, obgleich die betreffenden Personen sich einem erheblichen sozialen Druck ausgesetzt sahen, den im Eugenikgesetz formulierten Forderungen zu entsprechen.

[119] Unter der Voraussetzung einer freiwilligen Zustimmung der betreffenden Personen.

über Abtreibungen zum Schutz des sozialen Lebens und der Gesundheit der Mutter wurden allerdings erheblich ausgedehnt und die Zahl der Gründe für legale Abtreibungen dadurch deutlich erhöht. Die zahlreichen Ausnahmen von der im Prinzip unverändert gültigen Regel eines grundsätzlichen Abtreibungsverbotes machten das japanische Abtreibungsrecht realiter zu einem der liberalsten weltweit. Schwangerschaftsabbrüche waren nun beispielsweise auch aus ökonomischen Gründen gestattet (Muramatsu 1996: 33). Die weitreichende Liberalisierung kam somit faktisch einer Aufhebung des Abtreibungsverbots gleich. Die Neufassung des Gesetzes blieb, einschließlich seiner eugenischen Elemente, noch bis 1996 in Kraft.[120]

Ein wesentlicher Grund für die Abkehr des japanischen Staates von zielgerichteten Maßnahmen zur Geburtenförderung waren die Erfahrungen der Nachkriegszeit, einer Phase massiver Schwierigkeiten bei der Sicherung der unmittelbaren Lebensgrundlagen der japanischen Bevölkerung sowie die hohe Arbeitslosigkeit in jenen Jahren. Besonders ernst war die Lage in den Städten. Ein weiteres Anwachsen der Population erschien in Anbetracht der bestehenden Probleme nicht länger akzeptabel, sondern im Gegenteil als unmittelbare Bedrohung für die Zukunft der Nation. Um einem weiteren Bevölkerungswachstum entgegenzuwirken, wurden im Jahr 1952 Schwangerschaftsabbrüche nochmals erleichtert, indem eine Verfügung die bis dahin bestehende Verpflichtung aufhob, für die Durchführung einer Abtreibung die Erlaubnis eines Regierungskomitees einholen zu müssen. Die Entscheidung über die Abtreibung eines Fötus lag fortan allein in der Verantwortung der Schwangeren und ihres Arztes (Muramatsu 1996: 32).

Die veränderte Einschätzung der demografischen Lage in der Nachkriegszeit und das politische Ringen um nachhaltige Lösungen für die akuten sozialen und wirtschaftlichen Probleme, welche aus der prekären Situation des Landes für dessen Wiederaufbau und die weitere Entwicklung resultierten, führten 1953 zur Gründung des Rates für Bevölkerungsprobleme (*Jinkō mondai shingikai*). Aufgabe dieses Rates war die Analyse der Situation und das Erarbeiten geeigneter Strategien, um die demografische Krise zu bewältigen. In der Folgezeit veröffentlichte der Rat verschiedene Publikationen.[121] Die gewonnenen Erkenntnisse wurden 1959 in einem Weißbuch mit dem Titel *Bevölkerungsweißbuch: Wendepunkt der Bevölkerungsfrage Japans* zusammengefasst (Jinkō mondai shin-

---

[120] Ausführlicher zum Inhalt des Gesetzes über eugenische Geburtenkontrolle siehe Oduncu/Platzer/Henn 2004: 155.

[121] Ausführlicher zu den verschiedenen Einzelveröffentlichungen siehe Okazaki 1994: 34–35.

gikai 1959). Die Publikation legte nahe, dass zum Zeitpunkt ihres Erscheinens in Japan ein Überbevölkerungsproblem bestand, welches im Wesentlichen aus der Zeit vor dem Zweiten Weltkrieg herrührte. Das Weißbuch stellte die Zunahme der Erwerbsbevölkerung infolge des Geburtenanstiegs nach Kriegsende als eine der größten Gefahren für das Land heraus. In den folgenden Jahrzehnten beherrschte vor allem die Sorge vor einem weiteren Anwachsen der Population die demografische Debatte. Dies änderte sich erst mit dem Fertilitätsschock von 1990[122] wieder, als die Geburtenrate mit einem Wert von 1,57 Kindern je Frau erstmals seit 1966 wieder unter die damals als demografiehistorisch einmalig niedrig interpretierte Marke von 1,58 fiel.

Aufgrund der Erfahrungen mit der Bevölkerungspolitik der 1930er und 1940er Jahre im Kontext einer für das Land verheerenden Kriegspolitik sowie aus Angst vor weiterem Populationswachstum geriet die Option gezielter pronatalistischer Bestrebungen seitens des Staates in der Nachkriegszeit zu einem gesellschaftspolitischen Tabu. Ähnlich wie in Deutschland hatte auch in Japan der Begriff Bevölkerungspolitik (*jinkō seisaku*) lange Zeit eine ausgesprochen negative Konnotation. Erst nach 1990, als sich die Einschätzung in der japanischen Gesellschaft durchsetzte, dass die durch die demografische Alterung und den stetigen Geburtenrückgang verursachte erneute demografische Trendumkehr, und zwar nicht zuletzt aufgrund ihres überraschend dynamischen Verlaufs, in vielerlei Hinsicht ebenfalls eine ernste Gefahr für die Nation darstellt, hat sich das fast ein halbes Jahrhundert lang bestehende Tabu staatlicher Bevölkerungspolitik gelockert. Dadurch wurde, wie die vorliegende Arbeit belegen soll, eine Renaissance gezielter pronatalistischer Interventionen durch den Staat eingeleitet, die sich in Form eines familienpolitischen Paradigmenwechsels nachweisen lässt.

5.4.1.2.2 Sozialpolitik

Abgesehen von der pronatalistischen Bevölkerungspolitik der Zeit vor dem Ende des Zweiten Weltkriegs beeinflussten auch sozialpolitische Entwicklungen die Gestaltung der Familienpolitik in Japan. Viele aus heutiger Sicht familienpolitische Elemente, wie etwa der Schutz von Müttern und Kindern, entstammen ursprünglich der sozialpolitischen Ge-

---

[122] In etlichen Quellen wird dieses Ereignis auch als „1989er Fertilitätsschock" bzw. als „Fertilitätsschock des Jahres 1989" bezeichnet. Beide Bezeichnungen sind korrekt, je nachdem, ob stärker auf den Zeitpunkt der statistischen Datenerhebung oder die politische Wirkung der Bevölkerungsstatistik rekurriert wird.

setzgebung. Die Wurzeln reichen dabei weit zurück bis zu den Armenge-
setzen des 16. Jahrhunderts.[123] Bedeutsamer für die Herausbildung der
gegenwärtigen Familienpolitik war jedoch die Modernisierung des
Landes während der Meiji-Ära. Diese Zeit war stark geprägt von der
wirtschaftlichen Umgestaltung, die vor allem eine rasante Industrialisierung des Landes bedeutete. Die wirtschaftlichen Umwälzungen besaßen
indes auch erhebliche gesellschaftliche Implikationen. Der Wandel Japans vom feudalen Agrarstaat zur Industrienation hatte zwangsläufig
grundlegende Veränderungen der Arbeitsbedingungen eines Großteils
der Bevölkerung zur Folge. Das Entstehen neuer Industriezentren wurde
von einem starken Urbanisierungsschub begleitet, weil viele Menschen
ihr Heim auf dem Land verließen, um sich in den Städten eine neue
Existenz aufzubauen.

Die nun stärker industriell geprägte Organisation der Erwerbsarbeit
bedeutete auch eine Neupositionierung der weiblichen Arbeitskraft. Die
Arbeitsleistung von Frauen war nicht nur für den wirtschaftlichen Erneu-
erungsprozess Japans von enormer Bedeutung, sondern auch für die
Existenzsicherung ihrer Familien oft unverzichtbar. Das tradierte Ar-
beitsteilungsmodell zwischen den Geschlechtern und innerhalb der Familie begann zu erodieren und neue Arrangements traten zunehmend an
dessen Stelle. Die Tätigkeit in Industriebetrieben erforderte lange Anwe-
senheitszeiten am Arbeitsplatz. Dies bedeutete gleichzeitig eine Schmäle-
rung der zeitlichen Ressourcen der Arbeiter für ihre Familien. Für Mütter
erwies sich diese Entwicklung als besonders nachteilig.

Vor dem Hintergrund der seit der Meiji-Ära betriebenen pronatalistischen Politik und der damit verfolgten Ziele, die neben ökonomischen
auch militärische Ambitionen beinhalteten, erlangte die Existenzsicherung von Müttern und Kindern wachsende Bedeutung. Für die Umsetzung militärischer Ziele war eine möglichst große Zahl gesunder Rekruten unabdingbare Voraussetzung. Der Staat hatte in dieser Situation also
ein vitales Interesse daran, zumindest den ärmsten Familien ein gewisses
Maß an Unterstützung zuteil werden zu lassen. Der sozioökonomische
Umbruch der Meiji-Ära, der neben einer radikalen Modernisierung des
Landes auch die Verelendung von Teilen der Bevölkerung mit sich gebracht hatte, führte so innerhalb der politischen Elite zu der Einsicht, dass
die Einführung von sozialen Minimalstandards in Form entsprechender
Gesetze Bestandteil der Reformen sein müsse. Die 1874 verabschiedete
Armenfürsorgeverordnung (*Jukkyū kisoku*), welche vom britischen Ar-
mengesetz beeinflusst war, war ein erster Schritt in diese Richtung und

---

[123] Ausführlicher dazu siehe Garon 1994: 27.

kann als erstes, landesweit wirksames Sozialgesetz Japans angesehen werden.[124]

Etwa zur gleichen Zeit entstanden die ersten Kinderbetreuungseinrichtungen. Der erste Kindergarten (*yōchien*) wurde 1876 in Tokyo eröffnet.[125] In der Folgezeit entstanden verschiedene Formen von Kinderbetreuungseinrichtungen, deren Zahl insgesamt rasch zunahm. Abgesehen von Kindergärten nach deutschem Vorbild, die sich an den Theorien Friedrich Froebels orientierten, etablierten sich auch andere Konzepte, wie etwa einfache Tagesbetreuungen, die privat oder als betriebliche Einrichtungen organisiert waren oder auch kirchliche Angebote für Kinder besonders armer Eltern. Aufgrund der hohen Nachfrage gab es bald eine Vielzahl von Kinderbetreuungseinrichtungen, so dass die Regierung ab 1899 landesweit einheitliche Bestimmungen einführte, welche erstmalig Mindeststandards für die Kinderbetreuung verbindlich regelten (Schwalb/Schwalb/Sukemune/Tatsumoto 1992: 332). Ab Beginn des 20. Jahrhunderts wurden Kindertagesstätten zunehmend auch finanziell durch den Staat unterstützt. Bis zum Ausbruch des Russisch-Japanischen Krieges (08.02.1904–05.09.1905) wuchs die Zahl solcher Einrichtungen auf über 2.200 (Momose 1997). Nach dem Ende dieses Waffengangs wurden die meisten von ihnen wieder geschlossen. Im Jahr 1918 existierten nur noch 18 Kindertagesstätten (ebd.). Erst durch den wirtschaftlichen Erholungsprozess seit Mitte der 1920er Jahre stieg die Zahl wieder an. Im Jahr 1938 belief sie sich auf 1.495 Einrichtungen (ebd.). Ein weiterer Grund für das neuerliche Wachstum des Betreuungsangebots war das stärkere sozialpolitische Engagement des Staates, welches sich etwa in der Einführung eines Sozialhilfegesetzes (*Shakai jigyō-hō*) manifestierte, das auch Unterstützungsmaßnahmen für Kinderkrankenhäuser, Kindertagesstätten und sonstige Einrichtungen zur Betreuung und zum Schutz von Kindern vorsah.

Ein anderer bedeutender Schritt für die sozialpolitische Entwicklung Japans war bereits das Fabrikgesetz (*Kōjō-hō*) von 1911 (wirksam ab 1916) gewesen, das nicht nur Gesundheits- und Sicherheitsstandards für alle Arbeiter festlegte, sondern auch für Frauen und Kinder die maximale Arbeitszeit auf zwölf Stunden am Tag begrenzte, Nachtschichtarbeit verbot und einen fünfwöchigen Mutterschaftsurlaub einführte. In der Praxis erwies sich das Gesetz allerdings als nur bedingt wirksam, weil es zahlreiche Ausnahmeregelungen bezüglich der Arbeitszeiten und der Voraussetzungen für Nachtarbeit enthielt (Lambert 2004: 76).

---

[124] Vgl. Conrad/Lützeler 2002: 21; Conrad und Lützeler belegen außerdem, dass für die Entwicklung der Sozialpolitik Japans auch Ideen aus Deutschland von Bedeutung waren.

[125] Ausführlicher dazu siehe Schwalb/Schwalb/Sukemune/Tatsumoto 1992: 332.

Die Revision des Gesetzes im Jahr 1923 bewirkte eine weitere Verbesserung der Arbeitsbedingungen. Sie sah vor, die Arbeitszeit für Frauen und Kinder in Betrieben mit zehn oder mehr Beschäftigten auf elf Stunden zu senken. Außerdem wurde der Schutz von Müttern stärker berücksichtigt, indem die Dauer des Mutterschaftsurlaubs auf insgesamt zehn Wochen (vier Wochen pränatal, sechs Wochen postnatal) verlängert und zudem das Recht auf zwei Stillpausen von jeweils 30 Minuten gesetzlich verankert wurde. Hintergrund dieser Maßnahmen war das Anliegen, die nationale Leistungsfähigkeit zu verbessern, wobei der Fokus besonders auf das militärische Potential Japans gerichtet war (Arai 2002: 37). Dazu war es erforderlich, neben gesunden Soldaten auch qualifizierte Arbeitskräfte für die Kriegsvorbereitungen zu rekrutieren. Gewissermaßen als positiver Nebeneffekt dienten die Maßnahmen außerdem dazu, die bestehende politische Ordnung in Japan zu festigen (Conrad 2003: 76). Bereits die 1922 beschlossene und ab 1927 rechtskräftige Einführung eines Krankenversorgungssystems für Industriearbeiter folgte diesem Kalkül und war insofern keineswegs als Geste eines mildtätigen Wohlfahrtsstaates zu bewerten (Arai 2002: 37).

Ungeachtet der aufgezählten Initiativen hatte Japan bis zur 1929 erfolgten Neuordnung der Armenfürsorgeverordnung und ihrer Umbenennung in „Fürsorgegesetz" (*Kyūgo-hō*) nichts, was einem übergreifenden und umfassenden Sozialleistungsrecht entsprochen hätte (Garon 1994: 32). In Kraft seit 1932 erweiterte das Gesetz stark den Wirkungsbereich öffentlicher Hilfsleistungen. Noch im gleichen Jahr stieg die Zahl der Leistungsempfänger rasant auf 157.564, was verglichen mit dem Vorjahr (18.111), als noch die alten Wohlfahrtsbestimmungen in Kraft waren, ein deutliches Wachstum darstellte (Garon 1994: 56). Trotz dieser Zunahme erwiesen sich Befürchtungen, die neuen Regelungen könnten zu einer ernsten Bedrohung für die Staatsfinanzen werden, als unbegründet (Garon 1994: 57).

Ein weiterer Schritt auf dem Weg zur Entwicklung eines wohlfahrtsstaatlichen Systems familienpolitischer Leistungen war das im letzten Abschnitt bereits erwähnte Gesetz zum Schutz von Müttern und Kindern (*Boshi hogo-hō*) von 1937. Es beinhaltete unter anderem die Einführung von Sozialhilfe sowie von Gesundheitsbeihilfen, um kranke, arme oder alleinstehende Mütter bei der Versorgung ihrer Kinder zu unterstützen. Die Maßnahme wirkte sich für ökonomisch benachteiligte Mütter und Kinder positiv aus, doch auch sie erfolgte aus bevölkerungspolitischem Kalkül.

Erst die Kriegsniederlage und die politische Neuordnung Japans in den Nachkriegsjahren stellten die sozial- und familienpolitischen Leistungen auf eine neue Basis. Die 1947 in Kraft getretene Verfassung hält in Artikel 25 fest, dass der Staat verpflichtet ist, jedem Bürger ein Mindestmaß an gesundem und kultiviertem Leben zu garantieren. Die bewusste Ausrichtung der staatlichen Politik auf das Wohlergehen der Bürger entspricht einer Kehrtwende gegenüber dem sozialpolitischen Bewusstsein der Vorkriegszeit und ist vor allem das Ergebnis des Einflusses der amerikanischen Besatzungsmacht, die im Wesentlichen für die Erarbeitung der Verfassung verantwortlich war. Die in Artikel 25 ebenfalls formulierte Pflicht des Staates, sich um die Entwicklung und Mehrung des sozialen Wohls, der sozialen Sicherheit und der allgemeinen Gesundheit zu bemühen, schlug sich auch in der Neuregelung der Arbeitnehmerrechte nieder.

Das Gesetz für Arbeitsstandards (*Rōdō kijun-hō*), ebenfalls aus dem Jahr 1947, war auch in familienpolitischer Hinsicht von großer Bedeutung. Es enthielt explizite Regelungen für weibliche Arbeitskräfte, deren Überstunden nun auf zwei Stunden täglich und maximal sechs Stunden pro Woche begrenzt wurden. Des Weiteren waren Frauen nun weitgehend von Nachtschichtarbeit und gefährlichen Tätigkeiten ausgenommen. Schwangere konnten die zeitweise Versetzung an andere, körperlich weniger belastende Arbeitsplätze sowie die Freistellung von Überstunden beantragen. Eine der wichtigsten Neuerungen für die praktische Umsetzung des Gesetzes betraf die Einführung von Strafmaßnahmen für Arbeitgeber, welche diese Bestimmungen verletzten. Die Position von Frauen wurde zusätzlich durch Artikel 50 des Krankenversicherungsgesetzes (*Kokumin kenkō hoken-hō*) gestärkt, der einen Mutterschaftsurlaub von zwölf Wochen (später auf 14 Wochen erweitert) sowie eine Lohnfortzahlung in Höhe von 60 Prozent des letzten Lohns garantierte.

Den eigentlichen Wendepunkt im Sinne einer festen Verankerung familienpolitischer Regelungen in eigenständigen Gesetzen und somit gewissermaßen die Geburtsstunde einer japanischen Familienpolitik markiert der Erlass des Kinderwohlfahrtsgesetzes (*Jidō fukushi-hō*) von 1947. Es betonte erstmals in dieser Deutlichkeit die Verantwortung des Staates und seiner Institutionen für das Wohl von Kindern und Jugendlichen. Sein Geltungsbereich erfasste Personen unter 18 Jahren, die es in drei Alterskategorien (Säuglinge [*nyūji*] im Alter von unter einem Jahr; Vorschulkinder [*yōji*] ab einem Jahr bis zum Eintritt in die Grundschule; Jugendliche [*shōnen*] von Grundschulbeginn bis zur Vollendung des 17. Lebensjahres) unterteilte. Jede der 47 Präfekturen sowie einige Städte wurden verpflichtet, ein Kinderbetreuungsangebot zu schaffen und Beratungszentren einzurichten, in denen speziell geschulte Mitarbeiter Konsultationen anbieten sollten, um Eltern bei allen Fragen der Kindererziehung zu unterstützen. Durch Artikel 24 des Gesetzes wurde zudem ein Zuteilungssystem für Plätze in Kinderbetreuungseinrichtungen geschaffen, welches die gezielte Förderung sozial und ökonomisch benachteiligter Kinder ermöglichte. Die Gebühren für die Unterbringung in solchen Einrichtungen wurden gestaffelt und richteten sich nach den finanziellen Möglichkeiten der Eltern.

Das Kinderwohlfahrtsgesetz verkörperte eine grundlegend neue Philosophie hinsichtlich öffentlicher Interventionen zum Wohle von Kindern und legte das Fundament für weitere Maßnahmen, wie das im gleichen Jahr verabschiedete Jugendgesetz und ein Gesetz über Jugendeinrichtungen aus dem Jahr 1948.[126] Es schuf somit die Basis für den weiteren Ausbau der Familienpolitik in Japan, auch wenn dieser in den folgenden Jahrzehnten eher zögerlich verlaufen sollte.

5.4.2 BEZUGSRAHMEN FAMILIENPOLITISCHEN HANDELNS

Die konkrete Gestaltung von Familienpolitik ist stets auch von vielfältigen äußeren Bedingungen abhängig. Schon die Verständigung der handelnden Akteure auf die grundsätzlich zu verfolgenden Ziele und erst recht die Konsensfindung hinsichtlich einzelner Maßnahmen innerhalb des politischen Prozesses ist nicht losgelöst von dem sozialen, normativen, historischen und ökonomischen Kontext zu betrachten, der die Grenzen des praktischen Gestaltungsspielraums letztlich definiert. Familienpolitik als gesellschaftspolitische Querschnittsaufgabe weist bezüglich der zu berücksichtigenden Rahmenbedingungen eine enorme Komplexität auf, die im Rahmen dieser Arbeit nur angedeutet werden kann. Es ist jedoch unverzichtbar, zumindest grundlegende soziodemografische Entwicklungen in Japan während der letzten Jahrzehnte anzusprechen, welche als Basis für die Gestaltung von Familienpolitik von besonderer Bedeutung sind.

Die Voraussetzungen familienpolitischen Handelns haben sich in Japan während der letzten Jahrzehnte stark verändert. In den folgenden Abschnitten sollen drei Aspekte erläutert werden, welche für das Verständnis der bisherigen, aber auch der zukünftigen Entwicklung der Familienpolitik unbedingt zu berücksichtigen sind. Zunächst sollen Veränderungen der Familienformen und -strukturen erläutert werden. Diese stehen in engem Zusammenhang mit dem zweiten Aspekt der Veränderung der geschlechtsspezifischen Rollenzuordnung und insbesondere mit der Entwicklung eines sich von tradierten Normen emanzipierenden Selbstverständnisses von Frauen. Der dritte Aspekt bezieht sich auf den parallel zu diesen Entwicklungen verlaufenden Wandel gesellschaftlicher Normen, besonders im Hinblick auf Einstellungen zu zentralen mikrosoziologischen Beziehungsmustern wie Partnerschaft und Familie.

---

[126] Ausführlicher dazu siehe auch Ozawa/Kōno 1997: 326.

Die Dynamik all dieser Veränderungen setzt familienpolitische Akteure unter permanenten Anpassungsdruck und ist insofern mitbestimmend für ihr Handeln. Die Kenntnis maßgeblicher gesellschaftlicher Veränderungen in Japan während der letzten Jahrzehnte ist daher für eine sinnvolle Einordnung und Bewertung einzelner familienpolitischer Maßnahmen unabdingbar. Dieser Bezugsrahmen bildet die Basis für eine anschließende weiterführende Auseinandersetzung mit der praktischen Gestaltung der japanischen Familienpolitik.

5.4.2.1 Wandel familialer Strukturen

In Japan hat sich die Transformation vom agrarisch geprägten Feudalstaat zur modernen Industrienation, die in Europa in den meisten Fällen Jahrhunderte dauerte, innerhalb von Jahrzehnten vollzogen. Die sich im Zuge dieses Prozesses stark verändernden Arbeits- und Lebensumstände der Japaner hatten weitreichende Implikationen für alle Ebenen der Organisation sozialer Beziehungen.[127] Dies gilt auch und in besonderem Maße für die Familie als Basiselement des gesamten gesellschaftlichen Interaktionsraumes, die im Laufe des letzten Jahrhunderts ebenfalls grundlegenden Veränderungsprozessen unterworfen war. Im Zentrum der Entwicklung stand dabei der Übergang von der Großfamilie zur Kernfamilie als dem beherrschenden Modell familialer Organisation.

Betrachtungen zur Veränderung von Familienstrukturen in Japan sollten zunächst bei einer kurzen Erläuterung des *ie*-Systems (*ie seido*) ansetzen. Ohne eine solche kurze Vorbetrachtung bliebe die besondere Bedeutung der Großfamilie für die Organisation der japanischen Gesellschaft unverständlich. Wie in den meisten vorindustriellen Gesellschaften war auch im feudalen Japan die Großfamilie von zentraler Bedeutung für die Existenzsicherung jedes Individuums. In einer Zeit ohne nennenswerte öffentlich organisierte soziale Unterstützungsleistungen war der Rückhalt, den das Netzwerk verwandtschaftlicher Verbindungen gewährte, für die Mehrzahl der Menschen praktisch lebensnotwendig. Die enorme Bedeutung, welche der Großfamilie als zentralem Bezugspunkt im Koordinatensystem sozialer Interaktion zukam, zeigte sich auch, als die Meiji-Regierung ein neues Zivilrecht verabschiedete. Es sah unter anderem die Einführung eines Registrierungssystems für Familien (*koseki*) vor.[128] Dieses System fußte bereits auf einer langen Tradition, doch das neue

---

[127] Mit der Veränderung sozialer Beziehungsnetzwerke in Japan im Kontext der foranschreitenden demografischen Alterung setzt sich auch Florian Coulmas auseinander. Vgl. Coulmas 2007: 45ff.

[128] Ausführlicher dazu siehe auch Yoshizumi 1995: 187.

Zivilrecht machte die Registrierung im Familienregister für alle Japaner verbindlich und einheitlich. Das *ie*-System[129], auf welchem das Register aufbaute, war seit Jahrhunderten die Grundlage der familialen Organisation gewesen. Eine der wichtigsten Aufgaben dieses traditionellen Systems war es, die männliche Erblinie fortzuführen und so den Fortbestand des Familienverbandes zu sichern. Durch die Eheschließung trat eine Frau in die Familie des Mannes ein. Im Gegensatz zur heute verbreiteten Sichtweise wurde durch die Heirat also keine neue Familie gegründet, sondern die (Großfamilie) des Mannes ergänzt, was, wie später zu zeigen sein wird, für die Bewertung der Rolle der (Ehe-)Frau und die ihr auferlegten Pflichten innerhalb der Familie von großer Bedeutung war und es, wenngleich in abgeschwächter Form, noch immer ist. Vorerst genügt es jedoch festzustellen, dass traditionell der patrilinear organisierte Familienverband die zentrale Bezugsgröße im sozialen und wirtschaftlichen Leben der Menschen darstellte. Auch der gesellschaftliche Status einzelner Personen wurde vor allem über die Stellung der Familie vermittelt.

Die Bedeutung der Großfamilie begann erst gegen Mitte des 20. Jahrhunderts deutlich zu schwinden. Ein Markstein dieser Entwicklung war die Abschaffung des alten Familienregisters durch die amerikanische Militärverwaltung im Zuge der Einführung eines neuen Zivilrechts im Jahr 1947. Die Neufassung wurzelte in der westlich-amerikanischen Philosophie des Grundrechtes jedes Menschen auf individuelle Selbstverwirklichung. Fortan rückte die Ehe als Eckpfeiler der Familie stärker ins Zentrum des verwandtschaftlichen Beziehungsgefüges. Auch wenn das *ie*-System nicht über Nacht obsolet wurde, veränderte sich durch die Betonung des individuellen Selbstentfaltungsrechts allmählich auch der Blick auf die Bedeutung und den Zweck von Eheschließungen. Stärker als bislang wurde das Heiraten auch als Ausdruck des Strebens nach Glück verstanden (Yoshizumi 1995: 189). Bis zum Zusammenbruch des Kaiserreichs, der in vielen Bereichen auch einen Bruch mit alten Traditionen bedeutete, waren Eheschließungen, von wenigen Ausnahmen abgesehen, durch die Familien arrangiert worden und erfolgten dementsprechend vorwiegend gemäß familiärer Interessen, denen sich die zukünftigen Ehepartner im Regelfall unterzuordnen hatten.

Das Ende des Kaiserreichs führte auch wirtschaftsgeografisch zu einer grundlegenden Neuordnung. Der wirtschaftliche Wiederaufbau, einschließlich des massiven Wachstums der industriellen Ballungszentren des Landes, forcierte die Landflucht und die damit einhergehende Urbanisierung. Da vor allem jüngere Menschen in die Städte zogen, bedeutete

---

[129] *Ie* = jap. für Haus beziehungsweise Heim, auch Familie. Alternativ wird bisweilen auch vom japanischen Clansystem gesprochen.

diese Entwicklung für viele Großfamilien die räumliche Trennung der bis dahin unter einem Dach lebenden Generationen.[130] Besonders in der Zeit zwischen 1955 und 1969, in der die japanische Wirtschaft rasant um durchschnittlich etwa zehn Prozent pro Jahr wuchs, kam es zu einer deutlichen Abnahme des Anteils der Großfamilien bei gleichzeitiger Zunahme des Anteils der Klein- beziehungsweise Kernfamilien, wobei unter Kernfamilie hier ein Zusammenleben von Eltern oder Elternteilen mit ihren unverheirateten Kindern verstanden wird.[131] Auch die Zahl der Familienmitglieder sank. Zwischen 1920 und 1950 hatte die durchschnittliche Haushaltsgröße konstant bei etwa fünf Personen gelegen. In der Folgezeit setzte eine stetige Abnahme dieses Wertes ein. 1975 lag er bei 3,78 Personen pro Haushalt und sank seitdem weiter auf 2,58 Personen im Jahr 2005 (NIPSSR 2008: 79; Tab.7.4). Verglichen mit anderen Industriestaaten verlief diese Entwicklung in Japan sehr schnell. Sie wird sich nach gegenwärtiger Prognose auch in den kommenden Dekaden fortsetzen. Für das Jahr 2025 hat das NIPSSR einen Schätzwert von 2,37 durchschnittlich in einem Haushalt lebenden Personen ermittelt (NIPSSR 2008: 80; Tab. 7.7).

Parallel zum Schrumpfen der Haushaltsgrößen wuchs die Zahl der Privathaushalte stark an. Seit 1960 hat sie sich von 22,5 Millionen auf 49,06 Millionen (2005) mehr als verdoppelt (NIPSSR 2008: 78; Tab. 7.1). Auch wenn hierbei das Bevölkerungswachstum in dieser Zeit zu berücksichtigen ist, unterstreichen die Zahlen den deutlichen Trend zu kleineren Haushaltsgrößen. Auch die statistischen Daten über die prozentuale Verteilung der Haushaltstypen verdeutlichen die Entwicklung. Zwischen 1970 und 2005 hat der Anteil der Kernfamilienhaushalte an der Gesamtheit aller privaten Haushaltstypen von 56,7 Prozent auf 57,9 Prozent leicht zugenommen. Gleichzeitig ist der Anteil der Mehrgenerationenhaushalte deutlich von 22,7 Prozent auf 12,1 Prozent zurückgegangen (NIPSSR 2008: 81; Tab. 7.10). Allerdings scheint der Zuwachs des Anteils der Kernfamilien um das Jahr 1990 zum Stillstand gekommen zu sein. Die offizielle Bevölkerungsstatistik weist für dieses Jahr einen Wert von 59,5 Prozent aus, was bedeutet, dass der Anteil der Kernfamilienhaushalte seither wieder leicht zurückging. Interessant ist, dass sich bei gesonderter Untersuchung der unterschiedlichen Formen von Kernfamilienarrangements auch eine Kontinuität hinsichtlich des Trends zur Kinderlosigkeit nachweisen lässt. Betrachtet man ausschließlich Haushalte, in denen ver-

---

[130] Ausführlicher auf den Zusammenhang zwischen sozioökonomischen Veränderungen und dem Wandel der Familienstrukturen geht unter anderem Edith Lassegard ein. Vgl. Lassegard 1993: 315ff.

[131] Zum Einfluss des starken Wirtschaftswachstums während dieser Zeitspanne auf den Wandel der Familienstrukturen siehe auch Neuss-Kaneko 1990: 114.

heiratete Paare ohne Kind leben, wird deutlich, dass der Anteil dieser Form des Zusammenlebens an der Gesamtheit der Familienformen noch immer zunimmt. Er wuchs zwischen 1970 und 2005 von 7,3 Prozent auf 19,6 Prozent. Der leichte Rückgang des Anteils der unterschiedlichen Kernfamilienarrangements insgesamt ist daher vor allem auf die Verminderung des Anteils jener Haushalte zurückzuführen, in denen ein Ehepaar mit Kind(ern) lebt.

Grundsätzlich hat die Erosion traditioneller Familienformen in den letzten Jahrzehnten sogar noch zugenommen. Im Zentrum des Geschehens steht vor allem die Zunahme des Anteils der Singlehaushalte. Sie steht fast spiegelbildlich der Abnahme der Mehrgenerationenhaushalte gegenüber. Während deren Anteil, wie oben dargelegt, zwischen 1970 und 2005 um 10,6 Prozent sank, stieg der Anteil der Einpersonenhaushalte im gleichen Zeitraum von 20,3 Prozent auf 29,5 Prozent um 9,2 Prozent an (NIPSSR 2008: 81; Tab. 7.10). Bislang ist kein Ende dieser Entwicklung abzusehen.

Für die Ausrichtung einer familienpolitischen Strategie, die sich einer Anhebung der Geburtenrate verpflichtet sieht, ist die Veränderung der Familienstrukturen von großer Wichtigkeit. Die Wahl von Wohnarrangements, die auf ein Leben allein oder zu zweit ohne Kinder zugeschnitten sind, kann eine etwaige Entscheidung für die Gründung einer Familie kaum positiv beeinflussen. Folgende Abbildung zeigt die gegenläufigen Entwicklungen des Anteils der Einpersonenhaushalte und der Gesamtfertilitätsrate:

Abb. 15: Singlehaushalte und Fertilitätsentwicklung in Japan (1960–2005)

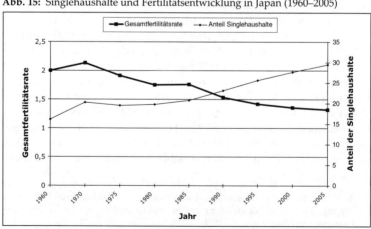

Eigene Grafik. Datenquelle: NIPSSR 2008: 24, 82 (Tab. 4.3, Tab. 7.11).

Dabei wird die Wahl der Wohnform häufig weniger durch die persönlichen Präferenzen der Menschen bestimmt, sondern erfolgt auch anhand von Kriterien, die sich aus den sozioökonomischen Bedingungen einer modernen und überwiegend urban geprägten Arbeitsgesellschaft ergeben. Deshalb ist es aus familienpolitischer Sicht geboten, bestehende Restriktionen zu erkennen und zu minimieren, sofern eine positive Beeinflussung des Fertilitätsgeschehens angestrebt werden soll.

Die hier beschriebene Entwicklung wird oft als Teil eines allgemeinen Trends der Verwestlichung des Lebensstils der Japaner seit Ende des Zweiten Weltkriegs gedeutet. Es ist allerdings zu berücksichtigen, dass traditionelle Familienmuster zwar unbestreitbar an Bedeutung verloren haben, aber dennoch stärker fortwirken als in vielen westlichen Staaten. Obwohl der Anteil der Mehrgenerationenhaushalte seit Jahrzehnten beständig sinkt, wohnen in kaum einem anderen Industrieland mehr alte Menschen mit ihren Kindern zusammen als in Japan (Bosse 1997: 378). Auch innerhalb der Familien bestehen alte Beziehungsmuster häufig fort. Ähnliches gilt für partnerschaftliche Bindungen. Vor allem für Frauen ergeben sich so häufig Konflikte, die der Verwirklichung von Kinderwünschen entgegenstehen können. Nachfolgend soll versucht werden, einige dieser Aspekte zu skizzieren, denen im Zusammenhang mit einer Neudefinition der weiblichen Geschlechterrolle und somit indirekt auch der Fertilitätsentwicklung in Japan besondere Bedeutung zukommt.

5.4.2.2 Wandel der Bezugsgrößen für die Definition der Frauenrolle

Ein wichtiger Faktor dafür, welche Rollenmuster Frauen innerhalb ihres sozialen Umfeldes einnehmen, ist deren jeweilige Erwerbssituation. Diese hat sowohl Einfluss auf den Grad der ökonomischen Selbständigkeit als auch auf die zeitliche Organisation des Alltagslebens. Beides steht wiederum in engem Zusammenhang mit der Ausgestaltung des gesamten Beziehungsnetzwerkes von Frauen, innerhalb dessen die familiären und partnerschaftlichen Beziehungen von besonderer Wichtigkeit sind. Auch für die Bereitschaft, Kinder zu bekommen und aufzuziehen, sind gerade diese Interaktionsträume von großer Bedeutung. Das Abnehmen der Fertilitätsrate seit Ende des 19. Jahrhunderts hat sich nicht zufällig in einer Phase der starken Zunahme außerhäuslicher weiblicher Erwerbsbeteiligung vollzogen. Dabei wäre es zu kurz gegriffen, den Geburtenrückgang eindimensional nur auf die gestiegene Erwerbsneigung als solche zurückzuführen. Beispiele aus Europa, etwa die Fälle Frankreichs, Norwegens oder Schwedens, belegen, dass Erwerbsarbeit und (relativ) hohe

Fertilitätsraten sich nicht per se ausschließen, sondern stark davon abhängen, wie harmonisch sich Arbeits- und Familienleben miteinander vereinbaren lassen.

Mit Einsetzen des wirtschaftlichen Erneuerungsprozesses, den die Meiji-Restauration in Gang gesetzt hatte, nahm auch die Zahl außerhäuslich erwerbstätiger Frauen in Japan rasch zu. Zusätzlich zur üblichen Beschäftigung in landwirtschaftlichen Kleinbetrieben fanden viele von ihnen in den neu entstandenen Industriezweigen Arbeitsplätze, wobei der Textilindustrie besondere Bedeutung zukam. Auch nach dem Ende des Zweiten Weltkriegs war eine eigene Berufstätigkeit für Frauen eher die Regel als die Ausnahme. Bis 1965 war die Frauenerwerbsquote Japans sogar eine der höchsten innerhalb der entwickelten Nationen (Iwao 1993: 154). Allerdings nahm die Entwicklung in der Folgezeit einen anderen Verlauf als in vielen anderen Industriestaaten. Während in den meisten Fällen mit der zunehmenden Industrialisierung auch der Anteil erwerbstätiger Frauen stieg, ging er in Japan mit dem Voranschreiten des wirtschaftlichen Wiederaufbaus des Landes zurück (ebd.). Die guten Einkommensmöglichkeiten der Männer und die hohe Sicherheit ihrer Arbeitsplätze während der Hochwachstumsphase der japanischen Wirtschaft bedeuteten auch eine Renaissance ,traditioneller' familialer Organisationsformen, in welchen die zentrale Wirksphäre von Frauen vornehmlich das eigene Heim war. Das Arrangement männlicher Familienernährer versus Vollzeithausfrau wird oft als traditionelles Arbeitsteilungs- beziehungsweise Familienmodell bezeichnet, wobei häufig die Tatsache ignoriert wird, dass es sich hierbei vor allem um eine Idealisierung vorindustrieller Familienformen handelt.[132] Die positive Einkommensentwicklung in der wirtschaftlichen Expansionsphase Japans bewirkte, dass eine wachsende Zahl an Familien es sich leisten konnte, auf das Einkommen der Frau zu verzichten. Weil der finanzielle Beitrag des Mannes für den Unterhalt der gesamten Familie häufig ausreichte, zogen sich viele Frauen mehr oder weniger freiwillig auf die Rolle zurück, die ihnen durch das als traditionell idealisierte Familienmodell zugewiesen wurde und widmeten sich stärker heimischen Aufgaben.

---

[132] Auch in vorindustrieller Zeit trugen die meisten Frauen zum Familienunterhalt bei, etwa indem sie Aufgaben im bäuerlichen oder handwerklichen Familienbetrieb übernahmen. Arrangements, in welchen die Tätigkeit von (Ehe-) Frauen auf das eigene Heim und dort nur auf hauswirtschaftliche Verrichtungen und die Fürsorge für Familienangehörige beschränkt waren, betrafen in der Regel nur eine ökonomisch relativ gut situierte Minderheit.

Diese Entwicklung wurde durch den Umstand gefördert, dass die Nachfrage der japanischen Industrie nach weiblichen Beschäftigten aufgrund der hohen Produktivitätssteigerung und Rationalisierung in jener Zeit zurückging beziehungsweise es Frauen nur in Ausnahmefällen gelang, gut bezahlte Arbeitsplätze in aussichtsreichen Positionen zu besetzen. Frauen wurden auch durch ihr im Vergleich zu Männern niedrigeres durchschnittliches Ausbildungsniveau vielfach in verhältnismäßig schlecht vergütete Jobs gedrängt. In der wirtschaftlichen Boom-Phase der 1960er Jahre, die einer großen Zahl der männlichen Arbeitnehmer hervorragende berufliche Chancen bot, verlor für deren Ehefrauen daher eine eigene Erwerbsbeschäftigung an Attraktivität.

Mit der durch die Ölkrise des Jahres 1973 ausgelösten Wirtschaftskrise und der infolgedessen verschlechterten Erwerbssituation vieler Männer änderte sich die Situation erneut und das Einkommen von Frauen gewann wieder stärker an Bedeutung. Beschäftigung fanden arbeitsuchende Frauen auch weiterhin meist in relativ gering entlohnten Erwerbsarrangements des Dienstleistungssektors, der allerdings seit den 1960er Jahren überproportionale Zuwachsraten verzeichnete. Angesichts der angespannten Wirtschaftslage in den 1970er Jahren waren die zusätzlichen Einkommen von Frauen für viele Familien unverzichtbar geworden.

Zwischen 1970 und 2005 nahm die Erwerbsbeteiligung von Frauen (siehe Tab. 4) insgesamt zwar wieder leicht ab, doch dieser obigen Aussagen auf den ersten Blick widersprechende statistische Fakt ist vor allem auf die generelle Tendenz zum immer späteren Einstieg junger Frauen ins Berufsleben zurückzuführen[133] und zudem begleitet von dem Umstand, dass die Erwerbsquote älterer Arbeitnehmerinnen (über 60 Jahre) seit den 1960er Jahren rückläufig ist. Wegen der fortschreitenden Alterung der Bevölkerung fällt dieser Effekt gegenwärtig statistisch besonders ins Gewicht. Aus familien- und bevölkerungspolitischer Sicht ist allerdings die dem Gesamttrend entgegenlaufende Tendenz der Erwerbsquoten in den Altersgruppen der zwischen 25- und 49-jährigen Frauen entscheidend. Gerade dieser für den Verlauf der Fertilitätsentwicklung maßgebliche Personenkreis weist nämlich seit fast 50 Jahren eine deutlich zunehmende Erwerbsbeteiligung auf. Folgende Tabelle zeigt die Entwicklung der Erwerbsbeteiligung von Frauen zwischen 1960 und 2005 für die einzelnen Altersgruppen.

---

[133] Grund dafür sind vor allem die tendenziell höheren Bildungsabschlüsse einer zunehmenden Zahl von Frauen.

Tab. 4: Entwicklung der Erwerbsquote von Frauen in Japan (1960–2005)

Altersgruppe	1960	1970	1980	1990	2000	2005
Gesamt	50,9	50,9	46,9	48,4	48,2	47,8
15–19	49,7	35,9	18,8	17,4	15,4	16,8
20–24	69,4	70,8	71,1	75,5	70,5	67,7
25–29	50,1	44,9	49,4	61,2	69,6	71,6
30–34	51,3	47,1	46,5	50,7	57,0	61,6
35–39	55,1	56,3	55,5	59,4	60,0	62,3
40–44	56,7	63,6	61,8	66,7	68,2	69,5
45–49	56,8	64,7	62,3	68,3	70,3	72,7
50–54	51,7	60,8	58,7	63,0	66,2	68,3
55–59	46,7	53,8	50,7	51,5	57,1	59,7
60–64	39,1	43,2	38,8	37,4	38,6	40,4
65–69	30,6	31,0	26,7	25,9	24,7	25,9
70–74	21,1	18,9	15,5	15,7	16,5	16,3
75–79	13,0	9,9	8,4	8,7	10,0	10,4
80–84	7,8	4,9	4,3	4,3	5,3	5,6
85 und älter	4,2	2,5	2,0	1,9	2,3	2,1

Angaben in Prozent. Quelle: NIPSSR 2008: 99 (Tab. 8.2).

Die relative Entwicklung des Erwerbsverhaltens der einzelnen Altersgruppen in den letzten 45 Jahren ist der nächsten Abbildung (Abb. 16) zu entnehmen, welche die deutliche Zunahme des beruflichen Engagements der für die Geburtenentwicklung relevanten Altersgruppen belegt.

Auch das übliche zeitliche Muster weiblicher Erwerbsbeteiligung, nach welchem Frauen bis zur Geburt eines Kindes zunächst einer Beschäftigung nachgehen, diese dann für eine längere Zeitspanne unterbrechen, um sich der Pflege und Erziehung ihres Nachwuchses zu widmen und zu einem späteren Zeitpunkt in die Arbeitswelt zurückzukehren, erodiert seit langem. Stellt man dieses Muster grafisch dar, ergibt sich ein häufig als „M-Kurve" bezeichneter Graph. Der typische, Namen gebende Knick dieser Kurve hat sich in den letzten Jahrzehnten mehr und mehr abgeflacht, weil immer weniger Frauen ihre Erwerbstätigkeit unterbrechen (Rosenbluth 2001). Als wesentliche Ursachen dafür sind sowohl die wachsende Zahl kinderloser Frauen zu nennen als auch die Verbreitung eines Lebensmodells, welches der Vereinbarkeit von Erwerbstätigkeit und familiärem Engagement Priorität einräumt.

Abb. 16: Entwicklung der Erwerbsbeteiligung von Frauen nach Altersgruppen zwischen 1960 und 2005

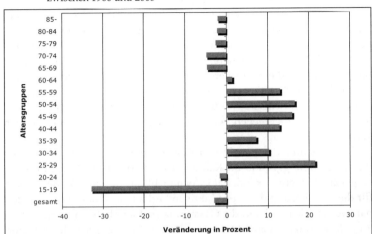

Eigene Berechnung. Datenquelle: NIPSSR 2008: 99 (Tab. 8.2).

Die gestiegene Frauenerwerbsquote sowie die Zunahme von Arrangements, welche es Frauen ermöglichen, Arbeits- und Familiensphäre miteinander zu vereinbaren[134], stehen in Zusammenhang mit der ebenfalls seit Jahrzehnten ablaufenden Entwicklung der Tertiarisierung der japanischen Wirtschaft. Dieser Wandel und die damit einhergehenden Veränderungen der Einkommensgrundlagen japanischer Familien haben die oben beschriebene Entwicklung erst ermöglicht und sie darüber hinaus beschleunigt. Einerseits machte die wachsende Zahl von Arbeitsplätzen im Dienstleistungssektor eine steigende Beteiligung von Frauen am Familieneinkommen möglich. Auf der anderen Seite wurde diese Beteiligung, gewissermaßen als Reaktion auf die verhältnismäßig geringe durchschnittliche Entlohnung innerhalb des rasch wachsenden Dienstleistungssektors, welche zunehmend auch die Höhe der Einkommen vieler Männer bestimmt, auch überhaupt erst erforderlich.

Um die ökonomischen Voraussetzungen für den Unterhalt einer Familie mit Kindern zu schaffen, streben Frauen in Japan heute häufiger als früher Tätigkeiten in besser bezahlten Jobs an. Dafür sind jedoch auch höhere Bildungsabschlüsse erforderlich, was in der Regel verlängerte

---

[134] Seit den 1960er Jahren entscheiden sich immer mehr Mütter für die Ausübung einer Erwerbsarbeit (mindestens 27 Wochen pro Jahr bei mindestens 15 Stunden pro Woche), wobei die Erwerbsneigung proportional zur Höhe des Bildungsabschlusses steigt. Siehe McLanahan 2004: 610.

Ausbildungszeiten voraussetzt. Allerdings bedeutet auch der Abschluss einer hoch qualifizierenden beruflichen Ausbildung oder eines Universitätsstudiums keineswegs eine Garantie für den Zugang zu solchen Beschäftigungsverhältnissen. Nicht selten sind die Einsatzgebiete weiblicher Beschäftigter auch heute noch auf einfache Bürotätigkeiten beschränkt.[135] Ernsthafte Karriereabsichten werden von ihnen in der Regel nicht erwartet und entsprechend selten gefördert. Frauen, denen es dennoch gelingt, hoch dotierte Jobs zu besetzen, müssen meist große zeitliche Ressourcen dafür einsetzen. All diese Faktoren stehen der Erfüllung von Kinderwünschen entgegen, weil sie diese zeitlich verzögern oder auch gänzlich verhindern.

Die Zunahme des beruflichen Engagements von Frauen, auf deren vielfältige Beweggründe im Rahmen dieser Arbeit nicht ausführlicher eingegangen werden kann, hat jedoch nicht nur unmittelbar Bedeutung für die Entwicklung des reproduktiven Verhaltens, sondern auch mittelbar, weil sie sich auch auf die Gestaltung partnerschaftlicher und familiärer Beziehungen auswirkt. Bevor diese jedoch eingehender erläutert werden, ist es sinnvoll, kurz auch auf die Veränderung des durchschnittlichen Bildungsniveaus von Japanerinnen innerhalb der vergangenen Dekaden zu rekurrieren. Auch in diesem Bereich hat sich ein deutlicher Wandel vollzogen, der sowohl hinsichtlich der Gestaltung des Erwerbslebens als auch des Familienlebens hohe Relevanz besitzt.

Zunächst ist festzustellen, dass Frauenbildung in Japan in vorindustrieller Zeit keine nennenswerte Rolle spielte und Bemühungen diesbezüglich erst zunahmen, als die Funktion von Frauen als Mütter und Ehefrauen künftiger Soldaten im Rahmen der starken Betonung bevölkerungspolitischer Aspekte zu Beginn des 20. Jahrhunderts eine starke Aufwertung erfuhr (Brinton 1992: 86). Das bereits angesprochene Ziel der Regierungen der Meiji-Ära, sowohl Quantität als auch ‚Qualität' der japanischen Bevölkerung zu erhöhen, machte auch eine verbesserte Bildung von Frauen notwendig. Deren Bedeutung für eine von der Ebene der Familien ausgehende Modernisierung der gesamten Gesellschaft war von der Politik durchaus erkannt worden. Dennoch wurde, und wird bis heute, der Ausbildung von Töchtern in Japan nicht die gleiche Bedeutung beigemessen wie der von Söhnen (Jolivet 1997: 45). Makoto Atoh sieht diese Haltung darin begründet, dass in der Vergangenheit die knappen

---

[135] Ihr Status wird häufig auf den der *„shokuba no hana"*, also den der „Blume des Büros", reduziert. Erwartet wird ein ansprechendes Äußeres sowie gewissenhafte Erledigung einfacher Büroarbeiten. Zudem gelten weibliche Beschäftigte auch als potentielle Heiratskandidatinnen für die männlichen Angestellten. Dazu siehe u.a. Iwao 1993: 156.

Ressourcen von Familien üblicherweise vor allem in die Bildung des männlichen Nachwuchses investiert wurden, da diese Investition einen höheren Nutzen für die gesamte Familie versprach als die Förderung von Töchtern (Atoh 1994: 57). Aufgrund der bereits erläuterten Auffassung vieler Japaner, dass Frauen mit der Heirat in die Familie des Ehemannes eintreten und ihre Existenzsicherung daher von diesem Zeitpunkt an vorrangig dessen Verantwortung beziehungsweise der seiner Familie obliegt, erscheint eine Bevorzugung männlicher Nachkommen, zumindest unter der Prämisse der Knappheit der einzusetzenden Ressourcen, sogar folgerichtig. Erst die infolge des wirtschaftlichen Aufschwungs in der Nachkriegszeit einsetzende Verbesserung der Einkommenssituation der Japaner ermöglichte überhaupt eine stärkere Förderung der weiblichen Nachkommen (ebd.).

Zusätzlich bewirkten auch die im Verlauf der vergangenen Jahrzehnte deutlich gestiegenen durchschnittlichen beruflichen Qualifikationsanforderungen an die Mehrzahl der Beschäftigten ein verstärktes Bildungsengagement von Mädchen und jungen Frauen. Häufig wird ein Zusammenhang zwischen dem Bildungsniveau von Frauen und der Anzahl der von ihnen durchschnittlich geborenen Kinder hergestellt, durch den sich belegen lässt, dass die Fertilität mit zunehmendem Ausbildungsniveau sinkt (Retherford/Ogawa/Matsukura/Ihara 2004: 7ff.). Allerdings darf bei solchen Betrachtungen der starke Einfluss von Drittvariablen nicht außer Acht gelassen werden. Im Regelfall bewirkt schließlich nicht die Bildung beziehungsweise der erworbene Bildungsabschluss als solcher eine grundsätzlich veränderte Einstellung der betreffenden Frauen hinsichtlich ihres Reproduktionsverhaltens. Vielmehr stellt das angestrebte respektive erreichte Bildungsniveau für viele Aspekte des Alltags- und Berufslebens einen zentralen Bezugspunkt dar. Es ist beispielsweise für die Länge der Ausbildungszeiten maßgeblich, die wiederum in direktem Bezug zu dem Timing des Berufseinstiegs und/oder einer Familiengründung stehen. Zudem macht ein höheres Ausbildungsniveau auch ein entsprechend verstärktes berufliches Engagement wahrscheinlicher, durch welches das Fertilitätsniveau hochqualifizierter Frauen, nicht zuletzt wegen der häufig unzureichenden Vereinbarkeit von Berufs- und Familienleben, ebenfalls tendenziell negativ beeinflusst wird.

Insgesamt ist festzuhalten, dass in Japan ein deutlicher Trend zu längeren durchschnittlichen Ausbildungszeiten, höheren Bildungsabschlüssen sowie einer umfassenderen Erwerbsbeteiligung von Frauen besteht, während die Entwicklung der Gesamtfertilitätsrate eine rückläufige Tendenz aufweist. Diese Entwicklung ist sowohl Ergebnis als auch Ausdruck einer gestiegenen ökonomischen Selbstbestimmtheit und Selbstständigkeit von Frauen, die sich auch auf die Definition des Geschlechterverhältnisses sowie auf die Rollenzuordnung in familialen Beziehungszusammenhängen auswirkt.

Höhere Bildungsabschlüsse, gestiegene Erwerbsbeteiligung und die damit verbundene Zunahme an Optionen für die Lebensführung von Frauen führten in Japan in den letzten Jahrzehnten dazu, dass traditionelle Konstellationen partnerschaftlichen und familialen Zusammenlebens von einer wachsenden Zahl von Frauen in Frage gestellt wurden. Der Status von Ehe und Familie hat sich stark verändert. Das Zusammenleben mit einem Ehepartner als Bedingung für die Gründung einer Familie gilt heute vielen Japanern und Japanerinnen nur noch als ein möglicher Lebensentwurf neben anderen. Die Abkehr vom Partner- und Familienmodell des männlichen Alleinversorgers belegen auch die steigende Zahl von „latent-unorganisierten Familien" und „Pseudo-Single-Müttern"[136] sowie die Tatsache, dass solche Konstellationen heute eine deutlich stärkere gesellschaftliche Akzeptanz erfahren als noch vor wenigen Jahrzehnten. Seit den 1970er Jahren hatten japanische Feministinnen verstärkt Kritik gegen das traditionelle Heirats- und Familiensystem geäußert, weil sie darin Frauen als systematisch benachteiligt ansahen. Ihr Protest beinhaltete zudem die Position, das Zusammenleben in „wilder Ehe" (*naien kankei* bzw. *dōsei* oder auch *jijitsukon* = de-facto-Ehe) ebenso bewusst zu befürworten wie die Entscheidung für die Geburt von Kindern ohne die Voraussetzung einer ehelichen Bindung an einen Mann (Yoshizumi 1995: 195).

Abgesehen von der gesellschaftlichen Auseinandersetzung mit solchen Alternativmodellen existiert in Japan seit einigen Jahren eine erregte Debatte über die sogenannten „Parasite Singles" (*parasaito shinguru*), also junge Menschen im heiratsfähigen Alter, die das Zusammenleben mit ihren Eltern einer eigenen Eheschließung beziehungsweise Familiengründung vorziehen. Der Terminus „Parasit" bringt den im Rahmen dieser Debatte häufig erhobenen Vorwurf zum Ausdruck, junge Menschen würden gewissermaßen als Schmarotzer auf Kosten ihrer Eltern und der gesamten Gesellschaft rücksichtslos ihrem Hedonismus nachgehen und sich dabei ihrer Verantwortung für die Gemeinschaft entziehen. Obwohl durch solche Diskussionen bisweilen der Eindruck entstehen mag, der (Ehe-)Paarhaushalt sei mittlerweile ein Auslaufmodell, ist eine Zuspitzung in dieser Form nicht zutreffend.[137] Außerdem ist zu berücksichtigen, dass auch die gesellschaftliche Erwartung an junge Menschen, mit einem Partner in einer Ehe zu leben und eine Familie zu

---

[136] Diese Begriffe verwendet Kyōko Yoshizumi. Vgl. Yoshizumi 1995: 185.

[137] Für eine ausführlichere Analyse dieser Thematik siehe Schad-Seifert 2002: 228–253.

gründen, als Ergebnis des japanischen Modernisierungsprozesses zu verstehen und dabei längst nicht so traditionell verankert ist, wie es heute unterstellt wird (Ueno 1998: 115). So war es in vormoderner Zeit für zweit- und drittgeborene Söhne oft gar nicht möglich, eigene Familien zu gründen und zu heiraten, weil es ihnen mangels eigenen Besitzes an den ökonomischen Voraussetzungen dafür fehlte. Der Großteil des Eigentums der Familie ging in der Regel auf den ältesten Sohn über. Erst die Industrialisierung und die infolge der Verbreitung neuer Erwerbsarbeitsmuster wachsende ökonomische Selbständigkeit der einst benachteiligten jüngeren Söhne baute diese Hindernisse ab und ermöglichte es den in der Erbfolge Nachgeordneten, einen eigenen Hausstand zu gründen (ebd.).

Die Betonung der Verantwortung junger Menschen gegenüber Staat und Gemeinschaft und die von ihr abgeleitete Kritik an Ehe- und Kinderlosigkeit sind hingegen vor allem ein Relikt der bevölkerungspolitischen Agitation der Meiji-Ära. Die Argumente beziehen sich heute zwar vorrangig auf die Sicherung des Sozialleistungssystems, doch sie folgen teilweise der gleichen Logik wie zu jener Zeit, als die militärische Stärke Japans zu einer Frage der Existenzsicherung des Staates und zukünftiger Generationen zugespitzt und direkt mit dem Reproduktionsverhalten der Menschen verknüpft wurde. Ungeachtet solcher Debatten ist jedoch die Veränderung der Formen partnerschaftlichen und familialen Zusammenlebens eine gesellschaftliche Realität, die von der Politik zunächst kaum zu ändern, wohl aber zu berücksichtigen ist.

Für Frauen hat sich der Stellenwert der Ehe nachhaltig verändert. Die zunehmende ökonomische Selbstbestimmtheit von Frauen stellt die Entscheidung für oder gegen eine Eheschließung auf neue Grundlagen. Diente die Ehe früher vor allem der wirtschaftlichen und sozialen Absicherung, so hat dieser Aspekt stark an Bedeutung eingebüßt. Eheschließungen, insbesondere mit erstgeborenen Söhnen (*chōnan*), haben an Attraktivität verloren. Grund dafür ist vor allem der Umstand, dass diesen Männern im Gegenzug für ihre Bevorzugung bei der Aufteilung des Familienerbes traditionell die Verantwortung für die Pflege der Eltern zukommt. In der Realität überträgt sich diese Verantwortung mit der Heirat allerdings oft auf die Schwiegertöchter. Der überwiegende Teil der japanischen (Ehe-)Männer neigt dazu, sich Tätigkeiten, die das unmittelbare häusliche Umfeld betreffen, einschließlich der Betreuung von Kindern und anderen Familienangehörigen, zu entziehen beziehungsweise engagiert sich diesbezüglich nur geringfügig. Die Verantwortung für diese Aufgaben wird häufig an die Ehefrauen abgegeben. Viele Japanerinnen präferieren daher eine Ehe mit zweit- oder drittgeborenen Söhnen, weil ihnen in dieser Konstellation zumindest die Belastung durch die

Pflege der Schwiegereltern weitgehend erspart bleibt.[138] Doch auch Aufgaben, die sich aus der alltäglichen Haushaltsführung und der Erziehung von Kindern ergeben, wirken aufgrund der Weigerung vieler Männer, sich adäquat daran zu beteiligen, für viele Frauen abschreckend. Dies gilt besonders für erwerbstätige oder erwerbswillige Frauen. Aufgrund der oft schlechten Vereinbarkeit häuslich-familiärer Tätigkeiten mit den Erfordernissen eines Erwerbsleben ist die Entscheidung für Ehe und Kinder in der Realität häufig gleichbedeutend mit dem Verzicht auf die Ausübung eines Berufes, was wiederum einen Verlust an finanzieller Autarkie impliziert.

Betrachtet man die Eheschließung unter Kostengesichtspunkten ist die Bilanz für Frauen ohnehin wenig ermutigend. Gerade für Japanerinnen mit hohen Bildungsabschlüssen und guten beruflichen Perspektiven ergeben sich aus einem Einkommensverzicht hohe Opportunitätskosten. Für diesen (wachsenden) Personenkreis ist der ökonomische Nutzen der Ehe besonders gering.[139] Berücksichtigt man, dass sich die als ideal angesehene Kinderzahl und der Kinderwunsch der Mehrheit der Frauen in der Vergangenheit kaum verändert haben, ergeben sich hier für die Familienpolitik Ansätze, um bestehende Hindernisse bezüglich der Realisierung vorhandener Kinderwünsche abzubauen. Die Wirksamkeit politischer Mittel sollte dabei jedoch nicht überschätzt werden. Staatliche Interventionen können nur bedingt Einfluss auf gesellschaftliche Normen nehmen, die aus der traditionellen beziehungsweise als traditionell interpretierten Aufteilung der Geschlechterrollen resultieren. Die Kenntnis dieser Normen und Einstellungen ist jedoch als unabdingbare Voraussetzung für erfolgreiches familienpolitisches Handeln anzusehen.

5.4.2.3 *Einfluss gesellschaftlicher Normen und Wertvorstellungen auf die japanische Familienpolitik*

Das Reproduktionsverhalten der Japaner wird auch von gesellschaftlichen Normen und Einstellungen beeinflusst, deren Kenntnis als wichtige Voraussetzung für die erfolgreiche Umsetzung von Familienpolitik anzusehen ist.[140] Für ein Ziel wie die Stabilisierung beziehungsweise die

---

[138] Allerdings sinkt durch den Rückgang der Geburtenzahlen und den Trend zum Einzelkind in Japan auch der Anteil zweit- oder drittgeborener Söhne, während der Anteil der auf dem Heiratsmarkt schwer vermittelbaren erstgeborenen Söhne deutlich ansteigt. Vgl. Schad-Seifert 2002: 236.

[139] Ausführlicher zum Bedeutungswandel der Ehe für japanische Frauen unter Kosten- und Nutzengesichtspunkten siehe Yashiro 1996: 27.

[140] Den Aspekt des Einflusses gesellschaftlicher Normen auf die japanische Politikgestaltung untersucht auch Paul Kevenhörster. Vgl. Kevenhörster 1993: 31ff.

Anhebung des durchschnittlichen Fertilitätsniveaus ist es für die handelnden Akteure unerlässlich, auch normative Aspekte zu berücksichtigen und sie in die konkrete Politikgestaltung einfließen zu lassen. So kann beispielsweise die Förderung junger Eltern und Familien mittels direkter Finanzhilfen nur begrenzte Wirksamkeit entfalten, sofern die Inanspruchnahme staatlicher Unterstützungsleistungen, wie im Fall Japans, gesellschaftlich stigmatisiert ist und deshalb ein großer Teil der Menschen selbst dann darauf verzichtet, seine Ansprüche wahrzunehmen, wenn er eigentlich darauf angewiesen ist (Ozawa/Kōno 1997: 316). Das Vorhandensein solcher sozialer Normen kann durchaus als ein Grund dafür angesehen werden, dass trotz relativ großzügiger finanzieller Förderung von Familien entsprechende politische Maßnahmen bislang nur unbefriedigende Wirkung entfalten. Das Wissen um die Einstellungen junger Menschen gegenüber Themen wie Ehe, Partnerschaft, Kinder oder Familienorganisation kann für die familienpolitischen Akteure hinsichtlich der Gestaltung ihrer Aktivitäten nutzbringend sein, indem es hilft, vorhandene Probleme zu verstehen und die Erfolgsabschätzung einzelner Maßnahmen zu verbessern.

Häufig werden in der Debatte über die Alterung der japanischen Gesellschaft Veränderungen hinsichtlich sozialer Normen und Werte ursächlich für den Geburtenrückgang verantwortlich gemacht. Dabei wird oft nicht berücksichtigt, dass es sich bei dem beschworenen Wertewandel wohl eher um eine Anpassung der Lebensziele an fluktuierende ökonomische Bedingungen beziehungsweise deren Implikationen für das Alltagsleben der Menschen handelt (Retherford/Ogawa/Sakamoto 1999: 122). Dafür, dass gerade der Fertilitätsrückgang in erster Linie als Folge sozioökonomischer Veränderungen zu verstehen ist und eben nicht zuvörderst als Produkt eines grundlegenden Wandels von Werten und Normen, sprechen sowohl die relative Konstanz der als ideal angesehenen Kinderzahl sowie der von der Mehrheit der jungen Japaner geäußerte Wunsch, einen geeigneten Lebenspartner zu finden, zu heiraten und eine Familie zu gründen. Dass diese Wünsche immer seltener realisiert werden, liegt nicht vorrangig an veränderten Werten, sondern an Hindernissen, die sich häufig aus den Gegebenheiten ableiten lassen, die das ökonomische und dadurch bedingt das soziale Umfeld erst schaffen.

So haben beispielsweise die gestiegene Erwerbsbeteiligung junger Frauen und deren Doppelbelastung durch gleichzeitiges berufliches und familiäres Engagement zur Folge, dass immer mehr Japanerinnen eine stärkere Beteiligung ihrer Ehemänner an häuslichen Aufgaben und der Kindererziehung einfordern. Tatsächlich hat sich die Bereitschaft dazu seit Beginn der 1990er Jahre etwas erhöht, obgleich die Mehrheit, etwa 60 Prozent der Ehemänner mit kleinen Kindern, sich noch immer nicht an der Kindererziehung beteiligt (NIPSSR 2000: 20–21). Auch ein 2005 vom National Women's Education Center durchgeführter internationaler Vergleich bestätigt, dass japanische Väter extrem wenig Zeit (im Durchschnitt 3,08 Stunden täglich) mit ihrem Nachwuchs verbringen, Mütter dagegen sehr viel (7,57 Stunden täglich).[141] Vor allem ist die Differenz zwischen der zeitlichen Zuwendung von Vätern und Müttern sehr groß (4,49 Stunden – höchster Wert des Vergleichs).[142] Diese Werte belegen die ungleiche Belastung von Ehepartnern hinsichtlich ihres familiären Engagements in Japan.

Weitgehende Einigkeit besteht in der japanischen Gesellschaft darüber, dass Kleinkinder bis zu einem Alter von drei Jahren besonderer Zuwendung durch die Mutter bedürfen. Es ist daher üblich, dass junge Mütter auf die Ausübung einer Erwerbstätigkeit während dieser Zeit verzichten, sofern es deren wirtschaftliche Situation respektive die ihrer Familien zulässt. Besonders in konservativen Kreisen findet der „3-Jahre-Mythos"[143], nach welchem die ersten drei Lebensjahre eines Kindes besonders kritisch seien und deshalb eine besonders enge Bindung an die Mutter erforderten, weiterhin breite Zustimmung. Für die Rückkehr ins Berufsleben ist das Erreichen des Schulalters des jüngsten Kindes von großer Bedeutung. Die Mehrheit der Mütter gibt an, zu diesem Zeitpunkt ihre Erwerbstätigkeit fortsetzen beziehungsweise neu aufnehmen zu wollen (NIPSSR 2000: 22). Immer mehr Frauen sehen eine Kombination von Familien- und Arbeitsleben als ideale Verbindung ihrer Lebenswünsche an, während das in der Vergangenheit von der Mehrheit favorisierte Modell, welches Frauen die Rolle der Vollzeithausfrau beziehungsweise -mutter zuwies, immer weniger Zuspruch findet.[144]

Diese Entwicklung ist durchaus bemerkenswert. Der über Jahrhunderte hinweg starke Einfluss, den konfuzianische Wertvorstellungen auf die Entwicklung sozialer Normen in Japan hatten, brachte eine, zumindest gegenüber westlichen Staaten, stärkere funktionale Differenzierung der Geschlechterrollen hervor, deren gesellschaftliche Akzeptanz noch immer hoch ist. Dennoch bedeutet der Anspruch vor allem der jungen Japanerinnen auf berufliche Selbstverwirklichung sowie das immer offensiver kommunizierte Bedürfnis vieler Ehefrauen nach einer stärkeren Einbindung ihrer Ehemänner in häusliche und familiäre Pflichten auch

---

[141] Verglichen wurden folgende Staaten: Japan, Südkorea, Thailand, Frankreich, Schweden, USA.

[142] Vgl. National Women's Education Center 2005: 86.

[143] Dazu siehe auch Lambert 2004: 179.

[144] Ausführlicher zu den Vorstellungen junger Japanerinnen über die Vereinbarkeit von Berufs- und Familienleben siehe Nagase 2001.

eine Schwächung zentraler Grundsätze dieses Wertesystems, die seit vielen Generationen kaum in Frage gestellt wurden.[145]

Für die erfolgreiche Implementierung familienpolitischer Maßnahmen sind gerade solche normativen Rahmenbedingungen häufig ausschlaggebend. In der Vergangenheit war in Japan die Perspektive auf die Gestaltung der Familienpolitik allerdings oft auf deren ökonomische Gesichtspunkte eingeengt. Zudem wurde sie lange nicht als eigenständiger Politikbereich, sondern vielmehr als Teil der staatlichen Sozialpolitik aufgefasst. Erst seit relativ kurzer Zeit ist ein, sich allerdings rasch verbreitender, politischer und gesellschaftlicher Konsens darüber erkennbar, dass die Gestaltung der Familienpolitik zu den zentralen Zukunftsaufgaben des Landes zu zählen ist und daher forcierte Reformbemühungen erfordert.

Die Sorge vor den Folgen des demografischen Wandels für die Zukunft der japanischen Gesellschaft hat außerdem dazu geführt, dass mittlerweile familienpolitische Initiativen zur Anhebung der Fertilitätsrate nicht nur quantitativ zugenommen haben, sondern auch die Notwendigkeit der sinnvollen Koordinierung solcher Vorhaben innerhalb des politischen Systems stärker ins Bewusstsein gerückt ist. Gerade in den letzten Jahren ist eine deutliche Tendenz zu ressortübergreifenden Lösungen auszumachen, bei denen unterschiedliche, potentiell familien- und demografiepolitisch relevante Maßnahmen einzelner Politikbereiche zu ambitionierten und langfristig angelegten bevölkerungspolitischen Kampagnen zusammengefasst werden. In den folgenden Abschnitten soll die Entwicklung der Familienpolitik in Japan seit dem Ende des Zweiten Weltkriegs eingehender untersucht werden, um schließlich die Frage nach einem paradigmatischen Politikwandel im Sinne einer stärkeren Gewichtung bevölkerungspolitischer Elemente zu beantworten.

5.4.3 Gestaltung der Familienpolitik in Japan

In den vorangegangenen Abschnitten wurden die demografische Entwicklung und unterschiedliche Bedingungen für familienpolitisches Handeln in Japan dargestellt. Um nun die Frage nach einem Paradigmenwechsel der Familienpolitik im Sinne einer verstärkten Akzentuierung bevölkerungspolitischer Ziele zu beantworten, sollen nachfolgend die wesentlichen familienpolitischen Entwicklungen und Maßnahmen der Zeit nach 1945 erörtert werden. Dazu wird das auf Peter Halls Konzept zur systematischen Einordnung politischer Veränderungsprozesse basierende Forschungsdesign angewendet. Die konkrete Verwendung dieses

---

[145] Ausführlicher dazu siehe auch Fukuda 2003: 32.

Ansatzes für die hier bearbeitete Fragestellung wurde in den Abschnitten 2.2.3.3 und 2.2.3.4 ausgeführt.

Zur Bewertung der familienpolitischen Entwicklung in Japan sind vor allem relevante politische Instrumente sowie deren Zielsetzungen zu erfassen. Daher wird der Fokus auf die einzelnen politischen Maßnahmen sowie die jeweils mit ihnen verfolgten Intentionen zum Zeitpunkt ihrer Umsetzung gerichtet. Da etwaige Kurswechsel letztlich nur am tatsächlichen politischen Output nachgewiesen werden können, sollen andere Aspekte, etwa der detaillierte Verlauf parteiinterner Debatten sowie parteiübergreifender Kontroversen, aber auch Einzelheiten der bevölkerungspolitischen Diskurse weitgehend unberücksichtigt bleiben. Besonderes Augenmerk ist auf die Frage zu richten, ob und gegebenenfalls wann das in der Nachkriegszeit etablierte und seither bestehende Tabu bevölkerungspolitischer Bemühungen durch den japanischen Staat abgeschwächt oder aufgegeben wurde.

Im Rahmen der nachfolgenden Betrachtungen zu Entwicklung und Verlauf der japanischen Familienpolitik sind japanspezifische Aspekte des Policy-Making sowie der Konsensfindung zwischen politischen Akteuren ebenso zu berücksichtigen wie grundlegende und langfristig wirksame politische Machtkonstellationen. Diese sind nicht zuletzt aufgrund ihrer normativen Implikationen von Bedeutung für die konkrete Gestaltung der japanischen Familienpolitik und können darüber hinaus auch als Erklärung dafür dienen, warum diesem Politikbereich lange Zeit nur untergeordnete Bedeutung beigemessen wurde. Die angesprochenen Aspekte werden in Form kurzer Exkurse behandelt, die jeweils auch die politischen Rahmenbedingungen für die Entwicklung der gegenwärtigen japanischen Familienpolitik thematisieren.

5.4.3.1 *Progressive familienpolitische Ansätze nach 1945*

Nach dem Sieg der amerikanischen Streitkräfte über das japanische Kaiserreich begann die US-Militärverwaltung unter Führung General MacArthurs damit, die Politik Japans grundlegend neu zu gestalten. Vielfach bedeutete dieser Neubeginn einen Bruch mit alten Traditionen und Gewohnheiten. Bereits in der Radioansprache an das japanische Volk vom 15. August 1945, in der Kaiser Hirohito die Kapitulation Japans verkündete, stimmte er seine Landsleute auf umfassende Veränderungen ein. Die Entmachtung des Tennō stand nicht allein für das Ende einer Ära, sie markierte auch den Ausgangspunkt für eine tiefgreifende Umordnung des Landes. Die unmittelbare Nachkriegszeit war zunächst durch den Anspruch der amerikanischen Besatzer und der mit ihnen kooperierenden Japaner geprägt, die Basis für eine moderne, auch elementare

Werte westlicher Gesellschaften widerspiegelnde Politik zu schaffen. In den Jahren bis zum offiziellen Ende der Besatzung 1952 wurden auch die Weichen für eine Neuordnung der Familienpolitik gestellt.

Die 1947 in Kraft getretene Verfassung verankerte erstmals die volle rechtliche Gleichstellung von Frauen in einem für alle Bürger gültigen Gesetz. Artikel 14 verbot jegliche Diskriminierung aufgrund der Geschlechtszugehörigkeit. Zudem wurde in Artikel 24 die Rechtsgleichheit im Familienleben garantiert. Diese Regelungen beendeten die traditionelle Unterordnung von Frauen unter das männliche Familienoberhaupt und bedeuteten das faktische Ende des alten Familiensystems (*ie seido*).[146] Zudem wurde in Artikel 25 der Verfassung die Verpflichtung des japanischen Staates festgeschrieben, das Recht aller Bürger auf ein Mindestmaß an gesundem und kultiviertem Leben zu garantieren. Ebenfalls 1947 trat das Kinderwohlfahrtsgesetz (*Jidō fukushi-hō*) in Kraft, welches diese Philosophie in Bezug auf Kinder weiter präzisierte und seither in Artikel 2 Absatz 1 die Verantwortung aller Japaner betont, ein Optimum an körperlicher und geistiger Entwicklung sowie eine ökonomische Grundsicherung aller Kinder zu gewährleisten (Ozawa 1991: 5ff.).

Um all diese Ziele zu erreichen, wurden ein neues Sozialgesetz[147] erlassen sowie für besonders benachteiligte Personen, etwa körperlich und geistig Behinderte, neue Regelungen getroffen.[148] Die Rechte von Jugendlichen wurden im Jugendgesetz (Shōnen-hō) und dem Jugendanstaltsgesetz (Shōnenin-hō), beide von 1948, geregelt. In der unmittelbaren Nachkriegsphase war die japanische Sozial- und Familienpolitik verglichen mit späteren Jahrzehnten durchaus progressiv. Dies war vor allem dem Drängen der Amerikaner und deren Absicht geschuldet, alle vormodernen Gesetze und Institutionen abzuschaffen, welche die Freiheit des Individuums einschränkten und dem Grundsatz der Gleichbehandlung aller Menschen widersprachen (Neuss-Kaneko 1990: 102).

Ungeachtet dieser Modernisierungsansätze wurde verwandtschaftlichen Beziehungen auch weiterhin große Bedeutung für die Vermittlung sozialer Hilfsleistungen beigemessen, was durchaus der japanischen Tradition entsprach, aber zugleich auch die amerikanische Auffassung bezüglich des Verhältnisses zwischen Staat und Individuum widerspiegelte. Das im Mai 1950 überarbeitete Gesetz zur Sicherung des Lebensunter-

---

[146] Dazu siehe auch Abschnitt 5.4.2.1.

[147] 1946: Gesetz zur Sicherung des Lebensunterhalts (*Seikatsu hogo-hō*); Revision 1950.

[148] 1949: Gesetz über die Fürsorge für körperlich behinderte Menschen (*Shōgaisha fukushi-hō*). 1960: Gesetz über die Fürsorge für geistig behinderte Menschen (*Seishin hakujakusha fukushi-hō*).

halts (*Seikatsu hogo-hō*) basierte beispielsweise auf dem Grundsatz, dass staatliche Hilfe nur als Ergänzung für verwandtschaftliche Hilfe anzusehen sei (Neuss-Kaneko 1990: 105). Voraussetzung für den Erhalt von Unterstützungsleistungen war das Bestehen einer Bedürftigkeitsprüfung.

In gleicher Weise wurde das 1951 einer Revision unterzogene Kinderwohlfahrtsgesetz gehandhabt, wobei bei dieser Gelegenheit die Definition der Anspruchsberechtigung auf Fürsorgeleistungen enger gefasst wurde als in der ersten Gesetzesfassung von 1947 und die Überarbeitung des Gesetzes insofern durchaus als familienpolitischer Rückschritt betrachtet werden kann. Auch wenn diese Maßnahme vor allem dem Wunsch der Regierung entsprang, einer zu intensiven Inanspruchnahme der im Gesetz aufgeführten Hilfsleistungen entgegenzuwirken und so die Ausgabenbelastung für den Staatshaushalt zu begrenzen, kann sie auch als Indiz dafür gedeutet werden, dass der reformpolitische Schwung der ersten Nachkriegsjahre allmählich vom Wiedererstarken der konservativen politischen Kräfte in Japan abgebremst wurde. Die Revision des Gesetzes änderte unter anderem auch die Zuteilung von Kinderbetreuungsplätzen. Das neue Unterbringungssystem erlaubte es den zuständigen Behörden, bestimmte, in der Regel besonders arme Familien beziehungsweise alleinstehende Mütter bei der Vergabe von Plätzen für Kindertagesbetreuungseinrichtungen bevorzugt zu behandeln. Es ist hier bewusst eine Differenzierung zwischen einfachen Kinderbetreuungsplätzen und Kindergartenplätzen vorzunehmen, da in Japan bis in die 1950er Jahre hinein jeweils unterschiedliche Bedeutungen mit diesen Begriffen verbunden waren. Während Kinderbetreuung sich in der Regel auf die reine Fürsorge- und Aufsichtsfunktion beschränkte, wurden Kindergärten eher mit einem auf die Bildung des Kindes ausgerichteten Angebot assoziiert, welches entsprechend überwiegend von wohlhabenden Familien in Anspruch genommen wurde (Lambert 2004: 79). Später schwächte sich diese Unterscheidung allerdings immer stärker ab.

Festzuhalten ist, dass die japanische Familien- und Sozialpolitik seit den 1950er Jahren stets an dem Grundsatz festhielt, dass die Verantwortung für die soziale Absicherung unterstützungsbedürftiger Personen in erster Linie deren Familien obliege und staatliche Hilfsleistungen deshalb nur in jenen Fällen Anwendung finden dürften, in denen diese Selbsthilfe überprüfbar nicht ausreiche, um einen definierten Mindestversorgungsstandard zu gewährleisten. Infolge der positiven wirtschaftlichen Entwicklung des Landes nach dem Ende des Krieges sowie der Verbesserung der Einkommenssituation der Japaner schien zunächst kaum Anlass zu bestehen, die Zurückhaltung hinsichtlich familienpolitischer Unterstützungsmaßnahmen in Frage zu stellen. Während der japanischen Hochwachstumsphase[149] reichte zudem häufig allein das Einkommen des Ehemannes aus, um die Existenz der gesamten Familie zu sichern, so dass viele Frauen auf die Ausübung eigener Erwerbstätigkeit verzichteten und sich statt dessen ganztägig und vollumfänglich der Haushaltsführung sowie der Versorgung ihrer Kinder widmeten. Diese familiär generierte Fürsorgeleistung bedeutete eine massive Entlastung für den Staat, weshalb zusätzliche, über die Sicherung minimaler Standards hinausgehende familienpolitische Bemühungen für besonders hilfsbedürftige Personen von der Mehrheit der politisch verantwortlichen Akteure als nicht erforderlich abgelehnt wurden. Insbesondere konservative japanische Politiker vertraten mehrheitlich diese Auffassung.

Aus diesem Grund ist die über Jahrzehnte währende Dominanz konservativer Positionen in der Gesellschaft, aber auch im politischen System Japans, die sich besonders an der herausragenden Stellung der Liberaldemokratischen Partei (LDP) ablesen lässt, von außerordentlicher Bedeutung für die Entwicklung und Gestaltung der Familienpolitik des Landes. Seit ihrer Gründung 1955 stellte die LDP bis zum Jahr 2009 (mit Ausnahme der Jahre 1993 bis 1996) alle Regierungen und verstand es, ihr Machtmonopol langfristig abzusichern. Weitere Ausführungen zur Gestaltung der japanischen Familienpolitik soll daher ein Exkurs über diese fast ein halbes Jahrhundert hindurch bemerkenswert stabile machtpolitische Konstellation vorangestellt werden, die sich zudem keineswegs nur auf die parteipolitische Dimension beschränkt. Das stets maßgeblich von der LDP mitbestimmte politische Kräfteverhältnis der verschiedenen Parteien in Japan sowie anderer, nichtpolitischer Interessengruppen ist prägend für praktisch alle Bereiche der japanischen Innenpolitik und daher für das funktionelle Verständnis des politischen Systems des Landes von hoher Relevanz.

5.4.3.2 Exkurs: Das „55er System" und dessen Implikationen für die Gestaltung der japanischen Familienpolitik

Von großer Bedeutung für die politische Entwicklung Japans war die Herausbildung einer von liberalen und konservativen Werten getragenen Konstellation verschiedener Akteure aus Politik und Wirtschaft, die jahrzehntelang den gesamten Prozess des Policy-Making stark beeinflusste und, wenngleich infolge jüngster politischer Entwicklungen mit Einschränkungen, noch immer als wesentliches Element staatlicher Politikgestaltung anzusehen ist. Diese Konstellation, in deren Zentrum die LDP (*Jiyū Minshutō*, häufig abgekürzt als *Jimintō*) mit ihren vielfältigen Verbin-

---

[149] Mitte der 1950er Jahre bis zur Ölkrise des Jahres 1973.

dungen zu Wirtschaftsverbänden, Gewerkschaften und Unternehmen steht, wird in Japan häufig als „55er System" (*gojūgonen taisei*) bezeichnet.[150] Das Jahr 1955, auf welches sich dieser Begriff bezieht, war für die Austarierung des innenpolitischen Machtgefüges, aber auch für die Dominanz und das lange Bestehen eines mehrheitlich von konservativen Werteauffassungen getragenen Gesellschaftsbildes von herausragender Bedeutung und kann daher als Wendepunkt der politischen Entwicklung Japans seit dem Ende des Zweiten Weltkriegs angesehen werden. Es markiert das Ende einer kurzen, allerdings für Japan bemerkenswert progressiven Phase politischer Aktivität, die während der bis 1952 dauernden Besatzungszeit durch die amerikanische Militärverwaltung angestoßen und gefördert worden war.

Stärkste politische Kraft der unmittelbaren Nachkriegszeit war zunächst die 1945 gegründete Sozialistische Partei Japans (SPJ, *Nihon Shakaitō*) gewesen, die von 1947 bis 1948 auch den ersten, nach Inkrafttreten der neuen Verfassung gewählten Premierminister (Tetsu Katayama) stellte.[151] Unüberbrückbare Konflikte des rechten und linken Parteiflügels bezüglich des Friedens- und Sicherheitsvertrags mit den USA zur Wiedererlangung der staatlichen Souveränität des Landes führten zur zwischenzeitlichen Spaltung der Partei, die jedoch bereits 1955, auch aus machtpolitischem Kalkül, durch die erneute Vereinigung der rivalisierenden Lager überwunden wurde. Als Reaktion darauf fusionierten im gleichen Jahr auch die Liberale Partei Japans (LP, *Jiyūtō*) und die Demokratische Partei Japans (DPJ, *Minshutō*) zur Liberaldemokratischen Partei Japans, die seither bestimmende politische Kraft des Landes ist.[152] Der Zusammenschluss begründete eine, verglichen mit anderen demokratisch regierten Staaten, äußerst stabile machtpolitische Konstellation. Bis auf die Jahre 1993 bis 1996 wurden zwischen 1955 und 2009 sowohl Regierung als auch Premierminister stets von der LDP gestellt. Als ein Faktor für diesen Erfolg dürfen die engen Verknüpfungen der Partei mit Akteuren aus Wirtschaft, Verbänden und Gewerkschaften gelten, welche immer wieder Anlass für Kritik bieten. Seitens der jeweiligen politischen Opposition wurde wiederholt der Vorwurf mangelnder Transparenz be-

---

[150] Ausführlich zum „55er System" und dem Ende dieser politischen Konstellation in den 1990er Jahren siehe auch Kevenhörster/Pascha/Shire 2010: 261–265.

[151] Ein Überblick über die Entwicklung der japanischen Nachkriegsparteien (bis 2004) findet sich bei Patrick Köllner. Vgl. Köllner 2006: 61. Die Entwicklung aller Parteien im japanischen Unterhaus (1900–2005) stellt Axel Klein dar. Vgl. Klein 2006: 178.

[152] Nach den massiven Stimmenverlusten bei der 45. Unterhauswahl am 30.08.2009 gilt dies für die unmittelbare Gegenwart bis auf weiteres nur noch eingeschränkt.

züglich sachpolitischer Entscheidungsprozesse im Allgemeinen sowie der Tätigkeiten einzelner LDP-Politiker im Speziellen erhoben. Die unbestrittene Wirtschaftsnähe der Partei äußerte sich unter anderem in diversen Korruptionsskandalen führender Mitglieder. Tatsächlich genossen wirtschaftspolitische Zielsetzungen im Rahmen der politischen Arbeit der LDP und der von ihr gestellten Regierungen traditionell hohe Priorität. Die möglichst gedeihliche Zusammenarbeit von Staat und Wirtschaft darf als eines der wichtigsten Anliegen sowohl der LDP als auch anderer Akteure innerhalb der gesamten, nachfolgend als „55er System" bezeichneten Konstellation angesehen werden (Hartmann 1992:110). Dies hatte und hat auch Auswirkungen auf die Gestaltung der japanischen Familienpolitik, die sich in der Vergangenheit oft stärker an wirtschaftspolitischen Überlegungen orientierte als unmittelbar am Wohl von Familien.

Die jahrzehntelange Dominanz der Liberaldemokraten begünstigte die Bildung eines konservativen Familienleitbildes, welches sich auch an der westlichen Mittelschichtfamilie orientierte (Peng 2000:182). Die Gestaltung der japanischen Familien- und Sozialpolitik erfolgte in der Vergangenheit weitgehend auf Basis dieses Leitbildes. Seine Stabilität wurde selbst in Phasen ungünstiger äußerer Bedingungen nicht grundsätzlich in Frage gestellt, etwa als sich der sozioökonomische Bezugsrahmen der Politik durch den Wirtschaftsaufschwung in den 1960er Jahren merklich veränderte. Der rasch zunehmende Arbeitskräftemangel machte zwischenzeitig Modifikationen im Bereich der Familienpolitik notwendig, die vor allem darauf abzielten, die Erwerbsbeteiligung von Frauen zu erhöhen. Die auf den ersten Blick dem konservativen Leitbild der LDP widersprechende Modernisierung der Familiengesetzgebung folgte dabei vorrangig wirtschaftsstrategischem Kalkül. Insofern sind die vorsichtigen Reformen zu Beginn der 1970er Jahre (siehe Abschnitt 5.4.3.3) keineswegs als Anzeichen für eine Abkehr vom konservativen Familienideal zu interpretieren. Sie sind vielmehr als Beleg dafür zu werten, dass für die damalige LDP-Regierung ökonomische Interessen schwerer wogen als ihre grundsätzliche Abneigung gegen familienpolitische Reformprojekte. Die durch den Ölschock 1973 ausgelöste Rezession und die in deren Folge schlagartig veränderte Arbeitsmarktlage bedeutete denn auch das jähe Ende der zuvor ohnehin eher zaghaft angegangenen familienpolitischen Neuordnung. Bereits bestehende Leistungen des Staates wurden erneut auf ein Minimum reduziert, gleichzeitig wurde wieder stärker an die Eigenverantwortung der Familien appelliert.[153] Bis in die späten

---

[153] Die veränderten ökonomischen Bedingungen führten ab Mitte der 1970er Jahre, unter anderem durch die höhere Erwerbsbeteiligung von Frauen, auch zu

1980er Jahre hinein änderte sich an dieser Situation kaum etwas. Erst der Fertilitätsschock des Jahres 1990 weckte erneut das Bewusstsein dafür, dass familienpolitische Belange durchaus von erheblicher Bedeutung für die Interessen des japanischen Staates sein können.

Mehrere Korruptionsskandale[154] schwächten zu Beginn der 1990er Jahre die dominierende Position der LDP innerhalb des japanischen Politiksystems[155] und führten zur Entstehung einiger neuer Parteien und politischer Gruppen, die teilweise, wie im Fall der Neuen Japan-Partei (NJP, *Nihon Shintō*)[156], auch aus Abspaltungen von ehemaligen LDP-Mitgliedern entstanden. Das Jahr 1993 gilt als das Ende des „55er Systems". Die LDP verlor durch eine weitere Spaltung erstmals seit 1955 die Regierungsbeteiligung und den Premierministerposten. Auslöser für diesen Machtverlust war die Gründung der Erneuerungspartei (*Shinseitō*)[157] durch Tsutomu Hata und Ichirō Ozawa, ebenfalls ehemalige LDP-Mitglieder. Trotz dieser Krise gelang es der LDP bereits 1996, erneut die Regierungsverantwortung zu übernehmen und diese bis zum Jahr 2009 zu behaupten.

Für die längst überfällige Modernisierung der Familienpolitik wirkte die relative zeitliche Nähe des 1990er Fertilitätsschocks und der Krise der LDP durchaus katalytisch. Zum einen belegten die niedrigen Geburtenzahlen deutlich, dass eine Fortführung der bisherigen Familienpolitik in Anbetracht der demografischen Gesamtsituation mit hoher Wahrscheinlichkeit negative Folgen für die langfristige Entwicklung der japanischen Gesellschaft, einschließlich der Wirtschaft des Landes, bedeuten könnte. Zum anderen war die LDP aufgrund der eingetretenen Konkurrenzsituation durch das Entstehen neuer Parteien während der Mitte der 1990er Jahre gezwungen, ihre seit Jahrzehnten vertretenen und ausgeprägt konservativen familienpolitischen Positionen in Frage zu stellen und zu re-

---

einer Veränderung der Familienstrukturen. Emiko Ochiai spricht für die Zeit von 1945 bis 1975 vom Bestehen eines Nachkriegs-Familiensystems, welches sich von späteren familienstrukturellen Entwicklungen abgrenzen lässt. Vgl. Ochiai 1997: 68ff.

[154] 1989 veranlasste der Recruit-Skandal den damaligen Premierminister Noboru Takeshita zum Rücktritt. 1992 wurde die Glaubwürdigkeit der LDP durch den Sagawa-Express-Skandal abermals stark beschädigt.

[155] Mit der politischen Korruption der LDP in den 1970er bis 1990er Jahren, den Folgen verschiedener Korruptionsskandale und den Rahmenbedingungen für den Machtverlust des Jahres 1993 setzt sich unter anderem Manfred Pohl auseinander. Vgl. Pohl 2005: 85ff.

[156] Die Partei bestand nur von 1992 bis 1994.

[157] Die Erneuerungspartei existierte von 1993 bis 1994 und ging 1994 in der neu gegründeten Neuen Fortschrittspartei (*Shinshintō*, 1994–1997) auf.

formieren. Tatsächlich erfuhr die Gestaltung der japanischen Familienpolitik in der Folgezeit, wie in den folgenden Abschnitten ausführlich dargelegt wird, eine erhebliche Dynamisierung.

Allerdings ist festzuhalten, dass die drei Jahrzehnte vor dem Fertilitätsschock von 1990 maßgeblich auch wegen der enormen Stabilität des „55er Systems", die zugleich die langfristig stabile Dominanz eines konservativen gesellschaftspolitischen Leitbildes bedeutete, von starker familienpolitischer Zurückhaltung gekennzeichnet waren. Im liberal-konservativen Lager der LDP und dieser Partei nahe stehender Akteure hat Familienpolitik lange ein Schattendasein geführt und wurde häufig eher als Teilbereich der Sozialpolitik denn als eigenständiger politischer Gestaltungsraum aufgefasst. Einzelne Maßnahmen, die sich aus heutiger Sicht als familienpolitisch wirksam einordnen lassen, waren zudem ursprünglich oft arbeitsmarktpolitisch motiviert. Dennoch schufen sie die Grundlage für die Reformen der 1990er Jahre und den Ausbau familienpolitischer Leistungen innerhalb der letzten knapp zwei Jahrzehnte.

5.4.3.3 Wirtschaftspolitische Schwerpunktsetzung in der Familienpolitik bis zum Fertilitätsschock von 1990

Die wirtschaftliche Entwicklung Japans genoss unter allen LDP-Regierungen seit 1955 hohe Priorität. Auch familienpolitische Aktivitäten folgten oft wirtschaftspolitischen Interessen. Als beispielsweise 1957 die Berechtigungskriterien für die Zuteilung von Plätzen in öffentlichen Kindertagesstätten neu gefasst wurden, ging es der Regierung vor allem darum, die Kostenbelastung für den Fiskus möglichst gering zu halten. Dafür waren die Kriterien nochmals weiter eingeschränkt worden als im Rahmen der 1951er Revision des Kinderwohlfahrtsgesetzes. Zugang zu öffentlichen Betreuungseinrichtungen erhielten fortan nur noch Kinder, deren Eltern beide erwerbstätig oder aber krank waren und die deshalb die Fürsorge für ihren Nachwuchs nicht gewährleisten konnten. Damit entfernte sich die nach Kriegsende entwickelte, recht progressive Versorgungspolitik aus der Zeit des Erlasses des Kinderwohlfahrtsgesetzes erneut von ihren ursprünglichen Ambitionen. Sie stützte sich nun wieder stärker auf private und familiale Arrangements.

Den hohen Stellenwert der ökonomischen Entwicklung des Landes und der angestrebten Verbesserung der Lebensumstände der Bevölkerung als übergeordnetem Ziel japanischer Staatspolitik verdeutlichte auch der 1960 von der Regierung veröffentlichte Einkommensverdopplungsplan (*Shotoku baizō keikaku*). Das damit verfolgte Ziel der Verdopplung des Sozialprodukts der Volkswirtschaft sollte innerhalb von nur zehn Jahren realisiert werden (Okazaki 1994: 35). Auch familienpolitische

Maßnahmen mussten sich mit diesem Ziel vereinbaren lassen beziehungsweise durften ihm zumindest nicht entgegenstehen.

Die finanziellen Unterstützungsleistungen des Staates für Kinder wurden 1962 teilweise neu geregelt. Das in diesem Jahr verabschiedete Kindersozialhilfegesetz (*Jidō fuyō teate-hō*) sah Transfers für Kinder bis 18 Jahre (für behinderte Kinder bis 20 Jahre) vor, sofern diese nicht durch ihre Eltern versorgt werden konnten oder durch Zahlungen aus Alters-, Lebens-, Waisen- oder Behindertenversicherungen abgesichert waren. Grundlage für die Leistung von Geldzahlungen war eine Prüfung des Einkommens der Eltern (Ozawa/Kōno 1997: 326). Die Einführung von Sozialtransfers für Kinder stand somit keineswegs im Widerspruch zum Grundsatz der Eigenverantwortlichkeit der Familien. Dieser wurde sogar mehrfach bekräftigt. Im Jahr 1963 gab der Zentralrat für Kinderwohlfahrt (*Chūō jidō fukushi shingikai*) einen Zwischenbericht über die soziale Lage von Kindern in Japan heraus, der als zentrale Aussage die Feststellung enthielt, dass die Hauptverantwortung für die Versorgung von Kindern bei den Eltern, besonders bei den Müttern, liege und nicht zu den vorrangigen Aufgaben des Staates gehöre. Deshalb solle Kinderbetreuung auch vornehmlich zu Hause stattfinden.[158] Auch ein 1963 vom Ministerium für Gesundheit und Soziales (MHW) herausgegebenes Weißbuch (*Jidō fukushi hakusho*) hebt die Rolle der Familien für die Kinderwohlfahrt hervor, indem es darauf verweist, dass ein zu geringes Engagement für Kinder und Jugendliche seitens der Eltern ursächlich zu diversen sozialen Problemen wie etwa Jugendkriminalität, psychischen Erkrankungen und der steigenden Zahl von Selbstmorden von Kindern und Jugendlichen beitrage (Kōseishō jidōkyoku 1963). Aus diesem Grund empfahl das Weißbuch, dass insbesondere Frauen sich stärker um die Betreuung ihrer Kinder bemühen sollten.[159]

In den 1960er Jahren wurden auch einige familienpolitische Instrumente neu etabliert oder modifiziert. So wurde 1964 ein Gesetz über Unterstützungsleistungen für geistig behinderte Kinder (*Shōgaisha jiritsu shien-hō*) erlassen, welches zwei Jahre später zu einem neuen Gesetz für den Unterhalt behinderter Kinder erweitert wurde. Im Jahr 1965 wurde ein Gesetz zum Schutz der Gesundheit von Müttern und Kindern (*Boshi hoken-hō*) erlassen, welches ebenfalls aus dem Gesetz über Unterstützungsleistungen für geistig behinderte Kinder des Jahres 1964 hervorging (Ozawa/Kōno 1997: 326). Diese Gesetzesinitiativen mögen vor dem Hintergrund der zuvor in verschiedenen Veröffentlichungen dargelegten Auffassung, dass die Erziehung und Versorgung von Kindern vor allem Aufgabe der

---

[158] Dazu siehe auch Lambert 2004: 91.
[159] Ebd.

Familien sei, paradox erscheinen. Allerdings konnten die faktischen Veränderungen der familienpolitischen Ausgangsbedingungen von den politisch Verantwortlichen auch nicht vollständig ignoriert werden. Im Wesentlichen war die moderate Ausweitung staatlicher Unterstützungsleistungen für Familien mit Kindern und Jugendlichen durch zwei parallel ablaufende Entwicklungen notwendig geworden. Zum einen vollzog sich ein nicht zu leugnender Wandlungsprozess der Familienstrukturen, in dessen Folge die Bedeutung von Kleinfamilien zunahm. Auch die Zahl der Doppelverdienerhaushalte hatte deutlich zugenommen. Kleine und beruflich stark eingebundene Familien konnten Aufgaben der Kindererziehung jedoch nicht in gleichem Maße erfüllen wie die traditionellen Großfamilien. Zum anderen stieg die Beschäftigungsnachfrage der zu jener Zeit prosperierenden Wirtschaft weiterhin an, was den Rückgriff auf die Arbeitsleistung von Frauen für viele Unternehmen, aber auch für die japanische Volkswirtschaft insgesamt unverzichtbar machte. Diese Konstellation führte dazu, dass der Zentralrat für Kinderwohlfahrt in seinem 1965er Bericht nun einen Kurswechsel in der Familienpolitik anmahnte, der insbesondere eine Verstärkung der Bemühungen hinsichtlich des Ausbaus der öffentlichen Kinderbetreuung beinhalten sollte.

Familienpolitische Impulse in den 1960er Jahren gingen nicht nur von gesetzgeberischer Seite aus, auch Unternehmen waren durch den hohen Arbeitskräftebedarf während der wirtschaftlichen Hochwachstumsphase gezwungen, neue Wege zu beschreiten. Das staatliche Telekommunikationsunternehmen Denden Kōsha (eigtl. *Denshin denwa kōsha*)[160] traf beispielsweise 1968 ein Abkommen mit der japanischen Telekommunikationsgewerkschaft (*Zenkoku denki tsūshin rōdō kumiai*) über die Einführung eines unbezahlten Erziehungsurlaubs für weibliche Beschäftigte, der für einen maximalen Zeitraum von drei Jahren gewährt wurde. Dass gerade die Telekommunikationsbranche zuerst auf die veränderte Situation junger Frauen reagierte, ist mit dem hohen Anteil weiblicher Beschäftigter in diesem Sektor zu erklären.[161] Ähnliche Regelungen trafen auch Unternehmen anderer Branchen. Außerdem setzten sich weitere Gewerkschaften für die Gewährung von Erziehungsurlaub ein. So forderte die Japanische Lehrergewerkschaft (*Nihon kyōshokuin kumiai*, oft abgekürzt als *Nikkyōso*) für ihre Mitglieder ebenfalls die Einführung von Erzie-

---

[160] Seit 01.04.1985 teilprivatisiert und heute bekannt unter dem englischen Namen NTT (Nippon Telegraph and Telephone).

[161] Viele Vermittlungszentralen beschäftigten vorwiegend Frauen, die häufig auch über Fremdsprachenkenntnisse verfügten und so für ihre jeweiligen Arbeitgeber im Falle eines schwangerschaftsbedingten Ausscheidens aus dem Erwerbsleben nur schwer zu ersetzen waren.

hungsurlaub und entwickelte sich rasch zur stärksten Kraft im Kampf um die Schaffung eines entsprechenden allgemeingültigen Gesetzes (Lambert 2004: 101). Die stärkere Einbindung von Frauen in die japanische Wirtschaft wirkte sich jedoch nicht nur auf die Organisation der Kinderbetreuung aus, sondern führte auch zu Problemen bei der Versorgung alter Menschen, die, wie oben ausgeführt wurde, ebenfalls überwiegend privat organisiert war. Anfang der 1970er Jahre rückte die Debatte über die Zukunft der Altersversorgung und die Pflege betagter Menschen zunehmend in das Blickfeld der Politik. Der Nationale Rat für Soziale Wohlfahrt (*Zenkoku shakai fukushi kyōgikai*) übergab dem MHW im Januar 1971 einen Bericht, in welchem er darauf drängte, das System kostenloser Pflegeleistungen für alte Menschen zu überarbeiten.[162]

Der enorme wirtschaftliche Erfolg Japans während der 1960er und der frühen 1970er Jahre in Verbindung mit der gleichzeitig aufkeimenden Gefahr eines Pflegenotstands führten zu einer Sensibilisierung des öffentlichen Bewusstseins für die Notwendigkeit eines sozialpolitischen Kurswechsels. Obwohl eine Ausweitung staatlicher Sozialleistungen im Grunde nicht der Programmatik der LDP entsprach, hatte der Druck auf die Partei seit den Unterhauswahlen von 1967, bei denen sie erstmals seit 1955 die absolute Mehrheit der Stimmen verpasste, deutlich zugenommen. Um einem weiteren Machtverlust vorzubeugen, sah sich die LDP-Regierung dazu veranlasst, die Stimmung in der Bevölkerung aufzunehmen und der Forderung nach einer Reform der Sozialpolitik nachzukommen. Zu Beginn der 1970er Jahre entstand das Konzept eines Sozialstaats japanischer Prägung, welches zwar sozialpolitische Elemente westlicher Länder aufgreifen, sich aber zugleich auch von ihnen abgrenzen sollte, indem es die Verpflichtung von Familien und Gemeinden zur Solidarität mit ihren hilfsbedürftigen Mitgliedern stärker hervorhob. Ein Signal für die Neuordnung der Familienpolitik war die Veröffentlichung eines Fünfjahresplans für den dringlichen Ausbau wohlfahrtsstaatlicher Einrichtungen (*Shakai fukushi shisetsu kinkyū seibi gokanen keikaku*) des MHW im Jahr 1971, der das Ziel beinhaltete, das Angebot an Plätzen in Kindertagesstätten massiv auszubauen. Angestrebt wurde die Schaffung von 400.000 neuen Plätzen bis 1975, was dann einer Gesamtzahl von 1.625.000 Kitaplätzen entsprochen hätte. Tatsächlich wurde dieses Ziel mit 1.700.000 angebotenen Plätzen sogar übertroffen. Die Zahl der in Kinderbetreuungseinrichtungen registrierten Kinder lag 1975 bei 1,63 Millionen.[163]

Neben der Verbesserung der Kinderbetreuung widmete sich die Regierung auch der finanziellen Absicherung von Familien mit Kindern. Eben-

---

[162] Ausführlicher dazu siehe Etō 2000: 27.
[163] Dazu siehe auch Lambert 2004: 95.

falls im Jahr 1971 wurde ein Kindergeldgesetz erlassen. Der Zugang zu dieser Leistung war zunächst recht restriktiv geregelt. Anspruchsberechtigt waren ausschließlich Familien mit drei oder mehr Kindern unter 18 Jahren, von denen mindestens eines im schulpflichtigen Alter sein musste. Außerdem wurden Zahlungen erst ab dem dritten Kind gewährt (Lörcher 1980: 91). Ungeachtet dieser Auflagen stellte die Einführung des Kindergeldes einen wichtigen Entwicklungsschritt der japanischen Familienpolitik dar, weil sie das Dogma der Eigenverantwortlichkeit der Familien abschwächte und der Staat mit dieser Maßnahme zumindest eine Teilverantwortung für die finanzielle Absicherung von Kindern eingestand.

Die genannten Maßnahmen stellten nur einen Teil der Offensive der LDP-Regierung zum Ausbau des japanischen Sozialsystems dar. Die massiven Forderungen verschiedener Interessengruppen setzten die Partei nachhaltig unter Druck, der durch die breite öffentliche Diskussion sozialpolitischer Themen zu Beginn der 1970er Jahre zusätzlich erhöht wurde. Unter dem Eindruck dieser Stimmung rief Premierminister Kakuei Tanaka 1973 den Beginn einer Ära der Wohlfahrt (*fukushi gannen*) aus, die Japan zu einer Wohlfahrtssupermacht (*fukushi taikoku*) machen sollte. Die Pläne wurden jedoch infolge der kurz nach dieser Ankündigung eintretenden massiven Schwächung der japanischen Wirtschaft schließlich nicht realisiert. Im Oktober 1973 waren die Rohölpreise sprunghaft angestiegen[164]. Die hohe Abhängigkeit der stark exportorientierten Volkswirtschaft von preiswertem Erdöl und das Fehlen eigener Rohstoffreserven, um solche Engpässe kompensieren zu können, führten zu einem Rückgang des Wirtschaftswachstums um über 50 Prozent. Als Ergebnis dieses Einbruchs verdreifachte sich zwischen 1975 und 1985 die Zahl der Arbeitslosen (Goodman 2000: 25).

Wirtschaftspolitische Fragestellungen verdrängten die von der LDP ohnehin nur halbherzig vertretenen wohlfahrtsstaatlichen Modernisierungsbemühungen schlagartig wieder von der politischen Agenda. Die durch die Ölkrise ausgelöste rückläufige Entwicklung der Staatseinnahmen bedeutete bis auf weiteres das Ende der sozialpolitischen Leistungserweiterungen und hatte eine erneute politische Richtungsänderung zur Folge. Statt des eigentlich geplanten Ausbaus wohlfahrtsstaatlicher Leistungen wurden nun stattdessen ressortübergreifend Ausgabenkürzungen vorgenommen, was sich besonders deutlich im Bereich der Familienpolitik niederschlug. Erneut betonte die LDP-Regierung die Eigenverantwortung der Familien und besonders der Frauen für die Versorgung abhängiger Familienmitglieder wie Kinder, Alter und Kranker, und

---

[164] Ursache dafür war die in Reaktion auf den Jom-Kippur-Krieg seitens der OPEC-Staaten veranlasste deutliche Drosselung der Ölfördermenge.

zwar nicht zuletzt deshalb, weil sie davon ausging, dass durch die gesunkene Arbeitskräftenachfrage die Erwerbsbeteiligung von Frauen sinken würde und deren Arbeitsleistung somit wieder stärker der häuslichen Fürsorge zur Verfügung stünde.

Die Arbeitsmarktentwicklung der 1970er und 1980er Jahre bestätigte diese zunächst naheliegende Erwartung jedoch nicht. Trotz der wirtschaftlichen Probleme des Landes stieg nämlich der Anteil erwerbstätiger Frauen sogar an. Gründe dafür waren vor allem die zunehmend stärkere Gewichtung des tertiären Wirtschaftssektors[165], der traditionell einen überproportionalen Anteil weiblicher Beschäftigter aufwies sowie die steigende Zahl von Teilzeitarbeitsplätzen, die ebenfalls vorwiegend von Frauen besetzt wurden. Der Rückgriff des Staates auf das versteckte Wohlfahrtskapital, wie Ito Peng das familial organisierte Wohlfahrtsengagement von Frauen bezeichnet, war daher nicht in dem Maße möglich, wie es für die Kompensation der angestrebten Sozialleistungskürzungen erforderlich gewesen wäre.

Ab Mitte der 1970er Jahre verfolgte die Regierung eine sozialpolitische Doppelstrategie, welche ein Neuarrangement der öffentlichen Ausgaben zugunsten des Ausbaus von Leistungen für die Altersabsicherung und gleichzeitig zu Lasten familienpolitischer Leistungen vorsah. Die öffentliche Unterstützung wurde damit konsequent auf den vermeintlich wichtigsten Bereich der Sozialpolitik, die Alterssicherung, konzentriert. Zwischen 1975 und 1995 nahm der für die Unterstützung alter Menschen aufgebrachte Anteil an den gesamten Sozialausgaben des Landes von 25,6 Prozent auf 49,8 Prozent zu. Im gleichen Zeitraum sank der Anteil für familienpolitische Leistungen von ohnehin geringen 5,6 Prozent auf 3,3 Prozent (NIPSSR 2003).

Abgesehen von den bereits erörterten familienpolitischen Maßnahmen soll nicht unerwähnt bleiben, dass in den 1970er Jahren auch eine Modifizierung des Zugangs zu Verhütungsmitteln beschlossen wurde, die einmal mehr das konservative Familienverständnis der LDP widerspiegelte. Zunächst wurde 1974 das bis dahin bestehende Verbot von Intrauterinpessaren teilweise aufgehoben. Drei Jahre später erfolgte die Freigabe weiterer zwei Arten dieses Kontrazeptivums.[166] Diese Maßnahmen mögen vordergründig den Eindruck einer Liberalisierung des staatlich reglementierten Zugangs zu Verhütungsmitteln (abgesehen von Kondomen) vermitteln. Sie sind jedoch erst unter Berücksichtigung des bis 1999 geltenden Verbots respektive der Nichtzulassung der Antibabypille sinnvoll einzuordnen. Die Absicht der LDP-Regierung war eben nicht die weitgehende

---

[165] Genaue Daten siehe NIPSSR 2008: 102 (Tab. 8.5).
[166] Ausführlicher siehe Muramatsu 1996: 32.

Freigabe von Verhütungsmitteln, insbesondere nicht der Antibabypille. Als Begründung für die Verweigerung ihrer Zulassung wurde offiziell stets die Gefahr gesundheitlicher Schäden durch die Einnahme der Hormonpille ins Feld geführt. Tatsächlich war ihr Verbot aber ganz wesentlich auf elementare normative Grundsätze eines sowohl von der LDP als auch von anderen konservativen politischen Kräften vertretenen Familienideals zurückzuführen, die dem Recht von Frauen auf sexuelle Selbstbestimmung allenfalls untergeordneten Stellenwert beimaß und diesem im Gegenteil tendenziell skeptisch gegenüberstand.

Der traditionellen Familienauffassung entsprechend, sahen sich japanische Frauen in der Vergangenheit oft einem gewissen Druck ausgesetzt, zu heiraten, Kinder zu erziehen und ihre Arbeitskraft, vor allem im häuslichen Umfeld, in den Dienst der Familie zu stellen. Auch aus sozialpolitisch-fiskalischer Perspektive erschien dies wünschenswert. Die auch aus diesem Interesse hartnäckig verteidigten Restriktionen hinsichtlich des Zugangs zu unkompliziert handhabbaren Antikontrazeptiva erwiesen sich langfristig jedoch als ungeeignet, den Wunsch der japanischen Frauen nach stärkerer sexueller und beruflicher Emanzipation abzuschwächen. Deren zunehmendes berufliches Engagement sowie die steigende Belastung durch die Pflege einer wachsenden Zahl alter Menschen trugen seit den 1970er Jahren dazu bei, dass die bei einer Mehrzahl der Frauen grundsätzlich bestehenden Kinderwünsche immer häufiger zurückgestellt wurden. Bis zum familienpolitischen Weckruf durch den Fertilitätsschock des Jahres 1990 wurde der starken Belastung vieler Frauen durch die sich überlagernden Anforderungen aus Erwerbsarbeit, Altenpflege und Kindererziehung von Seiten der japanischen Politik nur wenig Beachtung geschenkt. Die wenigen Maßnahmen oder Maßnahmenankündigungen mit explizit familienpolitischer Zielsetzung erfolgten in der Regel aus wahlkampftaktischem Kalkül und beschränkten sich auf eher geringfügige Modifikationen der bestehenden Instrumente.

Ende der 1970er Jahre hatte das LDP-Komitee zur Untersuchung politischer Handlungsoptionen, auch bekannt unter der Abkürzung PARC (Policy Affairs Research Council), angeregt, die Einführung eines allgemeinen Erziehungsurlaubs in Erwägung zu ziehen. Diese Empfehlung wurde vor dem Hintergrund der sich im Vorfeld der Parlamentswahl von 1979 abzeichnenden Stimmenverluste der LDP, diesmal als konkretes Wahlversprechen, wieder aufgegriffen. Neben der Einführung eines allgemeinen (unbezahlten) Erziehungsurlaubs wurden auch die Verlängerung des Mutterschutzes von sechs auf acht Wochen sowie die Erhöhung der Zahl der Kinderbetreuungseinrichtungen in Aussicht gestellt. Die LDP konnte die Wahl schließlich für sich entscheiden, stoppte jedoch ihr Vorhaben, nachdem sich im Oktober 1981 die führenden Wirtschaftsgruppen des Landes, einschließlich des mächtigen Nikkeiren[167], in einer gemeinsamen Stellungnahme gegen diese Pläne ausgesprochen hatten (Lambert 2004: 114). Auch die 1980 von Premierminister Zenkō Suzuki mit dem Ziel der Vorbereitung und Durchführung einer Verwaltungsreform einberufene Zweite Außerordentliche Verwaltungsuntersuchungskommission[168] (*Dai niji rinji gyōsei chōsakai* bzw. kurz: Zweite Rinchō) lehnte die Etatausweitung zugunsten familienpolitischer Maßnahmen ab. Die infolge der zweiten Ölkrise abermals angespannte wirtschaftliche Situation Japans zu Beginn der 1980er Jahre verlieh den Forderungen der Kommission nach einer deutlichen Senkung des Staatsdefizits und einer Stabilisierung des Staatshaushalts zusätzliches Gewicht.

Obwohl die Gesamtfertilitätsrate mit durchschnittlich 1,77 Kindern je Frau im Jahr 1979 bereits deutlich unter dem Bestandserhaltungsniveau lag, schien zudem kein Anlass zu familienpolitischen Interventionen zu bestehen, wie ein Bericht des Rates für Bevölkerungsprobleme nahelegte. Dessen Vorsitzender Yūzō Yamada berichtete 1980 dem Sozialminister, dass sich die Geburtenrate langfristig voraussichtlich wieder auf etwa zwei Kinder je Frau erhöhen werde (Pohl 1981: 234). Nicht zuletzt vor dem Hintergrund solcher Fehleinschätzungen und dem Mangel an Bewusstsein für das sich bereits abzeichnende Problem einer deutlichen Unterjüngung der japanischen Population beschloss die Zweite Rinchō (im Rahmen einer allgemeinen Begrenzung der Staatsausgaben) deutliche familienpolitische Einschnitte. So wurden die staatlichen Zuschüsse für kommunale Sozialleistungen, wie Beihilfen für die Unterbringung von Kindern, Alten und Behinderten in entsprechenden Betreuungseinrichtungen, schrittweise von 80 Prozent auf 50 Prozent gekürzt. Die Kürzung der Zuschüsse für Kinderbetreuungseinrichtungen wurde in der Revision des Kinderwohlfahrtsgesetzes von 1985 geregelt. Diese Beschlüsse waren ursprünglich als kurzfristige Maßnahmen mit einer Gültigkeit von drei Jahren angekündigt, sind nach Ablauf dieser Zeitspanne jedoch weder aufgehoben noch durch neue Regelungen ersetzt worden. Die erneuten Leistungskürzungen hatten heftige Proteste von Kinderschützern, Kindergärtnergewerkschaften und kommunal organisierten Elterngruppen zur Folge. Unterschriftensammlungen, Briefe an Abgeordnete und eine 1985 sowohl dem Unter- als auch dem Oberhaus übermittelte Petition hatten keinen Erfolg (Lambert 2004: 107).

Als Kompensation für die Kürzung der Zuschüsse für Kinderbetreuungseinrichtungen hatte sich das MHW für die Verlängerung der Öff-

---

[167] Beziehungsweise Nippon Keidanren (eigtl. *Nippon keizai dantai rengōkai* = Verband der japanischen Wirtschaftsorganisationen).
[168] Beratungsausschuss des Premierministers.

nungszeiten von Kitas eingesetzt. Der (reduzierte) staatliche Finanzzu-schuss für die Unterbringung von Kindern in einer Kinderbetreuungsein-richtung wurde nun nicht länger auf Unterbringungsarrangements von maximal acht Stunden beschränkt, sondern auf Betreuungen von bis zu zehn Stunden täglich ausgedehnt. Außerdem durften die Einrichtungen statt bis 18 Uhr nunmehr bis 19 Uhr öffnen. Im Jahr 1986 wurden die zulässigen Öffnungszeiten um eine weitere Stunde auf 20 Uhr verlängert. Diese Maßnahmen hatten allerdings kaum Auswirkungen auf die tat-sächliche Betreuungssituation. Die überwiegende Zahl der Kitas hielt an einer maximal acht- bis neunstündigen Aufsicht fest und schloss weiter-hin um 18 Uhr. Der Grund dafür ist vor allem in der zu geringen finan-ziellen Unterstützung aus öffentlichen Mitteln und den mithin fehlenden Anreizen für eine Ausweitung des Betreuungsangebots zu sehen (Lam-bert 2004: 100).

Die zweite Hälfte der 1980er Jahre verlief bis zum Fertilitätsschock des Jahres 1990 aus familienpolitischer Sicht relativ ereignisarm. Allerdings wurden einige Maßnahmen umgesetzt, welche auf eine Verbesserung der gesellschaftlichen Stellung von Frauen abzielten und so indirekt auch familienpolitische Relevanz besaßen. Mit einer Verzögerung von sechs Jahren wurde 1985 die UN-Konvention zur Abschaffung aller Formen der Diskriminierung von Frauen auch in Japan ratifiziert. Im gleichen Jahr wurde zudem ein neues Chancengleichheitsgesetz verabschiedet, welches 1986 in Kraft trat. Mit dem Erlass des Gesetzes zur chancengleichen Be-schäftigung von Männern und Frauen (*Danjo koyō kikai kintō-hō*) wurde die Antidiskriminierungspolitik auf eine neue Rechtsbasis gestellt und so der Weg für spätere Maßnahmen zur Verbesserung der juristischen und sozi-alen Stellung von Frauen in Japan geebnet (Weber 1995: 409).

Die Auseinandersetzung mit der japanischen Familienpolitik zwi-schen der 1955 erfolgten Regierungsübernahme durch die LDP und dem Fertilitätsschock von 1990, als die Geburtenrate erstmals seit 1966 wieder unter die Marke von 1,58 fiel, lässt insgesamt vor allem eine starke wirt-schaftspolitische Orientierung erkennen. Ohne Zweifel bestand die vor-dringliche Aufgabe der Politik der Nachkriegsjahrzehnte in der Beseiti-gung der Kriegsschäden und dem ökonomischen Wiederaufbau des Landes. Dieses Ziel genoss auch aus Sicht der Liberaldemokraten höchste Priorität, während sozial- oder familienpolitischen Fragestellungen häu-fig allenfalls nachgeordnete Dringlichkeit beigemessen wurde bezie-hungsweise sie sich in das wirtschaftspolitische Konzept einfügen muss-ten. Die langjährige politische Dominanz der LDP führte außerdem dazu, dass die Ausgestaltung dieser Politikbereiche deutlich die konservativen Wertvorstellungen der Partei respektive ihrer Wähler widerspiegelte. Die darauf fußende familienpolitische Leitidee beinhaltete unter anderem die starke Betonung der Eigenverantwortung der Familie für das Wohl der ihr zugehörigen Personen. Bis auf eine kurze Phase zu Beginn der 1970er Jahre, als, vor allem aus wahltaktischem Kalkül vorübergehend eine deutliche Verstärkung der wohlfahrtspolitischen Bemühungen propagiert wurde, besaß Familienpolitik insgesamt nur eine vergleichsweise geringe Bedeutung für die japanische Politik bis 1990. Die Abschwächung der ökonomischen Wachstumsdynamik infolge der ersten und zweiten Ölkrise bedeutete schließlich das vorläufige Ende bereits beschlossener sozial- und familienpolitischer Reformbestrebungen. In der Folge beschränkte sich das familienpolitische Engagement letztlich auf einige geringfügigere Modifikationen bereits bestehender Instrumente. In Bezug auf die in dieser Arbeit verwendete Systematik für die Einordnung politischer Veränderungen auf Grundlage des oben erörterten Konzepts von Peter Hall lassen sich diese Modifikationen der 1970er und 1980er Jahre somit als moderate Anpassungen innerhalb eines bestehenden Rahmenparadigmas und insofern allenfalls als Politikwandel erster Ordnung interpretieren. Eine grundlegend veränderte Zielsetzung während dieser Zeit ist nicht zu belegen. Vielmehr ist die ausgesprochene Stabilität der von konservativen Auffassungen und Wertvorstellungen getragenen familienpolitischen Grundsätze ein Merkmal dieser historischen Phase. Erst der Einbruch der Geburtenzahlen zum Ende der 1980er Jahre rückte die Familienpolitik stärker in den Fokus des politischen Interesses, ebnete den Weg zur Einführung neuer politischer Instrumente und führte schließlich, wie in den folgenden Abschnitten zu belegen sein wird, letztlich zu einem Politikwandel, der als paradigmatisch zu bezeichnen ist.

5.4.3.4 Familienpolitik nach 1990

Das Jahr 1990 markiert einen wichtigen Wendepunkt für die Entwicklung der Familienpolitik in Japan. Die in diesem Jahr veröffentlichte Bevölkerungsstatistik des Jahres 1989 wies erstmals eine Geburtenrate von nur 1,57 Kindern je Frau auf, womit die als historischer Tiefpunkt des Fertilitätsgeschehens geltende Marke von 1,58 aus dem Jahr 1966 unterschritten wurde. Damals war es zu einem drastischen, aber bis auf weiteres einmaligen Einbruch der Geburtenzahlen[169] gekommen, der jedoch im darauf folgenden Jahr bereits wieder kompensiert worden war. Im Unterschied dazu spiegelten die Zahlen für das Jahr 1989 den vorläufigen Tiefpunkt

---

[169] Ursache war der in Japan verbreitete Aberglaube, dass im Jahr des Feuerpferdes geborene Mädchen ihren späteren Ehemännern Unglück bringen und deshalb auf dem Heiratsmarkt benachteiligt seien. Ausführlicher dazu siehe Abschnitt 5.1.2.

einer langfristigen und stetig verlaufenden Entwicklung wider, was Befürchtungen eines weiteren Absinkens des Fertilitätsniveaus nährte. Das als „1,57-Fertilitätsschock" (oder kurz: „1,57-Schock") in die japanische Demografiegeschichte eingegangene Ereignis kann im Nachhinein als Ausgangspunkt für einen familienpolitischen Kurswechsel angesehen werden, der in mehreren Phasen verlief. Die Abgrenzung sowie der Verlauf dieser Phasen sollen in den nächsten Abschnitten erläutert werden. Zusätzlich wird in Form eines kurzen Exkurses auch auf grundsätzliche Fragen des Policy-Making in Japan einzugehen sein.

5.4.3.5 Phase 1 – Modifikation bestehender politischer Instrumente

Der „1,57-Fertilitätsschock" des Jahres 1990 brachte die langfristig ablaufenden demografischen Trends schlagartig ins öffentliche Bewusstsein. Zwar waren die demografische Alterung der Gesellschaft und die erwarteten Auswirkungen dieser Entwicklung bereits seit Mitte der 1970er Jahre auf breiter Basis diskutiert worden. Dem sich gleichzeitig vollziehenden Absinken der Geburtenrate war bis dahin jedoch kaum Beachtung geschenkt worden. Dass dauerhafte Niedrigfertilität plötzlich als problematisch für die Wahrung des erreichten Wohlstands und die weitere Entwicklung Japans erkannt wurde, lässt sich indes nicht nur auf die Veröffentlichung der Geburtenstatistik zurückführen. Das erwachende Krisenbewusstsein ist vielmehr damit zu erklären, dass sich die japanische Wirtschaft jener Jahre gerade mit einem Arbeitskräftemangel konfrontiert sah, der die grundsätzlich bekannte rückläufige Fertilitätstendenz umso bedrohlicher erscheinen ließ. Da die wirtschaftliche Entwicklung des Landes während der gesamten Nachkriegsära stets im Zentrum des politischen Interesses gestanden hatte, nimmt es nicht wunder, dass die potenziell Wachstum und Wohlstand gefährdenden Implikationen des Geburtenrückgangs starken politischen Handlungsdruck erzeugten.

Bis zu diesem Zeitpunkt waren die demografischen Probleme des Landes stets vornehmlich unter dem Gesichtspunkt der wachsenden Zahl alter Menschen und der sich zunehmend schwieriger gestaltenden Pflegesituation betrachtet worden. Insbesondere das Problem der Finanzierung staatlicher Sozialtransfers beschäftigte die japanische Politik bereits seit fast zwanzig Jahren. Die Veröffentlichung des neuen Negativrekords der Gesamtfertilitätsrate im Jahr 1990 lenkte die Aufmerksamkeit nun zusätzlich auf die gleichzeitig sinkende Zahl an Nachkommen und verdeutlichte die tatsächliche Dramatik des demografischen Wandels. Obwohl sich in Japan im Vergleich zu anderen Industrienationen, einschließlich Deutschland, also schon relativ früh ein öffentliches und politisches Bewusstsein für die Notwendigkeit geeigneter politischer Maß-

183

nahmen zur Eindämmung der Folgen der gesellschaftlichen Alterung entwickelte, wurden die Wucht der Entwicklung und die Komplexität der demografischen Gesamtsituation dennoch lange unterschätzt. Der „1,57-Schock" kann daher als Zäsur in der Wahrnehmung des demografischen Wandels und in gewisser Weise als ‚Weckruf' für die japanische Politik angesehen werden, in dessen Folge es zu einer erheblichen Zunahme an sozial- und familienpolitischen Initiativen kam.

Bereits ein Jahr zuvor (1989) war ein Zehnjahresplan zur Förderung von Gesundheits- und Wohlfahrtsdiensten für ältere Menschen (*Kōreisha hoken fukushi suishin jukkanen senryaku*) vorgestellt worden, der entschlossenes Handeln der Regierung zur Bewältigung der nahenden demografischen Krise demonstrieren sollte.[170] Die besser unter dem englischen Kampagnennamen Gold Plan (*Gōrudo puran*) bekannte Strategie zielte vor allem darauf ab, die Versorgung alter Menschen im häuslichen Umfeld durch die Aufwertung und Ausweitung sozialer Dienste, etwa häuslicher Krankenpflege durch externe Pflegekräfte, zu verbessern.[171] Um das Angebot an entsprechenden Dienstleistungen möglichst schnell zu vergrößern, war eine erhebliche Steigerung sowohl der staatlichen als auch der kommunalen Sozialausgaben vorgesehen.[172] Bis zur Neuauflage dieser Initiative unter dem Namen Gold Plan 21 (*Gōrudo puran nijūichi*; exakt: *Kongo gonenkan no kōreisha hoken fukushi shisaku no hōkō*) im Jahr 1999 (in Kraft seit 2000) wurde der erste Zehnjahresplan zweimal (1990 und 1994) Revisionen unterzogen.[173]

Der Fertilitätsschock des Jahres 1990 führte dazu, dass sich rasch die Erkenntnis durchsetzte, dass auch im Bereich der Familienpolitik ähnliche Anstrengungen erforderlich seien, um einem weiteren Absinken der Geburtenrate wirksam entgegenzuwirken. Gleichzeitig wurde verstärkt an die jungen Japaner appelliert, wieder mehr Kinder zu bekommen. Ein

---

[170] Im Gegensatz zu dem Aspekt der strukturellen Unterjüngung der japanischen Bevölkerung infolge der langsam aber stetig sinkenden Geburtenrate war der Aspekt der Zunahme des Anteils alter Menschen bereits seit den 1970er Jahren mit wachsender Sorge verfolgt worden.

[171] Der Plan war maßgeblich unter der Ägide des damaligen Generalsekretärs der LDP Ryūtarō Hashimoto (zuvor ab 1978 Sozialminister (MHW); ab 1980 Finanzdirektor der LDP; ab 1986 ein Kabinettsminister unter Premierminister Yasuhiro Nakasone) entwickelt worden.

[172] Dazu siehe auch Goodman 2000: 33. Weitere Ausführungen zur Entwicklung der Sozialausgaben in Japan, insbesondere in Bezug auf die finanzielle Förderung von Kindern, finden sich u.a. bei Ozawa 1991: 4ff.

[173] Die Revision des Jahres 1994 bot auch Anlass zur Umbenennung des Gold Plans in New Gold Plan (*Shin gōrudo puran*; exakt: *Shin kōreisha hoken fukushi suishin jukkanen senryaku*).

entsprechender Aufruf des Premierministers Toshiki Kaifu vom 2. März 1990 wurde allerdings von vielen Frauen unter Verweis auf die pronatalistische Politik der Vorkriegs- und Kriegsjahre empört zurückgewiesen (Lassegard 1993: 316). Die Ablehnung wurde zusätzlich durch einige fragwürdige Argumente verstärkt, mit denen solche Forderungen bisweilen untermauert wurden. Exemplarisch für einige krude Rechtfertigungsversuche war ein Auftritt des LDP-Staatsekretärs Seiroku Kajiyama, der während eines Seminars zu Frauenfragen am 18. April 1993 darauf hinwies, dass es durchaus auch aus Sicht der Familien wünschenswert sei, mehrere Kinder aufzuziehen, weil der tägliche Kampf der Geschwister um das Essen den Wettbewerbsgeist des Nachwuchses stärke (Institut für Asienkunde 1993b: 77).

Insgesamt bestand in dieser Situation sowohl innerhalb des politischen Systems als auch in der japanischen Gesellschaft zwar weitgehende Einigkeit bezüglich der Einschätzung der demografischen Situation sowie der sich daraus ableitenden Notwendigkeit, zügig Maßnahmen gegen den anhaltenden Geburtenrückgang zu treffen. Die Debatte über den richtigen Weg zum Erreichen dieses Ziels hatte jedoch gerade erst begonnen. In der Folgezeit wurden zunächst schnell und relativ leicht umzusetzende Maßnahmen verabschiedet, die vor allem der Öffentlichkeit Handlungsbereitschaft signalisieren sollten. Die infolge des „1,57-Schocks" beginnende Auseinandersetzung mit dem Fertilitätsaspekt der demografischen Alterung sowie die wachsende grundsätzliche Akzeptanz des Faktums des Geburtenrückgangs als zentralem Element einer potentiell krisenhaft verlaufenden Bevölkerungsentwicklung mündeten zu Beginn der 1990er Jahre in eine Phase erster politischer Aktivitäten, welche als direkte Reaktion auf die durch die zunehmende Unterjüngung verursachte weitere Verschärfung der Alterungsproblematik erfolgten.

Eine der ersten Maßnahmen mit unmittelbarem Bezug zu dem historischen Negativrekord des Geburtenniveaus im Jahr 1989 war die Modifikation des bestehenden Abtreibungsgesetzes im Januar 1991, mit welcher die Zeitspanne für legale Abtreibungen von 23 Wochen und sechs Tagen auf 21 Wochen und sechs Tage ab der Befruchtung verkürzt wurde. Diese Gesetzesänderung war bereits während des Treffens des Rates für Volksgesundheit am 18. Dezember 1989 vorgeschlagen worden. Viele Frauengruppen, weibliche Abgeordnete sowie der Japanische Verband für Familienplanung übermittelten schriftlich ihre Einwände und verlangten eine Begründung für diesen Schritt. Das MHW erwiderte diese Beschwerden zum einen mit dem Verweis auf den medizinischen Fortschritt, der die minimale Dauer einer Schwangerschaft immer weiter verkürze und zum anderen damit, dass die Weltgesundheitsorganisation (WHO) die Definition für den Zeitraum der perinatalen Periode verändert hatte und deren

Beginn nicht länger auf den Geburtszeitpunkt des Kindes, sondern auf den Beginn der 22. Schwangerschaftswoche datierte.[174]

Ebenfalls 1991 wurde ein neues Erziehungsurlaubsgesetz (*Ikuji kyūgyō-hō*) verabschiedet, welches 1992 in Kraft trat und sich im Gegensatz zu seinem seit 1975 gültigen Vorläufer nicht auf bestimmte Berufsgruppen bezog, sondern erstmals allgemeine Gültigkeit besaß. Es sicherte den Beschäftigten aller Unternehmen zu, bis zur Vollendung des ersten Lebensjahres des Kindes unbezahlten Erziehungsurlaub in Anspruch nehmen zu dürfen. Außerdem erweiterte es den Mutterschutz von sechs auf acht Wochen und sah die Erhöhung der Zahl der Kinderbetreuungseinrichtungen vor (Walke 2003: 448).

Zusätzlich zu diesen Maßnahmen wurden auch Bemühungen unternommen, bestehende Hemmnisse für die Verwirklichung eventuell bestehender Kinderwünsche abzubauen. Wie oben bereits ausgeführt, ist der Anteil nichtehelich geborener Kinder in Japan traditionell äußerst gering. Die durch die gesellschaftliche Stigmatisierung dieser Kinder bedingte Benachteiligung hat zur Folge, dass eine Eheschließung für Menschen mit dem Wunsch nach eigenen Kindern oft als elementar notwendige Voraussetzung für die Realisierung ihres Wunsches angesehen wird. Die Heiratsneigung weist jedoch ebenfalls seit längerer Zeit eine rückläufige Tendenz auf und wirkt so indirekt als Hemmnis für eine positive Fertilitätsentwicklung. Ein Urteil des Obersten Gerichtes in Tokyo vom 23. Juni 1993 entschied, dass die bis zu diesem Zeitpunkt nach dem bürgerlichen Gesetz zulässige Benachteiligung nichtehelicher Kinder in der Erbfolge nicht verfassungskonform sei und bezog sich bei seiner Urteilsbegründung auf Artikel 14 der japanischen Verfassung, der „diskriminierende Behandlung aufgrund der sozialen Stellung" verbot (Institut für Asienkunde 1993a: 162).

Trotz solcher Vorstöße war offenkundig, dass allein mit der Modifikation der bestehenden politischen Instrumente keine nennenswerten Impulse für eine Umkehrung des sich weiter abschwächenden Fertilitätstrends würden bewirkt werden können. Auch in der konservativen LDP, die bis zu Beginn der 1990er Jahre wenig familienpolitisches Engagement gezeigt hatte, setzte sich daher die Auffassung durch, dass koordinierte und ressortübergreifende Maßnahmen für eine erfolgreiche Bekämpfung des Geburtenrückgangs und der damit verbundenen demografischen Alterung der japanischen Gesellschaft erforderlich waren, es also auch neuer politischer Instrumente bedurfte. Um diese zu entwickeln, beauftragte der damalige Premierminister Morihiro Hosokawa 1993 eine Kommission des MHW, an welcher sich Wissenschaftler, Unternehmer, Ge-

---

[174] Ausführlicher siehe Ashino 1996: 37.

werkschaftler sowie Vertreter der Regierung und öffentlicher Verwaltungseinrichtungen beteiligten, ein Szenario zu entwerfen, welches die Probleme, die aus dem Anstieg des Anteils alter Menschen an der Gesellschaft resultieren würden, berücksichtigen sollte. Außerdem sollte die Kommission auf Grundlage dieses Szenarios Vorschläge für Maßnahmen unterbreiten, die geeignet wären, Regierung und Gesellschaft auf die sich zuspitzende demografische Krise vorzubereiten. Am 28. März 1994 veröffentlichte sie ihren Bericht unter dem Titel „Wohlstandsvision für das 21. Jahrhundert" (*„Nijūisseiki fukushi bijon"*). Zentrale Botschaft des Berichts war die erforderliche Aufteilung der Verantwortung für die Bewältigung der bevorstehenden Herausforderungen zwischen dem Staat und seinen Bürgern. Es war darin zudem das Ziel formuliert worden, ein japanisches Modell zu schaffen, innerhalb dessen sich private und öffentliche Leistungen auf moderatem Niveau ergänzen sollten (Bosse 1994: 84). Die Vorschläge bezogen sich im Wesentlichen auf drei Bereiche: die Gestaltung der Alterssicherung, die Steigerung der Geburtenrate sowie die Finanzierung der dafür erforderlichen Maßnahmen. Bezüglich der Verbesserung der Alterssicherung wurden vor allem die bereits im Gold Plan formulierten Zielvorgaben erhöht. Des Weiteren wurde angeregt, für den Bereich der Familienpolitik einen ähnlichen Maßnahmenkatalog auszuarbeiten. Diese Forderung führte schließlich zur Verabschiedung des Angel Plans (*Enzeru puran*) im Jahr 1994, der als Wendepunkt der japanischen Familienpolitik angesehen werden darf.

Zusammenfassung

Es ist zu konstatieren, dass der Fertilitätsschock des Jahres 1990 einen gesellschaftlichen und politischen Prozess in Gang setzte, der später in eine tiefgreifende Veränderung der familienrelevanten Politik in Japan mündete. Am Beginn der Entwicklung stand die Gewahrwerdung des Krisencharakters, den der anhaltende Geburtenrückgang langfristig implizieren würde. Aus der allgemeinen Akzeptanz der Niedrigfertilität als demografisches, sozioökonomisches und damit zwangsläufig als politisches Problem resultierte ein erheblicher Handlungsdruck, dem sich die handelnden Akteure der japanischen Politik nicht entziehen konnten. Erste Reaktionen auf die sich verschärfende demografische Krise war die Anpassung bestehender politischer Instrumente, beispielsweise in Form der Anpassung respektive der Neuregelung des Abtreibungsrechts sowie der Überarbeitung der Kriterien für die Inanspruchnahme von Erziehungsurlaub. Diese Modifikationen bereits bestehender politischer Instrumente ließen sich zwar relativ zügig umsetzen und dokumentierten den politischen Handlungswillen der japanischen Regierung nach außen, konnten aber keinen substanziellen Beitrag zu einer effektiven Beeinflussung des demografischen Gesamttrends leisten. Da sich die familienpolitische Kurskorrektur in der Zeit zwischen 1990 und 1994 auf die Veränderung bestehender Instrumente beschränkte, ist im Sinne der hier verwendeten Systematik für diese zeitliche Phase ein Politikwechsel erster Ordnung zu konstatieren. Mit der Verabschiedung des Angel Plans, der als Beginn einer zielgerichteten und ressortübergreifend koordinierten Familienpolitik angesehen werden kann, trat die japanische Familienpolitik in einen neuen Entwicklungsabschnitt ein, der, wie zu zeigen sein wird, als Phase eines Politikwechsels zweiter Ordnung aufgefasst werden kann.

5.4.3.6 Phase 2 – Einführung neuer familienpolitischer Instrumente

Die Verabschiedung des unter der Bezeichnung Angel Plan bekannt gewordenen Grundsatzplans (*Kongo no kosodate shien no tame no shisaku no kihonteki hōkō ni tsuite,* dt.: Grundlegende Orientierung für Maßnahmen zur künftigen Unterstützung der Kindererziehung) im Dezember 1994 bedeutete den Beginn einer neuen Ära der Familienpolitik in Japan. Obgleich er zunächst nur unverbindliche Zielvorgaben, beispielsweise für die Ausweitung des Kinderbetreuungsangebots innerhalb eines Fünfjahreszeitraums, formulierte, trug er doch erstmalig der Tatsache Rechnung, dass es offenkundig einer breit angelegten familienpolitischen Initiative bedurfte, um die Fertilitätsrate möglicherweise positiv beeinflussen zu können. Er wurde als Ergebnis einer ressortübergreifenden Kooperation gemeinschaftlich von sechs Ministerien verabschiedet.[175] Der Angel Plan bildete die Basis für die später (teilweise) auch in rechtsverbindliche Form überführte Neuausrichtung der Familienpolitik in Japan. Er markiert daher den Beginn einer neuen Phase des seit 1990 begonnenen familienpolitischen Wandels, der auch die Schaffung neuer politischer Instrumente beinhaltete und daher als Politikwechsel zweiter Ordnung zu bewerten ist.

Wichtigstes Anliegen des zunächst bis 1999 geltenden Angel Plans war die Ausweitung des Angebots an Kinderkrippen-, Kindergarten- und Kindertagesstättenplätzen um ein Drittel. Um gezielt eine Entlastung erwerbstätiger Mütter zu bewirken, sollten Einrichtungen mit erweiterten Öffnungszeiten besonders gefördert und deren Zahl von 2.230 auf 7.000 erhöht werden (Boling 1998: 177). Zur Unterstützung nicht erwerbstätiger Mütter war eine Versiebenfachung der Plätze sogenannter „drop-in cares" (Babysitter-Services mit stundenweiser Betreuung) vorgesehen. Die Zahl der Betreuungszentren für kranke Kinder sollte von 30

---

[175] Ausführlicher dazu siehe auch Metzler 2004: 290.

auf 500 steigen. Darüber hinaus wurde die Verdopplung der Zahl von Schulhorten angekündigt (ebd.). Eltern sollten aber nicht nur durch den Ausbau des Betreuungsangebots entlastet werden. Bereits seit längerer Zeit gab es auf regionaler und lokaler Ebene Beratungszentren, die unerfahrenen oder überforderten Eltern unterstützend zur Seite standen. Die Zahl solcher Zentren sollte nunmehr massiv von 236 auf 3.000 bis zum Ende des Gültigkeitszeitraums des Plans im Jahr 1999 erhöht werden, um gegebenenfalls bestehenden Ängsten junger Menschen entgegenzuwirken, sie seien der Erziehung von Kindern nicht gewachsen.

Die Umsetzung dieser ambitionierten Ziele erwies sich als schwierig. Dabei traten auch unerwartete Probleme auf. Trotz durchaus umfangreicher Bereitstellung öffentlicher Mittel konnten zunächst nicht genügend qualifizierte Betreuungskräfte für die avisierte Ausweitung des Kinderbetreuungsangebots rekrutiert werden (Institut für Asienkunde 1996: 636). Von Beginn an war der Angel Plan für seinen Mangel an Realisierbarkeit kritisiert worden. Die Einwände bezogen sich beispielsweise auf die fehlende Berücksichtigung einiger, für junge Familien ebenfalls bedeutsamer Aspekte, wie etwa eine kostenlose medizinische Versorgung von Kleinkindern. Zudem wurde die konkrete Umsetzung der Zuweisung finanzieller Mittel bemängelt, da diese zeitlich nur sehr begrenzt gewährt wurden (Ainoya et al. 1999: 160ff.). Außerdem wäre aus Sicht der Kritiker eine breitere Streuung der Gelder vorteilhafter gewesen, als bestimmte Projekte mit besonders hohen Aufwendungen zu fördern. Ein weiteres Argument bezog sich auf die fehlende Rechtsverbindlichkeit der im Angel Plan aufgeführten Maßnahmen. Im Unterschied zu vergleichbaren Sozialplänen zugunsten alter und behinderter Menschen fehlte in diesem Fall die gesetzliche Verankerung, was es etwa Kommunen erschwerte, die von staatlicher Seite gewünschte Ausarbeitung kommunaler Angel Plans (*Chihōban enzeru puran*) in langfristiger Perspektive voranzutreiben. Von über 3.000 in Frage kommenden Kommunen setzten aufgrund dieser Mängel nur 280 in der Zeit zwischen 1994 und 1999 einen solchen kommunalen Plan um. Selbst in jenen Fällen handelte es sich jedoch meist nicht um eine tatsächlich bedarfsorientierte Erweiterung der Familienförderung, sondern um die Verabschiedung einer dem Wortlaut des staatlichen Angel Plans entsprechenden Version durch die betreffenden Kommunen, welche ebenso wenig rechtsverbindlich war wie das Original. Die Soziologin Chizuko Ueno wertete den Plan daher als Mogelpackung und bezeichnete ihn harsch als „pie in the sky".[176]

---

[176] Vgl. Ueno 2003, www.nichibei.org/je/editorial.html#WELFARE, Zugriff 02.10. 2003; Steslicke (1998), www.nichibei.org/je/steslicke.html, Zugriff 02.10.2003. Beide Angaben zitiert nach Metzler 2005: 19.

Ungeachtet der fraglos existierenden Schwächen sowohl hinsichtlich der Zielsetzung der Initiative als auch bezüglich deren Umsetzung, darf dem Angel Plan als Impuls für die Neuordnung der Familienpolitik in Japan durchaus große Bedeutung beigemessen werden. Schließlich stellte das Maßnahmenpaket, abgesehen von der Frage des unmittelbaren Nutzens für Eltern und Familien, außerdem auch ein weiteres Eingeständnis der Politik bezüglich des demografischen Handlungsbedarfs sowie der Notwendigkeit einer längst überfälligen Aufwertung der Leistungen von Familien, insbesondere von Frauen, für die Entwicklung der Gesamtgesellschaft dar.

Der Angel Plan wirkte gewissermaßen als Initialzündung für weitere familienpolitisch relevante Maßnahmen, die flankierend ergriffen wurden. So wurde im ersten Jahr seines Inkrafttretens (1995) der erst 1992 eingeführte unbezahlte Erziehungsurlaub nochmals erweitert. Damit waren fortan auch Beschäftigte von Unternehmen mit weniger als 30 Angestellten anspruchsberechtigt.[177] Zusätzlich wurde erstmals die Zahlung eines Erziehungsgeldes verfügt. Die Arbeiter- und Angestelltenversicherung zahlte für die Dauer des Erziehungsurlaubs 25 Prozent des zuletzt erhaltenen Lohns (Nagase 2001). Die Höhe dieser Einkommenskompensation wurde später mehrfach erhöht. Die Neuregelung des Erziehungsurlaubs und der somit vollzogene Einstieg in die umfassende finanzielle Bezuschussung der Kindererziehung war ein bemerkenswerter Schritt in der Entwicklung der japanischen Familienpolitik. Erstmals war damit die LDP von ihrem jahrzehntelang gültigen Dogma abgerückt, direkte Geldhilfen ausschließlich auf besonders bedürftige Familien zu beschränken. Die seit 1995 geleisteten Zahlungen wurden erstmals unabhängig von einem Bedürftigkeitsnachweis gewährt.

Im Jahr 1999 wurde das Erziehungsurlaubsgesetz abermals deutlich ausgeweitet und aufgewertet. Das bestehende Gesetz wurde in ein allgemeiner gefasstes Betreuungsurlaubsgesetz (*Ikuji kaigo kyūgyō-hō*) überführt, welches zum ersten Mal die Versorgung aller pflegebedürftigen Familienangehörigen, also nicht länger nur die von Kindern, regelte. Für Arbeitnehmer wurde mit den neuen Regelungen erstmals die Möglichkeit geschaffen, sich für eine maximale Dauer von drei Monaten für die Pflege von Angehörigen von der Arbeit freistellen zu lassen (Walke 2003: 448).

Obwohl die japanische Regierung sich erkennbar bemühte, familienpolitische Belange im Rahmen ihrer Politik zur Abmilderung der Folgen des demografischen Wandels stärker zu berücksichtigen, darf nicht verkannt werden, dass der Schwerpunkt in den 1990er Jahren nach wie vor

---

[177] Aufgrund der relativ großen Zahl von Kleinbetrieben in Japan stellte diese Maßnahme eine erhebliche Aufwertung des Erziehungsurlaubs dar.

im Bereich sozialpolitischer Maßnahmen zur Alterssicherung lag.[178] Auch wenn diese im Rahmen der vorliegenden Arbeit nicht detailliert ausgeführt werden können, sollen die wichtigsten Initiativen nicht unerwähnt bleiben, da sie in engem Zusammenhang mit dem familienpolitischen Engagement des japanischen Staates stehen. Dieses wurde schließlich vor allem deshalb intensiviert, weil sich in der zweiten Hälfte der 1990er Jahre abzeichnete, dass sich die durch die demografische Alterung bedingten Probleme des Landes nicht ausschließlich durch eine Verbesserung der Alterssicherung würden bewältigen lassen. Auch hatte die Einführung neuer politischer Instrumente in diesem Bereich beziehungsweise deren regelmäßige Überarbeitung modellhaften Charakter für die Neugestaltung der Familienpolitik.

Eine der wichtigsten Initiativen der japanischen Alterssicherungspolitik der 1990er Jahre war die Verabschiedung des oben bereits kurz angesprochenen New Gold Plans (*Shin gōrudo puran*; exakt: *Shin kōreisha hoken fukushi suishin jukkanen senryaku*) im Jahr 1994 (gültig ab 1995), der eine Aufstockung der in der ersten Version von 1989 formulierten Ziele zur Verbesserung der sozialen und gesundheitlichen Absicherung alter Menschen beinhaltete. Im darauffolgenden Jahr wurde das Basisgesetz über Politik für eine Alternde Gesellschaft (*Kōrei shakai taisaku kihon-hō*) verabschiedet, welches aus bereits 1986 formulierten Leitlinien für Maßnahmen für eine Gesellschaft mit hoher Lebenserwartung hervorging.[179] Mit der Entscheidung der Regierung, dem Parlament ab 1996 jährliche Berichte über die Alterung der Gesellschaft vorzulegen, wurde außerdem eine regelmäßig aktualisierte Bewertungsgrundlage für die demografiepolitischen Maßnahmen des Staates geschaffen.[180]

Fast analog zum Vorgehen der demografiepolitisch motivierten Anpassung der staatlichen Alterssicherung erfolgte auch die Modifizierung der Familienpolitik. Der erste Angel Plan wurde im Dezember 1999 durch einen neuen Fünfjahresplan, den sogenannten New Angel Plan (*Shin enzeru puran*, exakt: *Shōshika taisaku suishin kihon hōshin*), ersetzt, dessen Ziele, ähnlich wie dies auch für den New Gold Plan für den Bereich der Alterssicherung geschehen war, deutlich erweitert wurden. Schwerpunkte des Plans waren der weitere Ausbau der Kinderbetreuung (besonders der Betreuung von Kleinkindern unter 3 Jahren), die Verbesserung

---

[178] Die Alterungsproblematik wurde nach einem Bericht des Oberhauses aus dem Jahr 1996 noch vor der Globalisierung als wichtigstes Thema der japanischen Politik bewertet. Vgl. House of Councillors, Investigation Committee on National Life and Economy 1996.

[179] Dazu siehe auch Thang 2002: 160–161.

[180] Siehe Cabinet Office, Government of Japan 2004.

der Vereinbarkeit von Erwerbsarbeit und familiärem Engagement (ein-schließlich notwendiger Anpassungen bezüglich der Beschäftigungspolitik seitens der Unternehmen) sowie Möglichkeiten der Entlastung von Familien mit Kindern bei den anfallenden Wohn- und Bildungskosten.

Fast alle im ersten Angel Plan fixierten und quantitativ zu fassenden Ziele, die innerhalb dessen Geltungsdauer erreicht oder annähernd erreicht worden waren, wurden angehoben. So war beispielsweise in der Fassung von 1994 die Erhöhung der Zahl von Betreuungsplätzen für unter dreijährige Kinder von ursprünglich 450.000 auf 600.000 Plätze angestrebt worden. Tatsächlich gab es am Ende des Fünfjahreszeitraums 584.000 Plätze. Die alte Zielsetzung wurde 1999 nochmals auf 680.000 Plätze, zu erreichen bis Ende 2004, angehoben. Die Zahl der Kinderbetreuungseinrichtungen (für Kleinkinder über 3 Jahren) war wie beabsichtigt von 2.230 (1994) auf 7.000 (1999) gestiegen und sollte weiter auf 10.000 (2004) angehoben werden. Nachmittagshorte für Schüler sollten, nachdem das Ziel einer Zunahme von 4.520 (1995) auf 9.000 Plätze (1999) erreicht worden war, um weitere 2.500 auf schließlich 11.500 Plätze ausgebaut werden.[181] Dort, wo die Ziele des ersten Angel Plans nicht erreicht worden waren (Kinderbetreuungseinrichtungen mit stundenweiser Betreuung; regionale Zentren für die Unterstützung von Eltern bei der Kindererziehung), wurden sie durch den neuen Plan nochmals bekräftigt.

Insgesamt ließ der New Angel Plan den politischen Wunsch erkennen, bessere Rahmenbedingungen zu schaffen, um erwerbswilligen Frauen mit Kindern eine Beteiligung am Erwerbsleben zu ermöglichen. Abgesehen von den bereits aufgezählten Aspekten widmete sich der neue Plan auch Fragen der Gesundheitsfürsorge für Mütter, der Bildungspolitik, des Familieneinkommens sowie der Wohnsituation von Eltern mit Kindern.[182] So wie der New Angel Plan nach Vorbild des im Rahmen der Alterssicherungspolitik entwickelten Schemas demografiepolitischen Handelns etabliert wurde, orientierte sich auch die Formulierung eines im gleichen Monat vom Kabinettsrat für die Umsetzung von Maßnahmen gegen die sinkende Geburtenrate erarbeiteten politischen Leitfadens für Maßnahmen zum Umgang mit der abnehmenden Kinderzahl an dem dort erprobten Prozedere.[183]

Die Feststellung, dass beide Initiativen (Angel Plan und New Angel Plan) in ähnlicher Weise vorangetrieben wurden wie zuvor Maßnahmen im Bereich der Alterssicherungspolitik, bezieht sich auch auf die Ein-

---

[181] Angaben siehe Welfare Policy Study Group 1996; Welfare Laws and Regulations Study Group 2000.

[182] Siehe dazu Welfare Laws and Regulations Study Group 2000.

[183] Siehe Foundation for Children's Future 2003: 9.

schätzung, dass sie anfangs lediglich die Verständigung der involvierten Akteure des politischen Systems auf konsensuell vertretbare Grundsätze der Kinder- und Familienförderung sowie auf quantitative Zielgrößen nach außen dokumentierten und insofern bis zu ihrer späteren Weiterentwicklung zunächst nicht viel mehr als politische Willensbekundungen darstellten. Ihr wesentlicher Mangel bestand in dieser Phase in der geringen Implementierung in Form verbindlicher Gesetze. Die Schaffung von Kinderbetreuungsplätzen wurde zwar finanziell gefördert, doch die Geschwindigkeit der Umsetzung dieser Maßnahmen und der tatsächlich realisierte Umfang des Ausbaus des Betreuungsangebots hingen wesentlich vom Engagement privatwirtschaftlicher Investoren ab. Auch für den Ausbau öffentlicher Betreuungsangebote waren die Zielvorgaben der Regierungspläne letztlich nicht verbindlich. In besonderer Weise trifft der Vorwurf der zu schwachen Implementierung allerdings auf die gewünschte familienfreundliche Reorganisation der Beschäftigungspolitik auf Ebene der Unternehmen zu, einschließlich der Flexibilisierung der Arbeitszeiten für Eltern mit Kindern. Hier waren zwar freiwillige Initiativen der Betriebe zur Verbesserung der Vereinbarkeit von Erwerbsarbeit und Familie gefordert worden, jedoch hatten auch Firmen, die keine entsprechenden Bemühungen unternahmen, keine Sanktionen zu befürchten. Der tatsächliche Effekt der Regierungsinitiativen auf diesem Gebiet war daher zunächst eher gering.

Wichtigstes und effektivstes familienpolitisches Instrument blieb somit bis auf weiteres das Kinderwohlfahrtsgesetz, welches ein Jahr zuvor (am 1. April 1998) einer Revision unterzogen worden war. Zum 1. Mai 2000, also nur wenige Monate nach Vorstellung des New Angel Plans und des Leitfadens für Maßnahmen zum Umgang mit der abnehmenden Kinderzahl in Kraft getreten, bewirkte es in der neuen Fassung einige konkrete und unmittelbar spürbare Leistungsverbesserungen für Familien mit Kindern. Mit der Novellierung des Gesetzes wurde der Anspruch auf Wohlfahrtsleistungen des Staates auf alle Familien ausgedehnt. Zuvor hatte er nur für jene Familien gegolten, in denen beide Elternteile berufstätig waren (Walke 2003: 448). Außerdem wurde festgelegt, dass alleinstehende Mütter von nun an höhere finanzielle Hilfen beantragen durften und ihnen ein Recht auf Konsultationen in entsprechenden Beratungszentren (*jidō sōdanjo*[184]) eingeräumt wurde (Metzler

---

[184] Gemäß Kinderwohlfahrtsgesetz betreiben alle 47 Präfekturen Japans solche Kinderberatungszentren, in welchen speziell geschulte Berater (*jidō fukushishi*) arbeiten. Deren in Artikel 1 des Kinderwohlfahrtsgesetzes formulierter Auftrag besteht darin, dafür zu sorgen, dass Japans Kinder „beschützt und geliebt" werden (*seikatsu o hoshō sare, aigo sarenakereba naranai*).

2005: 20). Kernstück der Gesetzesreform war die Flexibilisierung des Zuteilungsverfahrens zur Unterbringung von Kleinkindern in geeigneten Betreuungseinrichtungen. Dazu wurden die Aufnahmemodalitäten überarbeitet. Eltern durften von nun an selbst nach Kinderbetreuungseinrichtungen mit freien Plätzen suchen und waren nicht länger auf eine Zuweisung von öffentlicher Seite angewiesen. Ausschlaggebend war damit fortan das Nutzungsprinzip (*riyō keiyaku hōshiki*) (Metzler 2004: 291). Des Weiteren wurde eine teilweise Erweiterung der Öffnungszeiten verfügt (Fukuda 2001: i).

Auch die Reform des Kinderwohlfahrtsgesetzes ging vielen Kritikern nicht weit genug. Grundsätzlich wurde moniert, sie orientiere sich nicht ausreichend an den Bedürfnissen von Eltern und Kindern. Die unterschiedlichen Argumente der Kritiker des neuen Gesetzes hat Manuel Metzler untersucht (Metzler 2004: 292). Je nach Interessengruppe unterschieden sich die jeweiligen Kritikpunkte. Wissenschaftler aus dem Bereich der Genderforschung wiesen beispielsweise darauf hin, dass weiterhin an einem ausgeprägt konservativen Familienbild (mit der Kernfamilie, einschließlich der Festlegung von Frauen auf ihre Rolle als Vollzeithausfrau beziehungsweise Ehefrau im Zentrum) festgehalten und dieses Modell sogar zur Basis der Hilfsstruktur gemacht wurde (Ochiai 1997: 169–186). Vor allem hätten Kriterien wie Familienstruktur und Ehestatus nicht länger die Grundlage für Entscheidungen über den Erhalt von Unterstützungsleistungen sein dürfen. Dieses Argument zielte unter anderem auf die systematische Benachteiligung alleinstehender Frauen mit Kindern ab. Von einem Teil der Kritiker wurde die Gesetzesreform im Nachhinein als Instrument des neoliberalen Regierungskurses jener Zeit interpretiert, welcher zu stark die Interessen der urbanen Mittelschicht beziehungsweise des Staates widerspiegelte. Insofern habe die Reform falsche Ziele gesetzt und den dringend erforderlichen Ausbau der Hilfen für Kinder aus unteren Einkommensschichten vernachlässigt (Fukuda 2001: i). Auch die Angaben des MHW zur Erhöhung der Zahl der Betreuungsplätze und zu den verlängerten Kita-Öffnungszeiten wurden von einigen Kritikern in Frage gestellt. Beispielsweise äußerte der Sozialpädagoge Haruo Asai entsprechende Zweifel (Asai 1998: 66–71). Außerdem beklagten Elternvereine, dass Verbesserungen der Kindertagesstätten sich oft nur auf Ankündigungen in Form von Programmen beschränkt hätten, aber tatsächlich gar nicht umgesetzt worden wären (Fuboren 2003). Darüber hinaus wurde die zu geringe Überwachung der Qualität des ausgebauten Angebots moniert. So beschwerte sich etwa die Gewerkschaft der Heim- und Hortangestellten (*Zenkoku fukushi hoiku rōdō kumiai*), dass die verstärkte Einstellung von Teilzeit-Hortangestellten zu einer Verschlechterung der Betreuungsqualität in den Kitas führen würde.[185]

Fasst man die verschiedenen Argumente der Kritiker der Reform des Kinderwohlfahrtsgesetzes zusammen, so wird deutlich, dass die Erweiterung der darin geregelten Wohlfahrtsleistungen zwar grundsätzlich begrüßt wurde. Gleichzeitig wurden jedoch die mangelnde Konsequenz sowie die zu geringe Transparenz der Maßnahmen negativ bewertet und ein zu starkes Verharren in konservativen Denkmustern beklagt, welches als wesentliches Hindernis auf dem Weg zu einer ernsthaften und grundlegenden Umgestaltung der Familienpolitik zum Vorteil hilfebedürftiger Eltern und Kinder galt.

Die Fertilitätssituation in Japan ist naturgemäß eng mit der Lebenssituation der potentiellen Mütter verknüpft. Parallel zum wachsenden Problembewusstsein hinsichtlich des fortschreitenden Geburtenrückgangs rückte deshalb gegen Ende der 1990er Jahre auch die Auseinandersetzung mit der Frage nach der Stellung von Frauen in der japanischen Gesellschaft allmählich stärker in den Fokus des politischen Interesses. Für den kontinuierlichen Geburtenschwund wurde immer öfter auch die Unzufriedenheit einer großen Zahl von Frauen mit der ihnen von der Gesellschaft, aber auch von den eigenen Familien, aufgebürdeten Pflegelast verantwortlich gemacht. Immer mehr junge Frauen zogen offensichtlich eine, durch eigenständige Erwerbsarbeit gesicherte ökonomische Unabhängigkeit der trostlosen Aussicht auf eine Existenz in der vielbeschworenen „Pflegehölle" (*kaigo jigoku*) vor, auch wenn dies den Verzicht auf die Verwirklichung häufig sehr wohl vorhandener Kinderwünsche bedeutete. Gerade die offenkundige Diskrepanz zwischen mehrheitlich vorhandenem Kinderwunsch und der Realität einer dauerhaft sinkenden Fertilitätsrate zwang die politischen Verantwortlichen verstärkt dazu, auf der Suche nach Wegen aus der demografischen Krise auch die Pluralisierung der Lebensentwürfe junger Frauen zu berücksichtigen.

Schon Jahre zuvor war das niedrige Fertilitätsniveau als „Streik der Bäuche" interpretiert worden, der seine Ursache in der Unzufriedenheit der Frauen mit ihren familiären und beruflichen Entfaltungsmöglichkeiten habe.[186] Dieser Interpretation zufolge ist es geradezu unvermeidlich, dass die Frauen in Japan den Ruf nach mehr Babys so lange zurückweisen, wie der von ihnen zunehmend selbstbewusster vertretene Anspruch auf persönliche Entfaltungsfreiheit jenseits traditioneller Familien- und Beziehungsmuster bei der Politikgestaltung nicht hinreichend be-

---

185 Ausführlicher siehe Metzler 2004: 292.
186 Entsprechend äußerte sich Muriel Jolivet in der Le Monde-Ausgabe vom 20.04.1993. Angabe aus: Institut für Asienkunde 1993: 77.

rücksichtigt wird (Suzuki 1995). Dieser einleuchtende Zusammenhang findet seit einiger Zeit auch innerhalb des politischen Systems Japans Widerhall. Der seit Ende der 1990er Jahre erkennbare politische Wille, den Abbau geschlechtsspezifischer Benachteiligungen von Frauen[187] voranzutreiben, entspringt insofern nicht unmittelbar einem plötzlich gesteigerten Gerechtigkeitsempfinden der nach wie vor von Männern dominierten politischen Klasse des Landes, sondern, ebenso wie andere potentiell familienpolitisch wirksame Maßnahmen, in erster Linie dem Wunsch einer wachsenden Zahl von Politakteuren, die demografische Alterung der Gesellschaft durch die Anhebung des Fertilitätsniveaus aufzuhalten oder wenigstens zu verlangsamen. Mit Blick auf dieses übergeordnete Ziel wurden daher verstärkt auch frauenpolitische Reformbemühungen auf verschiedenen Ebenen unternommen. Zum einen wurde 1999 das, seit dem Inkrafttreten ob seiner zu geringen Verbindlichkeit stark kritisierte, Chancengleichheitsgesetz einer Revision unterzogen (Walke 2003: 448). Zum anderen wurden aber auch die männlichen Japaner im Rahmen einer staatlichen Kampagne aufgefordert, sich stärker an den familiären Pflichten zu beteiligen, um ihre Partnerinnen zu entlasten. Die als „Sam-Kampagne" betitelte Aktion[188] war im März 1999 vom MHW initiiert worden und wandte sich über verschiedene Wege, wie Fernsehen, Radio und Printmedien, an die japanischen Männer. Ihr erklärtes Ziel war es, junge Väter dazu zu bewegen, sich stärker an der Kindererziehung zu beteiligen und mehr Zeit mit ihrem Nachwuchs zu verbringen (Roberts 2002: 76).

Ebenfalls in Form einer staatlichen Kampagne wurden Bemühungen unternommen, die langen Wartezeiten auf Kita-Plätze zu verkürzen beziehungsweise entsprechende Wartelisten gänzlich überflüssig zu machen. Die praktischen Schwierigkeiten bei der Unterbringung des Nachwuchses in Kinderbetreuungseinrichtungen stellten, besonders in Großstädten wie Tokyo, seit langem ein großes Problem für junge Mütter dar, welches der angestrebten Verbesserung der Vereinbarkeit von Erwerbstätigkeit und Familienleben abträglich war. Im Juli 2001 hatte das Regierungskabinett ein Maßnahmenpaket angenommen, dessen explizites Ziel die Erleichterung der Vereinbarkeit von Arbeit und Kindererziehung war.[189] Auf der Grundlage dieser Initiative wurde auch eine Kampagne zur Abschaffung der Wartezeiten auf Kita-Plätze gestartet.

---

[187] Eingehend mit geschlechtsspezifischen Ungleichheiten in der japanischen Gesellschaft beschäftigt sich u.a. Karen Shire. Vgl. Kevenhörster/Pascha/Shire 2010: 206–208.

[188] Für die Erklärung des Kampagnennamens und weitere Einzelheiten siehe Roberts 2002: 76.

[189] Ausführlich dazu siehe Foundation for Children's Future 2003: 9.

Neben staatlichen Kampagnen setzten sich auch unabhängige Initiativen für eine Verbesserung der sozialen und gesundheitlichen Lebensbedingungen von Müttern und Kindern ein und wurden dabei von der japanischen Regierung ausdrücklich ermutigt. Im Fall der Initiative „Sukoyaka Oyako 21" (Gesunde Familie 21) mündeten die Aktivitäten mit Unterstützung des MHLW[190] sogar in eine landesweite Kampagne. Diese warb für die umfassende Neuausrichtung der japanischen Familien- und Sozialpolitik. An der Entwicklung des Konzepts waren Experten aus verschiedenen Gesellschaftsbereichen, beispielsweise Universitätsprofessoren, Leiter von Kinderbetreuungseinrichtungen und Gesundheitszentren, Vertreter von Familienfördervereinen, Regionalpolitiker etc. beteiligt.[191]

Zusammenfassung

Der Versuch einer Bewertung der familienpolitischen Entwicklungen in Japan zwischen Mitte der 1990er Jahre und Beginn der 2000er Jahre führt zunächst zu der Feststellung, dass es in dieser Zeitspanne zu einer Verlagerung der Schwerpunkte innerhalb der demografiepolitischen Debatte gekommen ist. Im Zentrum des Interesses blieb zwar auch weiterhin die Alterungsproblematik, doch gewann der Aspekt des anhaltenden Geburtenrückgangs respektive der Möglichkeiten, ihn zu begrenzen oder umzukehren, immer größere Bedeutung. Der sich durch die Fortsetzung des negativen Fertilitätstrends zunehmend erhöhende Handlungsdruck auf die politischen Akteure bedingte eine deutliche Dynamisierung der familienpolitischen Aktivitäten. Im Hinblick auf die in dieser Arbeit behandelte Fragestellung nach der Qualität der familienpolitischen Veränderung ist besonders die Einführung neuer Instrumente hervorzuheben. Der Beschluss eines familienpolitischen Fünfjahresplans (Angel Plan) zur Verbesserung der Lebensbedingungen von Eltern und deren Kindern markierte im Dezember 1994 den Beginn einer neuen Ära der Familienpolitik in Japan. Auch wenn die mangelnde Verbindlichkeit der Zielsetzungen kritisiert wurde, gingen von dieser Maßnahme doch wichtige Impulse für den Umgang mit Familien- und Frauenfragen in der Politik aus. Der Plan wurde 1999 als New Angel Plan neu aufgelegt und die ursprünglichen Zielsetzungen erweitert. Bezeichnend war dabei der ressortübergreifende Ansatz der enthaltenen Maßnahmen. Er belegt, welchen hohen Stellen-

---

[190] Das MHW (Ministry of Health and Welfare; Ministerium für Gesundheit und Soziales) wurde im Jahr 2001 mit dem Arbeitsministerium (MOL, Ministry of Labour) zusammengelegt. Seither ist das aus dieser Fusion hervorgegangene MHLW (Ministry of Health, Labour and Welfare; Ministerium für Gesundheit, Arbeit und Soziales) für familien- und sozialpolitische Fragen zuständig.

[191] Genaue Angaben siehe MHLW 2000.

wert die Fertilitätskrise für das politische System Japans zu diesem Zeitpunkt bereits erlangt hatte. Über die Notwendigkeit, die zur Überwin-
dung der Krise erforderlichen politischen Kräfte zu bündeln, besteht seither weitgehender politischer Konsens. Auch die Tatsache, dass der Erfolg
einzelner Maßnahmen langfristig und in regelmäßigen Abständen überprüft und bewertet wird, zeigt, dass der Ausbau familienpolitischer Leistungen als gesellschaftspolitisches Erfordernis durchaus ernst genommen
wird. Die Einbeziehung eines möglichst breiten Spektrums unterschiedlicher Optionen zur Verbesserung der Lebensbedingungen von Eltern mit
Kindern ist eines der wesentlichen Merkmale des neuen familienpolitischen Stils seit Mitte der 1990er Jahre. In dieses Bild passen auch landesweit angelegte Kampagnen, wie etwa die „Sam-Kampagne" oder die
Initiative „Sukoyaka Oyako 21", welche den eingeleiteten familienpolitischen Kurswechsel flankierten. Mit dem in Japan häufig angewandten
Mittel der Kampagne wurde der Versuch unternommen, einen allgemeinen Bewusstseinswandel bezüglich tradierter Normen und Einstellungen,
beispielsweise hinsichtlich der geschlechtsspezifischen Rollenverteilung
innerhalb der japanischen Familie, zu bewirken, welche sich im Lichte der
demografischen Krise zunehmend als problematisch für die gewünschte
Dynamisierung des Reproduktionsgeschehens erwiesen hatten. Auch die
Formulierung familienpolitischer Leitlinien und die Verabschiedung
eines entsprechenden Basisgesetzes belegen zum einen den gestiegenen
Stellenwert dieses Politikbereiches und zum anderen das Bestreben, die
notwendige Neuausrichtung der Familienpolitik in einen übergeordneten
konzeptionellen Rahmen einzubetten.

Entscheidend für die Frage nach der Qualität der politischen Veränderung im Sinne einer stärkeren Betonung bevölkerungspolitischer Elemente ist, dass der Schwerpunkt der oben aufgezählten Aktivitäten zunächst auf der Bewältigung des Geburtenrückgangs mit sozial- und familienpolitischen Mitteln lag. Ein klares Bekenntnis zu einer dezidiert bevölkerungspolitischen Zielsetzung wurde jedoch lange, auch aufgrund
des während der Nachkriegszeit bestehenden Tabus eindeutig pronatalistischer Aktivitäten, vermieden. Zudem stand der im konservativen
politischen Lager vertretene Grundsatz, dass Familien für die soziale
Absicherung ihrer Mitglieder, mit Ausnahme besonderer Härtefälle,
selbst verantwortlich seien, einer Wiederbelebung pronatalistischer Bestrebungen zunächst entgegen.

Viele Einzelmaßnahmen wurden vor dem Hintergrund des Wunsches
nach einer Umkehrung des negativen Fertilitätstrends gegen die tatsächlichen Überzeugungen der konservativen politischen Kräfte in Japan
durchgesetzt. Zu Beginn der 2000er Jahre trat die bevölkerungspolitische
Motivation der familienpolitischen Reformen immer stärker zutage und

deutete bereits einen entsprechenden Paradigmenwechsel an. Aus der Feststellung, dass es sich bei der Renaissance pronatalistischer Zielsetzungen nicht um ein punktuelles Ereignis, sondern um einen graduellen, sich über eine längere Zeitspanne erstreckenden Prozess handelte, folgt, dass sich dieser Paradigmenwechsel nur schwer auf einen präzise zu benennenden Zeitpunkt festlegen lässt. Obgleich das eindeutige öffentliche Bekenntnis zum staatspolitischen Ziel der Steigerung der Fertilitätsrate bis zur Antrittsrede von Junichirō Koizumi nach seiner Wahl zum Premierminister im Jahr 2001 fehlte, waren viele Bedingungen für den Nachweis eines solchen Wechsels zu diesem Zeitpunkt bereits erfüllt. Da jedoch für den Nachweis eines Politikwechsels dritter Ordnung gemäß der hier verwendeten Systematik Peter Halls neben der Einführung neuer politischer Instrumente auch die Bedingung einer unmissverständlich kommunizierten Änderung der übergeordneten Zielsetzung als Leitmotiv dieser Aktivitäten erfüllt sein muss, ist die Zeitspanne zwischen der Verabschiedung des Angel Plans 1994 und dieser Rede Koizumis als eine Phase der familienpolitischen Veränderung zweiter Ordnung zu interpretieren. Sie kann somit als Übergangsphase auf dem Weg zu einem bevölkerungspolitisch geprägten Paradigmenwechsel der japanischen Familienpolitik angesehen werden, wobei gegen Ende dieser Periode aufgrund der ungebrochenen negativen Fertilitätstendenz die bevölkerungspolitische Motivation der politischen Akteure immer offenkundiger zutage trat.

Einer weiteren Analyse der familienpolitischen Entwicklung seit 2001 sollen im nachfolgenden Abschnitt zunächst einige Bemerkungen zu praktischen Aspekten des Poilcy-Making in Japan, einschließlich der Bedeutung normativer Rahmenbedingungen, in Form eines kurzen Exkurses vorangestellt werden, da teilweise beträchtliche Unterschiede zur politischen Kultur in Deutschland bestehen.

5.4.3.7 Exkurs: Policy-Making in Japan

Politisches Handeln erfolgt stets eingebettet in die kulturellen Traditionen und gesellschaftlichen Normen des jeweiligen Bezugsraums und ist losgelöst von diesen Zusammenhängen nicht sinnvoll zu begreifen und zu bewerten. Politische Abstimmungs- und Entscheidungsprozesse in Japan folgen daher zwangsläufig anderen Mustern als etwa in Deutschland. Auf einige landesspezifische Aspekte des Policy-Making in Japan soll daher in diesem Abschnitt kurz eingegangen werden. Dabei sind zunächst religiös und kulturell vermittelte Denkstrukturen anzusprechen, die bis heute die Grundlage gesellschaftlicher Interaktionen und somit auch des politischen Handelns bilden. Anschließend wird kurz die herausragende Bedeutung erläutert, welche den (Ministerial-)Bürokraten als Teil der politischen Elite Japans für die Gestaltung der staatlichen Familienpolitik zukommt.

Das japanische Denken wird vor allem von drei großen geistig-religiösen Strömungen beherrscht: dem Shintō, dem Buddhismus und dem Konfuzianismus (Pauer 1995: 29). Diese Strömungen tragen bei aller Unterschiedlichkeit Züge in sich, die sich gegenseitig unterstützen und eine weithin und in der Regel unbewusst anerkannte Grundhaltung der meisten Japaner prägen (Pauer 1995: 30).

Der Shintō richtet sich in seinen Aussagen vor allem auf das diesseitige Leben. Das einzelne Individuum existiert innerhalb eines Kontinuums, über welches es mit der vergangenen und zukünftigen Welt in Verbindung steht. Es plant seine Zukunft, formuliert entsprechende Ziele und bemüht sich, diese zu erreichen, ohne dass absolute Vorschriften bestehen, auf welche Weise diese Ziele zu realisieren sind. Die Diesseitsorientierung kennzeichnet auch den Buddhismus. Sie äußert sich in der Tendenz, die praktische, weltliche Moral und die menschlichen Beziehungen zu betonen sowie existierende Probleme eher zu ertragen als sie unter allen Umständen lösen zu wollen. Die konfuzianische Lehre wiederum hatte und hat einen starken Einfluss auf die soziale Ethik innerhalb der japanischen Gesellschaft. Dabei ist zu berücksichtigen, dass sich die Übernahme der ursprünglich in China entwickelten konfuzianischen Lehre in Japan vorwiegend auf jene darin enthaltenen Elemente bezog, die sich mit den bereits vorhandenen (Shintō) beziehungsweise bereits zuvor aus dem Ausland übernommenen (Buddhismus) Geistesströmungen vereinbaren ließen (ebd.). Der Konfuzianismus beschreibt vor allem das Verhältnis von Menschen unterschiedlicher sozialer Gruppen, etwa zwischen Herrscher und Untertan oder verschiedener hierarchischer Ebenen innerhalb der Familie, wobei die jeweiligen sozialen Pflichten zu erstrebenswerten Tugenden erklärt werden. Alle drei Strömungen zeichnen sich durch eine relativ starke Diesseitsorientierung aus, aus der sich ein in der japanischen Gesellschaft verbreiteter Hang zum Pragmatismus ableitet. Dieser ist ausgeprägter als in weiten Teilen der westlichen Welt, wo das Denken stärker von übergeordneten Prinzipien dominiert wird. Im europäischen Kulturraum werden eher feste Prinzipien betont, aus denen dann Gebote, Gesetze und Grundsätze für bestimmte Handlungen abgeleitet werden können (Pauer 1995: 30). So betrachtet ist das Denken auch in Deutschland stärker prinzipiengeleitet als in Japan. Dort hingegen werden, beeinflusst von den oben aufgeführten geistig-religiösen Strömungen, seltener Prinzipien beziehungsweise explizite Gebote formuliert, sondern eher Verhaltensregeln angeboten, indem bestimmte Situationen und das für diese angemessene Verhalten exemplarisch beschrieben werden. Dabei wirken weniger explizite Normen, von denen sich ein grundlegender Geltungsanspruch ableiten ließe. Angemessenes Verhalten hängt vielmehr stark von den jeweils gegebenen Rahmenbedingungen ab. Diese Denkstruktur betont mithin eher die Zielsetzung bezüglich einer bestimmten Thematik und weniger ein dogmatisch wirkendes Prinzip. Auf diese Weise besteht für den/die Handelnden innerhalb einer konkreten Situation ein höheres Maß an Freiheit bezüglich der Wahl der anzuwendenden Regeln zur Erreichung des angestrebten Ziels. Kurz gesagt, die Handlungsweise wird vornehmlich durch das Ziel definiert (ebd.).

Entsprechend ist es auch wenig sinnvoll, das politische Handeln in Japan nach der Einhaltung übergeordneter Prinzipien und langfristiger Konzepte zu bewerten. Sie existieren in der Regel nicht (Pauer 1995: 31). Grundlage politischer Prozesse sind meist Zielsetzungen, die sich aus jeweils wirkenden Rahmenbedingungen ableiten lassen beziehungsweise über welche, vermittelt durch den jeweiligen Kontext, ein möglichst breiter Konsens erzielt werden kann.

Für die praktische Seite des Policy-Making in Japan ist das Konzept des Konsenses von herausragender Bedeutung.[192] Dieses bezieht sich sowohl auf die Zusammenarbeit unterschiedlicher politischer Akteure als auch auf die weitgehende Akzeptanz bestimmter kultureller und normativer Grundpositionen innerhalb der Gesellschaft. Die Verständigung auf einen gesellschaftlichen Grundkonsens bezüglich bestimmter Themen wird durch die Selbstwahrnehmung der Japaner als ethnisch homogenes Volk, den ausgeprägten Konformismus und den weitgehend als gemeinsam erlebten Sozialisationsprozess begünstigt. Dies bedeutet aus staatspolitischer Perspektive, dass der gesetzgeberische und bürokratische Aufwand umso geringer ist, je höher der gesellschaftliche Grundkonsens hinsichtlich konkreter politischer Zielsetzungen ist. Aus diesem Grund werden solche Zielsetzungen häufig nicht allzu detailliert formuliert, sondern in Form von Schlagworten, etwa im Rahmen groß angelegter Kampagnen, transportiert. Durch den insofern oft allgemeinen Charakter politischer Zielformulierungen in Japan wird Raum für Interpretationen gelassen, der die Wahrscheinlichkeit der Akzeptanz der vermittelten Botschaften für möglichst weite Teile der Gesellschaft erhöht. Wäre ein Ziel zu klar definiert, würde es jeweils nur einen kleineren Teil der Bevölkerung ansprechen, im Umkehrschluss eine höhere Zahl von Menschen ausgrenzen und so einen geringeren Mobilisierungseffekt für die Umsetzung des Ziels bedeuten (Pauer 1995: 42). Besteht jedoch erst einmal ein ausreichender gesellschaftlicher und politischer Konsens be-

---

[192] Dazu siehe auch Kevenhörster 1993: 97.

züglich einer bestimmten Zielsetzung, kann die Aufforderung zur Umsetzung der zur Realisierung dieses Ziels erforderlichen Regeln sowohl formell-institutionell, etwa durch politische Komitees etc., als auch informell, das heißt durch Appelle an Personen, Personengruppen und Organisationen, erfolgen. Die Einbeziehung verschiedener sozialer Gruppierungen bei der Verständigung auf akzeptable und erfolgversprechende Regeln beziehungsweise Strategien ist dabei ein häufig eingesetztes Mittel, um die Durchschlagskraft einer Kampagne zu erhöhen und ihre praktische Umsetzung zu sichern.

Typischerweise folgt staatliche Politik in Japan also folgendem Handlungsmuster: Es werden zunächst relativ allgemeine Ziele formuliert, die häufig bereits einen Konsens verschiedener Gremien und Personengruppen darstellen, welche ihrerseits verschiedene Bevölkerungsteile repräsentieren.[193] Sich auf die erreichten Gemeinsamkeiten stützend, werden sie schließlich als „nationale" Ziele verfolgt. Dies geschieht oft in Form von Kampagnen, die in der Regel breite Unterstützung finden. Auch diese „nationalen" Ziele werden nicht als dogmatisch aufgefasst, sondern können bei sich verändernden Umständen nachträglich angepasst werden, was dieser Vorgehensweise ein hohes Maß an Flexibilität verleiht.

Der Japanwissenschaftler Erich Pauer weist darauf hin, dass dieses häufig als „strategischer Pragmatismus" verstandene Handlungsmuster bisweilen der Fehldeutung westlicher Beobachter unterliegt, das Vorhandensein einer Strategie im Sinne einer planmäßigen Vorgehensweise anzunehmen. Dabei ist es geradezu ein Merkmal der japanischen Politik, dass die Ansteuerung übergeordneter, staatspolitischer Ziele keiner solchen Planmäßigkeit folgt, sondern die zu ihrer Erreichung konsensuell und situationsbedingt vermittelten Regeln meist eine nichtstaatliche Basis besitzen und in erheblichem Maße einer ebenfalls nichtstaatlichen Ausführung und Kontrolle unterworfen sind (Pauer 1995: 46). Diese Vorgehensweise wird dabei durch bestimmte, aus der Tradition überlieferte Denkmuster geprägt. Das unter anderem im Konfuzianismus wurzelnde Streben nach Sittlichkeit im Sinne von „gesellschaftsförderlich" wird dabei auf die Nation als Einheit projiziert (ebd.).

Im Allgemeinen besteht bei politischen Prozessen in Japan eine deutliche Top-Down-Orientierung.[194] Eine zentrale Rolle bei der Formulierung von Zielsetzungen, der Suche nach konsensfähigen Kompromissen sowie bei der praktischen Umsetzung von Politik kommt dabei den Be-

---

[193] Dazu siehe auch Interview mit Makoto Atoh (Anhang).

[194] Eine übersichtliche Darstellung des politischen Prozederes vom Entwurf bis zur Verabschiedung neuer Gesetze findet sich bei Yasumasa Kuroda. Vgl. Kuroda 2005: 63f.

amten der jeweiligen Ministerien zu.[195] Diese Bürokraten bilden eine politische Elite, die sich ihrer Bedeutung für die politische und gesellschaftliche Entwicklung des Landes durchaus sehr bewusst ist.[196] Sie rekrutiert sich zum großen Teil aus Absolventen der besten Universitäten Japans und genießt hohes Ansehen in der Bevölkerung. Bei der überwiegenden Zahl der Ministerialbeamten handelt es sich um exzellent ausgebildete Experten, die innerhalb ihres Tätigkeitsbereichs in der Regel über fundiertes Fachwissen verfügen.[197]

Der maßgeblich durch diese Experten kontrollierte Top-Down-Politikansatz Japans bietet den Vorteil hoher Konsistenz und Rationalität hinsichtlich politischer Initiativen. Da gewöhnlich bei der Ausarbeitung politischer Konzeptionen auch Erfahrungen aus dem Ausland berücksichtigt werden, besteht zudem die Möglichkeit, von Erfolgen oder Misserfolgen anderer Staaten zu lernen und daraus Strategien für das eigene Land abzuleiten. Ein Beispiel für die Adaption eines ursprünglich aus Deutschland stammenden politischen Instruments ist die Pflegeversicherung, die in Japan im Jahr 2000 eingeführt wurde. Ein Nachteil der elitären Stellung der Ministerialbürokraten besteht in der Gefahr, dass eine solche Konstellation zu einer gewissen Arroganz respektive Unaufmerksamkeit gegenüber Problemen führen kann, welche die Experten nicht wahrnehmen oder nicht wahrnehmen wollen (Boling 1998: 185).

Die häufigste Form politischer Interaktion innerhalb dieser von Bürokraten gesteuerten Prozesse ist die interministerielle Konkurrenz um Ressourcen. Diese Feststellung bezieht sich nicht ausschließlich auf den Aspekt finanzieller Unterstützung für die jeweils von den betreffenden Ministerien präferierten Projekte, sondern auch auf die Aufmerksamkeit für diese Vorhaben (Boling 1998: 186). Diese ist die grundlegende Voraussetzung für die Realisierung konkreter Vorhaben.

Für die Reformierung der Familienpolitik erweist sich gerade dieser Zusammenhang als problematisch, da es kein auf familienpolitische Belange zugeschnittenes Ministerium gibt, welches für die Anliegen von Familien und Kindern werben könnte. Aufgrund des Fehlens eines separaten Familienministeriums werden familienpolitische Aufgaben arbeitsteilig von verschiedenen Ministerien übernommen. Die Konkurrenz der

---

[195] Mit den Rahmenbedingungen für politisches Handeln in Japan, der Rolle der Ministerialbürokratie und der (vergleichsweise schwachen) Machtposition des Premierministers setzt sich Verena Blechinger-Talcott auseinander. Vgl. Blechinger-Talcott 2006.

[196] Ausführlich zur herausragenden Bedeutung der Ministerialbürokratie für die japanische Politik siehe auch Kevenhörster/Pascha/Shire 2010: 285–290.

[197] Dazu siehe auch Boling 2004: 18.

Ministerien untereinander steht dem Anspruch der Entwicklung einer konsistenten familienpolitischen Strategie entgegen. Da familienpolitische Belange in Japan überwiegend als Teil der Sozialpolitik aufgefasst werden, wird die Abstimmung von Initiativen wie des oben erörterten Angel Plans in der Regel durch das MHLW koordiniert. Trotz dieser Zuteilung erweist sich die Verständigung auf ein konsistentes Gesamtkonzept vor dem Hintergrund der organisatorischen Rahmenbedingungen als schwierig. So ist auch in Zukunft zu erwarten, dass die japanische Familienpolitik immer wieder unterschiedliche Ansätze hervorbringt, um das Ziel der Anhebung der Gesamtfertilitätsrate zu erreichen. Die verschiedenen Ansätze können dabei durchaus gleichzeitig verfolgt werden. Diese Herangehensweise mag aus der Perspektive westlicher Beobachter eine übergeordnete Konzeption vermissen lassen, allerdings zeichnet sie sich durch ein vergleichsweise hohes Maß an Flexibilität aus und spiegelt die innerhalb des politischen Systems Japans häufig erkennbare Tendenz zu pragmatischen Problemlösungen wider. Zudem ist festzuhalten, dass zumindest bezüglich der grundlegenden Problematik eines zu niedrigen Fertilitätsniveaus und der daraus resultierenden Krisenerwartungen durchaus ein breiter Konsens besteht, der die Voraussetzung für eine, wenn schon nicht im Sinne des westlichen Begriffsverständnisses strategische, so doch durchaus zielgerichtete und auf die Dynamisierung des Reproduktionsgeschehens ausgerichtete Familienpolitik darstellt.

5.4.3.8 Phase 3 – Bevölkerungspolitisch akzentuierte Reorganisation der Familienpolitik

Seit 2001 hat die Entwicklung der japanischen Familienpolitik einen weiteren Dynamisierungsschub erfahren. Aufgrund der ausbleibenden Erfolge der bis zu diesem Zeitpunkt unternommenen Bemühungen, das Reproduktionsverhalten der Japaner positiv zu beeinflussen, wurden nicht nur die Aktivitäten für eine Modernisierung der Familienpolitik noch intensiver vorangetrieben, sondern auch stärker als zuvor das eigentliche Ziel, nämlich die Anhebung der Fertilitätsrate, kommuniziert. Dies ist insofern bemerkenswert, als ein klares Bekenntnis zu pronatalistischen Zielsetzungen zumindest auf staatspolitischer Ebene lange als problematisch gegolten hatte. Seit Ende des Zweiten Weltkriegs hatten in Japan, ähnlich wie dies auch in Deutschland der Fall war, starke Vorbehalte gegenüber staatlicher Geburtenförderung bestanden, die einem Tabu entsprechender Bestrebungen gleichkamen. Dieses hatte sich zwar im Laufe der 1990er Jahre aus Sorge vor den möglicherweise negativen Folgen einer demografischen Alterung der Bevölkerung bereits abgeschwächt. Dennoch markiert das Jahr 2001 einen Wendepunkt auf dem Weg zu einer Renaissance pronatalistischer Bevölkerungspolitik in Japan. Auf höchster Ebene wurde nun die Anhebung der Geburtenrate als Hauptziel der Familienpolitik, ja sogar als eines der wichtigsten politischen Ziele des Landes überhaupt benannt. In seiner ersten Rede vor dem japanischen Parlament stellte der neu gewählte Premierminister Junichirō Koizumi das Problem der sinkenden Reproduktionsrate und die daraus resultierende Verschärfung der demografischen Alterung ins Zentrum seiner Ausführungen. Er versprach gleichzeitig gezielte Maßnahmen zur Geburtenförderung, um dieses Problem zu lösen. Anschließend traf er sich mit der Vorsitzenden des Kabinettsbüros für Gleichstellungsfragen Mariko Bandō zu einer ausführlichen Besprechung (Roberts 2002: 83). Bandō, selbst berufstätige Mutter, empfahl, vor allem die Bedingungen für die Vereinbarkeit von Arbeit und Familie zu verbessern und zunächst das Problem der langen Wartelisten für die Aufnahme von Kindern in Kitas in Angriff zu nehmen.[198] Tatsächlich wurde gerade dem Aspekt der mangelhaften Vereinbarkeit dieser beiden Lebensbereiche für karriereorientierte Japanerinnen mit Kinderwunsch während der Regierungszeit Koizumis besondere Aufmerksamkeit zuteil.

Eine rasche Maßnahme zur Verbesserung der Situation erwerbstätiger Mütter war die Anhebung der Höhe der Lohnfortzahlung für die Zeit der Inanspruchnahme eines Erziehungsurlaubs von 25 Prozent (seit 1995) auf 40 Prozent noch im gleichen Jahr. Außerdem wurde die Maximaldauer des Erziehungsurlaubs für Regierungsangestellte auf drei Jahre erhöht sowie das Recht auf die Inanspruchnahme von Kindergeld auf alle Kinder bis zu einem Alter von 6 Jahren (zuvor für Kinder bis 3 Jahre) ausgedehnt (Atoh/Akachi 2003: 7).

Auch ein weiteres, im November 2001 einstimmig verabschiedetes Gesetz belegte den Willen der Koizumi-Regierung, die Vereinbarkeit von Erwerbstätigkeit und Familienengagement zu verbessern. Die seit April 2002 geltende Regelung sollte es Angestellten erleichtern, sich um ihre kranken Kinder zu kümmern. Das Gesetz schreibt Unternehmen vor, Anstrengungen zu unternehmen, Arbeitnehmer, die zu Hause kranke Kinder im Grundschulalter haben, von der Arbeit freizustellen. Allerdings war diese Forderung für die Unternehmen nicht verbindlich beziehungsweise waren bei Zuwiderhandlung keine Sanktionen vorgesehen. Vielmehr wurden Unterstützungen in Höhe von 300.000 bis 400.000 Yen für Betriebe gewährt, welche die Bestimmungen umsetzten (Institut für Asienkunde, Hamburg 2002: 34).

---

[198] Dazu siehe Businessweek Online 09.06.2003.

Die im September 2002 vom MHLW gestartete und auf die Dauer von zehn Jahren angelegte Plus-One-Initiative (*Shōshika taisaku purasu wan*) stellte den Versuch einer Bündelung der Anstrengungen zur Verbesserung der Lebensbedingungen berufstätiger Eltern dar. Bemerkenswert ist der Umstand, dass die vollständige Bezeichnung der Maßnahme explizit auf das Ziel einer positiven Beeinflussung der Geburtenrate verweist.[199] Dies kam de facto einem Bekenntnis zur pronatalistischen Zielsetzung der Familienpolitik auf staatspolitischer Ebene gleich. Es mag daher paradox erscheinen, dass diese dennoch gleichzeitig auch geleugnet wurde. Die zunehmenden politischen Bemühungen, das Fertilitätsniveau zu stabilisieren oder anzuheben, wurden tatsächlich vor allem mit dem angestrebten Ausbau der sozialen Wohlfahrt und der Verbesserung der Familienfreundlichkeit begründet. Im Rahmen der Befragung für einen 2002 erschienenen UN-Bericht über Bevölkerungspolitik in verschiedenen Staaten gab die japanische Regierung an, keine geburtenfördernde Politik zu betreiben (United Nations 2002). Als Grund für die Vermeidung eines deutlichen Bekenntnisses zu pronatalistischen Maßnahmen ist das bereits mehrfach angesprochene Tabu von Bevölkerungspolitik anzusehen, dass seit Ende des Zweiten Weltkriegs bestand. Aufgrund der negativen Konnotation, welche diesem Begriff seit der Herrschaft der japanischen Militärregierung anhaftete, wurde ein allzu direkt kommuniziertes entsprechendes Bekenntnis offenbar als politisch zu heikel eingeschätzt. Ähnliches gilt auch für Deutschland, dessen offizielle Position zu diesem Thema zu Beginn der 2000er Jahre weitgehend der japanischen entsprach (Atoh/Akachi 2003: 7).

Die offensichtliche Diskrepanz zwischen dem von der Regierung sowie den in die Plus-One-Initiative involvierten Ministerien kommunizierten Ziel der Dynamisierung des Reproduktionsgeschehens und der gleichzeitigen Leugnung entsprechender, explizit pronatalistischer Bemühungen war zu diesem Zeitpunkt geradezu kennzeichnendes Merkmal der japanischen Familienpolitik. Diese in sich widersprüchliche Haltung stieß jedoch kaum auf Kritik, weil auch innerhalb der japanischen Gesellschaft das Ziel der Geburtenförderung mittlerweile auf breite Akzeptanz stieß. Die dafür erforderlichen Maßnahmen wurden daher mehrheitlich nicht vorrangig unter dem Aspekt der Rückkehr zu einem staatlichen Pronatalismus bewertet, sondern vielmehr überwiegend als notwendige Reformen des Wohlfahrtssystems aufgefasst, ohne die der demografische Wandel in Zukunft nicht würde bewältigt werden können. Bereits seit Mitte der 1990er Jahre befürwortete eine Mehrheit der Japaner

---

[199] Die genaue Bezeichnung ins Deutsche übersetzt lautet: Maßnahmen gegen den Rückgang der Geburtenrate Plus Eins.

gezielte politische Bemühungen, um das Kinderkriegen für junge Menschen attraktiver zu machen und so den Verlauf der demografischen Alterung abzumildern (NIPSSR 1995: 21). Die Politik griff somit lediglich ohnehin in der Gesellschaft etablierte Überzeugungen auf. Die faktisch auf eine staatliche Geburtenförderung und somit durchaus auf zielgerichtete pronatalistisch-bevölkerungspolitische Interventionen hinauslaufenden familienpolitischen Aktivitäten riefen daher insgesamt kaum grundsätzliche Kritik hervor, obwohl damit das Tabu bevölkerungspolitischer Einmischungen durch den Staat, wenn auch nicht explizit, zur Disposition gestellt wurde. In der öffentlichen Wahrnehmung existierte der Konflikt schlicht nicht, weil er von der Krisenvision eines dramatisch überalterten Landes überlagert wurde. Ab Anfang der 2000er Jahre wurde die bevölkerungspolitische Prägung der japanischen Familienpolitik dennoch immer deutlicher sichtbar.

Die Plus-One-Initiative richtete sich vor allem an Kommunen und Unternehmen, die dazu gedrängt wurden, eigene Aktionspläne auszuarbeiten und umzusetzen, um die in der Initiative formulierten Zielsetzungen zu erreichen und so die Entscheidung junger Menschen für Kinder nachhaltig zu erleichtern. Für Betriebe mit mehr als 300 Mitarbeitern war das Vorlegen eines konkreten Aktionsplans verpflichtend. Auch kleinere Firmen, für die eine solche Pflicht nicht ausdrücklich bestand, wurden angehalten, auf freiwilliger Basis Pläne auszuarbeiten. Der Zeitrahmen für die Erfüllung der Vorgaben war weit gefasst. Bis September 2006, also fünf Jahre nach Start der Initiative, hatten schließlich 99,7 Prozent der Unternehmen mit mehr als 300 Angestellten einen Aktionsplan bei der jeweiligen, für arbeitspolitische Belange zuständigen kommunalen Verwaltungsinstitution vorgelegt. Bis Oktober 2006 hatten zudem auch alle Präfekturen und Kommunen ihre Pläne vorgelegt.[200] Diese Zahlen lassen jedoch insbesondere für die erfassten Unternehmen kaum Rückschlüsse auf die Effektivität der jeweils rapportierten Bemühungen hinsichtlich der Verbesserung der Familienfreundlichkeit zu, da die Angaben nicht systematisch überprüft wurden. Außerdem sah die Plus-One-Initiative keine Sanktionen für jene Betriebe vor, die ihre Pläne nicht wie angegeben umsetzten.

Auf Basis der Plus-One-Initiative wurde im März 2003 im Rahmen einer Ministerkonferenz ein weiterer Plan zur zügigen Implementierung von Unterstützungsmaßnahmen für die Erziehung der nächsten Generation (*Jisedai ikusei shien ni kansuru tōmen no torikumi hōshin*) verabschiedet.[201] Er widmete sich vorrangig dem Aspekt der mangelnden Ressour-

---

[200] Ausführlicher dazu siehe Foundation for Children's Future 2007: 7.
[201] Siehe auch Schad-Seifert 2006: 12.

cen vieler Privathaushalte und Kommunen für eine umfassende Kindererziehung und regte an, diese Aufgabe zukünftig stärker gesamtgesellschaftlich zu betrachten. Die Gesellschaft als Ganzes wurde darin dafür verantwortlich gemacht, ein Umfeld zu schaffen, das es ermöglicht, Kinder gesund an Körper und Geist aufwachsen zu lassen. Der Plan mündete später in das im April 2005 erlassene Gesetz zur Förderung von Strukturen zur Unterstützung bei der Erziehung der nächsten Generation. Dieses implementierte einen Aktionsplan, der Gemeinden und lokale Unternehmen dazu anregen sollte, Unterstützungsmaßnahmen auch auf institutioneller Ebene zu verankern (Schad-Seifert 2006: 12).

Im Juli 2003 wurde ein neues Basisgesetz für Maßnahmen zum Umgang mit einer Gesellschaft mit sinkender Geburtenrate (*Shōshika shakai taisaku kihon-hō*) verabschiedet, welches bereits im September des gleichen Jahres in Kraft trat. Das Augenmerk war dabei vor allem auf das Ziel einer aktiven Geburtenförderungspolitik gerichtet. Auf Grundlage dieses Gesetzes wurde zunächst eine beratende Versammlung, der Rat für Maßnahmen zum Umgang mit einer Gesellschaft mit sinkender Geburtenrate (*Shōshika shakai taisaku kaigi*), als Spezialorgan des Kabinettsbüros gegründet, dessen Vorsitzender der Premierminister war und dem alle Kabinettsmitglieder als Ratsmitglieder angehörten. Die Aufgabe dieses Rates war es, wie durch das Gesetz bestimmt, Richtlinien für umfassende, nachhaltige und langfristig angelegte Maßnahmen zur Bekämpfung des Geburtenrückgangs zu entwickeln (Foundation for Children's Future 2007: 8).

Dies geschah im Dezember 2004 mit der Verabschiedung des Konkreten Aktionsplans über die wichtigsten Maßnahmen zur Bekämpfung des Rückgangs der Kinderpopulation (*Shōshika shakai taisaku taikō ni motozuku jūten-shisaku no gutaiteki jisshi keikaku ni tsuite*) oder kurz „Hilfsplan für Kinder und Kindererziehung" (*Kodomo – kosodate ōen puran*). Der umgangssprachlich auch als „New New Angel Plan" bezeichnete Aktionsplan enthielt Maßnahmen, die systematisch vom Staat in Kooperation mit Kommunen und lokalen Unternehmen umgesetzt werden sollten. Für die Realisierung war, ebenso wie für die beiden Vorläufer (Angel Plan [1994], New Angel Plan [1999]), ein Zeitraum von fünf Jahren, beginnend mit dem Fiskaljahr 2005, geplant. Insgesamt waren über 130 Einzelmaßnahmen vorgesehen, die vier verschiedenen Themenkomplexen zugeordnet waren. Diese entsprachen den folgenden, für die Erreichung des übergeordneten Ziels einer Anhebung des Geburtenniveaus in Japan als besonders bedeutsam erachteten Kernaufgaben:

1. Jugendliche und junge Erwachsene zu mehr Eigenständigkeit zu ermutigen sowie Kinder in ihrer Entwicklung so zu fördern, dass diese zu charakterfesten Individuen heranreifen,

2. Männer und Frauen durch eine verbesserte Vereinbarkeit von Karriere und Familienleben bei der Kindererziehung zu unterstützen,

3. Das Verständnis junger Menschen für die Würde des Lebens sowie die Bedeutung einer eigenen Familie, eines Heims etc. zu vertiefen,

4. Die gegenseitige Unterstützung und Solidarität (privater Haushalte und öffentlicher Institutionen) bei der Kindererziehung zu verbessern.

Für jeden dieser Themenkomplexe wurden diverse Einzelmaßnahmen vorgestellt.[202] Über die Festlegung auf die innerhalb dieser Themenfelder umzusetzenden Maßnahmen hinaus wurden Szenarien entwickelt, die als recht allgemein gehaltene Beispiele für eine Idealgesellschaft formuliert wurden, in der durch ein größtmögliches Maß an Familien- und Kinderfreundlichkeit optimale Voraussetzungen für eine Umkehrung des Fertilitätstrends bestünden. Der New New Angel Plan stellt bis heute die Basis der japanischen Politikbemühungen zur Eindämmung des demografischen Wandels dar. Er ist außerdem indirekt als Gradmesser für den derzeit zwischen den verschiedenen politischen Lagern und anderen involvierten Interessengruppen erzielbaren familienpolitischen Konsens zu begreifen.

Einen weiteren Markstein für den bevölkerungspolitisch motivierten Kurswechsel in Japan stellte die Aufstellung des zweiten Kabinetts von Premierminister Koizumi im November 2003 dar.[203] Erstmals wurden die Problemfelder Geburtenrückgang und Geschlechtergleichstellung direkt bei der Zuteilung der Verantwortungsbereiche berücksichtigt. Der Kabinettschefsekretär wurde gleichzeitig als Staatsminister für Geschlechtergleichstellung berufen (zunächst Yasuo Fukuda, LDP, 19.11.2003–07.05.2004; danach Hiroyuki Hosoda, LDP, 07.05.2004–31.10.2005). Die politische Auseinandersetzung mit dem Komplex der rückläufigen Gesamtfertilität fiel in die Zuständigkeit der Vorsitzenden der Nationalen Kommission für Öffentliche Sicherheit, Kiyoko Ono (LDP), die nun gleichzeitig Staatsministerin für die Erziehung der Jugend und die Bekämpfung des Geburtenrückgangs (sowie für Lebensmittelsicherheit) wurde. Mit der Umbildung des Kabinetts am 27.09.2004 wechselte die Verantwortung dafür ins Ressort der Justizministerin (Chieko Nōno, LDP). Diese Aufteilung wurde bis zur erneuten Umbildung des (dritten)

---

[202] Ausführlicher dazu siehe Foundation for Children's Future 2007: 10.
[203] Zweites Kabinett Koizumi: 19.11.2003–27.09.2004.

Kabinetts[204] der Regierung Koizumi im Oktober 2005 beibehalten. Im Zuge dieser Neuordnung wurde zum ersten Mal das Amt eines Staatsministers für Geburtenrückgang und Geschlechtergleichstellung eingerichtet. Erste Ministerin war Kuniko Inoguchi (LDP). Sie leitete jedoch kein eigenes Ministerium, ihr Amt war vielmehr direkt im Kabinettsbüro des Premierministers angesiedelt. Mit der Schaffung dieses bis heute bestehenden Amtes[205] wurden erstmals die Bereiche Geschlechtergleichstellung und Bekämpfung des Geburtenrückgangs zusammengeführt.

Die Einrichtung eines eigenen Ministeramtes ist hinsichtlich zweier Aspekte bemerkenswert. Zum einen belegt dieser Schritt den gestiegenen Stellenwert, der dem gesamten Themenkomplex des Fertilitätsrückgangs und der gesellschaftlichen Situation von Frauen seit Mitte der 2000er Jahre beigemessen wird. Zum anderen ist auch die Verknüpfung beider Problemfelder interessant, da sie auf der obersten Ebene des japanischen Staatswesens die Einsicht der politischen Akteure dokumentiert, dass eine der maßgeblichen Ursachen für den anhaltenden Geburtenrückgang in den Defiziten hinsichtlich der Geschlechtergleichstellung in Japan besteht.

Ebenfalls im Oktober 2005 wurde im Rahmen einer außerordentlichen Klausurtagung zum Thema des Geburtenrückgangs mit dem Kabinettsrat für die Einführung von Maßnahmen zur Bekämpfung des Geburtenrückgangs ein neuer Expertenrat gegründet. Diesem Rat gehörten neben den für die Implementierung solcher Maßnahmen relevanten sechs Ministern (Kabinettschefsekretär; Minister für innere Angelegenheiten und Kommunikation; Minister für Bildung, Kultur, Sport, Wissenschaft und Technologie; Minister für Gesundheit, Arbeit und Soziales; Minister für Wirtschaft, Handel und Industrie; Minister für Grund und Boden, Infrastruktur und Transportwesen) auch die neue Ministerin für Geburtenrückgang und Geschlechtergleichstellung, Kuniko Inoguchi, sowie acht Gelehrte aus der Privatwirtschaft und Wissenschaft an. Den Vorsitz dieses Gremiums übernahm Ministerin Inoguchi. Die vornehmliche Auf-

---

[204] Drittes Kabinett Koizumi: 31.10.2005–26.09.2006.

[205] Stand Juli 2011. In dem am 08.06.2010 gebildeten Kabinett des gegenwärtigen Premierministers Naoto Kan war der Posten zunächst durch Kōichirō Genba (DPJ) besetzt worden, der zusätzlich auch für die Reform des Beamtenwesens zuständig war. Nachdem Genba im Zuge der ersten Umbildung des Kabinetts Kan am 17.09.2010 als Staatsminister für „neues Gemeinwesen" berufen wurde, übernahm Tomiko Okazaki (DPJ) den Posten der Staatsministerin für die Bekämpfung des Geburtenrückgangs und Geschlechtergleichstellung (ebenfalls zuständig für Verbraucherschutz und Lebensmittelsicherheit). Mit der zweiten Umbildung des Kabinetts Kan am 14.01.2011 wurde Kaoru Yosano (DPJ) als Staatsminister für Wirtschafts- und Finanzpolitik sowie für die Bekämpfung des Geburtenrückgangs und Geschlechtergleichstellung ernannt.

gabe bestand darin, konkrete Lösungsvorschläge zur Bewältigung der Fertilitätskrise zu erarbeiten. Dabei wurden vor allem drei Themenbereiche diskutiert[206]:

1. Unterstützung bei der Kindererziehung und -betreuung sowohl für Familien als auch für Kommunen,
2. Maßnahmen zur familienfreundlichen Modifikation von Arbeits- und Arbeitszeitmodellen,
3. Finanzielle Unterstützung.

Der Expertenrat kam insgesamt zehnmal zu fachlichen Diskussionen und politischen Beratungen zusammen und veröffentlichte im Mai 2006 seinen Bericht. Darin schlug er folgende Grundsätze vor, auf welchen die zukünftige Politik des Staates zur Bekämpfung des Geburtenrückgangs aufbauen sollte[207]:

1. Es sind Gegenmaßnahmen gegen die negative Fertilitätsentwicklung zu treffen, die jeweils die Interessen der Kinder zu berücksichtigen haben.
2. Es ist unabdingbar, ein System zu etablieren, in welchem die Gesellschaft als Ganzes Haushalte mit Kindern bei ihren Erziehungsaufgaben unterstützt.
3. Es sind sowohl eine Balance zwischen Familien- und Erwerbsleben als auch eine Verbesserung hinsichtlich der Gleichstellung der Geschlechter erforderlich.
4. Maßnahmen zur Bekämpfung des Geburtenrückgangs sind vor allem als Teil einer Politik für Familien zu begreifen.

Der Bericht beschränkte sich nicht nur auf die Formulierung von Leitprinzipien, sondern führte auch konkrete Vorschläge zu den verschiedenen Themenfeldern an. Ein die meisten Einzelmaßnahmen prägender Grundsatz betraf die Kooperation möglichst vieler verschiedener Akteure der japanischen Gesellschaft, die dazu aufgerufen wurden, ihre Anstrengungen zu bündeln und zu koordinieren, um gemeinsam das Ziel einer insgesamt kinder- und familienfreundlicheren Gesellschaft zu verwirklichen. So sollte beispielsweise die Tagesbetreuung von Kindern durch die Schaffung eines Netzwerks von Familien, Kommunen und Unternehmen optimiert werden. Auch zur Verbesserung der Vereinbarkeit von Erwerbsarbeit und familiärem Engagement unterbreitete der Bericht des Expertenrates Vorschläge.[208]

---

[206] Siehe Foundation for Children's Future 2007: 11.
[207] Siehe Foundation for Children's Future 2007: 11.
[208] Ausführlicher siehe Foundation for Children's Future 2007: 12.

Um für ihre Pläne zu werben, entschied sich die Regierung, die für die Bekämpfung des Geburtenrückgangs zuständige Ministerin Inoguchi auf eine landesweite Tour in die Regionen des Landes zu entsenden, wo sie in Form von Blockseminaren mit den jeweiligen Kommunalpolitikern die Umsetzung der Vorschläge des Expertenrates beraten sollte. Die Kommunen erbaten ihrerseits bezüglich der Umsetzung einzelner Maßnahmen weitere Konkretisierungen. Außerdem regten sie an, statt kommunaler Lösungen stärker landesweit gültige Regelungen zu fördern.[209] Ungeachtet der Einwände gegen einige Aspekte der Regierungspläne, vor allem hinsichtlich Details zur konkreten Umsetzung der geburtenfördernden Maßnahmen, wurde die grundsätzliche Zustimmung hinsichtlich der Notwendigkeit, politisch gegen den Geburtenrückgang aktiv zu werden, hervorgehoben.

Am 20. Oktober 2006 wurde auf Grundlage dieser Konsultationen ein weiteres Maßnahmenpaket vorgestellt, welches innerhalb eines gemeinsamen Komitees der Regierung, hochrangiger LDP-Politiker und führender Parlamentarier des Oberhauses diskutiert und dessen Details von einem unterhalb dieses Gremiums installierten Subkomitee ausgearbeitet wurde.[210] Die Maßnahmenbeschlüsse des Komitees spiegelten das Bewusstsein für die dringende Notwendigkeit wider, die Belange von Kindern und Familien politisch stärker zu berücksichtigen. Vor dem Hintergrund der Geringschätzung von Familienfragen während früherer Jahrzehnte können sie insofern auch als Indiz für den Bedeutungswandel aufgefasst werden, den Familienpolitik in Japan seit Mitte der 2000er Jahre erfahren hat. Begründet wurde die deutlich kommunizierte Motivation, die Maßnahmen zur Anhebung der Geburtenrate auszuweiten und noch energischer als zuvor voranzutreiben, mit drei grundsätzlichen Feststellungen[211]:

1. Seit 2005 sinkt die japanische Bevölkerungszahl.
2. Sollte die demografische Entwicklung in gleicher Richtung und Geschwindigkeit weiter verlaufen, würde dies nicht nur ernsthafte Probleme für die Volkswirtschaft und das soziale Sicherungssystem bedingen, sondern den Staat und die Gesellschaft elementar bedrohen.
3. Bislang war die Regierung trotz ihrer Bemühungen seit Mitte der 1990er Jahre nicht in der Lage, eine Trendwende hinsichtlich der negativen Fertilitätsentwicklung herbeizuführen.

---

[209] Zu den einzelnen Maßnahmenbereichen siehe Foundation for Children's Future 2007: 12.
[210] Zur genauen Zusammensetzung dieses Gremiums siehe Foundation for Children's Future 2007: 13.
[211] Foundation for Children's Future 2007: 15.

Das neue Maßnahmenpaket enthielt, ähnlich wie die vorangegangen Initiativen, eine große Zahl an Vorschlägen, um Japan insgesamt familien- und kinderfreundlicher zu gestalten. Problematisch war jedoch weiterhin die mangelnde Implementierung und Kontrolle der Maßnahmen. Das Konzept verkörperte die neue politische Leitlinie im Kampf gegen den Rückgang der Geburtenzahl, die es fortan bei der Gestaltung und Reformierung anderer Politikbereiche zu berücksichtigen galt. Konkrete Veränderungen, die sich daraus ableiteten, betrafen beispielsweise die finanzielle Unterstützung von Eltern, hauptsächlich in Form von Erziehungsgeld und Steuervorteilen, sowie neue Vorschriften zur Gesundheitsberatung infertiler Paare und schwangerer Frauen. Zusätzlich wurden einige neue Kampagnen aufgelegt, welche die positiven Aspekte des Familienlebens beziehungsweise der Eltern-/Mutterschaft betonen sollten. Die Maßnahmen des Jahres 2006 beinhalteten eine Erweiterung der Regelungen für gezielte Steuererleichterungen zugunsten von Familien beziehungsweise von Haushalten mit versorgungsabhängigen Personen.[212] Unter anderem enthielten die Regelungen folgende Steuerermäßigungen für Familien mit Kindern[213]:

- Reduktion der Einkommenssteuer um 380.000 Yen pro Kind
- Reduktion wohnsitzbezogener Steuern um 330.000 Yen pro Kind
- Erhöhte Abschläge (gestaffelt von 450.000 Yen bis 630.000 Yen) für Familien mit Kindern zwischen 16 und 22 Jahren

Die stärkere steuerliche Berücksichtigung von Kindern verursachte eine Steigerung der staatlichen Ausgaben für die soziale Absicherung versorgungsabhängiger Personen um 48,9 Mrd. Yen gegenüber dem Vorjahr (2005). Seit 2001 waren die Ausgaben in diesem Bereich um etwa 70 Prozent gestiegen.[214]

Auch das Bezugsalter für die Inanspruchnahme von Kinder- beziehungsweise Erziehungsgeldleistungen wurde 2006 erneut angehoben. Die seit 2004 wirksame Förderung für Kinder bis zum dritten Schuljahr wurde nun auf Kinder bis zum sechsten Schuljahr erweitert. Zudem wurde die für die Feststellung einer Förderfähigkeit festgelegte Einkommensgrenze der Eltern abgesenkt, so dass nunmehr 90 Prozent der Eltern

---

[212] Das Recht, steuerliche Erleichterungen für die Versorgung abhängiger Familienmitglieder geltend zu machen, ist nicht ausschließlich auf Familien mit Kindern beschränkt, sondern bezieht sich ebenso auf Familien respektive Haushalte mit versorgungsabhängigen alten Menschen, wobei die jeweiligen Fördersätze unterschiedlich geregelt sind.

[213] Siehe Foundation for Children's Future 2007: 43.

[214] Ebd.

mit Kindern im Bezugsalter tatsächlich anspruchsberechtigt waren. Die Gesamtzahl der so geförderten Kinder belief sich im Fiskaljahr 2006 auf 13.070.000, die Höhe der staatlichen Ausgaben auf 858,2 Mrd. Yen. Dies entspricht einer Erhöhung der Zahl der mittels Kinder- beziehungsweise Erziehungsgeldleistungen geförderten Kinder um das 4,9-fache im Vergleich zu 1992.[215]

Das 2006 beschlossene Maßnahmenpaket zur Bekämpfung des Geburtenrückgangs sah außer der Erhöhung der staatlichen Ausgaben zur Unterstützung von Familien mit Kindern auch landesweite Kampagnen vor, mit denen das gesellschaftliche Ansehen von Familien mit Kindern verbessert werden sollte. Es wurden Kampagnen mit verschiedenen familienbezogenen Zielsetzungen initiiert, darunter Aktionen zur:

* Stärkung von Familienwerten und der Verbundenheit von Familien mit der jeweiligen Heimatregion,
* Steigerung der Wertschätzung von Kindern,
* Achtung des Wertes des Lebens (mit dem Ziel der Senkung der Abtreibungsrate, Anm. d. Verf.).

In der Hoffnung, eine landesweite Bewegung auslösen zu können, wurden in vielen Kommunen Familientage oder Familienwochen eingeführt, die einerseits die Kinderfreundlichkeit der betreffenden Kommunen aufwerten und andererseits dazu dienen sollen, möglichst vielen Einwohnern im Rahmen unterschiedlicher Veranstaltungen und Feste die Vorzüge des Familienlebens näher zu bringen.[216]

Im Februar 2006 entschied das MHLW als Teil der Initiative „Gesunde Familie 21" (*Sukoyaka Oyako 21*), einer nationalen Kampagne zur Förderung der Gesundheit von Eltern respektive Müttern und deren Kindern im 21. Jahrhundert, ein ‚Mutterschaftslogo' zu entwerfen (Abb. 17). Das MHLW kooperierte hierbei mit zwei weiteren Ministerien, dem Ministerium für Land, Infrastruktur und Transport sowie dem Ministerium für Bildung, Kultur, Sport, Wissenschaft und Technologie. Das Tragen eines der kostenlos verteilten Anstecker mit diesem Logo sollte helfen, den Alltag werdender Mütter sicherer und angenehmer zu gestalten. In Verbindung mit ähnlich gestalteten Postern sollte er dazu beitragen, etwa in Zügen, Restaurants oder am Arbeitsplatz das Bewusstsein für die mögliche Anwesenheit und die speziellen Bedürfnisse Schwangerer zu schärfen.

---

[215] Foundation for Children's Future 2007: 23.
[216] Für eine Aufzählung entsprechender Kampagnen siehe Foundation for Children's Future 2007: 18.

Abb. 17: Mutterschaftslogo Japan

Deutsche Übersetzung des Logo-Textes: „Ich trage ein Baby in meinem Bauch"
(„*Onaka ni akachan ga imasu*")

Ab dem 1. August 2006 beteiligten sich 16 Eisenbahngesellschaften der Metropolregion Tokyo an diesem Projekt.[217] Darüber hinaus gründete das MHLW einen Rat zur Förderung der Vereinbarkeit von Erwerbs- und Privatleben. Flankierend wurde ein System zur Subventionierung kleiner und mittelständischer Unternehmen etabliert, die sich um ein ausgewogenes Verhältnis von Arbeit und Freizeit für ihre männlichen Angestellten bemühen.

Im Dezember des gleichen Jahres wurden weitere pronatalistische Maßnahmen beschlossen. So wurde die Verdopplung der Kindergeldzahlungen von monatlich 5.000 auf 10.000 Yen angekündigt. Außerdem passierte ein Gesetz zur Reformierung des Gesundheitssystems das Parlament, das einige als besonders familienfreundlich beworbene Neuerungen enthielt, die jedoch gleichzeitig auch unzweifelhaft das pronatalistische Kalkül der neueren japanischen Familienpolitik belegten. So wurde die Beihilfepauschale zur Kindgeburt und Geburtsnachsorge auf 350.000 Yen angehoben sowie der Zugang zu kostenreduzierter medizinischer Untersuchung und Behandlung von Kleinkindern verbessert, indem die Anspruchsberechtigung nun auf alle Vorschulkinder ausgedehnt wurde.[218] Eine ebenfalls eindeutig als bevölkerungspolitisch motiviert aufzufassende Maßnahme betraf die Erhöhung der maximalen Bezugsdauer der bereits zum Fiskaljahr 2004 eingeführten staatlichen Beihilfe zu den Kosten einer Unfruchtbarkeitsbehandlung in Höhe von 100.000 Yen pro Jahr, welche zum Fiskaljahr 2006 auf fünf Jahre erweitert

---

[217] Siehe Foundation for Children's Future 2007: 63.
[218] Vgl. Foundation for Children's Future 2007: 21–31.

wurde.[219] Sie sollte dazu beitragen, zumindest die finanziellen Hemmnisse einer künstlichen Befruchtung für infertile Paare zu reduzieren und
den betreffenden Personen so einen Anreiz bieten, einen solchen Schritt
überhaupt in Erwägung zu ziehen.

5.5 Resümee

Zwischen 2001 und 2006 kam es in Japan zu einer deutlichen Zunahme
politischer Aktivitäten mit dem Ziel einer (Wieder-)Anhebung des Fertilitätsniveaus. Die pronatalistische Neuorientierung der japanischen Familienpolitik ist an einer Vielzahl von Einzelaspekten abzulesen, die in
ihrer Gesamtheit das Bild einer deutlichen Abkehr des während der
Nachkriegsjahrzehnte bestehenden Tabus staatlicher Bevölkerungspolitik und somit eines familienpolitischen Paradigmenwechsels zeichnen.

Unmittelbar zu Beginn seiner Amtszeit im April 2001 proklamierte
Premierminister Junichirō Koizumi die Geburtenförderung als eines der
wichtigsten Ziele der künftigen Staatspolitik Japans. Das offen kommunizierte Bekenntnis zu dieser Zielsetzung kam faktisch einer endgültigen
Abkehr von dem bereits in den 1990er Jahren aufgeweichten Dogma des
Verzichts auf staatliche Bevölkerungspolitik gleich, auch wenn dieser
Aspekt weder innerhalb des politischen Systems noch im Rahmen der
öffentlichen Debatte nennenswerte Beachtung fand. Im Vordergrund des
Demografiediskurses stand vielmehr seit längerem die sowohl innerhalb
der japanischen Gesellschaft als auch innerhalb des politischen Systems
verbreitete und überdies zunehmende Besorgnis vor einem langfristigen
wirtschaftlichen und sozialen Rückschritt Japans im Falle des Verzichts
auf politische Anstrengungen zur Dynamisierung des Fertilitätsgeschehens. Das hohe Maß an grundsätzlicher Zustimmung zu geburtenfördernden Maßnahmen innerhalb der japanischen Gesellschaft erübrigte
gewissermaßen eine eingehende Auseinandersetzung mit Fragen der
Legitimation eines pronatalistischen Kurswechsels in der Familienpolitik. Die Rechtfertigung zuvor lange abgelehnter, zielgerichteter bevölkerungspolitischer Interventionen seitens des Staates erfolgte insofern weitgehend stillschweigend auf Basis vielfach geteilter Krisenerwartungen
bezüglich der prognostizierten demografischen Entwicklung und mutmaßlich negativer Konsequenzen für das Wirtschafts- und Sozialsystem
des Landes.

Pointiert formuliert umfasst die Reorganisation der japanischen Familienpolitik seit der ersten Regierungsbildung Koizumis insgesamt vier

---

[219] Vgl. Foundation for Children's Future 2007: 24ff.

integrative Elemente, die allesamt dem Ziel der Dynamisierung des Fertilitätsgeschehens dienen:

1. Die Einführung neuer und den Ausbau bestehender familienpolitischer Instrumente,
2. Die Schaffung eines eigenen Ministeramtes für Geburtenförderung und Geschlechtergleichstellung,
3. Die Implementierung neuer Gremien für die Politikberatung sowie zur Vorbereitung konkreter familienpolitischer Maßnahmen,
4. Neue Formen der Kommunikation bevölkerungs- und familienpolitischer Zielsetzungen.

zu 1.) Der Ausbau bestehender Instrumente zur Familien- und Geburtenförderung umfasste vor allem die Ausweitung bestehender Transferleistungen für Familien mit Kindern, etwa in Form einer Reduktion der Einkommenssteuer, aber auch wohnsitzbezogener Steuern; die Erhöhung von steuerlichen Freibeträgen; die Anhebung des Kinder- und Erziehungsgeldes sowie die Aufstockung der Geburtenbeihilfe. Zusätzlich zur Anhebung des finanziellen Fördervolumens wurde auch der Zugang zu diesen Förderleistungen durch die Erhöhung des Bezugsalters für Kinder- und Erziehungsgeld erleichtert und ausgeweitet.

Gänzlich neue Maßnahmen waren die Einführung eines Gesetzes zur Verbesserung der Vereinbarkeit von Erwerbstätigkeit und Familienleben im Jahr 2001; die im September 2002 vom MHLW gestartete Plus-One-Initiative; das im Juli 2003 verabschiedete Basisgesetz für Maßnahmen zum Umgang mit einer Gesellschaft mit sinkender Geburtenrate; der landläufig als New New Angel Plan bezeichnete Aktionsplan über Maßnahmen zur Bekämpfung des Rückgangs der Kinderpopulation aus dem Jahr 2004 (in Kraft seit Januar 2005); die Einführung von finanziellen Beihilfen für die Behandlung von Infertilitätsbehandlungen (eingeführt 2004, aufgestockt 2006); sowie ein äußerst umfangreiches und breit gefächertes Maßnahmenpaket zur Geburtenförderung im Jahr 2006.

zu 2.) Ab 2003 wurde die Zuständigkeit für die Koordination von Maßnahmen zur Geburtenförderung und Frauengleichstellung in Japan erstmals auf staatlich-ministerialer Ebene verankert. Zunächst wurde die Verantwortung für beide Fachbereiche dem Kabinettschefsekretär übertragen, zwischenzeitig wechselte die Verantwortung ins Justizressort. Ab Oktober 2005 wurde schließlich ein eigenes Ministeramt geschaffen, das seither durchgängig unter allen Regierungen beibehalten wurde. Die Institutionalisierung der Geburten- und Frauenförderung in Form eines eigenen Ministeramtes offenbart nicht nur, dass das Phänomen des demografischen Wandels sowie, mittlerweile prominent hervorgehoben, das Problem der dauerhaften Unterjüngung der japanischen Gesellschaft seit einigen Jahren innerhalb des politischen Systems größte Aufmerksamkeit erfahren. Sie belegt außerdem den Anspruch und die Entschlossenheit sämtlicher Regierungen seit dem Amtsantritt Koizumis 2001, dem prognostizierten Verlauf der Entwicklung mit gezielt pronatalistisch-bevölkerungspolitischen Maßnahmen unter Einsatz beträchtlicher administrativer und finanzieller Mittelaufwendungen begegnen zu wollen. Darüber hinaus ist die bewusste Verknüpfung der thematischen Schwerpunkte der Fertilitätsentwicklung und des Gender Mainstreaming als Indiz dafür zu werten, dass die Frage der Lebens- und Arbeitsbedingungen japanischer Frauen nach Jahrzehnten der weitgehenden Ignoranz durch das überwiegend von Männern dominierte politische System Japans, wenngleich auch erst im Gefolge wachsender demografischer Zukunftsängste, endlich auf die politische Agenda gelangt ist.

zu 3.) Ebenfalls in die Amtszeit Koizumis fiel die Einrichtung neuer Gremien für die Politikberatung sowie zur Vorbereitung konkreter familienpolitischer Maßnahmen. Im Jahr 2003 nahm der Rat für Maßnahmen zum Umgang mit einer Gesellschaft mit sinkender Geburtenrate als Spezialorgan des Kabinettsbüros seine Tätigkeit auf. Ab 2005 wurde mit dem noch breiter aufgestellten Kabinettsrat für die Einführung von Maßnahmen zur Bekämpfung des Geburtenrückgangs ein neuer Expertenrat gegründet. Diesem Rat gehörten neben den für die Implementierung familienpolitischer respektive bevölkerungspolitischer Maßnahmen relevanten sechs Ministern (Kabinettschefsekretär; Minister für innere Angelegenheiten und Kommunikation; Minister für Bildung, Kultur, Sport, Wissenschaft und Technologie; Minister für Gesundheit, Arbeit und Soziales; Minister für Wirtschaft, Handel und Industrie; Minister für Grund und Boden, Infrastruktur und Transportwesen) auch die neue Ministerin für Geburtenrückgang und Geschlechtergleichstellung, Kuniko Inoguchi, sowie acht Gelehrte aus der Privatwirtschaft und Wissenschaft an. Spätestens mit der Einrichtung dieses Rates wurde die strategische Politikberatung im Kontext bevölkerungspolitischer und familienpolitischer Problemstellungen als integratives, ressortübergreifend koordiniertes und wissenschaftsfundiertes Instrument installiert und insofern die japanische Demografiepolitik auf eine gänzlich neue Basis gestellt.

zu 4.) Seit einigen Jahren ist in Bezug auf das Werben der jeweiligen Regierungen um gesellschaftliche und politische Zustimmung für die bevölkerungspolitischen und dezidiert pronatalistischen Zielsetzungen der japanischen Familienpolitik auch ein neuer Kommunikationsstil erkennbar. Dieser zeichnet sich unter anderem dadurch aus, dass die in den letzten Abschnitten erörterten staatspolitischen Ambitionen allmählich offensiver vertreten werden und die erforderliche Unterstützung für die avisierten Maßnahmen, etwa in Form der Beteiligung von Unternehmen und Kommunen an der Erarbeitung und Umsetzung familien- und frauenfreundlicher Konzepte, vehementer denn je eingefordert wird. Exemplarisch sei auf die landesweite Tour der Staatsministerin für Geburtenrückgang und Geschlechtergleichstellung, Kuniko Inoguchi, im Sommer 2006 verwiesen. Die Ministerin reiste in die verschiedenen Regionen des Landes, wo sie die Pläne der Regierung im Rahmen von Blockseminaren erläuterte und den Dialog mit den Kommunen und lokalen Unternehmen suchte. Die Ergebnisse dieser Konsultationen flossen schließlich direkt in die weitere Gestaltung der Familienpolitik ein. Das konstruktive Einbinden möglichst vieler, für die Familien- und Frauenpolitik relevanter Akteure darf als eines der charakteristischen Merkmale der jüngeren japanischen Familienpolitik angesehen werden. Der Anspruch dieser Familienpolitik geht also weit über die Reform einzelner Instrumente hinaus. Das erklärte Ziel besteht vielmehr darin, die gesamte Gesellschaft familienfreundlicher zu machen und so eine nachhaltige Verbesserung des sozialen Klimas für junge Familien zu erreichen. Eine insgesamt familienfreundliche soziale Umwelt gilt mittlerweile als Voraussetzung für die Wiederbelebung des Reproduktionsgeschehens.

In diese Richtung weist auch die Kampagne zur Verbreitung eines Mutterschaftslogos. Dabei soll ein von werdenden Müttern kostenlos zu erwerbender Anstecker in Verbindung mit ähnlich gestalteten, in öffentlichen Räumen (Züge, Restaurants, Arbeitsplatz etc.) platzierten Postern dazu beitragen, in der Gesellschaft das Bewusstsein für die Bedürfnisse und die besondere Schutzbedürftigkeit schwangerer Frauen zu schärfen.

Die Verknüpfung der hier aufgezählten vier integrativen Elemente der japanischen Familienpolitik seit 2001 lässt eine explizit pronatalistische und mithin eindeutig bevölkerungspolitische Zielsetzung erkennen. In der Gesamtheit der unterschiedlichen Maßnahmen und Neuerungen wird die Tendenz zu gesellschaftsübergreifenden politischen Konzeptionen zur Lösung des bestehenden Fertilitätsproblems offensichtlich. Der familienpolitische Gesamtansatz geht dabei weit über die bloße Justierung oder Neuinstallation einiger familienpolitischer Instrumente hinaus. Die Parallelität der Neugestaltung des familienpolitischen Instrumentariums und der explizit formulierten, aber auch an sämtlichen familienpolitischen Aktivitäten der jüngeren Vergangenheit abzulesenden Neudefinition der übergeordneten Zielsetzung der Familienpolitik in Japan erfüllt somit alle Bedingungen, um gemäß der Konzeption Peter Halls zum Nachweis politischer Veränderungen einen Paradigmenwechsel zu konstatieren.

Zum einen sind in den letzten Jahren etliche, gänzlich neue familienpolitische Instrumente eingeführt worden. Zum anderen ist durch die implizite, aber auch explizit kommunizierte pronatalistisch-bevölkerungspolitische Akzentuierung der Familienpolitik seit 2001 das bis dahin aufrechterhaltene, obgleich bereits in den 1990er Jahren geschwächte Dogma der staatlichen Nichteinmischung in Fragen der Bevölkerungsentwicklung faktisch überwunden worden. Die Beeinflussung der Bevölkerungsentwicklung mit Mitteln der Familien- und Frauenpolitik wird nicht länger tabuisiert, sondern avancierte seither geradezu zur demografiepolitischen Staatsdoktrin. Für den in diesem Kapitel untersuchten Fall Japans lässt sich somit ein bevölkerungspolitisch geprägter Paradigmenwechsel in der Familienpolitik gemäß der Hypothese dieser Arbeit eindeutig belegen.

6 DEUTSCHLAND

In diesem Kapitel soll in systematisch analoger Weise, wie zuvor für den Fall Japans, ausgehend von einer Darstellung der demografischen Situation, gefolgt von einer Erörterung demografiepolitisch relevanter Bezugspunkte, der Frage nachgespürt werden, ob sich auch in Deutschland innerhalb der letzten Jahre und Jahrzehnte ein familienpolitischer Paradigmenwechsel im Sinne einer stärkeren Betonung bevölkerungspolitischer Elemente vollzogen hat. Dabei sollen jeweils sowohl Differenzen zwischen den beiden in dieser Arbeit untersuchten Vergleichsländern, etwa hinsichtlich sozialer Normen und der politischen Kulturen, als auch Gemeinsamkeiten, beispielsweise bezüglich der demografischen Ausgangslage, erörtert werden. Von besonderem Interesse sind dabei neben konkreten familienpolitischen Entwicklungen auch Divergenzen und Konvergenzen bezüglich der Lösungsstrategien zur Bewältigung der demografischen Krise.

6.1 DEMOGRAFISCHE SITUATION IN DEUTSCHLAND

Die demografische Entwicklung Deutschlands ist in weiten Teilen ähnlich verlaufen wie in Japan, weist aber dennoch in einigen Aspekten, beispielsweise hinsichtlich des Timings und des Verlaufs des Fertilitätsrückgangs oder bezüglich der Geschwindigkeit der demografischen Alterung der Bevölkerung, signifikante Unterschiede auf. Einige Besonderheiten des demografischen Geschehens in Deutschland spricht Herwig Birg an, der auf drei „demografische Weltrekorde" verweist[220]:

- Erstens ist Deutschland das Land, in dem die Bevölkerungsschrumpfung infolge der niedrigen Geburtenrate am frühesten begann, in den alten Bundesländern 1972, in den neuen Bundesländern 1969,
- Zweitens beträgt die durchschnittliche Geburtenrate der nativen Bevölkerung in Deutschland zwar ebenso wie in einigen anderen Ländern, etwa Italien und Spanien, nur rund 1,2 Geburten je Frau, bei der zugewanderten Bevölkerung hingegen rund 1,9 Geburten. Der Gesamtdurchschnitt bewegt sich durch die aus dieser Differenz resultierende Teilkompensation, ähnlich wie in etlichen anderen Ländern, im langjährigen Mittel um 1,3 bis 1,4 Geburten je Frau. Allerdings ist der

---

[220] Vgl. Birg 2005: 33.

Grund für das niedrige Niveau in Deutschland ein besonderer: der weltweit einmalig hohe Anteil von Frauen (und Männern), die zeitlebens kinderlos bleiben (etwa ein Drittel),

- Drittens werden fehlende Geburten stärker als in anderen Industrieländern durch Einwanderungen ersetzt.

Die folgenden Abschnitte dienen dazu, anhand der Erörterung zentraler demografischer Parameter wie Mortalität, Fertilität, Migration und des durch diese Bezugsgrößen beeinflussten demografischen Alterungsprozesses einen Überblick über die Bevölkerungsentwicklung in Deutschland zu geben.

6.1.1 MORTALITÄT

Ebenso wie in Japan ist auch in Deutschland die Mortalität seit Ende des 19. Jahrhunderts deutlich gesunken. Innerhalb der letzten 130 Jahre ging die Sterblichkeit kontinuierlich zurück, gleichzeitig ist die Lebenserwartung der Deutschen deutlich gestiegen. Bestimmend für diese Entwicklung waren vor allem Fortschritte bei der medizinischen Versorgung, der Hygiene, der Ernährung und anderer Lebensumstände, wie etwa der Wohn- und Arbeitsverhältnisse der Menschen. Diese Faktoren führten dazu, dass Infektionskrankheiten, die vor Einsetzen dieser Phase der Bevölkerungsentwicklung die wichtigste Todesursache darstellten, zunehmend an Bedeutung verloren haben. Im Gegenzug haben mit der Variable Alter koinzidierende Krankheitsursachen, wie beispielsweise Krebs- beziehungsweise Herz- und Kreislauferkrankungen stark zugenommen.

Die seit Gründung des Deutschen Reiches im Jahr 1871 geführten Periodensterbetafeln ermöglichen es, den Verlauf dieser Entwicklung genau nachzuvollziehen. Die erste dieser Sterbetafeln (1871/1881) weist für Jungen eine durchschnittliche Lebenserwartung bei Geburt von 35,6 Jahren und für Mädchen von 38,4 Jahren aus.[221] Allerdings ist dieser bemerkenswert niedrige Wert durch die damals überproportionale Mortalität von Säuglingen und Kleinkindern verzerrt. Für fünfjährige Jungen betrug die weitere durchschnittliche Lebenserwartung bereits 49,4 Jahre und für fünfjährige Mädchen 51 Jahre. Seit damals hat sich die durchschnittliche Lebenserwartung bei Geburt mehr als verdoppelt. Sie lag 2004 bei 75,9 Jahren für Männer und 81,5 Jahren für Frauen. Für das Jahr

---

[221] Sofern nicht anders angegeben, sind die in diesem Abschnitt aufgeführten statistischen Daten der 11. koordinierten Bevölkerungsvorausberechnung des Statistischen Bundesamtes entnommen. Vgl. Statistisches Bundesamt 2006.

2050 prognostiziert das Statistische Bundesamt einen weiteren Anstieg der Lebenserwartung auf 83,5 Jahre (Männer) beziehungsweise 88,0 Jahre (Frauen).[222]

Konnte zwischen 1871 und 1881 die Hälfte aller Männer und Frauen damit rechnen, mindestens 38 beziehungsweise 42 Jahre alt zu werden, stieg dieser Wert bis 2002/2004 auf 78 respektive 84 Jahre an. Ein Alter von 60 Jahren erreichten 1871/1881 rund 31 Prozent der Männer und 36 Prozent der Frauen. Nach den Sterblichkeitsverhältnissen von 2002/2004 erreichen mittlerweile etwa 88 Prozent der Männer und 93 Prozent der Frauen dieses Alter. Die höchste Sterblichkeit betraf zwischen 1871 und 1881 die Kohorte der unter Fünfjährigen. Nur 65 Prozent der Jungen und 68 Prozent der Mädchen erreichten dieses Alter. Heute beträgt die Überlebensquote bis zum fünften Lebensjahr für beide Geschlechter annähernd 100 Prozent (etwa 99,5 Prozent).

Abb. 18: Entwicklung der Lebenserwartung in Deutschland (1871–2050)

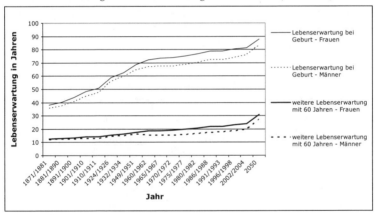

Eigene Grafik. Datenquelle: Statistisches Bundesamt 2006.

Der Zuwachs der durchschnittlichen Lebenserwartung hat sich vor allem zu Beginn des 20. Jahrhunderts mit enormer Geschwindigkeit vollzogen. Zwischen 1871/1881 und 1949/1951 stieg sie im Gebiet des ehemaligen Westdeutschlands für Männer um 29 Jahre und für Frauen um 30 Jahre an. Dieser Trend ist nach wie vor ungebrochen, allerdings verlangsamte er sich in der zweiten Hälfte des 20. Jahrhunderts. Zwischen 1949/1951

---

[222] Diese Projektion geht von einem jährlichen Wanderungssaldo von 100.000 Personen bis 2050 aus. Für ein weiteres Szenario mit einem angenommenen Wanderungssaldo von 200.000 Personen ergibt sich eine durchschnittliche Lebenserwartung von 85,4 Jahren (Männer) und 89,8 Jahren (Frauen).

und 2002/2004 stieg er um weitere 11,3 Jahre für Männer und 13 Jahre für Frauen.

Bis zur Mitte des 20. Jahrhunderts war vor allem die Verringerung der Mortalität von Säuglingen und Kleinkindern ursächlich für den rasanten Anstieg der Lebenserwartung. Um 1871/1881 starb rund ein Viertel der Neugeborenen noch im ersten Lebensjahr, was eine starke Verzerrung der statistischen Gesamtmortalität bedingte. Die niedrige durchschnittliche Lebenserwartung darf daher nicht mit der Absenz alter Menschen in der Gesellschaft gleichgesetzt werden. Personen, die erst einmal das 60. Lebensjahr erreicht hatten, konnten damals bereits mit einer weiteren Lebenserwartung von etwa 12 Jahren rechnen (Männer: 12,1 Jahre; Frauen 12,7 Jahre), also im Schnitt über 72 Jahre alt werden. Seitdem die Sterblichkeit der jüngsten Jahrgänge bis zur Hälfte des 20. Jahrhunderts soweit zurückgegangen war, dass von dieser Entwicklung kein wesentlicher Beitrag mehr zur weiteren Erhöhung der durchschnittlichen Lebenserwartung ausging, wurde der gleichwohl anhaltende Trend vor allem durch den Lebenszeitgewinn der älteren Jahrgänge getragen. Die Entwicklung der Überlebenswahrscheinlichkeit und der ferneren Lebenserwartung für verschiedene Altersjahrgänge veranschaulicht folgende Tabelle.

Tab. 5: Überlebenswahrscheinlichkeit und weitere Lebenserwartung für verschiedene Altersjahrgänge in Deutschland (1871/1881 und 2002/2004)

Alter	Männer				Frauen			
	Weitere Lebenserwartung in Jahren		Überlebende von 100.000 Neugeborenen		Weitere Lebenserwartung in Jahren		Überlebende von 100.000 Neugeborenen	
	1871/ 1881	2002/ 2004	1871/ 1881	2002/ 2004	1871/ 1881	2002/ 2004	1871/ 1881	2002/ 2004
0	35,6	75,9	100.000	100.000	38,4	81,5	100.000	100.000
1	46,5	75,2	74.727	99.544	48,1	80,9	78.260	99.620
5	49,4	71,3	64.871	99.452	51,0	76,9	68.126	99.535
10	46,5	66,4	62.089	99.393	48,2	72,0	65.237	99.488
20	38,4	56,6	59.287	99.059	40,2	62,1	62.324	99.324
30	31,4	46,9	54.454	98.331	33,1	52,2	57.566	99.049
40	24,5	37,4	48.775	97.306	26,3	42,5	51.576	98.545
50	18,0	28,3	41.228	94.447	19,3	33,0	45.245	97.026
60	12,1	20,0	31.124	87.765	12,7	24,1	36.293	93.483
70	7,3	12,8	17.750	73.595	7,6	15,7	21.901	85.994
80	4,1	7,2	5.035	46.179	4,2	8,6	6.570	66.178
90	2,3	3,6	330	12.671	2,4	4,0	471	25.436

Quelle: Statistisches Bundesamt 2006.
(Die Werte beziehen sich auf folgende Gebietsstände: Deutsches Reich [1871/1881]; Bundesrepublik Deutschland [2002/2004])

Im Fall Deutschlands ist für die Jahre der Teilung des Landes die unterschiedliche Entwicklung der Lebenserwartung in der Bundesrepublik und der DDR zu beachten. Bis Mitte der 1970er Jahre verlief sie in der DDR ähnlich wie im früheren Bundesgebiet. Nach 1977 stagnierte im Osten der Zugewinn bezüglich der Lebenserwartung und stieg bis Ende der 1980er Jahre wesentlich langsamer an als in der BRD. Kurz nach der Wiedervereinigung (1991/1993) lag die Lebenserwartung bei Geburt in den neuen Bundesländern für Jungen um 3,2 Jahre und für Mädchen um 2,3 Jahre niedriger als im alten Bundesgebiet. In den folgenden Jahren näherte sich die Lebenserwartung kontinuierlich an die westdeutschen Werte an und ist nach den Daten der 11. koordinierten Bevölkerungsvorausberechnung des Statistischen Bundesamtes im Osten für neugeborene Jungen nunmehr um 1,5 Jahre und für Mädchen um 0,4 Jahre geringer als in den westlichen Bundesländern.

Im Vergleich mit anderen europäischen Ländern belegt Deutschland hinsichtlich der statistischen Lebenserwartung einen Platz im Mittelfeld (siehe Tab. 6). Die Durchschnittswerte für Männer beziehungsweise Frauen in der Europäischen Union (der 15 Altmitgliedsstaaten) liegen bei 75,9 respektive 81,8 Jahren, sind also fast deckungsgleich mit den deutschen Werten. In einigen europäischen Staaten liegt die Lebenserwartung merklich höher (z.B. Frankreich, Spanien, Schweiz, Island, Schweden). Besonders signifikant ist der Unterschied zu Japan, wo die durchschnittliche Lebenserwartung für Männer um 1,7 Jahre und für Frauen um 2,8 Jahre höher liegt als in Deutschland.

Tab. 6: Lebenserwartung im internationalen Vergleich

Land	Lebenserwartung bei Geburt 2003		Abweichung gegenüber Deutschland	
	Jungen	Mädchen	Jungen	Mädchen
Europäische Union [1)3)]	75,9	81,8	+ 0,0	+ 0,3
Belgien	75,9	81,7	+ 0,0	+ 0,2
Dänemark	75,1	79,9	- 0,8	- 1,6
Deutschland [2)]	75,9	81,5	x	x
Finnland	75,1	81,8	- 0,8	+ 0,3
Frankreich	75,9	82,9	+ 0,0	+ 1,4
Griechenland	76,5	81,3	+ 0,6	- 0,2
Irland	75,8	80,7	- 0,1	- 0,8
Italien	76,8	82,5	+ 0,9	+ 1,0
Luxemburg	75,0	81,0	- 0,9	- 0,5
Niederlande	76,2	80,9	+ 0,3	- 0,6
Österreich	75,9	81,6	+ 0,0	+ 0,1

Polen	70,5	78,8	- 5,4	- 2,7
Portugal	74,2	80,5	- 1,7	- 1,0
Schweden	77,9	82,5	+2,0	+ 1,0
Spanien	76,9	83,6	+ 1,0	+ 2,1
Großbritannien	76,2	80,7	+ 0,3	- 0,8
Island	79,7	82,7	+ 3,8	+ 1,2
Norwegen	77,1	82,0	+ 1,2	+ 0,5
Schweiz	78,0	83,1	+ 2,1	+ 1,6
Türkei	68,6	73,4	- 7,3	- 8,1
USA	74,4	80,0	- 1,5	- 1,5
Japan	77,6	84,3	+ 1,7	+ 2,8

Tabelle aus: Statistisches Bundesamt 2006

1) 15 Staaten.
2) Stand 2002/2004
3) Schätzung oder vorläufiger Wert

Quellen: Eurostat Online Datenbank, Statistisches Bundesamt; Turkish Statistical Institute (TURKSTAT).

Bislang deutet nichts darauf hin, dass der Anstieg der statistischen Lebenserwartung abgeschlossen wäre, auch wenn er in den nächsten Jahrzehnten wahrscheinlich langsamer verlaufen wird als bisher. Der Hauptgrund dafür ist, dass das Sterberisiko der niedrigeren Altersjahrgänge bereits sehr gering ist und in den höheren Altersgruppen ebenfalls seit Jahrzehnten abgenommen hat. Das Statistische Bundesamt hat in seiner 11. koordinierten Bevölkerungsvorausberechnung verschiedene Szenarien entwickelt und auf dieser Basis Annahmen über die weitere Entwicklung der Lebenserwartung bis zum Jahr 2050 getroffen.[223]

Eine erste Feststellung betrifft die Differenz bezüglich der Lebenserwartung zwischen den Geschlechtern. Es wird erwartet, dass diese sich allmählich verringern wird. Diese Annäherung ist im Gebiet der früheren BRD bereits seit 1978/1980 zu beobachten. Ausschlaggebend hierfür ist das allmähliche Aussterben jener Männerjahrgänge, die aufgrund kriegsbedingter Gesundheitsschäden eine erhöhte durchschnittliche Mortalität aufweisen. Außerdem gleichen sich offenbar auch gesundheitsrelevante Verhaltensweisen von Männern und Frauen zunehmend an. Für das Jahr 2050 wird mit einer Verringerung der geschlechtsspezifischen Differenz der Lebenserwartung um etwa ein Jahr im Vergleich zu 2002/2004 gerechnet. Evelyn Grünheid weist in ihren Ausführungen zur demografischen Situation Deutschlands zudem darauf hin, dass die Sterblichkeit bei Ver-

---

[223] Nachfolgend wird, sofern nicht explizit auf andere Szenarien verwiesen wird, ausschließlich auf die Basisannahme der Prognose Bezug genommen.

heirateten niedriger ist als bei nicht verheirateten Personen, sich allerdings auch hinsichtlich dieses Aspekts die Unterschiede, vor allem im Zusammenhang mit der Ausbreitung nichtehelicher partnerschaftlicher Lebensformen, verringert haben (Grünheid 2006).

Bis 2050 rechnet das Statistische Bundesamt mit einem weiteren deutlichen Zugewinn bei der durchschnittlichen Lebenserwartung der Deutschen. Verglichen mit 2002/2004 ergibt sich auf Grundlage der Basiserwartung eine Erhöhung um 7,6 Jahre (Männer) beziehungsweise 6,5 Jahre (Frauen) auf dann 83,5 respektive 88,0 Jahre. Im Jahr 2050 werden 60-jährige Männer im Durchschnitt mit einer weiteren Lebenserwartung von 25,3 Jahren, 60-jährige Frauen mit zusätzlichen 29,1 Jahren rechnen können. In einem weiteren Szenario, welchem die Annahme eines hohen Anstiegs der Lebenserwartung zugrunde liegt, wird für Männer bei Geburt zur Jahrhundertmitte sogar eine Lebenserwartung von 85,4 Jahren und für Frauen von 89,8 Jahren prognostiziert, was einer Differenz zu den gegenwärtigen Werten von 9,5 beziehungsweise 8,3 Jahren entspräche. Die Annahme für dieses Szenario basiert auf der Trendentwicklung seit 1970 und stellt die Obergrenze des Prognosekorridors dar. Sie geht davon aus, dass sich die Verminderung des Mortalitätsrisikos in den höheren Altersjahrgängen aufgrund der Verbesserung der medizinischen Versorgung, ähnlich wie in den letzten Jahrzehnten, weiter fortsetzen wird.

Anzumerken ist, dass die Abnahme des Sterberisikos in den höheren Altersstufen nicht mit einer sich verringernden Zahl der Sterbefälle bis zur Jahrhundertmitte gleichzusetzen ist. Da der Anteil alter und sehr alter Menschen an der Gesamtpopulation Deutschlands während der kommenden Jahrzehnte zunehmen wird und deren Mortalitätsrisiko grundsätzlich höher ist als das jüngerer Altersgruppen, nimmt auch die Anzahl der Sterbefälle nicht ab, sondern zu. Dieser Aspekt deutet damit auch eine natürliche Grenze der demografischen Alterung an. Selbst unter der Prämisse dauerhaft niedriger Geburtenzahlen wird sich die Zunahme des Anteils der höheren Altersjahrgänge an der deutschen Bevölkerung, trotz ihres Zugewinns an Lebenserwartung, nicht über die Mitte des 21. Jahrhunderts hinaus fortsetzen und sich der Altenquotient etwa zu jener Zeit, allerdings auf deutlich höherem Niveau als heute, wieder stabilisieren.[224] Das häufig in geradezu alarmistischer Form heraufbeschworene Szenario einer allzu rasant und dauerhaft alternden deutschen Bevölkerung ist daher in einer über die Mitte des 21. Jahrhunderts hinausreichenden Perspektive nur bedingt zutreffend.

---

[224] Siehe dazu http: //www.herwig-birg.de/downloads/simrechnung/daten/Schaubilder-1.pdf (letzter Zugriff 12.09.2009).

6.1.2 FERTILITÄT

Wie in Japan ist auch in Deutschland die Gesamtfertilitätsrate bereits seit langer Zeit rückläufig. Die Entwicklung verlief in mehreren Etappen. Dabei ist zunächst der starke Rückgang seit Ende des 19. und zu Beginn des 20. Jahrhunderts hervorzuheben. Bis zu dieser Zeit war eine hohe Geburtenzahl, auch bedingt durch die hohe Säuglings- und Kindersterblichkeit sowie die bedeutende wirtschaftliche und soziale Absicherungsfunktion von Kindern für deren Eltern, die Regel gewesen.

Ein drastischer Einbruch des Fertilitätsniveaus ereignete sich zwischen 1900 und 1915, als die Gesamtfertilitätsrate von 4,17 Kindern je Frau auf 2,48 Kinder sank. Dieser Rückgang setzte sich bis 1931 auf einen Wert von 1,80 fort.[225] Maßgeblich zu dem enormen Ausmaß des Geburtenrückgangs innerhalb dieser historisch relativ kurzen Zeitspanne hatten der Erste Weltkrieg sowie die sich in dessen Folge massiv verschlechternden ökonomischen und sozialen Lebensbedingungen in Deutschland beigetragen. Ein weiterer Faktor war die seit Mitte des 19. Jahrhunderts verstärkt betriebene Geburtenkontrolle (Gestrich 1999: 83ff.). In der Folgezeit stieg die Fertilitätsrate wieder etwas an, ohne allerdings das Niveau von 1915 je wieder nennenswert zu übertreffen (siehe Abb. 19).

Abb. 19: Entwicklung der Gesamtfertilitätsrate in Deutschland (1871–2008)

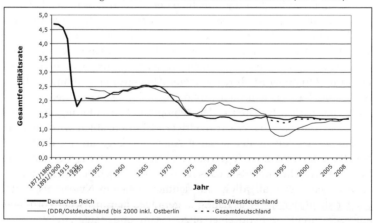

Eigene Grafik. Datenquellen: Bundesinstitut für Bevölkerungsforschung (für die Werte zwischen 1871 und 1935), Werte ab 1950: Statistisches Bundesamt. Wertetabelle siehe Anhang.

---

[225] Daten des Statistischen Bundesamtes.

In der Zeit nach Ende des Zweiten Weltkriegs setzte, gefördert durch die allmähliche Stabilisierung der Lebensumstände der Deutschen, auch eine Wiederbelebung des Fertilitätsgeschehens ein. Zwischen Kriegsende und der zweiten Hälfte der 1960er Jahre stieg in Deutschland[226] die durchschnittliche Geburtenhäufigkeit je Frau kontinuierlich auf Werte um 2,5 lebend geborene Kinder an.[227] Das Jahr 1967 markierte einen erneuten Wendepunkt in der Geburtenentwicklung. Seit diesem Zeitpunkt sank die Gesamtfertilitätsrate bis 1979 in jedem weiteren Jahr auf neue Tiefstände. Seit 1972 weist Deutschland ein Geburtendefizit auf, das heißt die Zahl der Gestorbenen übersteigt die Zahl der Geborenen. Dass es dennoch zu einem Bevölkerungswachstum kam, ist seit jener Zeit ausschließlich durch den (mit Ausnahme einzelner Jahre) positiven Wanderungssaldo zu erklären (Statistisches Bundesamt 2006: 13). Der auch als „Pillenknick" bezeichnete Einbruch der Geburtenhäufigkeit ist in der Tat, wenn auch nicht ausschließlich, auf die Einführung der Antibabypille zurückzuführen, die den Frauen nunmehr nahezu vollständige Kontrolle über ihr reproduktives Verhalten gab. Obgleich der rückläufige Geburtentrend in einzelnen Jahren durch kurze Erholungsphasen unterbrochen war, hat er sich in langfristiger Perspektive als stabil erwiesen. Seit Mitte der 1980er Jahre hatte sich die Gesamtfertilitätsrate in Westdeutschland auf etwa 1,4 lebend geborene Kinder je Frau eingependelt. Erst seit 2001 ist ein weiterer Rückgang unter diesen Wert zu verzeichnen. In den Folgejahren bis einschließlich 2008 wurde der Wert von 1,38 nicht mehr überschritten.

Einen etwas anderen Verlauf nahm die Fertilitätsentwicklung in der DDR. Seit Anfang der 1970er Jahre wurden von staatlicher Seite massive Bemühungen unternommen, um dem bis Mitte der 1970er Jahre analog zur Entwicklung in der BRD verlaufenden raschen Fertilitätsrückgang zu begegnen.[228] Tatsächlich konnte der Trend zwischen 1976 und 1980 zunächst umgekehrt werden. Obwohl die Kampagne vorübergehend zu einem Anstieg der Geburtenzahlen führte, erreichte sie ihre Ziele letztlich nicht. Zu keinem Zeitpunkt gelang es, das Bestandserhaltungsniveau von etwa 2,1 lebend geborenen Kindern je Frau zu erreichen. Dies war zuletzt, annähernd zeitgleich zur Entwicklung in der BRD, im Jahr 1971 gelungen. Obwohl bis zur Wiedervereinigung die durchschnittliche Geburten-

---

[226] Gemeint ist hier die Bundesrepublik Deutschland bis zur Wiedervereinigung im Jahr 1990.

[227] Sämtliche Daten zur Höhe der Gesamtfertilitätsrate in Deutschland im folgenden Textverlauf beziehen sich auf Angaben des Statistischen Bundesamtes (Stand September 2009).

[228] Siehe dazu Höhn 1988: 463–464. Siehe außerdem auch Institut für Soziologie und Sozialpolitik der Akademie der Wissenschaften der DDR 1984.

zahl je Frau in der DDR stets höher lag als in Westdeutschland, setzte seit 1982 auch im Osten ein kontinuierlich verlaufender Geburtenrückgang ein. Zu einem regelrechten Einbruch der Geburtenzahlen kam es ab 1990 infolge der Wiedervereinigung. Innerhalb von drei Jahren halbierte sich der statistische Wert der Gesamtfertilitätsrate von 1,52 auf 0,77 Kinder je Frau, was auch im internationalen und historischen Vergleich einen bemerkenswerten Tiefstand darstellt. Seither kam es in Ostdeutschland zu einer allmählichen Annäherung an den Fertilitätstrend der alten Bundesländer auf Werte von knapp unter 1,4 Kindern je Frau.

Die Geburtenhäufigkeit bei ausländischen Frauen liegt etwas über der von deutschen Frauen, allerdings ebenfalls deutlich unter dem für eine Bestandserhaltung notwendigen Niveau. Im Jahr 2006 lag die zusammengefasste Geburtenziffer[229] für ausländische Frauen bei 1,6 Kindern je Frau, wobei auch für diese Gruppe seit Ende der 1980er Jahre ein deutlich negativer Fertilitätstrend zu verzeichnen ist (Statistisches Bundesamt 2007: 20–21).

Für die Zukunft ist aufgrund der sich quantitativ verkleinernden Mütterjahrgänge ein weiteres Ansteigen des bestehenden Geburtendefizits zu erwarten. Solange die Gesamtfertilitätsrate unter dem für die Bestandserhaltung erforderlichen Wert von 2,1 Kindern verbleibt, wird jede weitere Generation weniger Frauen und damit auch eine geringere Zahl potentieller Mütter hervorbringen. Verstärkt wird die Entwicklung des statistischen Geburtendefizits durch die Zunahme der Sterbefälle infolge des sich erhöhenden Anteils betagter Menschen an der Gesamtbevölkerung. Die 11. koordinierte Bevölkerungsvorausberechnung des Statistischen Bundesamtes weist für das Jahr 2050 in ihrem „mittleren" Szenario ein zu erwartendes Defizit von 566.000 Personen aus. Selbst eine etwas höhere Geburtenhäufigkeit könnte dies nicht grundlegend ändern. Im Falle eines Anstiegs der Gesamtfertilitätsrate auf einen Mittelwert von 1,6 Kindern je Frau bis zum Jahr 2050 würde das Geburtendefizit etwa 433.000 betragen, die Bevölkerungsgröße also weiter abnehmen (Statistisches Bundesamt 2006: 14).

---

[229] Summe der altersspezifischen Geburtenziffern der ausländischen Frauen im Jahr der Datenerhebung. Die Berechnungsgrundlage bilden jeweils die Zahlen der lebend geborenen Kinder mit ausländischen Müttern eines Alters von 15 bis 49 Jahren (Erfassung nach Einjahreskohorten) sowie die durchschnittliche Anzahl ausländischer Frauen im Alter zwischen 15 und 49 Jahren innerhalb des Erhebungszeitraums.

6.1.3 Ursachen und begleitende Umstände
der Fertilitätsentwicklung

Die Frage nach den Ursachen für den Fertilitätsrückgang in Deutschland ist nicht pauschal zu beantworten. Die Entwicklung ist als Ergebnis des Zusammenwirkens und der gegenseitigen Beeinflussung einer Vielzahl unterschiedlicher Faktoren zu verstehen, deren Kausalität zudem oft nicht eindeutig ist. Die Frage, in welcher Weise und wie stark einzelne für die Geburtenentwicklung relevante Faktoren wirken, ist Gegenstand einer vielschichtigen interdisziplinären Debatte. Ohne Anspruch auf Vollständigkeit der Aufzählung zu erheben, werden in diesem Abschnitt einige der wichtigsten Einflussfaktoren auf die Entwicklung der Fertilität in Deutschland angesprochen und deren Wirkung auf das Reproduktionsverhalten der Bevölkerung erörtert.

Es existiert eine Vielzahl unterschiedlicher Ansätze zur Erklärung des Fertilitätsgeschehens. Da aufgrund der großen Zahl von Einflussfaktoren und den zwischen ihnen bestehenden Überschneidungen das Herstellen eindeutiger Kausalzusammenhänge ausgesprochen schwierig ist, wird im Rahmen der wissenschaftlichen Debatte über die Gründe für die rückläufige Fertilitätsentwicklung häufig auf eine Gruppierung nach ökonomischen beziehungsweise soziologischen Theorien der Fertilität zurückgegriffen. Diese Kategorisierung mag zunächst aus wissenschaftspraktischen Erwägungen sinnvoll erscheinen, sie ist bei näherer Betrachtung jedoch insofern irreführend, als soziologische und ökonomische Aspekte aufgrund ihrer mannigfaltigen Wechselwirkungen nur in den seltensten Fällen voneinander getrennt betrachtet werden können. Die in dieser Arbeit zur Erörterung der Ursachen des Fertilitätsrückgangs gewählten Themenkomplexe folgen daher nicht vorrangig dieser häufig vorgenommenen Differenzierung nach soziologischen respektive ökonomischen Faktoren, sondern verweisen jeweils auf die Verknüpfungen von sozialer und ökonomischer Lebensumwelt, deren Zusammenspiel das reproduktive Verhalten der Menschen maßgeblich bestimmt.

6.1.3.1 Partnerschaft, Heirat und Familienbildung im Kontext sozialer und ökonomischer Transformationsprozesse

Einer der wesentlichen Gründe für den Rückgang der durchschnittlichen Geburtenhäufigkeit ist die Zunahme des Anteils zeitlebens kinderloser Menschen an der Gesamtbevölkerung. Den Anteil dauerhaft kinderloser Frauen[230] hat unter anderem Herwig Birg untersucht, der belegt, dass in

---

[230] Als dauerhaft kinderlos gelten hier Frauen, die bis zu ihrem 45. Lebensjahr keine Kinder geboren haben.

der Generation der bis 1965 geborenen Frauen bereits über 30 Prozent der potentiellen Mütter kinderlos bleiben (Birg 2003: 75–76). Damit hat sich der Anteil der zeitlebens kinderlosen Frauen innerhalb von nur 20 Jahren mehr als verdoppelt, und er steigt noch immer von Jahrgang zu Jahrgang, ohne dass sich ein Ende dieses Trends abzeichnen würde. Kinderlosigkeit betrifft dabei keineswegs nur Frauen. Ein in der öffentlichen, aber auch in der wissenschaftlichen Debatte häufig unterrepräsentierter Aspekt ist die Kinderlosigkeit von Männern. Der Anteil kinderloser Männer übertrifft tatsächlich sogar den der Frauen. Laut Alterssurvey von 1996 waren 15,8 Prozent der 40–54-jährigen Männer (Geburtsjahrgänge 1942 und 1956) gegenüber 9,7 Prozent der gleichaltrigen Frauen kinderlos (Kohli/Künemund 2000).

Für diese Entwicklung gibt es verschiedene Gründe. Das in Befragungen des Bundesinstituts für Bevölkerungsforschung mit Abstand am häufigsten von Frauen zwischen 20 und 29 Jahren genannte Argument ist das Fehlen eines zur Familiengründung geeigneten Partners. Eine nach Altersgruppen differenzierte Auflistung der am häufigsten genannten Gründe enthält folgende Tabelle.

Tab. 7: Gründe gegen ein (weiteres) Kind; Deutschland, Frauen, nach Altersgruppen (Anteile der „sehr wichtig"- und „wichtig"-Antworten in Prozent)

Grund	Altersgruppen		
	20–29	30–39	40–49
Ich lebe alleine und habe keinen festen Partner	83,1	74,4	56,3
Ich habe schon so viele Kinder, wie ich möchte, bzw. ich möchte keine Kinder	41,7	76,2	80,1
Ich mache mir zu viele Sorgen darüber, welche Zukunft meine Kinder erwartet	59,4	55,2	53,9
Ich möchte meinen jetzigen Lebensstandard beibehalten	61,8	52,4	47,2
Ein (weiteres) Kind würde zu hohe Kosten verursachen	47,8	41,2	42,6
Ich bin / Mein Partner ist zu alt	11,8	20,8	58,6
Mein Partner ist dagegen	31,6	25,5	36,7
Ich könnte mein Leben nicht mehr so genießen wie bisher	39,9	27,8	29,6
Ich könnte es nicht mit meiner Berufstätigkeit vereinbaren	41,6	35,7	36,1
Ich müsste Freizeitinteressen aufgeben	44,5	22,0	23,2
Mein Gesundheitszustand erlaubt es nicht	25,9	20,5	29,0
Meine Partnerschaft funktioniert nicht so, wie ich es mir vorstelle	26,6	17,1	20,8

Tabelle aus: Dorbritz/Lengerer/Ruckdeschel 2005: 37.
Datenquelle: Bundesinstitut für Bevölkerungsforschung, Population Acceptance Study.

Kinder gehören heute nicht mehr in dem Maße wie früher zu den biografischen Selbstverständlichkeiten in der Lebensplanung junger Menschen.[231] Der überwiegende Teil der Kinderlosen (63 Prozent) und knapp die Hälfte der Eltern (43 Prozent) vertritt die Auffassung, dass Glück und Zufriedenheit nicht von Kindern abhängen (Institut für Demoskopie Allensbach 2004: 8). Das bedeutet jedoch nicht, dass sich diese Menschen grundsätzlich keine (weiteren) Kinder wünschen, sondern dass die Entscheidung stärker als in der Vergangenheit von den konkreten Lebensumständen sowie von alternativen biografischen Optionen abhängig gemacht wird. Tatsächlich wünscht sich die überwältigende Mehrheit der Kinderlosen durchaus Nachwuchs oder zieht zumindest in Erwägung, später Kinder zu haben.[232] Nur 23 Prozent schließen eine Elternschaft für sich kategorisch aus (Institut für Demoskopie Allensbach 2004: 10).

Einer der wichtigsten Einflussfaktoren für die Entscheidung, Kinder zu bekommen, ist der Beziehungsstatus der betreffenden Personen. Partnerschaftliche Bindungen haben allerdings in der Vergangenheit einen deutlichen Bedeutungswandel erfahren. Dies lässt sich unter anderem an der seit Jahrzehnten abnehmenden Heiratsbereitschaft ablesen, die dazu führen könnte, dass von den jüngeren Männern und Frauen annähernd ein Drittel zeitlebens unverheiratet bleibt (Schwarz 2001). Zwischen 1996 und 2006 ist die Zahl der Ehepaare um 920.000 auf 18,7 Millionen zurückgegangen (Statistisches Bundesamt 2008a: 28). Die Zahl der (gemischtgeschlechtlichen) nichtehelichen Lebensgemeinschaften liegt mit 2,4 Millionen im Jahr 2006 zwar (noch) wesentlich niedriger, allerdings ist der Trend einer weiteren Zunahme der Zahl dieser Art von Lebensgemeinschaften sehr ausgeprägt. Zwischen 1996 und 2006 hat die Zahl solcher Partnerschaften um etwa ein Drittel, genauer um 32 Prozent, zugenommen (ebd.). Für die Fertilitätsentwicklung ist dieser Trend deshalb bemerkenswert, weil nur in knapp einem Drittel der Haushalte von unverheirateten Paaren auch Kinder leben, also der größte Teil dieser Menschen kinderlos ist (Schwarz 2001).

Parallel zur abnehmenden Zahl der Ehepaare steigt auch das Erstheiratsalter. Allein in der Zeit zwischen 1991 und 2006 stieg es für Männer

---

[231] Für Männer gilt dies in besonderem Maße. Dazu siehe Döge 2006: 27ff.

[232] Allerdings entwickelt sich der Kinderwunsch tendenziell rückläufig. Einer Pressemitteilung des Bundesinnenministeriums vom 02.05.2005 zufolge ist die von den Deutschen als ideal angesehene Kinderzahl bereits von vormals 2 Kindern auf nunmehr 1,7 Kinder gefallen, was vor allem an der steigenden Zahl von Menschen liegt, die sich überhaupt keine Kinder wünschen. Siehe Bundesministerium des Innern 2005. Im europäischen Vergleich ist die Zahl der durchschnittlich gewünschten Kinder in Deutschland eher niedrig. Siehe dazu BMFSFJ 2007: 4.

von 28,8 Jahre auf 32,6 Jahre und für Frauen von 26,1 Jahre auf 29,6 Jahre (Statistisches Bundesamt 2008b: 6; Tab. 3). Da in Deutschland nur etwa ein knappes Drittel der Kinder nichtehelich geboren wird, kommt der Ehegemeinschaft als Umgebung für die Realisierung von Kinderwünschen noch immer hohe Bedeutung zu.[233] Eine Erhöhung des durchschnittlichen Alters der ersten Eheschließung hat deshalb zur Folge, dass sich in vielen Fällen der Zeitpunkt der Geburt des ersten Kindes ebenfalls verschiebt. In der Tat entwickelt sich das Durchschnittsalter der Erstgebärenden in Deutschland annähernd analog zum Heiratsalter. In den letzten vier Dekaden hat es sich von 27,5 Jahren (1960) auf 29,8 Jahre erhöht.[234] Damit liegt Deutschland, verglichen mit anderen europäischen Staaten, im Mittelfeld.[235] Je später die Geburt des ersten Kindes erfolgt, desto weiter verschieben sich in der Regel auch die Geburten potentieller weiterer Kinder beziehungsweise werden unwahrscheinlicher.

Dies hat Auswirkungen auf die Entwicklung der durchschnittlichen Familiengröße. Familien mit mehr als zwei Kindern werden aufgrund des Trends zur Verschiebung der ersten Geburt tendenziell seltener. Sie machen nur noch einen geringen Anteil an der Gesamtheit der Familien in Deutschland aus. In Westdeutschland leben nur in 13 Prozent, im Osten sogar nur in 6 Prozent der Familien mehr als zwei Kinder im Haushalt.[236]

---

[233] Nach Angaben des Statistischen Bundesamtes wurden im Jahr 2008 von insgesamt 682.514 lebend zur Welt gebrachten Kindern 218.887 Kinder (32,07 Prozent) außerehelich geboren. Gemessen an Japan ist der Anteil der nichtehelichen Geburten in Deutschland sehr hoch. Verglichen mit anderen europäischen Staaten liegt er jedoch im unteren Mittelfeld. In einigen Staaten der Europäischen Union beträgt der Anteil der nichtehelichen Geburten über 40 Prozent (Großbritannien, Finnland), teilweise sogar etwa 50 Prozent (Dänemark, Frankreich, Bulgarien, Schweden, Estland). In einigen katholisch geprägten süd- und osteuropäischen Staaten liegt er allerdings bei deutlich unter 20 Prozent (Zypern, Griechenland, Italien, Polen). Siehe dazu Mau/Verwiebe 2009: 106. Im europäischen Durchschnitt ist innerhalb der letzten Dekade eine deutliche Zunahme des Anteils nichtehelicher Geburten zu verzeichnen. Siehe dazu Europäische Kommission, Statistisches Amt 2009: 153.

[234] Quelle: http://www.destatis.de/basis/d/bevoe/bevoetab2.php. (Datenaktualisierung des Statistischen Bundesamtes vom 12.07.2004, letzter Zugriff 25.05.2005).

[235] Die statistisch betrachtet ältesten Erstgebärenden leben in Irland und den Niederlanden (30,6 bzw. 30,3 Jahre), die jüngsten in Österreich und Großbritannien (28,2 bzw. 28,5 Jahre). Vgl. Europäische Kommission, Statistisches Amt 2003. (Die Angaben beziehen sich auf das Jahr 2000).

[236] Daten siehe Bundesministerium für Familie, Senioren, Frauen und Jugend 2007: 3.

Großfamilien mit mehr als drei Kindern sind heute die Ausnahme.[237] Gleichzeitig besteht, ähnlich wie in Japan, auch in Deutschland eine ausgeprägte Tendenz zur Kernfamilie. Obwohl im Zuge der Pluralisierung der Familienformen auch die Zahl der Alleinerziehenden in Deutschland zunimmt, ist die Zwei-Eltern-Familie mit Kindern nach wie vor das dominante Modell familialer Organisation (Fthenakis 2006: 18). Mit der Zunahme des Anteils der Kleinfamilien geht indes auch eine gesellschaftliche Abwertung von Großfamilien einher. Etwa ein Fünftel der Eltern mit zwei Kindern glaubt, dass die Geburt eines weiteren Kindes soziale Ablehnung zur Folge haben könnte (Walla/Eggen/Lipinski 2006). In vielen Bereichen der postindustriell geprägten Lebenswelt der Deutschen erweist sich eine große Kinderzahl immer öfter als Hemmnis für die soziale und wirtschaftliche Selbstentfaltung der Eltern, sei es bei der Wohnungssuche, hinsichtlich beruflicher Mobilitätserfordernisse[238] oder aufgrund des Ressourcenverbrauchs für aufzubringende Unterhaltsleistungen für die Kinder.

Im Zentrum der rückläufigen Fertilitätsentwicklung in Deutschland steht also eine sich seit längerer Zeit vollziehende Bedeutungstransformation dauerhafter partnerschaftlicher Bindungen und der Familie (Rürup/Gruescu 2003: 7; Sonnabend 2007). Sichtbares Ergebnis dieser Entwicklung sind die Pluralisierung der Lebensformen und die Erosion stabiler familialer beziehungsweise partnerschaftlicher Beziehungszusammenhänge.[239] Als eigentliche Triebkräfte des Prozesses sind jedoch die ökonomischen Entwicklungen der letzten Jahrzehnte sowie, daraus resultierend, die gestiegenen Flexibilitätsanforderungen an die innerhalb des postin-

---

[237] Allerdings wird die Bedeutung von Großfamilien (mit mehr als drei Kindern) für die Vergangenheit ohnehin häufig überschätzt. Trotz hoher Geburtenzahlen lebten beispielsweise auch im Mittelalter und der frühen Neuzeit aufgrund der hohen Säuglings- und Kindersterblichkeit nur selten mehr als zwei oder drei Kinder gleichzeitig in einer Familie. Vgl. Eggen/Rupp 2007. Der Kinderreichtum der Industrialisierungsepoche stellt somit eher eine historische Ausnahme als die Regel dar.

[238] Ausführlich zum Aspekt der Vereinbarkeit von familiären Aufgaben und Mobilitätserfordernissen siehe Schneider/Limmer/Ruckdeschel 2002: 22–30.

[239] Diese Erosion lässt sich unter anderem auch an dem Trend zu kleineren Haushaltsgrößen ablesen, der bereits seit Ende der 1950er Jahre anhält. Insbesondere in den letzten 30 Jahren (also annähernd deckungsgleich mit dem Einsetzen der bis heute anhaltenden Phase der Fertilitätsentwicklung, in der die durchschnittliche Geburtenhäufigkeit dauerhaft unter Bestandserhaltungsniveau sank) kam es zu einer starken Zunahme des Anteils der Einpersonenhaushalte, die mittlerweile die häufigste Wohnform in Deutschland darstellen. Die Zahl der Haushalte mit drei oder mehr Personen nimmt dagegen kontinuierlich ab. Ausführlich zur Entwicklung der Haushaltsgrößen siehe Statistische Ämter des Bundes und der Länder 2007: 26–28.

dustriellen Wirtschaftssystems agierenden Menschen anzusehen. Das legitime Ziel, wirtschaftlichen Wohlstand zu erreichen beziehungsweise zu sichern, setzt im Normalfall zunächst einen erfolgreichen Karriereverlauf voraus. Dieser erfordert wiederum immer häufiger auch ein hohes Maß an Bereitschaft zu beruflicher und räumlicher Mobilität. Gleichzeitig beanspruchen hohe Bildungsanforderungen, welche ebenfalls eine zunehmend wichtigere Voraussetzung für beruflichen Erfolg darstellen, einen großen Teil der verfügbaren zeitlichen Ressourcen junger Menschen. Die gestiegenen Qualifikationsanforderungen der Wissensgesellschaft verzögern deshalb zusätzlich deren Eintritt in das Erwerbsleben.

Die ökonomischen und soziokulturellen Rahmenbedingungen der postindustriellen Ära beeinflussen die Entscheidung junger Menschen in Deutschland (mehrheitlich durchaus vorhandene) Kinderwünsche zu realisieren, in zwei der wichtigsten Aspekte tendenziell negativ und erweisen sich somit als eine wesentliche Ursache für die rückläufige Fertilitätsentwicklung. Zum einen erschweren die beruflichen und räumlichen Mobilitäts- und Flexibilitätsanforderungen das Entstehen stabiler Partnerbindungen und zum anderen verzögert die Verlängerung der Ausbildungsphase in vielen Fällen eine Familiengründung.[240]

6.1.3.2 Wandel geschlechtlicher Rollenmuster und steigende Erwerbsbeteiligung von Frauen

Die Veränderung des Reproduktionsverhaltens lässt sich auch als Ergebnis eines Wandels der traditionellen Rollenmuster von Männern und Frauen interpretieren.[241] Auch diese Entwicklung ist eng mit ökonomischen Prozessen verwoben. Charakteristisch für das Geschlechterverhältnis in Deutschland ist die Dominanz des traditionellen Ernährermodells, das sich hier sowohl kulturell als auch institutionell verfestigt hat.[242] Die Stärke der Gewerkschaften ermöglichte es in der Nachkriegs-

---

[240] Selbst unter der Prämisse einer sicheren und flächendeckenden Versorgung mit Kinderbetreuungsangeboten während der Ausbildung gibt die überwiegende Mehrheit der 18- bis 44-jährigen Deutschen an, es für sinnvoller zu erachten, Kinder erst nach Abschluss der Ausbildung und der ersten Berufsjahre zu bekommen. Vgl. Institut für Demoskopie Allensbach 2004: 25.

[241] Zur Pluralisierung partnerschaftlicher Lebensformen siehe auch Brüderl 2004.

[242] Nachfolgende Aussagen beziehen sich vor allem auf Westdeutschland. In der DDR beziehungsweise den ostdeutschen Bundesländern erfolgte in der Nachkriegsära eine stärkere Einbindung von Frauen in das Erwerbsleben. Daraus resultierend entwickelte sich dort ein vom westdeutschen Modell abweichendes Geschlechterrollenverständnis, welches, bedingt durch die weitge-

zeit, hohe Löhne für die männlichen Familienernährer durchzusetzen. Frauen wurden, nicht zuletzt durch arbeitsrechtliche Regulierungen, lange Zeit von der gleichberechtigten Teilhabe am Erwerbsleben ausgeschlossen (Lewis/Ostner 1994). Auch die Gestaltung des Steuersystems fördert bis heute über Instrumente wie das sogenannte Ehegattensplitting, in Verbindung mit der üblicherweise geringeren Entlohnung von Frauen, das Modell des männlichen Alleinernährers beziehungsweise der Vollzeithausfrau.[243] Die Stabilität dieser Konstellation ist dabei von einer relativ hohen Vergütung der von den Männern geleisteten Erwerbsarbeit sowie der Perspektive langfristig sicherer Beschäftigungsverhältnisse abhängig. Diese Voraussetzungen waren während der wirtschaftlichen Wachstumsphase der ersten Nachkriegsjahrzehnte in der Regel erfüllt. Mit dem Abflachen der Wachstumskurve setzte seit Mitte der 1970er Jahre jedoch eine Erosion dieses Arrangements ein. Die Stagnation des Einkommensniveaus der männlichen Familienversorger und die abnehmende Beschäftigungssicherheit erhöhten die Bedeutung der weiblichen Arbeitskraft für die wirtschaftliche Existenzsicherung der Familien. Auch die durch die Tertiarisierung der deutschen Wirtschaft getriebene strukturelle Veränderung des Arbeitsmarktes begünstigte eine stärkere Erwerbsbeteiligung von Frauen.[244] Die sozioökonomische Entwicklung hat die politische Realität indes längst überholt. Während der Schwerpunkt der staatlichen Familienförderung noch immer auf die vermeintlich traditionelle Alleinverdienerehe ausgerichtet ist, hat sich in der deutschen Gesellschaft faktisch bereits das Ernährer-Zuverdienerin-Modell durchgesetzt (Pinl 2003: 6).

Die Normalisierung weiblicher Erwerbstätigkeit in Deutschland hat in den letzten Jahrzehnten im Zusammenhang mit der parallel dazu wachsenden ökonomischen Selbstbestimmtheit von Frauen auch die Vorstellungen junger Frauen bezüglich der wünschenswerten Balance von Familien- und Berufsleben verändert. Zwar ist für etwa zwei Drittel der Frauen eine eigene Familie für das Lebensglück noch immer unverzichtbar, aber die überwiegende Mehrheit der Frauen verbindet mit Familie nicht mehr ihre alleinige Zuständigkeit für den häuslichen Bereich. Nur

---

hende wirtschaftliche Unabhängigkeit von Frauen, durch ein höheres Maß an beruflicher, sozialer und biografischer Selbstbestimmtheit gekennzeichnet war. Diese Differenzen wirken, wenn auch zunehmend schwächer ausgeprägt, bis in die Gegenwart fort.

[243] Zu Ursprung und Entwicklung des „Ernährermodells" in (West-)Deutschland siehe Klement/Rudolph 2003: 27.

[244] Ulrich Beck wertet die gestiegene Erwerbsbeteiligung von Frauen seit den 1960er Jahren als Ausdruck eines gesellschaftlichen „Mobilisierungsschubes". Vgl. Beck 1986.

noch fünf Prozent können sich vorstellen, auf Dauer ausschließlich Hausfrau und Mutter zu sein (BMFSFJ 2006: 6). Die Vorstellungen zur Gestaltung des Familienlebens sind nicht nur bei den Frauen, sondern auch insgesamt partnerschaftlicher geworden. Vertrat noch 1988 fast die Hälfte der Männer und Frauen die Auffassung, dass die Frau für den häuslichen und der Mann für den beruflichen Bereich zuständig sei, stimmen dem nur noch rund 15 Prozent der ostdeutschen Männer und Frauen und 21 Prozent der Frauen beziehungsweise 26 Prozent der Männer im Westen zu (ebd.).

Die Befriedigung des Bedürfnisses nach wirtschaftlicher Unabhängigkeit sowie die gestiegene Erwerbsneigung vieler deutscher Frauen setzen ausreichende berufliche Qualifikation voraus. Da die für eine erfolgreiche Berufslaufbahn notwendigen Bildungsanforderungen im Zuge der wirtschaftlichen Entwicklung der letzten Jahrzehnte zugenommen haben, bedeutet dies in vielen Fällen, dass karriereorientierte Frauen tendenziell längere Ausbildungszeiten in Kauf nehmen müssen. Aus der Verlängerung der Ausbildungsphase und einem späteren Berufseintritt eines wachsenden Anteils der weiblichen Bevölkerung resultiert im gesamtgesellschaftlichen Maßstab eine Verschiebung des Zeitpunktes für die Familiengründung um mehrere Jahre. Da die reproduktive Phase von Frauen biologisch begrenzt ist, verkürzt sich dadurch auch das Zeitfenster für die Realisierung von Kinderwünschen. Beide Aspekte wirken sich negativ auf die Fertilitätsentwicklung aus. Umgekehrt lassen sich vorhandene Kinderwünsche in Deutschland, aufgrund mangelnder Kinderbetreuungsangebote, häufig nur durch den Verzicht auf eine kontinuierliche Erwerbskarriere und damit auf berufliche Aufstiegschancen realisieren. Die Unterbrechung oder Reduktion der Erwerbstätigkeit zugunsten der Kindererziehung stellt für beruflich engagierte Frauen oftmals ein unmittelbares Karriererisiko dar (Walther/Schaeffer-Hegel 2006: 16; Bertram/Rösler/Ehlert 2005: 8). Im europäischen Vergleich nimmt Deutschland hinsichtlich der Erwerbsquote von Müttern einen hinteren Platz ein (OECD 2002). Die häufig mangelhafte Vereinbarkeit von Familie und Beruf betrifft hochqualifizierte und bezüglich ihrer Erwerbskarriere ambitionierte Frauen in besonderem Maße. Die im Falle einer Entscheidung für die Gründung einer eigenen Familie mit Kindern zu erwartenden Opportunitätskosten sind gerade für diesen Personenkreis besonders hoch.[245]

Tatsächlich ist ein deutlicher Zusammenhang zwischen dem Qualifikationsniveau und der Fertilität von Frauen nachweisbar (BMFSFJ 2007: 5). In Westdeutschland leben 44,3 Prozent der 35- bis 39-jährigen Frauen mit

---

[245] Für eine Aufzählung der verschiedenen durch Kinder verursachten Opportunitätskosten siehe Rürup/Gruescu 2003: 60.

Hochschulabschluss beziehungsweise Promotion ohne Kinder im Haushalt. Von den gleichaltrigen Frauen mit Hauptschulabschluss haben dagegen nur knapp 23 Prozent kein Kind (Rürup/Gruescu 2003: 12). In den neuen Bundesländern sind in dieser Altersgruppe nur 17 Prozent der Frauen mit abgeschlossenem Hochschulstudium kinderlos (ebd.).

6.1.3.3 Familienplanung auf Grundlage rationaler Kosten-Nutzen-Abwägungen

Die Entscheidung, Kinder zu bekommen, erfolgt häufig nicht allein aus emotionalem Antrieb. Auch rationale Kosten-Nutzen-Erwägungen sowie die Erwartungen der potentiellen Eltern hinsichtlich der künftigen Versorgungs- und Betreuungsmöglichkeiten der Kinder beeinflussen die Familienplanung. Kosten- und Nutzen-Argumente sind freilich nicht auf finanzielle Aspekte beschränkt. Insbesondere der Nutzen von Kindern ermisst sich für die potentiellen Eltern heute in der Regel weniger im Sinne wirtschaftlicher Vorteile (etwa durch eine materielle Absicherung im Alter), sondern manifestiert sich vor allem in einem emotionalen Gewinn, den das Zusammenleben mit respektive die Erziehung von Kindern für sie bedeutet. Andererseits ist selbst die Bewertung des emotionalen Nutzens von Kindern nicht völlig losgelöst von ökonomischen Kriterien zu betrachten. Zumindest ist er mit den zu erwartenden Kosten für die Versorgung, Betreuung, Ausbildung etc. von Kindern abzuwägen. Die potentiellen Eltern sehen sich schließlich nicht nur mit der Frage konfrontiert, ob und unter welchen Voraussetzungen sie sich Kinder ‚leisten' können, sondern auch damit, ob sie es vor dem Hintergrund der durch den Nachwuchs verursachten Kosten und der wirtschaftlichen Einschränkungen, die daraus für sie selbst resultieren (können), überhaupt wollen. Pointierter formuliert hängt die Entscheidung, Kinder zu bekommen, unter der Prämisse einer bewusst vorgenommenen Familienplanung, stark von den Vorstellungen der Eltern über ihr zukünftiges Leben sowie dem des potentiellen Nachwuchses ab. Die im Vorfeld einer solchen, für den Lebensverlauf der betreffenden Personen äußerst weitreichenden Entscheidung anzustellenden Überlegungen berühren dabei gleichermaßen emotionale wie auch rational-ökonomische Aspekte.

Bestehende Ängste, durch eine Familiengründung oder -erweiterung das erreichte oder von einem Lebensverlauf ohne Kinder erwartete soziale und/oder wirtschaftliche Niveau zu gefährden, können die potentiellen Eltern selbst dann zu einem Verzicht auf Kinder veranlassen, wenn auf emotionaler Ebene ein Kinderwunsch existiert. Auch Befürchtungen, Kindern nicht das für ein sozial und wirtschaftlich erfolgreiches und befriedigendes Leben notwendige Maß an finanzieller Ausstattung, etwa für Bildung, ermöglichen zu können, wirken negativ auf vorhandene Kinderwünsche.[246] Die bestehende Diskrepanz zwischen der gewünschten Kinderzahl und den tatsächlich realisierten Kinderwünschen lässt sich teilweise mit dem Verweis auf solche Erwägungen erklären.[247]

Kinder gelten vielen Deutschen als Armutsrisiko. Tatsächlich bestätigen die Untersuchungen des zweiten Armuts- und Reichtumsberichts der Bundesregierung für Haushalte mit Kindern ein höheres Armutsrisiko als für kinderlose Haushalte (Bundesregierung 2005: 76). Die Verarmung von Kindern und Jugendlichen beziehungsweise von Familien (insbesondere von Ein-Eltern-Familien) stellt nach Ansicht einiger Sozialwissenschaftler sogar das dominierende Problem bei der Armutsentwicklung in Deutschland dar (Schäfers/Zimmermann 1995). Auch der Wirtschaftswissenschaftler Gunter Steinmann kommt zu dem Schluss, dass die niedrige Fertilität in Deutschland als Ergebnis individueller Rationalität im Sinne einer individuellen Nutzen-Kosten-Optimierung verstanden werden kann. Der Vergleich des individuellen Kindernutzens und der Kinderkosten fällt demnach für viele Paare so ungünstig aus, dass sie kinderlos bleiben oder zumindest nur eine geringe Zahl von Kindern haben wollen (Steinmann 2007: 111). Die Sorgen vieler junger Menschen beziehen sich jedoch nicht nur auf die mögliche Verschlechterung der eigenen wirtschaftlichen Situation, sondern auch auf die Lebenssituation der potentiellen Kinder.[248] Den direkten Kosten für Kinderbetreuung, Gesundheitsvorsorge, Ausbildung etc. stehen Opportunitätskosten gegenüber, die das Familieneinkommen insgesamt belasten. Mit

---

[246] Zu den Kinderwünschen von ost- und westdeutschen Männern und Frauen siehe BMFSFJ 2007: 4.

[247] Einer 2004 durchgeführten Repräsentativbefragung der 18–44-jährigen Bevölkerung zufolge ist die Sorge, ein Kind könne eine zu große finanzielle Belastung darstellen, der am häufigsten genannte Grund (47 Prozent der Befragten), der aus Sicht von Kinderlosen gegen eine Familiengründung spricht. Auch viele Eltern (36 Prozent der Befragten) sehen in der Kostenbelastung durch Kinder einen wichtigen Hinderungsgrund für eine weitere Familienvergrößerung. Für diese Gruppe ist der finanzielle Aspekt (nach dem Argument, bereits die ideale Familiengröße erreicht zu haben) der zweitwichtigste Grund, keine weiteren Kinder zu bekommen. Institut für Demoskopie Allensbach 2004: 27,35.

[248] Kinderarmut stellt in Deutschland ein wachsendes Problem dar. Beiträge zu verschiedenen Aspekten der Verarmung von Familien und Kindern in Deutschland finden sich bei Butterwegge/Klundt 2003. Ein Vergleich mit Japan zeigt, dass es in beiden Staaten zu einer Zunahme der Kinderarmut seit Beginn der 1990er Jahre gekommen ist. In Japan ist Kinderarmut mit etwa 14 Prozent etwas verbreiteter als in Deutschland mit ca. 10 Prozent. Im internationalen Vergleich bewegen sich Deutschland und Japan hinsichtlich des Anteils armer Kinder im Mittelfeld. Vgl. Fertig/Tamm 2006: 19.

steigender Kinderzahl verschärft sich diese ‚doppelte' wirtschaftliche Belastung, was sich negativ auf die Wahrung der Zukunftschancen der Kinder auswirken kann, etwa dann, wenn die Eltern aufgrund mangelnder monetärer Mittel nicht für eine optimale Schul- und Berufsausbildung aufkommen können. Für die Fertilitätsentwicklung in Deutschland bedeutet dies, dass es aus Sicht verantwortungsbewusster (potentieller) Eltern häufig sinnvoller ist, im Interesse des Kindeswohls die vorhandenen Ressourcen auf nur ein Kind zu konzentrieren und auf die Realisierung eventuell vorhandener weiterer Kinderwünsche zu verzichten.

6.1.3.4 Organisation der Kinderbetreuung

Die Lebenssituation junger Eltern wird natürlich nicht ausschließlich durch finanzielle Aspekte bestimmt. Die Realisierung von Kinderwünschen hängt maßgeblich auch davon ab, wie sich die Betreuung des Nachwuchses im Alltag praktisch gestalten lässt. Trotz erheblicher politischer Bemühungen innerhalb der vergangenen Jahre, die Versorgungssituation mit Kinderbetreuungsplätzen zu verbessern, besteht in weiten Teilen des Landes nach wie vor eine deutliche Unterversorgung. Eltern von kleinen Kindern sind daher vielfach auf privat organisierte Kinderbetreuung angewiesen, sofern sie eine längere Unterbrechung ihres Erwerbslebens und daraus entstehende Einkommensverluste vermeiden wollen.[249] Die hohen Anforderungen an die Mobilität erwerbstätiger Menschen im reproduktiven Alter haben in der Vergangenheit jedoch häufig zu einer räumlichen Separation von deren eigenen Eltern geführt. Wie bereits erwähnt, steigt der Anteil von Ein- und Zweipersonenhaushalten seit Jahrzehnten an, während die traditionellen Großfamilienhaushalte stark an Bedeutung verloren haben. Familiäre Beziehungen müssen häufiger als früher über beträchtliche Distanzen hinweg gepflegt werden. Dies hat zur Folge, dass innerfamiliäre Unterstützungsleistungen bei der Kinderbetreuung, etwa durch die Großeltern, immer seltener zur Verfügung stehen und der Betreuungsaufwand der Kindseltern entsprechend steigt (Ette/Ruckdeschel 2007). Bei einem unzureichenden öffentlichen Betreuungsangebot kann sich die fehlende Betreuungsoption durch Familienmitglieder selbst für Paare mit ausgeprägt vorhandenem Kinderwunsch als ausschlaggebender Faktor für den Verzicht auf Kinder erweisen. Die lokale Versorgungssituation mit Kinderkrippen- und Kindergartenplätzen ist mithin ein wichtiger Parameter für die Vereinbarkeit fami-

---

[249] Die überwiegende Mehrheit junger Paare (84 Prozent) wünscht sich eine Erwerbstätigkeit beider Partner, auch wenn die Kinder jünger als drei Jahre sind. Vgl. BMFSFJ 2005: 20.

liärer und beruflicher Wünsche und somit von maßgeblicher Bedeutung für die Realisierbarkeit von Kinderwünschen. Die teils erheblichen Kosten für eine außerfamiliär organisierte Kinderbetreuung sind zudem ein wesentliches Kriterium hinsichtlich der rationalen Kosten-Nutzen-Erwägungen, welche potentielle Eltern im Vorfeld einer Entscheidung für oder gegen Kinder zu treffen haben. Hohe zeitliche und/oder finanzielle Aufwendungen für Kinderbetreuung sowie ein mangelhaftes Angebot an verfügbaren Kinderkrippen- beziehungsweise Kindergartenplätzen wirken sich im Zusammenspiel mit anderen Einflussfaktoren negativ auf die Entwicklung der Fertilität in Deutschland aus.

6.1.4 Ausländische Bevölkerung und Migrationsgeschehen

Ende 2007 lebten in Deutschland knapp 7,3 Millionen Ausländer (Statistisches Bundesamt 2008a: 18). Der weitaus größte Teil von ihnen (79,7 Prozent) stammt aus Ländern Europas. Von der Gesamtheit der europäischen Ausländer entfällt ein Anteil von 35,1 Prozent auf Personen aus EU-Staaten. Gemessen an der nationalen Zugehörigkeit stellen Zuwanderer aus der Türkei mit einem Gesamtanteil von 25,1 Prozent die größte Gruppe der in Deutschland lebenden Ausländer.[250]

Abb. 20: Ausländeranteile in Deutschland nach Herkunft (2007)

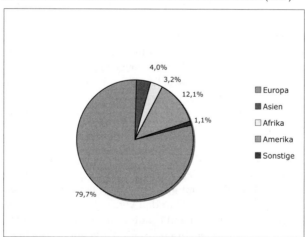

Eigene Grafik. Datenquelle: Statistisches Bundesamt 2009.

---

[250] Datenquelle für die genannten Ausländeranteile ist das Statistische Jahrbuch 2009. Vgl. Statistisches Bundesamt 2009.

Bezieht man bereits eingebürgerte Ausländer ein, ist die Zahl der Menschen mit Migrationshintergrund jedoch weit höher. Die Staatszugehörigkeit allein ist deshalb kein hinreichendes Kriterium, um den Anteil der Bevölkerung mit nichtdeutschen Wurzeln statistisch zu erfassen. Seit 2005 operiert die amtliche Statistik daher mit einem entsprechend erweiterten Ausländerbegriff. Zu den Deutschen mit Migrationshintergrund gehören auch eingebürgerte Ausländer, (Spät-)Aussiedler, deren Kinder sowie die nach dem sogenannten „Optionsmodell" geborenen Kinder ausländischer Eltern.[251]

Seit 1950 kamen knapp 4,5 Millionen Aussiedler und Spätaussiedler nach Deutschland, allein 2,6 Millionen in der Zeit zwischen 1988 und 1999. In den vergangenen Jahren hat der Umfang des Zuzugs aus dieser Gruppe jedoch stark nachgelassen. Er lag 2007 nur noch bei 5.800 Personen (Statistisches Bundesamt 2008a: 18). Die Zahl der seit 1950 eingebürgerten Ausländer ist mit knapp 4,4 Millionen nur unwesentlich geringer als die der zugezogenen (Spät-)Aussiedler. Ein großer Teil dieser Einbürgerungen, etwa 3,3 Millionen, wurde zwischen 1990 und 2006 vollzogen. In den letzten Jahren schwankte die Zahl zwischen 110.000 und 130.000 pro Jahr (ebd.). Während die Zahl der ausländischen Bevölkerung im letzten Jahrzehnt ungefähr gleich blieb, nahm die Zahl der Menschen mit Migrationshintergrund zu. Dies ist vor allem auf die im Inland geborenen Kinder von Migranten zurückzuführen. Im Jahr 2007 lebten etwa 15,4 Millionen Menschen mit Migrationshintergrund in Deutschland. Der Bevölkerungsanteil von Menschen mit ausländischen Wurzeln lag zu diesem Zeitpunkt bei 18,76 Prozent. Verglichen mit Japan ist dies ein sehr hoher Wert.

Ein großer Teil der in Deutschland lebenden Ausländer entscheidet sich übrigens bewusst gegen eine Einbürgerung, obwohl er formal die Voraussetzungen dafür erfüllt. Im Jahr 2006 ließen sich beispielsweise nur 125.000 Personen einbürgern, während die Zahl der Ausländer, welche die dafür erforderlichen Voraussetzungen erfüllen, mit etwa 4,7 Millionen (Stand: Ende 2006) deutlich höher lag (Statistisches Bundesamt 2008a: 19). Zwischen 1991 und 2006 stieg die Zahl der Ausländer in Deutschland um 1,2 Millionen auf 7,3 Millionen. Der Ausländeranteil erhöhte sich in diesem Zeitraum von 7,6 Prozent auf 8,8 Prozent. Der

---

[251] Kinder von Ausländern, die nach § 4 Abs. 3 StAG oder § 40b StAG (Staatsangehörigkeitsgesetz) zusätzlich zur Staatsangehörigkeit ihrer Eltern auch die deutsche Staatsangehörigkeit erworben haben, müssen gemäß § 29 StAG zwischen ihrem 18. und 23. Lebensjahr entscheiden, ob sie die deutsche Staatsbürgerschaft behalten wollen oder die Staatsangehörigkeit ihrer Eltern vorziehen. Es besteht hierbei eine Erklärungspflicht.

größte Teil dieser Personen, etwa drei Viertel, ist zugewandert, ein Viertel wurde in Deutschland geboren (ebd.)

In der ehemaligen DDR lebten 1989 rund 191.200 Ausländer. Der Anteil an der Gesamtbevölkerung belief sich damit auf 1,2 Prozent (Statistisches Bundesamt 2008a: 20). Bis 1991 ging die Zahl der Ausländer im Bereich der neuen Bundesländer auf etwa 144.000 zurück, hauptsächlich weil viele Arbeitsverträge respektive die noch von der DDR getroffenen Arbeitskräftevereinbarungen ausliefen. Zu einem neuen Anstieg der Ausländerzahl in Ostdeutschland kam es ab 1992 als Folge der Aufnahme von Asylsuchenden. Ende 2006 lebten rund 320.000 ausländische Personen im Gebiet der ehemaligen DDR. Ihr Anteil an der dortigen Bevölkerung lag zu diesem Zeitpunkt bei 1,9 Prozent (ebd.).

Die durchschnittliche Aufenthaltsdauer von Ausländern in Deutschland liegt bei etwa 17,7 Jahren (Stand: 2007). Damit hat sie sich seit 1992 (12 Jahre) deutlich erhöht. Eine genauere Untersuchung des Wanderungsverhaltens von Ausländern legt nahe, dass die ausländische Bevölkerung sich im Wesentlichen aus zwei Gruppen zusammensetzt. Die eine (kleinere) Gruppe hält sich nur vorübergehend, beispielsweise für die Zeitdauer einer Ausbildung oder einer zeitlich begrenzten Erwerbstätigkeit, in Deutschland auf. Die andere (größere) Gruppe bleibt dauerhaft (Statistisches Bundesamt 2008a: 20).

6.1.5 Demografische Alterung

Die demografische Alterung der Bevölkerung in Deutschland vollzieht sich verglichen mit Japan etwas langsamer, beruht aber prinzipiell auf den gleichen Ursachen. Die zeitliche Überschneidung zweier Entwicklungen, nämlich der Verringerung des Anteils der jungen Altersjahrgänge infolge der sinkenden Gesamtfertilität sowie des Anwachsens des Anteils alter Menschen an der Gesamtpopulation aufgrund des innerhalb dieser Gruppe gesunkenen Mortalitätsrisikos, führen zu einer deutlichen Verschiebung des Durchschnittsalters nach oben. Allein zwischen 1990 und 2005 stieg es von 39 auf 42 Jahre an (Statistisches Bundesamt 2006: 17). Im Jahr 2005 stellten die 1964 Geborenen, also die zu diesem Zeitpunkt 41-Jährigen, den zahlenmäßig stärksten Altersjahrgang. Der Alterungstrend wird sich voraussichtlich auch weiterhin fortsetzen. Die im Rahmen der 11. koordinierten Bevölkerungsvorausschau errechneten Prognosen unterscheiden sich daher auch nur hinsichtlich des Ausmaßes der geschätzten Alterung, nicht jedoch bezüglich der Richtung des Trends. Die mittlere Variante, die von einer annähernd konstanten Geburtenentwicklung und der Basisannahme hinsichtlich der Lebenserwartung ausgeht, weist für das Jahr 2050 ein erwartetes Durchschnittsalter von etwa 50 Jahren aus (ebd.).

Der Erhöhung des Durchschnittsalters liegt eine merkliche strukturelle Veränderung der Altersgruppenanteile innerhalb der deutschen Bevölkerung zugrunde. Für die Bewertung der gesellschaftspolitischen Bedeutung der demografischen Alterung ist vor allem die weitergehende Analyse der Verschiebung dieser Altersgruppenanteile zueinander relevant. Die Entwicklung seit Mitte des 20. Jahrhunderts wird in Abbildung Nr. 21 grafisch veranschaulicht. Zunächst ist auffällig, dass zwischen 1950 und 2007 der Anteil der Personen im erwerbsfähigen Alter (zwischen 21 bis 64 Jahren) etwa konstant geblieben ist. Die absolute Zahl der Personen dieser Altersgruppe hat aufgrund des migrationsbedingten Bevölkerungswachstums in dieser Zeit sogar von 40,5 Millionen auf 48,8 Millionen zugenommen.[252] Das Anteilsverhältnis von Personen im erwerbsfähigen Alter zu jenen im nicht erwerbsfähigen Alter hat sich also, auch wenn die gegenwärtige öffentliche und politische Debatte bisweilen einen anderen Eindruck vermitteln mag, zwischen 1950 und 2007 nicht dramatisch verändert. Signifikant verschoben haben sich jedoch die relativen Anteile der verschiedenen Gruppen im nicht erwerbsfähigen Alter untereinander, also der Jungen unter 21 Jahren (-11,3 Prozent) und der Alten über 64 Jahren (+10,3 Prozent). Im Jahr 2007 belief sich der kumulierte Anteil der Personen außerhalb des Erwerbsalters an der Gesamtbevölkerung in Deutschland auf etwa 40,7 Prozent (Bevölkerung im Erwerbsalter: 59,3 Prozent). Beide Gruppen, die Jungen (unter 21 Jahren) und die Alten (über 64 Jahren), waren zu diesem Zeitpunkt mit 16,9 Millionen (20,56 Prozent der Gesamtbevölkerung) beziehungsweise 16,5 Millionen Personen (20,09 Prozent der Gesamtbevölkerung) etwa gleich groß.[253]

---

[252] Erst seit 2003 ist die Bevölkerungsentwicklung in Deutschland nach einer langen Phase des Wachstums wieder rückläufig. Siehe dazu Statistisches Bundesamt 2006: 14.

[253] Angaben in absoluten Zahlen siehe Statistisches Bundesamt 2009: 42 (Tab. 2.8). Prozentangaben: eigene Berechnungen auf Grundlage der dort angegebenen Zahlenwerte.

Abb. 21: Veränderung der Altersgruppenanteile an der Gesamtbevölkerung (1950–2007)

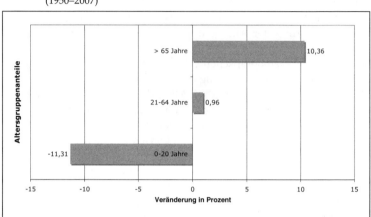

Eigene Berechnung und Grafik. Datenquelle: Statistisches Bundesamt 2009.

Für die Zukunft ist mit einer weiteren Zunahme des Anteils alter Menschen zu rechnen. Da sich die Gesamtfertilität in Deutschland bereits heute auf einem niedrigen Niveau befindet, kann bis auf weiteres nur eine relativ geringe Zahl junger Menschen in die mittleren Altersjahrgänge nachrücken. Mit anderen Worten, dem geringfügigen Rückgang des Jugendquotienten[254] von heute etwa 33 auf rund 29 im Jahr 2050 steht eine deutliche Zunahme des Altenquotienten[255] von 32 auf 64 im gleichen Zeitraum gegenüber.[256] Diese Entwicklung wird bis zur Mitte des Jahrhunderts zu einem merklichen Rückgang des Anteils der Bevölkerung im Erwerbsalter führen. Die Prognosen im Rahmen der 11. koordinierten Bevölkerungsvorausschau gehen davon aus, dass der Anteil dieses Personenkreises an der Gesamtbevölkerung bis 2050 (in Abhängigkeit von verschiedenen Zuwanderungsszenarien) gegenüber dem Vergleichswert des Jahres 2005 um etwa 22 bis 29 Prozent sinken wird (Statistisches Bundesamt 2006: 21). An der Hauptursache dieser Entwicklung, nämlich

---

[254] Statistische Anzahl der unter 21-Jährigen je 100 Personen im Erwerbsalter.

[255] Statistische Anzahl der über 64-Jährigen je 100 Personen im Alter von 21 bis 64 Jahren.

[256] Ergebnisse der 11. koordinierten Bevölkerungsvorausschau. Der Prognosewert basiert auf der Annahme eines jährlichen Wanderungssaldos von 100.000 Personen. Bei einem hypothetischen jährlichen Zuwanderungsgewinn von 200.000 stiege der Altenquotient auf 60 Prozent. Vgl. Statistisches Bundesamt 2006: 23–24. Die Werte der verschiedenen Quotienten sind hier in der üblichen, mit dem Faktor 100 multiplizierten Form angegeben.

dem starken Anstieg des Altenquotienten bis zur Mitte des Jahrhunderts, kann auch die 2007 beschlossene Erhöhung des Renteneintrittsalters von 65 Jahre auf 67 Jahre grundsätzlich nichts ändern.[257] Diese Maßnahme kann daher nach gegenwärtiger Einschätzung, selbst unter der Prämisse einer im Hinblick auf die demografische Alterung relativ günstigen Bevölkerungsentwicklung, lediglich helfen, den Anstieg des Altenquotienten auf etwa 51 im Jahr 2050 zu begrenzen. Sie wird es jedoch nicht vermögen, ihn auf heutigem Niveau zu stabilisieren (Statistisches Bundesamt 2006: 24).

Bis 2006 war der Jugendquotient in Deutschland immer höher als der Altenquotient. Dieses Verhältnis hat sich seither allerdings umgekehrt. Zukünftig wird die Entwicklung des Gesamtquotienten[258] vor allem durch die Zunahme des Altenquotienten bestimmt werden. Im Jahr 2005 kamen auf 100 Personen im erwerbsfähigen Alter insgesamt 65 Personen außerhalb des Erwerbsalters. Bis zum Jahr 2050 wird dieser Wert voraussichtlich deutlich ansteigen. Abhängig von dem zugrunde gelegten Szenario hat die 11. koordinierte Bevölkerungsvorausschau für den Gesamtquotienten Werte zwischen 89 und 98 ermittelt (Statistisches Bundesamt 2006: 25).

Der Eindruck einer auf den ersten Blick dramatischen Erhöhung des Gesamtquotienten, welche im Rahmen der demografischen Debatte häufig als Begründung für einen zuletzt immer vehementer geforderten Umbau des sozialen Sicherungssystems (vor allem der Rentenversicherung) ins Feld geführt wird, relativiert sich allerdings etwas, sofern der Umstand berücksichtigt wird, dass der gegenwärtige Wert von 65 auch in der Vergangenheit bereits deutlich übertroffen wurde. Mit 78 lag er beispielsweise im Jahr 1970, bedingt durch den hohen Jugendquotienten von damals 53, schon einmal deutlich über dem heutigen Niveau (Statistisches Bundesamt 2006: 24). Auch die langfristige Kontinuität des Alterungstrends wird häufig überschätzt. Bereits um die Jahrhundertmitte wird sich das Wachstum des Anteils alter Menschen an der Gesamtpopu-

---

[257] Am 09.03.2007 wurde vom Deutschen Bundestag das Gesetz zur Anpassung der Regelaltersgrenze an die demografische Entwicklung und zur Stärkung der Finanzierungsgrundlagen der gesetzlichen Rentenversicherung (RV-Altersgrenzenanpassungsgesetz) verabschiedet, welchem am 30.03.2007 auch der Bundesrat zustimmte. Vgl. Bundesrat 2007. Beginnend mit dem Geburtsjahrgang 1947 erfolgt die Anhebung des Renteneintrittsalters ab 2012 zunächst in Ein-Monats-, von 2024 an in Zwei-Monats-Schritten, so dass schließlich für Rentenversicherte ab Jahrgang 1964 die Regelaltersgrenze von 67 Jahren gilt.

[258] Statistische Entsprechung des quantitativen Verhältnisses der Bevölkerung im erwerbsfähigen und nicht erwerbsfähigen Alter. Der Gesamtquotient ergibt sich aus der Summe des Jugend- und Altenquotienten.

lation aufgrund der relativen Überrepräsentation dieser Gruppe und der daraus resultierenden Zunahme des Mortalitätsrisikos merklich abschwächen. Sowohl die demografische Alterung als auch die durch sie mitverursachte und aus sozialpolitischer Perspektive durchaus problematische Erhöhung des Gesamtquotienten sind daher als zeitlich begrenzte, wenn auch mit einem Zeitfenster von mehreren Jahrzehnten relativ langfristig wirksame Phänomene einzuschätzen.

6.2 Historische Erfahrungen als restriktiver Faktor bei der Gestaltung demografiepolitischer Konzepte

Abgesehen von der Möglichkeit, den Geburtenrückgang und die strukturelle Alterung der Bevölkerung als natürliche Veränderungen der sozialen Umwelt zu akzeptieren und deren Auswirkungen im Rahmen des Möglichen abzufedern, besteht für politische Systeme auch die Option, gezielt Versuche zu unternehmen, diese demografischen Entwicklungen grundlegend zu beeinflussen. Art und Umfang möglicher Interventionen richten sich dabei nicht nur nach dem Willen der politischen Akteure, sondern sind stark von einem komplexen Geflecht verschiedener Rahmenbedingungen abhängig.

Ausgangspunkt konkreter bevölkerungspolitischer Initiativen sind dabei zunächst die Analyse der demografischen Rahmenbedingungen sowie die Einschätzung einer politisch relevanten Meinungsmehrheit, dass die Bevölkerungsentwicklung als Ganzes oder zumindest in Teilen den Interessen des betreffenden Staates beziehungsweise einer bestimmten Region zuwider läuft. Die demografischen Ausgangsbedingungen in Deutschland wurden in den vorangegangenen Abschnitten bereits dargelegt. Sie allein definieren jedoch nicht die Gestaltungsoptionen und Grenzen demografiepolitischer Aktivitäten des politischen Systems. Die gesellschaftspolitische Debatte über die Notwendigkeit bevölkerungspolitischer Interventionen durch den Staat beziehungsweise deren Art und Umfang wird vielmehr wesentlich durch die Einbeziehung historischer Erfahrungen mitbeeinflusst.

Die Erfahrungen mit bevölkerungspolitischen Eingriffen des Staates in der Zeit des Nationalsozialismus führten in der Nachkriegszeit in Deutschland, ebenso wie dies oben bereits für den Fall Japans gezeigt wurde, zu einer starken Ablehnung entsprechender Ambitionen. Über Jahrzehnte hinweg gehörte das mit den ethischen und moralischen Verfehlungen des Naziregimes begründete Tabu bevölkerungspolitischer Eingriffe durch den Staat zu den Eckpfeilern der politischen Philosophie in Deutschland. Der demografiepolitische Gestaltungsraum in der Gegenwart wird unter anderem durch diese aus historischer Erfahrung gewachsene Skepsis gegenüber Bevölkerungspolitik begrenzt. Neben ethischen und moralischen Bedenken schränken auch Zweifel am möglichen Nutzen den politischen Spielraum für bevölkerungspolitische Maßnahmen ein. Auch hierbei spielen Erfahrungen aus der Vergangenheit eine Rolle. So unternahm beispielsweise die DDR ab Mitte der 1970er Jahre erhebliche Bemühungen, um das Fertilitätsniveau zu erhöhen. Der langfristige Nutzen dieser Bemühungen erwies sich jedoch als gering im Verhältnis zum betriebenen Aufwand. So zeigt auch das Beispiel der DDR die Grenzen eines spezifischen bevölkerungspolitischen Ansatzes auf und wirkt in diesem Sinne restriktiv auf die Entwicklung gegenwärtiger demografiepolitischer Konzepte zur Eindämmung der demografischen Alterung. Nachfolgend sollen deshalb die wichtigsten bevölkerungspolitischen Maßnahmen sowohl des Dritten Reiches als auch der DDR kurz umrissen werden.

6.2.1 Bevölkerungspolitik im Dritten Reich

Zunächst ist festzuhalten, dass die Wurzeln der Bevölkerungspolitik in Deutschland wesentlich weiter zurückreichen als in die Zeit des Dritten Reiches, auch wenn der Begriff heute vor allem mit der nationalsozialistischen Eugenik beziehungsweise Rassenhygiene assoziiert wird. In Deutschland und in anderen mitteleuropäischen Regionen wurden seit Jahrhunderten Ansätze staatlicher Bevölkerungspolitik entwickelt und umgesetzt. Seit dem 17. Jahrhundert entstanden beispielsweise im süddeutschen Raum verschiedene Varianten von Heiratsverboten für Angehörige der Unterschichten (Matz 1980: 181). Seit der Veröffentlichung von Malthus' Aufsatz *An Essay on the Principle of Population, as it affects the Future Improvement of Society*[259] wurde Bevölkerungswachstum immer wieder als Ursache gesellschaftlichen Unheils interpretiert. Gleichzeitig sahen Malthus und viele seiner Zeitgenossen die Übervölkerung auch als treibende Kraft des natürlichen Verteilungskampfes der Menschen um knappe Ressourcen an.

Im 19. Jahrhundert wurde, unter anderem beeinflusst durch Darwins Evolutionstheorie, die wissenschaftliche Auseinandersetzung mit der Bevölkerungsentwicklung zunehmend mit biologistischen und rassistischen Ideen verwoben.[260] In der zweiten Hälfte des 19. Jahrhunderts wurden verschiedene sozialdarwinistische und eugenische Gesell-

---

[259] Malthus 1798.
[260] Dazu siehe auch Mackenroth 1953: 302ff.

schaftstheorien entwickelt.[261] Erste konkrete Anwendungen in Form von Eugenikgesetzen fanden diese Theorien in den USA, wo in der ersten Dekade des 20. Jahrhunderts zahlreiche Bundesstaaten Zwangssterilisationen aus eugenischen Gründen gesetzlich genehmigten. In Europa wurden ab 1929 (Schweiz, Dänemark) erste Eugenikgesetze erlassen. Auch in Deutschland war die Eugenik seit Beginn der 1920er Jahre immer wieder Gegenstand politischer und gesellschaftstheoretischer Debatten. Trotz verschiedentlicher Forderungen nach entsprechenden Gesetzen wurden solche jedoch zunächst aufgrund mangelnder politischer Akzeptanz nicht verabschiedet.[262]

Die Machtübernahme Hitlers änderte die Situation grundlegend. Noch im Jahr der Machtergreifung wurde am 14. Juli 1933 das Gesetz zur Verhütung erbkranken Nachwuchses (GezVeN) verabschiedet, welches zum 1. Januar 1934 in Kraft trat.[263] Gestaltungsbasis war ein Gesetzesentwurf aus dem Jahr 1932, der vom preußischen Gesundheitsamt ausgearbeitet worden war. Im Unterschied zu dem 1933 verabschiedeten Gesetz hatte dieser Gesetzesentwurf Sterilisationen nur auf freiwilliger Basis vorgesehen. Auf Grundlage des Gesetzes zur Verhütung erbkranken Nachwuchses wurden bis Mai 1945 etwa 400.000 Menschen zwangssterilisiert (Bock 1986: 237–239). Obwohl gesetzlich angeordnete Zwangssterilisationen auch in anderen Staaten durchgeführt wurden, nimmt das Deutsche Reich hinsichtlich der Häufigkeit der Anwendung solcher Maßnahmen eine deutliche Sonderstellung ein. In keinem anderen Land wurden eugenische und rassenhygienische Ideen in ähnlicher Radikalität umgesetzt.

Bestimmendes Merkmal der nationalsozialistischen Bevölkerungspolitik war ihr Anspruch, die Zusammensetzung der Bevölkerung nicht nur in quantitativer, sondern vor allem auch in qualitativer Hinsicht zu beeinflussen. Dieses Ziel wurde außer mit antinatalistischen auch mit pronatalistischen Maßnahmen verfolgt. Seit Ende des 19. Jahrhunderts war es zu einem massiven Rückgang der Geburtenzahlen gekommen, der in der Zeit nach dem Ende des Ersten Weltkriegs bereits zu einer deutlich wahrnehmbaren demografischen Alterung der Bevölkerung geführt hat-

---

[261] Den Begriff der Eugenik prägte der britische Anthropologe und Humangenetiker Francis Galton. Seine 1883 erschienene Schrift *Inquiries into Human Faculty and its Development* begründete die Eugenik als Wissenschaft von der Verbesserung der Rasse. Vgl. Galton 1883. In Deutschland sind als führende Vertreter der Eugenik Wilhelm Schallmeyer und Alfred Ploetz zu nennen, die zugleich als wichtigste Begründer der hier als Rassenhygiene bezeichneten Weiterentwicklung eugenischer Ideen anzusehen sind.

[262] Ausführlicher zur Bevölkerungspolitik im Deutschen Reich zwischen 1914 und 1933 siehe Ehmer 2004: 29–33.

[263] Deutsches Reich 1933, RGBl I: 529–531.

te. Diese Entwicklung hatte schon lange vor 1933 eine erregte Debatte über die möglichen Folgen der demografischen Entwicklung angestoßen. Der Kulturhistoriker und Philosoph Oswald Spengler sprach bereits 1923 im Zusammenhang mit der rückläufigen Geburtenentwicklung vom „Untergang des Abendlandes" (Spengler 1923). Der deutsch-tschechische Philosoph und Politiker Karl Johann Kautsky fasste den Tenor dieser Diskussion 1924 etwas moderater folgendermaßen zusammen:

> *„Ein Gespenst geht um in Europa. Der Geburtenrückgang hält die Gemüter der Volkswirte, Politiker und Ärzte in seinem Bann. Ahnungsvolle Schwarzseher verkünden in allen Tonarten den ,Untergang des Abendlandes' als Folge des Aussterbens der Kulturvölker. Unsere Menschheit in Westeuropa sei alt geworden, unfähig zur Verjüngung und Erneuerung. Der Völkertod sei naturgesetzlich ..."* (Kautsky 1924: 1).

Um dem drohenden Bevölkerungsrückgang entgegenzuwirken, wurden intensive Bemühungen unternommen, die Geburtenrate, insbesondere die der Mittelschicht, durch politische Maßnahmen anzuheben. Die Gewährung von Ehestandsdarlehen ab 1933 zielte auf die Steigerung der Fertilität verheirateter Paare. Ausgezahlt wurde es nur an die Ehemänner. Der Rückzahlbetrag des Darlehens verringerte sich mit jeder Geburt eines Kindes um ein Viertel. Das Darlehen war an die Bedingung geknüpft, dass die Ehefrau vor der Heirat einer beruflichen Tätigkeit nachging und diese nach der Eheschließung aufgab. Ziel war es, Frauen dazu zu bewegen, ihre Ressourcen ganz in den Dienst der Familie zu stellen.

Eine maßgebliche Beeinflussung des langfristigen Abwärtstrends der ehelichen Geburtenzahlen wurde mit der Gewährung dieser Ehekredite jedoch nicht erreicht. Eine zeitgenössische Studie kommt zu dem Ergebnis, dass die Eheschließungsdarlehen allenfalls bei einigen Frauen das Motiv für das erste Kind gewesen seien. Es existierten jedoch keine Indizien dafür, dass sie zu zweiten oder gar dritten Kindern motiviert hätten (Maas 1943: 255). Die erwünschte Quote von vier Kindern pro Ehepaar wurde ohnehin nur selten erreicht. Der leichte Geburtenzuwachs nach 1933 lässt sich vor allem mit dem durch die familienpolitischen Anreize begünstigten Anstieg der Eheschließungshäufigkeit sowie durch das Absinken des durchschnittlichen Heiratsalters von Frauen erklären (Paul 1941: 244ff.).

Zusätzlich zur Gewährung von Ehestandsdarlehen wurden ab 1935 auch einmalige Kinderbeihilfen gezahlt. Im Folgejahr wurden diese durch laufende Beihilfen ergänzt. Ab 1937 hatten einkommensschwache Familien mit mehr als fünf Kindern Anspruch auf ein reguläres Kindergeld. Später wurde die Anspruchsberechtigung auf Familien mit mindestens drei Kindern erweitert. Die Zahlung war an die Bedingung geknüpft, sogenannte „Wohlverhaltensklauseln" zu akzeptieren und einzuhalten, welche sich im Kern auf die Loyalität der Eltern gegenüber dem deutschen Volk beziehungsweise dem Staat bezogen. So blieb die Zahlung von Kindergeld zunächst Ermessenssache und abhängig von der Einzelfallbeurteilung durch staatliche Instanzen.[264] Da die Kindergeldzahlungen sich auf kinderreiche Familien mit mindestens drei Kindern beschränkten, blieb die Mehrheit der Familien von dieser Maßnahme ohnehin ausgeschlossen. Gleiches galt für die Verleihung des Ehrenkreuzes der Deutschen Mutter oder kurz „Mutterkreuz", welches ab 1938 (erste Verleihung am 16. Dezember 1938) Mütter von mindestens vier Kindern erhielten.[265]

Auch das Steuersystem wurde an die bevölkerungspolitischen Ziele der nationalsozialistischen Regierung angepasst. Wolfgang Voegeli und Barbara Willenbacher stellen in diesem Zusammenhang fest, dass mit der Einführung der nationalsozialistischen Steuergesetze zum ersten Mal in der deutschen Rechtsentwicklung eine Systematik des Familienlastenausgleichs eingeführt wurde, die allerdings nur geringe sozialpolitische Wirkungen entfalten konnte (Voegeli/Willenbacher 2001: 38–40). Für die unteren Einkommensschichten zeitigten die Neuregelungen keinen nennenswerten Effekt, weil diese ohnehin von der Steuerpflicht befreit waren. Auch innerhalb der Gruppe der Besserverdienenden, in der höhere Familienermäßigungen anfielen, blieb der erhoffte geburtenfördernde Effekt gering, da der größte Teil der Entlastungen an den bloßen Umstand geknüpft war, verheiratet zu sein. Das nationalsozialistische Steuersystem sah überproportionale Entlastungen für jene Familien vor, die drei und mehr minderjährige beziehungsweise in Ausbildung befindliche Kinder zu versorgen hatten. Insgesamt begünstigte es zwar vorwiegend die relativ kleine Minderheit der besser verdienenden Mittelschicht (Voegeli/Willenbacher 2001: 38). Dennoch hat es das Familienlastenausgleichssystem nicht vermocht, die geringe Kinderzahl der Mittelschicht spürbar zu steigern (Voegeli/Willenbacher 2001: 40).

Die für die Zeit des Nationalsozialismus typische Verzahnung bevölkerungspolitischer und rassenideologischer Zielsetzungen zeigte sich auch in der Gestaltung der Abtreibungspolitik. Auch sie vereinte pronatalistische und antinatalistische sowie quantitative und qualitative Elemente miteinander. Sogenanntes „keimendes hochwertiges" Leben sollte

---

[264] Ausführlicher zu Kinderbeihilfen und Kindergeldzahlungen siehe Voegeli/ Willenbacher 2001: 36.

[265] Das Ehrenkreuz der Deutschen Mutter wurde in drei Stufen verliehen: in Bronze ab vier, in Silber ab sechs und in Gold ab acht lebend geborenen Kindern.

möglichst geschützt, werdendes „minderwertiges" Leben hingegen noch im Mutterleib vernichtet werden.[266] Im Ergebnis stand einer scharfen Verfolgung illegaler Abtreibungen die Legitimation der eugenischen Abtreibung gegenüber (Brinschwitz 2001: 210).

Zusammenfassung

Die durch staatliche Einflussnahme angestrebte Steuerung der Bevölkerungsentwicklung hinsichtlich der quantitativen und qualitativen Merkmale der jeweiligen Population war kein ausschließlich auf das Dritte Reich begrenztes Phänomen, sondern spiegelte vielmehr verbreitete zeitgenössische Auffassungen zu Fragen der Bevölkerungsentwicklung und damit in Verbindung stehende ethische Überzeugungen wider. Allerdings wurden eugenisch begründete Zwangsmaßnahmen in keinem anderen Staat in ähnlichem Umfang umgesetzt wie im nationalsozialistischen Deutschland. Die Bevölkerungspolitik der Nationalsozialisten war geprägt durch die Parallelität pronatalistischer und antinatalistischer Elemente. Während pronatalistische Bemühungen vorwiegend appellativen Charakter hatten beziehungsweise die erwünschten Effekte durch gezielte finanzielle und soziale Anreize für heiratswillige Paare und kinderreiche Familien sowie eine symbolische Aufwertung der Mutterschaft erreicht werden sollten, war die Verfolgung antinatalistischer und rassenhygienischer Zielsetzungen oft mit massiven Menschenrechtsverletzungen verbunden, die etwa im Zusammenhang mit eugenisch begründeten Zwangssterilisationen oder Schwangerschaftsabbrüchen begangen wurden. Obwohl eugenische und rassenideologische Zielsetzungen die gesamte Bevölkerungspolitik des Dritten Reiches bestimmten, waren es vor allem die im Zuge der Umsetzung antinatalistischer Vorhaben begangenen Verletzungen von Menschen- und Persönlichkeitsrechten, welche das Bild der Bevölkerungspolitik in der Nachkriegszeit prägten. Die allgemeine Ablehnung bevölkerungspolitischer Interventionen durch den Staat in der Zeit nach 1945 richtete sich in erster Linie gegen die im Namen antinatalistischer Politikziele begangenen Verbrechen und erst nachrangig gegen die aus pronatalistischem Kalkül realisierten Maßnahmen der Ehe-, Familien- und Kinderförderung. So markierte die Kriegsniederlage des nationalsozialistischen Regimes zwar das Ende eugenisch

---

[266] Häufig wurden Schwangerschaftsabbrüche auch mit gleichzeitig vorgenommenen Zwangssterilisationen verbunden. Grundlage war die Revision des Gesetzes zur Verhütung erbkranken Nachwuchses durch das Gesetz zur Änderung des GezVeN vom 26.06.1935 (Deutsches Reich 1935, RGBl I: 773). Ausführlich zur Sterilisations- und Abtreibungspolitik der Nationalsozialisten siehe auch Kretschmar 1997: 26ff.

und rassenideologisch begründeter antinatalistischer Interventionen, gleichzeitig wies die bundesdeutsche Nachkriegspolitik hinsichtlich der Ehe-, Familien- und Kinderförderung jedoch ein hohes Maß an Kontinuität mit der Politik der Vorkriegs- und Kriegsjahre auf. Auch wenn die gewährten sozialen und finanziellen Unterstützungen zum Wohle von Ehepaaren, Familien und Kindern nach 1945 vor allem wohlfahrtsstaatlich begründet wurden, gingen sie doch häufig aus ursprünglich bevölkerungspolitisch motivierten Maßnahmen des Dritten Reiches hervor. Insofern ist die Tabuisierung staatlicher Bevölkerungspolitik in der zweiten Hälfte des 20. Jahrhunderts vor allem als Ausdruck der Ablehnung und der moralischen Entrüstung über die nationalsozialistische Rassenideologie zu werten, aber nicht mit einer vollständigen Abkehr von pronatalistischen und somit auch bevölkerungspolitisch wirksamen Maßnahmen gleichzusetzen. Allerdings erfuhren einige, ursprünglich zur Realisierung bevölkerungspolitischer Zielsetzungen eingeführte politische Instrumente in der Nachkriegszeit eine grundlegende Bedeutungstransformation als nunmehr sozialpolitisch begründete Hilfsleistungen des neu geformten bundesdeutschen Wohlfahrtsstaates.

6.2.2 Bevölkerungspolitik in der DDR

In der Zeit zwischen der Gründung der DDR 1949 und deren Ende 1990 war die Gestaltung der Familien- und Frauenpolitik immer auch mit bevölkerungspolitischen Zielsetzungen verknüpft, wobei ab Anfang der 1970er Jahre eine starke Zunahme pronatalistischer Maßnahmen zu verzeichnen war. Begründet wurde der Einsatz bevölkerungspolitisch wirksamer Politikinstrumente jeweils mit übergeordneten sozialen, ökonomischen und ideologischen Ambitionen der DDR-Regierung im Interesse der Gestaltung und Entwicklung einer sozialistischen Gesellschaft.

Bereits das 1950 eingeführte Gesetz über den Mutter- und Kinderschutz und die Rechte der Frau[267] verband das ökonomische Interesse einer möglichst umfassenden Erwerbsbeteiligung von Frauen mit dem bevölkerungspolitischen Ziel der Konsolidierung der Populationsgröße. Dazu waren Geburtenzahlen (mindestens) auf Bestandserhaltungsniveau erforderlich. Das Gesetz verankerte deshalb das staatliche Ziel der „Förderung der Geburtenzunahme" im DDR-Recht.[268] Es kombinierte positive Bevölkerungspolitik durch infrastrukturelle Hilfen für Schwan-

---

[267] GBl. DDR 1950: 1037, Gesetz über den Mutter- und Kinderschutz und die Rechte der Frau v. 27.9.1950.

[268] GBl. DDR 1950: 1039, Gesetz über den Mutter- und Kinderschutz und die Rechte der Frau, §11, Abs.1.

gere und kinderreiche Familien mit einem restriktiven Abtreibungsrecht (Obertreis 1986: 52). Bemerkenswert ist der Umstand, dass das Abtreibungsrecht der DDR auch eugenische Politikelemente der Vorkriegszeit aufgriff. Paragraph 11 des Mutter- und Kinderschutzgesetzes gestattete einen Schwangerschaftsabbruch, „(…) wenn ein Elternteil mit schwerer Erbkrankheit belastet (…)" [269] war und behielt somit die vom NS-Regime ins deutsche Recht eingeführte eugenische Indikation für die Unterbrechung von Schwangerschaften bei, obwohl die vollständige Ablehnung der Ideologie und Politik der Nationalsozialisten integraler Bestandteil der Staatsräson war. In der Folgezeit wurden die Unterstützungsleistungen für Frauen und Familien immer wieder erweitert. Die ursprünglich erst ab dem vierten Kind gewährten Geburtenbeihilfen wurden ab 1958 bereits ab dem ersten Kind gezahlt. Darüber hinaus wurde 1963 der Schwangerschafts- und Wochenurlaub auf zwei Wochen verlängert (dazu Trappe 1995: 61). Trotz dieser Bemühungen konnte ab Mitte der 1960er Jahre keine weitere Erhöhung der durchschnittlichen Geburtenhäufigkeit mehr erreicht werden[270]. Die Hoffnung der DDR-Regierung, die vergleichsweise hohen Geburtenzahlen der 1960er Jahre mittels gezielter Frauen- und Familienförderung weiter anzuheben, erfüllte sich nicht. Im Gegenteil, seit 1965 wurde die Fertilitätsentwicklung von einem langfristigen Abwärtstrend erfasst, in dessen Verlauf die Marke von durchschnittlich zwei lebend geborenen Kindern je Frau im Jahr 1972 erstmals deutlich (1,79) unterschritten wurde. Die demografische Realität machte zu Beginn der 1970er Jahre somit nicht nur das von der SED propagierte Ziel, das Ideal der Drei-Kinder-Familie nachhaltig in der Gesellschaft zu verankern, schlagartig zu Makulatur, sondern ließ plötzlich sogar das Minimalziel der einfachen Bevölkerungsreproduktion gefährdet erscheinen.

Neben der demografischen Entwicklung machte auch die Reform des Abtreibungsrechts eine Verstärkung der pronatalistischen Bemühungen der SED notwendig. Nicht zuletzt vor dem Hintergrund sich verdichtender Anzeichen für eine bevorstehende Lockerung des westdeutschen Abtreibungsrechts durch die SPD/FDP-Koalition und getrieben von dem Wunsch, im Wettlauf der Systeme ein deutliches Zeichen der Progressivität des sozialistischen Staates zu setzen, hatte die DDR-Regierung über-

---

[269] GBl. DDR 1950: 1039, Gesetz über den Mutter- und Kinderschutz und die Rechte der Frau, §11, Abs.1.

[270] Den höchsten Wert erreichte die Gesamtfertilitätsrate im Jahr 1964 mit 2,51 durchschnittlich lebend geborenen Kindern je Frau. Alle statistischen Angaben zur Geburtenhäufigkeit in der DDR beziehungsweise in den neuen Bundesländern sind entnommen aus: Statistisches Bundesamt 2009b.

raschend und ohne vorherige Debatten am 9. März 1972 die Fristenlösung eingeführt (Hahn 2000: 269ff.). Die neue Regelung beendete die bis dahin geltende eugenische Indikation und legte die Verantwortung für Schwangerschaftsabbrüche innerhalb einer Frist von zwölf Wochen nach der Befruchtung in die Hände der betroffenen Frauen. Die Neuordnung des Abtreibungsrechts wurde unter anderem mit dem Verweis auf die Durchsetzung der Gleichberechtigung von Männern und Frauen in der sozialistischen Gesellschaft hinsichtlich der Familienplanung, einschließlich der Entscheidung über Schwangerschaft und Abtreibung, begründet.[271] Die SED-Führung betonte damit ostentativ das Recht der freien Entscheidung der Frauen zur Mutterschaft, allerdings nicht ohne parallel dazu die bevölkerungspolitischen Anreize zur Geburtenförderung zu verstärken (Leenen 1977: 623).

Das Jahr 1972 stellte eine Zäsur in der Entwicklung der Bevölkerungspolitik der DDR dar. Seit diesem Zeitpunkt wurden die pronatalistischen Bemühungen des Staates in mehreren Schritten deutlich ausgeweitet und bevölkerungspolitische Interessen offensiver als zuvor vertreten. Noch 1972 führte die DDR einen speziellen Ehekredit für junge Ehepaare ein, der, ähnlich wie das Ehestandsdarlehen des Dritten Reiches, mit der Option verbunden war, bei der Geburt von Kindern die Kreditschuld in Abhängigkeit von der Anzahl der Geburten schrittweise zu mindern. Da die gewünschte Erhöhung der Geburtenzahlen zunächst trotz dieser Anstrengungen ausblieb (tatsächlich sank die Gesamtfertilitätsrate zwischen 1973 und 1975 noch einmal deutlich), wurden die pronatalistischen Anreize weiter verstärkt. Im Jahr 1976 wurde eine Verlängerung des Schwangerschafts- und Wochenurlaubs beschlossen und darüber hinaus ein bereits ab dem zweiten Kind vollfinanziertes „Babyjahr" eingeführt. Zudem wurden die bestehenden Regelungen zur Reduzierung der Wochenarbeitszeit von Müttern ausgeweitet, indem nun bereits Mütter von zwei Kindern als anspruchsberechtigt erklärt wurden (Obertreis 1986: 315). Der Erfolg dieser Maßnahmen stellte sich überraschend schnell ein. Bereits ab 1976 stieg die Gesamtfertilitätsrate spürbar an. Im Jahr 1980 erreichte sie ihr vorläufiges Maximum von 1,94 Kindern je Frau, um danach wieder in einen Abwärtstrend überzugehen. Das Einsetzen dieses Trends seit Beginn der 1980er Jahre bewog die DDR-Führung dazu, ihr sozial-, familien- und bevölkerungspolitisches Engagement abermals zu verstärken, um dennoch das Ziel der 2–3-Kinder-Familie und der ein-

---

[271] Der Aspekt der Geschlechtergleichstellung wurde in der DDR vor allem in den Kontext der Umsetzung der Beschlüsse der Teheraner Konferenz der Vereinten Nationen über die Menschenrechte von 1968 gestellt. Vgl. Institut für Soziologie und Sozialpolitik der Akademie der Wissenschaften der DDR 1984: 33.

fachen Bevölkerungsreproduktion zu erreichen. Bevölkerungspolitik galt spätestens seit diesem Zeitpunkt als „organischer Bestandteil der Gesellschaftspolitik des sozialistischen Staates".[272] Das Institut für Soziologie und Sozialpolitik der Akademie der Wissenschaften der DDR bemerkte 1984 zu den Zielen und Mitteln der sozialistischen Bevölkerungspolitik folgendes: „Die sozialistische Bevölkerungspolitik nimmt mittels materieller, juristischer und ideologisch-erzieherischer Maßnahmen und Mittel Einfluß auf die Herausbildung der für die sozialistische Gesellschaft erforderlichen Bevölkerungsreproduktion, -entwicklung und -struktur."[273]

Die Legitimität der bevölkerungspolitischen Bestrebungen wurde, abgesehen von ideologischen Argumenten, auch mit der „Einheit von ökonomischer und sozialer Entwicklung" in der DDR begründet.[274] Zugleich wurde explizit auf die Einhaltung der Menschenrechtserklärung von Teheran aus dem Jahr 1968 verwiesen und das Recht der „Frauen und der Ehepaare, selbst frei, verantwortlich und informiert über die Zahl ihrer Kinder wie auch über den zeitlichen Abstand der Geburten zu entscheiden" als Grundsatz der DDR-Bevölkerungspolitik anerkannt.[275] Ungeachtet des starken bevölkerungspolitischen Gestaltungswillens der SED-Regierung wurde dieser Grundsatz offiziell nie in Frage gestellt. Allerdings ist die staatliche Agitation im Rahmen einer sexualethischen Erziehung, die gezielt zur „Förderung der Bereitschaft zum Kind"[276] eingesetzt wurde, durchaus als Einschränkung der Informiertheit und Freiheit im Vorfeld einer potentiellen Familiengründung zu beurteilen. Auch wenn die pronatalistische Politik der DDR sich im Wesentlichen auf sozial- und familienpolitische Anreize stützte, widersprach der Anspruch der DDR-Führung, durch ideologisch-erzieherische Maßnahmen auf die Erreichung konkreter quantitativer bevölkerungspolitischer Zielsetzungen hinzuwirken, allen gegenteiligen Beteuerungen zum Trotz, dem Geist der in Teheran verabschiedeten Beschlüsse.

Gegen Mitte der 1980er Jahre erreichten die pronatalistischen Fördermaßnahmen ein bemerkenswertes Ausmaß. Sie umfassten sowohl finan-

---

[272] Vgl. Institut für Soziologie und Sozialpolitik der Akademie der Wissenschaften der DDR 1984: 5.

[273] Vgl. Institut für Soziologie und Sozialpolitik der Akademie der Wissenschaften der DDR 1984: 6.

[274] Vgl. Institut für Soziologie und Sozialpolitik der Akademie der Wissenschaften der DDR 1984: 8.

[275] Ebd.

[276] Vgl. Institut für Soziologie und Sozialpolitik der Akademie der Wissenschaften der DDR 1984: 32.

zielle als auch arbeitsrechtliche Vergünstigungen. Die folgende Aufzählung gibt einen Überblick über die wichtigsten Maßnahmen: [277]

1. Finanzielle Leistungen bei der Geburt und Erziehung von Kindern:
   a) Einmalige Beihilfe von 1.000 Mark bei der Geburt jedes Kindes, inklusive Teilnahme an der Schwangeren- und Mütterberatung,
   b) Monatliches Kindergeld für jedes in der Familie lebende Kind (20 Mark für das erste und zweite, 100 Mark für alle weiteren Kinder),
   c) Zuschüsse zum Familienaufwand in Form von Ausbildungsbeihilfen für Abiturienten, Lehrlingsentgelten und Stipendien für Studenten.

2. Leistungen zur Vereinbarkeit von Berufstätigkeit und Mutterschaft:
   a) Kündigungsschutz für berufstätige Schwangere, stillende Mütter, Mütter mit Kindern bis zu einem Jahr, Mütter während der Zeit der Arbeitsfreistellung nach dem Wochenurlaub und allein stehende Berufstätige mit Kindern bis drei Jahren,
   b) Besonderer Arbeitsschutz für Schwangere,
   c) Lohnausgleich für die Zeit des Besuchs der Schwangeren- und Mütterberatung,
   d) Bezahlte Freistellungen (Schwangerschaftsurlaub von sechs Wochen nach Geburt; Wochenurlaub von 20 Wochen nach Geburt, bei Mehrlingsgeburten oder Komplikationen während oder infolge der Geburt 22 Wochen),
   e) Unbezahlte Freistellung von der Arbeit bis zum Ende des ersten Lebensjahres des Kindes (bei fehlendem Kinderbetreuungsangebot verlängerbar auf maximal drei Jahre),
   f) Gewährung eines arbeitsfreien Tages für berufstätige Frauen mit eigenem Haushalt.

3. Weitere arbeitsrechtliche und finanzielle Begünstigungen für berufstätige Mütter mit zwei beziehungsweise mit drei oder mehr Kindern:
   a) Minderung der Wochenarbeitszeit von 43¾ Stunden auf 40 Stunden bei vollem Lohnausgleich,
   b) Verlängerte Arbeitsfreistellungen bei teilweisem Lohnausgleich,
   c) Verlängerter Jahresurlaub (für voll berufstätige Mütter im Mehrschichtsystem mit mindestens zwei Kindern unter 16 Jahren),
   d) Vorrangige Versorgung mit Wohnraum,

---

[277] Angaben aus: Institut für Soziologie und Sozialpolitik der Akademie der Wissenschaften der DDR 1984: 35–42. Diese Quelle enthält außerdem detaillierte Ausführungen zu Umfang und Handhabung der hier aufgeführten Maßnahmen.

e) Bevorzugte Vergabe von Kinderkrippen- und Kindergartenplätzen in Wohnnähe,

f) Vorrangige Versorgung mit Urlaubsplätzen,

g) Besondere finanzielle Zuschüsse für Kinderbekleidung, Kinder- und Schülerspeisung, Einschulung, Jugendweihe und die Inanspruchnahme staatlicher Ferienbetreuungsangebote,

h) Finanzielle Leistungen für Familien mit mindestens vier Kindern in Form von Zuschüssen für Miete und Konsumgüter,

i) Besondere schulische und außerschulische Förderung und Betreuung für Familien mit mindestens vier Kindern.

4. Maßnahmen zur Unterstützung allein stehender berufstätiger Mütter und Väter:

a) Ausgleichszahlungen bei Arbeitsausfall durch die Versorgung kranker Kinder,

b) Bevorzugte Aufnahme in Kinderbetreuungseinrichtungen unabhängig von der Anzahl der Kinder.

5. Leistungen zugunsten studierender Mütter:

a) Verbesserte Wohn- und Studienbedingungen, etwa durch Unterbringung und Betreuung der Kinder,

b) Freistellung vom Studium für einen Zeitraum von bis zu 18 Monaten nach Geburt des Kindes (ab der Geburt des dritten Kindes bei vollem Ausgleich des Stipendiums),

c) Zuschuss zum regulären Kindergeld in Höhe von 50 Mark je Kind (höhere Zuschüsse bei fehlendem Kinderbetreuungsangebot).

6. Zinslose Kredite für junge Eheleute (bis 26 Jahre):

a) Für die Wohnungsausstattung (maximal 5.000 Mark, Laufzeit acht Jahre, Reduktion der Rückzahlsumme gestaffelt nach Anzahl der geborenen Kinder),

b) Für den Erwerb von Genossenschaftsanteilen (nach Eintritt in die sozialistische Wohnungsbaugenossenschaft) oder für den Kauf beziehungsweise Bau eines Eigenheims.

Trotz der großen Bemühungen konnte der positive Fertilitätstrend, der infolge der ersten Phase der massiven Geburtenförderungspolitik in der zweiten Hälfte der 1970er Jahre eingesetzt hatte, in den 1980er Jahren nicht stabilisiert werden. Ungeachtet der enormen Ausweitung der finanziellen und sozialen Anreize entfernte sich ab 1981 die reale Entwicklung der Geburtenzahlen von Jahr zu Jahr weiter von den bevölkerungspolitischen Zielmarken der SED-Regierung. Ab Mitte des Jahrzehnts wurde immer offensichtlicher, dass die einfache Bevölkerungsreproduktion selbst durch massive Ehe- und Familienförderung auf absehbare Zeit nicht zu erreichen war. Obwohl die bevölkerungspolitischen Ziele grundsätzlich weiterhin aufrechterhalten wurden, sah sich die DDR in den letzten Jahren ihres Bestehens bereits mit ähnlichen demografischen Herausforderungen konfrontiert wie gegenwärtig das wiedervereinigte Deutschland. Nachdem die bevölkerungspolitische und demografische Debatte lange Zeit stark auf die Frage der Bevölkerungsreproduktion fokussiert war, gewann der Aspekt der Veränderung der Altersstruktur und deren ökonomischen und sozialen Implikationen seit den frühen 1980er Jahren an Bedeutung. Während des Zweiten Internationalen Demographie-Seminars im Oktober 1985 stellte der Soziologe Wulfram Speigner, Leiter des Bereiches Bevölkerung am Institut für Soziologie und Sozialpolitik der Akademie der Wissenschaften der DDR, im Rahmen des Hauptreferats fest: „Die Verschiebung der Altersstruktur ist auch in dem demographischen System unseres Landes der zentrale Prozeß geworden." (Speigner 1986: 6).

Das Unvermögen der SED-Regierung, mittels massiver pronatalistischer Bevölkerungspolitik eine nachhaltige Erhöhung der Gesamtfertilitätsrate zu bewirken, hat die Grenzen der Wirksamkeit solcher Maßnahmen deutlich offengelegt. Zwar lag das Fertilitätsniveau der DDR bis zur Wiedervereinigung leicht über dem der Bundesrepublik – die Maßnahmen blieben also nicht wirkungslos – doch gemessen am enormen finanziellen und organisatorischen Aufwand blieb der bevölkerungspolitische Erfolg weit hinter den ursprünglichen Erwartungen zurück.

6.2.3 Zwischenfazit

Die restriktiven Faktoren für einen möglichen bevölkerungspolitisch geprägten Paradigmenwechsel in der deutschen Familienpolitik beziehen sich im Wesentlichen auf zwei Aspekte: die Legitimität und den Nutzen bevölkerungspolitischer Interventionen.

Die Legitimität solcher Interventionen ist in Deutschland lange in Frage gestellt worden. In der Nachkriegszeit führte die Auseinandersetzung mit den im Namen der Rassenhygiene begangenen Verbrechen der nationalsozialistischen Bevölkerungspolitik zu einer generellen, im Grunde aber vor allem ethisch begründeten Tabuisierung von Bevölkerungspolitik. Die Vehemenz, mit der dieses Tabu lange Zeit verteidigt wurde, steht in geradezu paradoxem Gegensatz zu der Selbstverständlichkeit, mit der die Familienpolitik der Nachkriegszeit einzelne Instrumente (Kindergeld, Familienlastenausgleich, steuerliche Begünstigung Verheirateter) aufgriff und weiterentwickelte. Das politische Dogma der generellen Ablehnung von Bevölkerungspolitik unterband bis zur rasanten Dynamisierung der Demografiedebatte in den 1990er Jahren weitgehend eine differenzierte Auseinandersetzung mit der Frage der Legitimität staatlicher Interventionen zur Beeinflussung der Populationsentwicklung. Es stand daher lange einer demografiepolitisch intendierten Neuordnung der Familienpolitik im Sinne einer stärkeren Berücksichtigung bevölkerungspolitischer Elemente entgegen.

Auch Zweifel am Nutzen pronatalistischer Bemühungen wirken restriktiv auf eine solche Neuordnung. Das Beispiel der DDR hat diesbezüglich zweierlei gezeigt: Zum einen haben massive pronatalistische Bemühungen einen messbaren Effekt auf die durchschnittliche Geburtenhäufigkeit erbracht. Zum anderen blieb dieser jedoch gemessen am betriebenen Aufwand sehr bescheiden und insgesamt weit hinter den Erwartungen zurück. Vor allem aber konnte das zentrale Problem der dauerhaften Unterschreitung des Reproduktionsniveaus nicht gelöst werden. Gerade dieser Aspekt stellt die grundsätzliche Tauglichkeit pronatalistischer Instrumente für die Bewältigung der Herausforderungen des demografischen Wandels in Frage.

Die Erfahrungen mit Bevölkerungspolitik und Pronatalismus in Deutschland während der Zeit des Nationalsozialismus und später in der DDR sowie die mit ihnen begründeten Zweifel an Legitimität und Nutzen entsprechender Maßnahmen bilden wesentliche Eckpunkte der demografie- und bevölkerungspolitischen Debatte in der gegenwärtigen Bundesrepublik. Gleichzeitig markieren sie, gewissermaßen als Extrempunkte in der historischen Entwicklung bevölkerungspolitischer Konzepte, die Grenzen des Gestaltungsraums einer gegenwärtig diskutierten demografiepolitisch intendierten Anpassung beziehungsweise Neuordnung der deutschen Familienpolitik.

6.3 DIVERGENZEN UND KONVERGENZEN ZWISCHEN DEUTSCHLAND UND JAPAN HINSICHTLICH POLITISCHER REAKTIONEN AUF DEN DEMOGRAFISCHEN WANDEL

Wie in Abschnitt 2.2.2 bereits kurz ausgeführt wurde, müssen ähnliche Problemstellungen für politische Systeme in verschiedenen Staaten nicht ausschließlich zu divergierenden beziehungsweise konvergierenden Reaktionsmustern führen. Auch der Vergleich des deutschen und des japanischen Falles im Rahmen dieser Arbeit belegt, dass die politischen Strategien zur Bewältigung der in beiden Ländern gleichermaßen bestehenden Herausforderungen durch den demografischen Wandel beziehungsweise seiner vermeintlichen Folgen für die zukünftige Entwicklung der jeweiligen Bevölkerung und deren sozioökonomische Lebensumwelt in diversen Politikbereichen bisweilen grundlegende Unterschiede, aber oft auch erstaunliche Parallelen aufzeigen. Die folgenden Abschnitte sollen dazu dienen, sowohl Divergenzen als auch Konvergenzen des deutschen und des japanischen Falls in verschiedenen demografiepolitisch beziehungsweise bevölkerungspolitisch relevanten Politikbereichen aufzuzeigen. Von zentraler Bedeutung für diese Betrachtungen sind dabei die Bereiche Migrationspolitik und Familienpolitik, wobei der Vergleich der Migrationspolitiken und der in diesem Bereich jeweils wirkenden normativen Rahmenbedingungen vor allem die Divergenzen zwischen Japan und Deutschland hinsichtlich der politischen Reaktionen auf den demografischen Wandel zutage treten lässt.

6.3.1 MIGRATIONSPOLITIK IN DEUTSCHLAND

Während der Migrationspolitik in Japan, insbesondere bezüglich Fragen der Einwanderung und der Integration von Ausländern, verglichen mit anderen Politikbereichen allenfalls geringe Bedeutung beigemessen wird, waren das Migrationsgeschehen und dessen Steuerung in Deutschland seit Ende des Zweiten Weltkriegs häufig Gegenstand intensiver politischer und gesellschaftlicher Debatten. Viele Maßnahmen der japanischen Migrationspolitik dienen, wie oben bereits ausgeführt, vor allem der Verhinderung von Zuwanderung beziehungsweise der dauerhaften Niederlassung von Ausländern. Der Zuzug von Nichtjapanern wird in der Regel nur im Interesse wirtschaftspolitischer Zielsetzungen geduldet. Obwohl ökonomische Interessen auch in Deutschland immer wieder die Gestaltung der Migrationspolitik stark beeinflussten, bestanden und bestehen hinsichtlich der Motivationen für konkrete Maßnahmen der Einwanderungs- und Ausländerpolitik sowie hinsichtlich der gesellschaftlichen Akzeptanz von Zuwanderung deutliche Unterschiede zu Japan. Nachfolgend sollen einige der wichtigsten Entwicklungen der Migrationspolitik in Deutschland sowie die ihnen zugrunde liegenden Motivationen und Zielsetzungen im jeweiligen zeitgeschichtlichen Kontext dargestellt und im Anschluss an diese Ausführungen kurz der Aspekt der Akzeptanz von Fremden beziehungsweise der Einstellungen der deutschen Bevölkerung zu Fragen des Zuzugs und der Integration von Ausländern beleuchtet werden.

Die deutsche Migrations- und Ausländerpolitik ist seit Ende des Zweiten Weltkriegs von verschiedenen, teilweise widerstrebenden Motivationen angetrieben worden. Um zu verdeutlichen, wo im Vergleich zu Japan Differenzen und wo Gemeinsamkeiten bestehen, sind die wichtigsten Themen der migrationspolitischen Debatte in der Bundesrepublik während der letzten Jahrzehnte kurz zu erörtern.

Ein wesentlicher Aspekt der bundesdeutschen Nachkriegspolitik war die Auseinandersetzung mit den Erfahrungen der nationalsozialistischen

Politik und deren Folgen sowie, daraus abgeleitet, die Formulierung neuer Regelungen und Gesetze. In der Migrationspolitik führte diese Auseinandersetzung zur Verankerung eines allgemeinen Asylrechts für politisch Verfolgte im Grundgesetz. Dieses in Artikel 16a zugesicherte Recht bestand zunächst nur aus einem einfachen Satz: „Politisch Verfolgte genießen Asylrecht".[278] Die Regelung, politisch Verfolgten bis zur abschließenden Prüfung ihrer Asylanträge einen Anspruch auf Aufenthalt gesetzlich zu garantieren, wurde vor allem als Reaktion auf die Erfahrungen mit der Aufnahme respektive der Nicht-Aufnahme von Verfolgten des NS-Regimes im Ausland eingeführt. Bereits im Zuge der Diskussion um die Formulierung dieses Grundrechts 1948/49 warnten einzelne Mitglieder des parlamentarischen Rates vor Masseneinwanderungen von „Wirtschaftsflüchtlingen", wobei sich dieser Terminus zunächst auf Zuwanderer aus der sowjetischen Besatzungszone bezog (BMFJ 2000: 47).

In der Phase des wirtschaftlichen Wiederaufbaus wurden ethische und moralische Motive für die Gestaltung der Migrations- und Ausländerpolitik immer stärker von pragmatischen Überlegungen, vor allem hinsichtlich wirtschaftspolitischer Aspekte, verdrängt. Ab 1955 begann die amtlich organisierte Anwerbung ausländischer Arbeitskräfte, die mit einem Arbeitskräftemangel in bestimmten Regionen und Branchen beziehungsweise dem mangelnden Interesse deutscher Arbeitnehmer an Tätigkeiten in einigen Beschäftigungsfeldern begründet wurde.[279] In den ersten Jahren dieser auch als „Gastarbeiterperiode" beziehungsweise „Anwerbeperiode" bezeichneten Phase kamen die Zuwanderer hauptsächlich aus Griechenland, Spanien und Italien. Bis zum Ende der 1960er Jahre verschoben sich die Nationalitätenanteile allmählich zugunsten türkischer und jugoslawischer Einwanderer (BMFJ 2000: 34).

Eine Zäsur war der Bau der Mauer in Berlin 1961 und die weitgehende Schließung der Grenze zwischen der Bundesrepublik und der DDR, infolgedessen der Arbeitskräftezufluss aus dem Osten schlagartig und fast vollständig zum Erliegen kam. Unter dem Eindruck dieser plötzlichen Verknappung des Arbeitskräfteangebots mitten in der Hochwachstumsphase der 1960er Jahre wurden die Bemühungen, ausländische Zuwanderer als temporäre Gastarbeiter zu gewinnen, nochmals verstärkt. Wäh-

---

[278] Art. 16a Abs. 1 GG. Ursprünglich: Art. 16 Abs. 2 Satz 2 GG.

[279] Objektiv bestand in Deutschland zu diesem Zeitpunkt keineswegs ein Mangel an einheimischen Arbeitskräften. Im Jahr 1955 gab es in Deutschland knapp 200.000 offene Stellen, aber gleichzeitig über 900.000 Erwerbslose, was einer Arbeitslosenquote von etwa sieben Prozent (in einigen ländlichen Gebieten von über 10 Prozent) entsprach. Vgl. BMFJ 2000: 34.

rend dieser Phase war die Migrationspolitik weitgehend frei von Gedanken an soziale Folgeprobleme oder gar an sozialpolitische Konzepte und ist daher in erster Linie als eine auf Ausländer angewendete Arbeitsmarktpolitik zu charakterisieren (BMFJ 2000: 37). Noch 1970 legte ein von der Bundesregierung formuliertes Konzept zur Ausländerpolitik fest, dass die Beschäftigung ausländischer Arbeitnehmer unmittelbar an der wirtschaftlichen Entwicklung des Landes auszurichten sei.

Bereits zwei Jahre später begann ein zuvor unterschätztes Problem ins Blickfeld der Politik zu geraten. Durch die zunehmende Aufenthaltsdauer der in Deutschland lebenden Gastarbeiter wurde die dauerhafte Niederlassung in Deutschland für viele Ausländer zu einer naheliegenden Option ihrer Lebensgestaltung. Diese Perspektive entsprach jedoch nicht der ursprünglichen Intention der Anwerbeprogramme, was im April 1972 zu einer Kursänderung in der Migrationspolitik führte. Der Koordinierungsausschuss des Bundesarbeitsministeriums setzte sich gemeinsam mit dem Länderausschuss „Ausländische Arbeitnehmer" mit den sozialen Folgeproblemen der Ausländerbeschäftigung auseinander und formulierte Grundsätze zur Eingliederung ausländischer Arbeitnehmer und ihrer Familien. Diese enthielten allerdings keine langfristige Konzeption für eine neue Ausländerpolitik. Im Juni 1973, wenige Monate vor Verabschiedung des Anwerbestopps, legte die Bundesregierung jedoch ein Aktionsprogramm zur Ausländerbeschäftigung vor, welches Maßnahmen vorsah, um die Ausländerbeschäftigung insgesamt zu reduzieren und „sozialverantwortlich" zu gestalten (BMFJ 2000: 37). Im November des gleichen Jahres beendete ein Anwerbestopp die staatlich organisierte Arbeitsmigration.

Ab dieser Zeit verlagerte sich der Schwerpunkt des migrationspolitischen Interesses der deutschen Politik von arbeitsmarktpolitischen Überlegungen auf den Aspekt der Begrenzung des Zuzugs. Im Verlauf der 1970er Jahre richtete sich das Augenmerk auf eine Konsolidierung der Ausländerbeschäftigung und die Eingliederung von Familien, die sich dauerhaft in Deutschland niederlassen wollten. Um auf lange Sicht den Nachzug von ausländischen Familienangehörigen, besonders den von Kindern und Jugendlichen, zu beschränken, wurde 1974 die sogenannte Stichtagsregelung eingeführt, gemäß derer Kindern, Jugendlichen und Ehepartnern, die nach dem 30. November 1974 eingereist waren, keine Arbeitserlaubnis mehr auszustellen war.[280] Auch die zweite Hälfte der 1970er Jahre war migrationspolitisch von den beiden genannten Prämissen, also der Vermeidung zusätzlicher Einwanderung sowie

---

[280] Dieser Stichtag wurde später auf den 31.12.1976 verlegt und 1980/81 durch eine Wartezeitregelung ersetzt. Vgl. BMFJ 2000: 39.

der Integration der bereits in Deutschland lebenden Ausländer, geprägt.[281] Ab Mitte des Jahrzehnts zeichnete sich ab, dass für den zukünftigen Umgang mit Migrationsfragen neue Konzepte erforderlich sein würden. Zu diesem Zweck berief die Bundesregierung 1976 eine Bund-Länder-Kommission zur Entwicklung einer umfassenden Konzeption für die zukünftige Ausländerbeschäftigungspolitik ein, die im Dezember des gleichen Jahres Vorschläge für eine Neugestaltung der bisherigen Migrationspolitik vorlegte.[282]

Im November 1978 wurde erstmals ein Beauftragter für die Integration der ausländischen Arbeitnehmer und ihrer Familienangehörigen berufen. Der erste Bericht des Amtes des Ausländerbeauftragten von 1979, welcher nach dessen Leiter Heinz Kühn (SPD) kurz als Kühn-Memorandum bezeichnet wurde, war eine Zäsur für die deutsche Migrationspolitik.[283] In diesem Memorandum wurde unter anderem die Anerkennung der faktischen Einwanderungssituation gefordert. Der Bericht und die darin formulierten Forderungen setzten einen Diskussionsprozess über die Neugestaltung der deutschen Migrations- und Ausländerpolitik in Gang.

Im Verlauf der 1980er Jahre vollzog sich eine deutliche Dynamisierung der Ausländerdebatte. Vor dem Hintergrund der wirtschaftlichen Probleme des Landes und der steigenden Arbeitslosigkeit gewannen Einwanderungs- und Integrationsfragen an politischer Brisanz und wurden zunehmend auch zum Gegenstand von Wahlkampfauseinandersetzungen. Die verbreitete Unzufriedenheit mit der weitgehenden Konzeptlosigkeit der deutschen Migrationspolitik und die ablehnende Haltung vieler Menschen gegenüber der dauerhaften Zuwanderung von Ausländern schlugen sich Ende der 1980er Jahre in ersten Wahlerfolgen rechter Parteien nieder. Diese Entwicklung verdeutlichte die Notwendigkeit einer konstruktiven politischen Auseinandersetzung mit Migrations- und Integrationsfragen. Ein Ergebnis der zu Beginn der 1990er Jahre vehement geführten Diskussion war die Verabschiedung eines neuen Ausländergesetzes, das zum 1. Januar 1991 in Kraft trat.[284]

Die Reform des Ausländerrechts mündete in eine neue Phase der Migrations- und Ausländerpolitik. Während die Einwanderung und der dauerhafte Verbleib vieler Ausländer in Deutschland mehr und mehr als

---

[281] Zu einzelnen Maßnahmen siehe BMFJ 2000: 39.

[282] Bundesminister für Arbeit und Sozialordnung 1976.

[283] Der vollständige Titel lautete „Stand und Weiterentwicklung der Integration der ausländischen Arbeitnehmer und ihrer Familien in der Bundesrepublik Deutschland". Vgl. Kühn 1979.

[284] Gesetz über die Einreise und den Aufenthalt von Ausländern im Bundesgebiet (Ausländergesetz – AuslG), BGBl. I 1354.

Teil der gesellschaftlichen Realität akzeptiert wurde, geriet nun die Frage der Integration der zugewanderten Personen und deren Nachkommen in die Gesellschaft stärker in den Blickpunkt. Obwohl parallel zu den Erleichterungen von Einbürgerungen eine Politik der Abschreckung potentieller Zuwanderer betrieben wurde[285], stellten die 1990er Jahre insgesamt eine Phase verstärkter Zuwanderung dar, was vor allem auf die Regelungen zur Aufnahme der als Spätaussiedler bezeichneten deutschstämmigen Ausländer aus ehemaligen Ostblockstaaten nach Artikel 116 Absatz 1 des Grundgesetzes sowie die Aufnahme von Kriegsflüchtlingen aus dem ehemaligen Jugoslawien zurückzuführen war. Eine weitere Etappe der Entwicklung und Modernisierung der deutschen Migrations- und Ausländerpolitik wurde durch das Inkrafttreten eines neuen Staatsangehörigkeitsgesetzes zum 1. Januar 2000 eingeleitet.[286] Es markierte vor allem eine Abkehr von der einseitigen Orientierung am Vererbungsprinzip (jus sanguinis) und eine stärkere Implementierung von Elementen des Territorialprinzips (jus soli) (BMFJ 2000: 31). Eine neue Perspektive auf migrationspolitische Aspekte eröffnete auch der Bericht der ebenfalls im Jahr 2000 von der Bundesregierung einberufenen Unabhängigen Kommission Zuwanderung.[287] Der nach einjähriger Diskussion vorgelegte Bericht enthielt eine Vielzahl von Vorschlägen für eine weitreichende Neugestaltung der Zuwanderungsgesetzgebung.[288] Nach jahrelangen Konflikten der politischen Lager wurde auf Grundlage der durch diesen Bericht angeregten Debatte schließlich am 1. Juli 2004 ein neues Zuwanderungsgesetz beschlossen, welches zum 1. Januar 2005 in Kraft trat und in der Folgezeit mehrfach ergänzt und reformiert wurde.[289]

Ein Beweggrund für die Umgestaltung des Zuwanderungsrechts und zugleich eine zentrale Forderung der „Süßmuth-Kommission" war das in

---

[285] Vgl. Schönwälder 2006: 17.

[286] Gesetz zur Reform des Staatsangehörigkeitsrechts vom 15.07.1999 (StAG), BGBl. 1999 I 1618.

[287] Geläufiger dürfte jedoch die Bezeichnung „Süßmuth-Kommission" sein, die in den öffentlichen Medien unter Bezugnahme auf die Vorsitzende der Kommission, die ehemalige Ministerin für Familie, Jugend und Gesundheit (1985–1988) und Bundestagspräsidentin (1988–1998) Rita Süßmuth (CDU), häufig Verwendung fand. Vgl. Bundesministerium des Innern, Unabhängige Kommission Zuwanderung 2001.

[288] Vgl. Bundesministerium des Innern, Unabhängige Kommission Zuwanderung 2001.

[289] Ausfertigung durch den Bundespräsidenten am 30.07.2004. Genaue Bezeichnung: Gesetz zur Steuerung und Begrenzung der Zuwanderung und zur Regelung des Aufenthalts und der Integration von Unionsbürgern und Ausländern vom 30.07.2004 (Zuwanderungsgesetz) BGBl. I 1950.

deren Bericht formulierte Ziel, Einwanderung künftig (wieder) stärker an arbeitsmarkt-, aber auch demografiepolitischen Interessen auszurichten und entsprechend zu steuern. Auf die Zielsetzung einer dauerhaften und nachhaltigen Sicherung des wirtschaftlichen Wohlstands verweisend, nahm der Bericht explizit auf den Aspekt der demografischen Entwicklung in Deutschland Bezug. Vor dem Hintergrund der befürchteten Verknappung des Arbeitskräfteangebots in einigen Wirtschaftsbereichen empfahl er die gezielte Anwerbung hochqualifizierter Arbeitnehmer aus dem Ausland. Die direkte Bezugnahme auf die ökonomischen Herausforderungen infolge des demografischen Wandels markiert abermals einen signifikanten Kurswechsel der deutschen Migrationspolitik.

Der politische Wille jener Jahre, solche Forderungen in konkrete politische Maßnahmen zu übertragen, lässt sich unter anderem an einem im Jahr 2000 ins Leben gerufenen Sofortprogramm zur Deckung des IT-Fachkräftebedarfs ablesen. In den vier Jahren bis 2004, bis das Programm wegen entsprechender Modifikationen im neuen Staatsangehörigkeitsgesetz überflüssig wurde[290] und deshalb auslief, kamen knapp 18.000 ausländische IT-Fachkräfte nach Deutschland (Preuß 2010). Allerdings zeigte die konkrete Anwendung dieses migrationspolitischen Instruments die in Deutschland noch immer bestehende Ambivalenz zwischen dem Ziel der Vermeidung von Zuwanderung und der Absicht, sie zu einer gezielten Verstärkung des Arbeitskräfteangebots mit hochqualifizierten Fachkräften in bestimmten Wirtschaftsbereichen zu nutzen. So wurden die Einreise- und Aufenthaltsgenehmigungen, zusätzlich flankiert von diversen Auflagen, nur mit einer zeitlichen Befristung von fünf Jahren vergeben.

Die Ambivalenz der politischen Akteure korrespondiert mit der zwiespältigen Bewertung der Zuwanderungs- und Integrationsproblematik innerhalb der deutschen Gesellschaft. Die Bundesrepublik beherbergt von allen Staaten Europas die mit Abstand höchste Zahl an Ausländern (Münz 2001: 3). Dennoch ist, abgesehen von einem kleinen Personenkreis mit deutlich fremdenfeindlichen Einstellungen, keine generelle Feindseligkeit gegenüber Ausländern zu konstatieren (Naderi 2004: 471–492; Dorbitz/Lengerer/Ruckdeschel 2005: 11). Allerdings spricht sich eine deutliche Mehrheit der deutschen Bevölkerung für die Kontrolle und Begrenzung des Zuzugs von Ausländern aus (Hailbronner 2001: 8; Bundesministerium des Innern 2005: 2). Die moralische Pflicht, Asylsuchende aufzunehmen, wird im Allgemeinen anerkannt[291], der Einwanderung aus wirtschaftlichen Beweggründen steht jedoch sowohl in Deutschland als

---

[290] Durch § 27 Nr. 1 AufenthG, BGBl. I 2004: 2937ff.

[291] Vgl. Dorbitz/Lengerer/Ruckdeschel 2005: 11.

auch anderen Staaten Europas die Mehrheit der einheimischen Bevölkerung skeptisch gegenüber.[292]

Zusammenfassung

Zusammenfassend ist festzustellen, dass es in Deutschland seit Ende des
Zweiten Weltkriegs mehrfach zu inhaltlichen Neuausrichtungen der
staatlichen Migrationspolitik gekommen ist, die von wechselnden Motivationen getragen wurden. In der unmittelbaren Nachkriegsphase stand
zunächst die Durchsetzung menschenrechtlicher Normen im Vordergrund. Ab Mitte der 1950er Jahre gewannen wirtschaftspolitische Zielsetzungen an Bedeutung. Zur Beschleunigung des Wiederaufbaus und zur
Stabilisierung des Wirtschaftswachstums in der BRD wurden gezielt ausländische Arbeitskräfte angeworben, deren ursprünglich als zeitlich be-
fristet angelegte Aufenthalte allerdings häufig in dauerhafte Niederlassungen in Deutschland mündeten. Die Zuwanderungsdynamik verstärkte sich ab Ende der 1960er Jahre außerdem durch den Nachzug von
Familienangehörigen. Mit Einsetzen der Ölkrise 1973 kam es erneut zu
einem deutlichen Kurswechsel in der Migrationspolitik, die in der Folgezeit vor allem auf eine Beschränkung der Zuwanderung abzielte. Ein
weiterer Richtungswechsel vollzog sich gegen Ende der 1990er Jahre mit
der Anerkennung der faktischen Einwanderungssituation und der Verstärkung der Integrationsbemühungen. Um die Jahrtausendwende haben zusätzlich demografiepolitische Motivationen in Verbindung mit
wirtschaftspolitischen Überlegungen an Stellenwert gewonnen. Trotz der
teilweise deutlichen migrationspolitischen Umschwünge sind diese jedoch nicht als politische Paradigmenwechsel im Sinne Peter Halls zu
interpretieren, sondern sind vielmehr als temporäre Verschiebungen der
Gewichtung nebeneinander existierender Deutungsmuster und politischer Prioritäten zu verstehen.[293]

Im Vergleich der Migrations- und Ausländerpolitiken Deutschlands
und Japans sind einige Gemeinsamkeiten, vor allem aber deutliche Unterschiede zu erkennen. Ähnlichkeiten bestehen hinsichtlich der in beiden Ländern verbreiteten Skepsis eines großen Teils der nativen Bevölkerung gegenüber dem dauerhaften Zuzug von Ausländern, insbesondere
aus ökonomischen Gründen. Die Aufnahme von Asylsuchenden wird
hingegen grundsätzlich akzeptiert und ist auch rechtlich verankert. Allerdings unterscheiden sich Deutschland und Japan erheblich bezüglich der

---

[292] Ausführlicher dazu siehe Avramov/Cliquet, 2007.
[293] Zu dieser Einschätzung gelangt auch Karen Schönwälder. Vgl. Schönwälder
2006: 10.

Anzahl der jeweils positiv beschiedenen Asylanträge.[294] Weitere Konvergenzen werden zudem im Hinblick auf verschiedene Initiativen des Staates zur Förderung des Zuzugs von Ausländern aus arbeitsmarktpolitischen Erwägungen sichtbar. Sowohl in Deutschland als auch in Japan gab es mehrfach Phasen erhöhter Einwanderung von ausländischen Arbeitskräften, die allerdings in Deutschland wesentlich häufiger in eine dauerhafte Niederlassung der betreffenden Personen und deren Familien mündete als in Japan.

Hinsichtlich der konkreten Umsetzung migrationspolitischer Steuerungsversuche sowie der Entwicklung der jeweiligen Einwanderungssituationen bestehen zwischen beiden Staaten allerdings erhebliche Unterschiede. In Japan führte eine rigide Politik der Zuwanderungsbeschränkung dazu, dass der Ausländeranteil während der letzten Jahrzehnte dauerhaft auf einem, gemessen an anderen Industriestaaten, äußerst niedrigen Niveau stagnierte. Parallel dazu hat sich Deutschland, obwohl auch hier ein bedeutender Teil der Bevölkerung der Zuwanderung von Ausländern skeptisch gegenübersteht, zu einem geradezu typischen Einwanderungsland entwickelt. Während die japanische Migrationspolitik nach wie vor auf die Vermeidung beziehungsweise Beschränkung von Zuwanderung setzt, haben in Deutschland, vor allem aufgrund wirtschafts-, sozial- und demografiepolitischer Überlegungen, Konzepte zur Verbesserung der Koordination ohnehin ablaufender Zuwanderungsprozesse sowie der Integration hier lebender Menschen mit Migrationshintergrund stark an Bedeutung gewonnen.

In Bezug auf die in diesem Kapitel untersuchte Thematik bestehender Divergenzen und Konvergenzen der politischen Reaktionen Japans und Deutschlands auf die Herausforderungen des demografischen Wandels lässt sich festhalten, dass, ungeachtet einiger Parallelen der jeweiligen Migrationspolitiken beider Staaten, gerade in diesem Politikbereich vor allem die Unterschiede deutlich zutage treten. Tatsächlich bestehen in keinem anderen demografiepolitisch relevanten Bereich größere Divergenzen als hier.

6.3.2 FAMILIENPOLITIK IN DEUTSCHLAND

Neben migrationspolitischen Interventionen erscheinen vor allem familienpolitische Maßnahmen dazu geeignet, eine sichtbare Wirkung auf demografische Entwicklungen zu entfalten. Der demografische Wandel hat sowohl in Japan als auch in Deutschland eine Debatte über die stärkere Berücksichtigung bevölkerungspolitischer Zielsetzungen in diesem Poli-

---

[294] Dazu siehe auch Abschnitt 5.3.3.

tikbereich entfacht, deren Motivation vor allem die Suche nach Optionen zur Abmilderung der erwarteten negativen wirtschaftlichen und sozialen Folgen ist. Eine entsprechende Neuakzentuierung der Familienpolitik rührt dabei jedoch an ein lange Zeit bestehendes Tabu staatlicher Bevölkerungspolitik, welches in beiden Ländern das politische Selbstverständnis der Nachkriegsepoche prägte.[295] Nachdem oben gezeigt wurde, dass dieses Tabu in Japan faktisch aufgegeben wurde, soll nun untersucht werden, inwiefern dies auch für Deutschland gilt.

In diesem Abschnitt soll daher zunächst die Frage verfolgt werden, welche Rahmenbedingungen für familienpolitisches Handeln in Deutschland galten beziehungsweise noch immer gelten und welche sozialen, kulturellen, aber auch ökonomischen Prozesse die Entwicklung einzelner familienpolitischer Instrumente im jeweiligen zeitgeschichtlichen Kontext beeinflusst haben. Durch die Einbeziehung zentraler Aspekte der parallel dazu verlaufenden Debatte über die Legitimität respektive den möglichen Nutzen einer staatlicher Einflussnahme auf die Bevölkerungsentwicklung soll dargestellt werden, welchen Bedeutungswandel die deutsche Familienpolitik im Zuge der Dynamisierung des demografischen Wandels erfahren hat. Die Auseinandersetzung mit den wesentlichen Entwicklungen der deutschen Familienpolitik und deren Einordnung in das Spannungsfeld aus demografischen Transformationen, ökonomischen Prozessen und der Konkurrenz divergenter soziokultureller Wertvorstellungen soll schließlich die Beantwortung der Frage ermöglichen, ob im Fall Deutschlands tatsächlich ein bevölkerungspolitisch motivierter Paradigmenwechsel im Bereich der Familienpolitik erkennbar ist. Grundlage für die Bewertung dieser Frage ist, ebenso wie für das oben erörterte Fallbeispiel der japanischen Familienpolitik, die zu Beginn der Arbeit dargelegte Systematik Peter Halls.

6.3.2.1 Sozialpolitische Ursprünge der bundesdeutschen Familienpolitik

Der Beginn einer förmlichen bundesdeutschen Familienpolitik lässt sich in etwa auf den Herbst des Jahres 1953 datieren, als im Zuge der zweiten Regierungsbildung unter Konrad Adenauer ein Bundesministerium für Familienfragen geschaffen wurde. Die Leitung des Ministeriums oblag zunächst Franz-Josef Wuermeling, der innerhalb der CDU hohes Ansehen genoss. Im Vorfeld der Gründung waren verstärkt familienpolitische Fragestellungen diskutiert worden, unter anderem die Einführung eines

---

[295] Zur Abgrenzung der Familienpolitik von Kinder-, Frauen- und Bevölkerungspolitik siehe Wingen 1997: 22ff.

gesetzlichen Kindergeldes. Die Gewährung eines staatlichen Kindergeldes war durch den alliierten Kontrollrat ab 1945 verboten worden, weil diese Leistung als unerwünschtes Element nationalsozialistischer Bevölkerungspolitik bewertet worden war (Wingen 1993: 8).

Die Ablehnung bevölkerungspolitischer Zielsetzungen blieb während der gesamten Nachkriegsära ein bestimmendes Merkmal des bundesdeutschen Politikverständnisses. Aus Artikel 6 des Grundgesetzes ist abzuleiten, dass die Entscheidungsfreiheit über die Anzahl der Nachkommen und den Zeitpunkt ihrer Geburt allein dem Belieben der Eheleute zu entsprechen hat. Dieser Interpretation zufolge ist der Staat nicht legitimiert, diese Entscheidungen, etwa mittels Ehe- und Familienrecht, zu beeinflussen (Slupik 1984: 22). Diese Sichtweise war bis in die 1990er Jahre hinein weitgehend gesellschaftlicher und politischer Konsens. Noch lange nach Einsetzen des Fertilitätsrückgangs in den 1970er Jahren und nachdem die durchschnittliche Geburtenhäufigkeit bereits das niedrige Niveau von 1,4 Kindern je Frau erreicht hatte, bemerkte im August 1979 der damalige Bundeskanzler Helmut Schmidt explizit, dass es dem Staat nicht zustehe, die Geburtenentwicklung beeinflussen zu wollen (Kröhnert/Klingholz 2005: 3).

In der Zeit nach der Gründung des Bundesministeriums für Familienfragen war die familienpolitische Debatte zunächst vor allem von der Frage nach der möglichen Organisation finanzieller Unterstützungsleistungen für Familien mit Kindern geprägt. Im Zuge dieser Diskussion kam es zu Auseinandersetzungen zwischen den politischen Lagern über die konkrete Gestaltung des Familienlastenausgleichs. Während sich CDU und CSU als Regierungsparteien für eine nichtstaatliche Regelung einsetzten, plädierte die SPD-Opposition für eine staatliche Regelung, die zudem auch großzügigere Unterstützungsleistungen vorsah (Wingen 1993: 14ff.). Seit Anfang der 1960er Jahre wurde der Familienlastenausgleich, stets begleitet von politischen Kontroversen und unter wechselnden politischen Mehrheiten, immer wieder nachjustiert und schrittweise familienfreundlicher gestaltet (Wingen 1993: 16). Die wichtigste Tendenz in dieser Phase der familienpolitischen Entwicklung war die zunehmende Kopplung der Transferleistungen an die allgemeinen Haushaltsmittel des Staates und die allmähliche Abkehr vom System der Familienausgleichskassen. Eine grundlegende Neuordnung der Familienförderung wurde Mitte der 1970er Jahre von der sozial-liberalen Koalition durch den Übergang zu einer reinen Kindergeldlösung unter weitgehendem Wegfall steuerlicher Kinderfreibeträge vollzogen, die allerdings in der Zeit nach der Regierungsübernahme der CDU/FDP-Koalition unter Führung Helmut Kohls im Jahr 1983 schrittweise wieder ausgebaut wurden (Wingen 1993: 16).

Unter dem Eindruck des zu Beginn der 1970er Jahre einsetzenden Geburtenrückgangs war die demografische Dimension von Familien- und Kinderfragen erstmals stärker in den Fokus des politischen Interesses gerückt. Nicht zuletzt, um die Ursachen der rückläufigen Fertilitätsentwicklung zu erforschen, war 1973 durch das Bundesministerium des Innern das Bundesinstitut für Bevölkerungsforschung (BiB) eingerichtet worden, das seitdem in Zusammenarbeit mit dem Statistischen Bundesamt in Wiesbaden bevölkerungswissenschaftliche Forschung betreibt. Das Institut nahm 1974 seine Arbeit auf und veröffentlicht seit 1975 die „Zeitschrift für Bevölkerungsforschung". Mit der Gründung des BiB wurde erstmals in der Bundesrepublik eine bevölkerungswissenschaftliche Politikberatung der Bundesregierung institutionell verankert (Slupik 1984: 19).

Befeuert durch die rückläufige Geburtenentwicklung entbrannte in den 1970er Jahren zunächst innerhalb der bevölkerungswissenschaftlichen Forschung eine Diskussion über die wünschenswerte Richtung der künftigen Bevölkerungsentwicklung. Die mehrheitliche Auffassung, dass vor allem eine Stabilisierung der Gesamtfertilität auf Bestandserhaltungsniveau anzustreben sei, um zumindest ein dauerhaftes Nullwachstum der Bevölkerung zu erreichen, stieß auch in der Politik auf breite Zustimmung.[296] Berücksichtigt man, dass zum Zeitpunkt des Einsetzens dieser Debatte die Gesamtfertilitätsrate bereits deutlich unter das zur Bestandserhaltung erforderliche Niveau gesunken war, implizierte der Anspruch, ein stabiles Nullwachstum anzustreben von Anfang an die grundsätzliche Rechtfertigung pronatalistischer Maßnahmen durch den Staat, da dieses Ziel ohne entsprechende politische Bemühungen offensichtlich unerreichbar war oder zumindest gefährdet erscheinen musste.

Hinsichtlich des Vergleichs der jeweiligen demografiepolitischen Debatten in Deutschland und Japan fällt übrigens ein deutlicher Unterschied ins Auge. Während die gegenwärtige Auseinandersetzung um den angemessenen Umgang mit dem demografischen Wandel und seinen Folgen in Japan zunächst aus der Sorge vor einer allzu starken Alterung der Bevölkerung erwuchs, richtete sich der Fokus in Deutschland ursprünglich vor allem auf den Aspekt der rückläufigen Fertilitätsentwicklung. Die Demografiedebatte erfuhr hier erst später, als der Alterungsaspekt im Zusammenhang mit der Diskussion über die Zukunft des sozialen Sicherungssystems auch hier stärker in der Vordergrund rückte, eine nachhaltige Dynamisierung.

---

[296] Ausführlich zu den wesentlichen Positionen und Protagonisten dieser Debatte siehe Slupik 1984: 35ff.

Ungeachtet der mit Besorgnis verfolgten Geburtenentwicklung wurde das bestehende Dogma der bundesdeutschen Nachkriegspolitik, auf eine zielgerichtete Beeinflussung der Bevölkerungsentwicklung auf staatspolitischer Ebene zu verzichten, abgesehen von einigen Bevölkerungswissenschaftlern, bis in die 1990er Jahre hinein kaum in Frage gestellt. Obwohl seit Beginn der Diskussion über mögliche Maßnahmen zur Verlangsamung der rückläufigen Fertilitätsentwicklung in der Parallelität des lange aufrechterhaltenen Tabus bevölkerungspolitischer Interventionen und des ebenfalls bestehenden Wunsches nach einem stabilen Nullwachstum der Population ein unübersehbarer inhärenter Konflikt angelegt war, wurde dieser innerhalb des politischen Systems zunächst nicht thematisiert.

Ähnliches gilt auch für den Umgang mit den eigentlichen Ursachen des Geburtenrückgangs. Trotz der Sorge vor den Folgen einer dauerhaft unter Reproduktionsniveau verbleibenden durchschnittlichen Geburtenhäufigkeit wurden die zugrunde liegenden familialen und gesellschaftlichen Entwicklungen, einschließlich der allmählichen Neujustierung der Geschlechterrollen, bei der Entwicklung familienpolitischer Konzepte jahrzehntelang nur unzureichend berücksichtigt. In Deutschland ist bis heute eine relativ hohe Kontinuität konservativer familialer Rollenmuster festzustellen, die ihre Entsprechung in einer ebenfalls stark von konservativen Wertvorstellungen beeinflussten Familienpolitik findet und hier, ebenso wie in Japan, letztlich zu einer Verschärfung des Geburtenrückgangs beigetragen hat.[297]

6.3.2.2 Familienpolitik im Spannungsfeld makro- und mikroökonomischer Rationalitätskriterien sowie konkurrierender Wertekonzeptionen

Ein internationaler Vergleich der Geburtenentwicklung zeigt, dass gerade in jenen Staaten, in denen konservative Wertvorstellungen tief in der Gesellschaft beziehungsweise in der politischen Kultur verankert sind, das Fertilitätsniveau besonders niedrig liegt. Dazu zählen insbesondere die Länder des deutschsprachigen Raums, Japan, aber auch viele Staaten

---

[297] Dem Einfluss konservativ-paternalistischer Wertvorstellungen auf die Gestaltung der Familienpolitik widmet sich Franz-Xaver Kaufmann. Er geht außerdem auf die Bedeutung entsprechender Geschlechterarrangements für die negative Entwicklung der Geburtenzahlen jener Staaten ein, die eine Betonung der Geschlechterungleichheit zugunsten des Mannes dulden oder fördern. Vgl. Kaufmann 2005: 146ff. Ausführlich mit dem Zusammenhang zwischen Gender-Arrangements und reproduktivem Verhalten beschäftigt sich auch Jan Künzler, der diesbezüglich einen Vergleich der OECD-Staaten vornimmt. Vgl. Künzler: 2002.

Südeuropas. Dort, wo der Einfluss progressiver und feministischer Ideen auf die Evolution gesellschaftlicher Wertvorstellungen und damit auch auf die Formung politischer Leitkonzepte stärker ausgeprägt ist, wie etwa in Skandinavien und Frankreich, bewegt sich auch die durchschnittliche Geburtenhäufigkeit auf höherem Niveau (Atoh/Akachi 2003: 3–12).

Seit einigen Jahrzehnten sehen sich nahezu alle Industriestaaten mit gesellschaftlichen Entwicklungen konfrontiert, die, meist angetrieben von ökonomischen Transformationsprozessen, zu einer Erosion traditioneller Familienmuster beigetragen haben. Die Veränderung der ökonomischen Rahmenbedingungen im Zuge der zunehmenden Tertiarisierung der Wirtschaftssysteme stellt einen auf makroökonomischen Rationalitätskriterien basierenden Prozess dar, der, oft unabhängig von individuellen Präferenzen und Lebensvorstellungen, einer wachsenden Zahl von Menschen eine zunehmende Bereitschaft zu hoher beruflicher, zeitlicher und räumlicher Flexibilität abfordert. Unter diesen Bedingungen ist es spätestens seit Ende der 1960er Jahre, insbesondere für Frauen, zu einer Pluralisierung biografischer Optionen gekommen. Mit dieser Entwicklung einher geht auch eine verstärkte Konkurrenz traditioneller und alternativer Lebensentwürfe. Anders formuliert geraten, angetrieben vor allem von makroökonomischen Transformationsprozessen, traditionelle Arbeits- und Lebensarrangements unter erheblichen Anpassungsdruck, wohingegen alternative, von progressiven und häufig auch von feministischen Ideen beeinflusste Konzepte an Attraktivität gewinnen beziehungsweise leichter mit den sich ebenfalls wandelnden mikroökonomischen Umweltbedingungen in Einklang zu bringen sind. Diese durch die Veränderung elementarer Aspekte der sozioökonomischen Lebensumwelt bedingte Aufwertung progressiver respektive feministische Ideen aufgreifender alternativer Lebensmodelle bedeutet allerdings auch eine faktische Entwertung traditioneller Lebensentwürfe, einschließlich der ihnen zugrunde liegenden Wertvorstellungen. Bevor der daraus resultierende Konflikt konservativer und progressiver Ideen innerhalb der Gesellschaft und dessen Bedeutung für die konkrete Ausgestaltung der deutschen Familienpolitik näher erläutert werden, sollen zunächst einige der angesprochenen sozioökonomischen Entwicklungen sowie deren Einfluss auf zentrale Parameter familialer Beziehungszusammenhänge kurz skizziert werden.

Bereits seit den späten 1960er Jahren ist eine allmähliche Erosion des vermeintlich traditionellen Familienmodells zu beobachten, in dessen Zentrum der männliche Alleinernährer beziehungsweise die nicht erwerbstätige Vollzeithaus- und Ehefrau stehen. Der häufig nicht weiter hinterfragte Trugschluss, es handele sich bei diesem Arrangement um eine ‚traditionelle' Familienform, führt übrigens schon deshalb in die Irre, weil dieses Modell nur für eine relativ kurze historische Phase von kaum mehr als einem Jahrhundert (zwischen Hochindustrialisierung um die Mitte des 19. Jahrhunderts und einsetzender Deindustrialisierung und Tertiarisierung der Wirtschaft ab den 1960er Jahren) als identitätsprägend für einen nennenswerten Teil der deutschen Gesellschaft angesehen werden kann.[298] Dennoch stellt dieses im engeren Sinne eben nicht traditionelle, sondern vielmehr bürgerlich-konservative Familienmodell gewissermaßen den Ausgangspunkt für den Dauerkonflikt über die der deutschen Familienpolitik zugrunde zu legenden normativen Wertmaßstäbe zwischen dem konservativen und dem linksdemokratischen politischen Lager dar.[299] Angefacht wurde der bis heute im Kern nicht gelöste Dissens vor allem durch den vehementen soziokulturellen Modernisierungsschub infolge umfassender wirtschaftlicher Strukturveränderungen, die sich bereits in den 1960er Jahren abzeichneten und die in den 1970er Jahren eine nachhaltige Dynamisierung erfuhren.

Im Zentrum der Entwicklung steht das veränderte Erwerbsverhalten von Frauen. Die Zunahme des Anteils weiblicher Erwerbspersonen führte geradezu zwangsläufig zu einer Infragestellung des bürgerlich-konservativen Familien- und Frauenbildes. Wie anhand der Erläuterungen des japanischen Falles bereits gezeigt wurde, wirkte insbesondere die Wirtschaftskrise der frühen 1970er Jahre katalytisch auf diese Entwicklung. In dem Maße, wie Beschäftigungssicherheit und Einkommen von Männern abnahmen, gewann das zweite Einkommen der Frauen für die Existenzsicherung der Familien an Bedeutung. Frauen fanden vor allem im expandierenden Dienstleistungssektor Beschäftigung, der zudem oft vergleichsweise familienfreundliche Teilzeitarbeitsarrangements ermöglichte. Die verbesserten beruflichen Entfaltungsmöglichkeiten haben in Deutschland, ebenso wie in anderen entwickelten Staaten, nicht nur zu

---

[298] Erst das Entstehen eines vorwiegend in urbanen Strukturen verankerten und wirtschaftlich gut situierten Bürgertums ermöglichte es diesem Teil der Bevölkerung, auf den weiblichen Beitrag zum Familienunterhalt zu verzichten. Das Wohlstandswachstum der Bürgerschicht führte zur Herausbildung eines historisch neuen soziokulturellen Leitbildes, welches Frauen vor allem Betreuungstätigkeiten innerhalb der Familie zuwies, Männer hingegen als für produktive Tätigkeiten zur Existenzsicherung der Familie prädestiniert ansah. Infolge des wirtschaftlichen Aufstiegs einer bürgerlichen Mittelschicht etablierte sich also das vermeintlich traditionelle Familienmodell des männlichen Ernährers, dessen Nebenprodukt das seither in Deutschland dominierende Frauenleitbild der verheirateten, ökonomisch abhängigen Hausfrau ist.

[299] Zum Aspekt der konkurrierenden familialen Wertvorstellungen der verschiedenen politischen Lager und deren Einfluss auf die Entwicklung der Familienpolitik in Deutschland siehe auch Henry-Huthmacher 2006: 10.

einer gestiegenen Erwerbsneigung von Frauen geführt, sondern auch zu deren abnehmender Bereitschaft, sich nach Heirat und/oder Geburt von Kindern dauerhaft aus dem Erwerbsleben zurückzuziehen. In diesem Zusammenhang ist auch zu bemerken, dass die Erwerbsneigung in der Regel mit der Höhe des Bildungsabschlusses zunimmt (Hülskamp/Seyda 2004: 30). Mittlerweile ist eine eigenständige Berufstätigkeit für Frauen selbstverständlich geworden (BMFSFJ 2006: 6). Junge Frauen stellen indes ungeachtet dieser Entwicklungstendenzen keine in sich homogene soziale Gruppe dar. Dennoch unterscheiden sich ihre Einstellungen zu Arbeit und Familie, kurz ihre Lebensstile, in der Regel deutlich von männlichen Lebensentwürfen.[300]

Zur zentralen Bezugsgröße für die Gestaltung des Familienlebens ist der Aspekt der Vereinbarkeit häuslich-familiärer Aufgaben mit den Erfordernissen des Berufslebens geworden. Die Mehrheit der Frauen in Deutschland, etwa 60 Prozent, präferiert grundsätzlich Arrangements, die es ihnen ermöglichen, gleichermaßen familiäre wie auch berufliche Ziele zu verfolgen. Immerhin etwa ein Viertel der Frauen in der Bundesrepublik geben der beruflichen vor der familiären Selbstverwirklichung den Vorrang. Nur 14 Prozent der Frauen befürworten eine Existenz als Vollzeithausfrau (Bertram/Rösler/Ehlert 2005b: 50). Es wird deutlich, dass berufliche Überlegungen eine bestimmende Rolle bei der Lebensgestaltung junger Frauen spielen. Allerdings ist zu berücksichtigen, dass es sich bei den genannten Angaben zunächst nur um Präferenzen handelt. Die Daten des Mikrozensus belegen, dass in Deutschland weniger Frauen in Teilzeit und mehr Frauen ganztägig beruflich beschäftigt beziehungsweise Vollzeithausfrauen sind als dieses Präferenzmodell es vermuten ließe (Bertram/Rösler/Ehlert 2005b: 50). Diese Diskrepanz deutet darauf hin, dass ungeachtet persönlicher Präferenzen häufig erhebliche Probleme bestehen, das gewünschte Maß an Vereinbarkeit von Arbeit und Familienleben im Alltag zu realisieren. Am stärksten ausgeprägt ist die Kluft zwischen gelebtem und gewünschtem Lebensmodell in Deutschland bei Frauen mit Kindern unter sechs Jahren, die mit einem voll berufstätigen Partner zusammenleben und selbst nicht erwerbstätig sind. Die Mehrzahl von ihnen lebt aus Mangel an praktikablen Optionen ein Hausfrauenmodell. Allerdings wünscht sich nur ein Bruchteil dieser Frauen ein solches Arrangement auch tatsächlich (Veil 2003: 13). Trotz des Wunsches vieler Frauen nach einem partnerschaftlich-egalitären Lebensmodell führt die Geburt eines Kindes daher häufig doch zu einem traditionellen Geschlechterarrangement (Walther/Schaeffer-Hegel 2006: 16).

---

[300] Ausführlicher zu einer möglichen Klassifizierung weiblicher Lebensstile siehe Bertram/Rösler/Ehlert 2005b: 49ff.

Die Gründe dafür sind vielfältig. Einer der wichtigsten ist das häufig unzureichende Angebot an außerfamiliärer Kinderbetreuung.

Verschiedene nationale und europäisch vergleichende Studien kommen zu dem Schluss, dass das jeweils verfügbare Kinderbetreuungsangebot den wichtigsten Erklärungsfaktor für die Erwerbsbeteiligung von Müttern darstellt.[301] Wie das Bundesministerium für Familie, Senioren, Frauen und Jugend (BMFSFJ) feststellt, besteht in Deutschland, insbesondere im Westen des Landes, diesbezüglich eine deutliche Unterversorgung.[302] Besonders eklatant ist der Mangel an ganztägigen Betreuungsangeboten, die vielfach eine Grundvoraussetzung für die Vereinbarkeit von Karriere- und Kinderwünschen junger Frauen darstellen und insofern auch bezüglich des Fertilitätsgeschehens in Deutschland von zentraler Bedeutung sind (Bundesministerium für Wirtschaft und Arbeit 2005: 38–39). Auch im europäischen Vergleich fällt die vergleichsweise schlecht ausgebaute Infrastruktur (West-)Deutschlands hinsichtlich der Kleinkinderbetreuung für Kinder unter drei Jahren beziehungsweise der Ganztagsbetreuung für Kinder zwischen drei und sechs Jahren auf (Spieß/Wrohlich 2005: 31; Veil 2003: 12). Nicht nur die positivere Geburtenentwicklung in EU-Staaten mit einem besseren Versorgungsangebot an Kinderbetreuungsplätzen, auch Befragungsergebnisse junger Deutscher deuten darauf hin, dass hier eine wesentliche Ursache für das geringe Fertilitätsniveau in der Bundesrepublik liegt. Jede fünfte Familie gibt an, dass sie vor allem deshalb kein weiteres Kind mehr möchte, weil keine ausreichenden Betreuungsmöglichkeiten vorhanden sind. Fast zwei Drittel der (noch) Kinderlosen fordern mehr Kinderbetreuungsplätze (Eltern-Gruppe/G+J 2005: 29, 31). Noch größere Bedeutung wird allerdings dem Kostenaspekt der Kinder beigemessen, der wiederum direkt mit der Erwerbssituation verknüpft wird. Die Hälfte der Befragten gibt an, aus Unsicherheit über die künftige Entwicklung der Erwerbssituation keine (weiteren) Kinder bekommen zu wollen (Eltern-Gruppe/G+J Mediaforschung/Institut für Demoskopie Allensbach 2005: 31).

Die steigende Erwerbsbeteiligung von Frauen hat in vielen Fällen auch zu steigenden Opportunitätskosten durch Familiengründungen

---

[301] Siehe dazu beispielsweise Rüling/Kassner 2007.

[302] Obwohl in Westdeutschland seit Jahren ein Ausbau der Kinderbetreuung, insbesondere im Kleinkindbereich, stattfindet, reicht das Angebot für eine flächendeckende Versorgung bei weitem nicht aus. Quantitative Angaben zum Ausbau des Betreuungsangebots zwischen Beginn der 1990er Jahre und Beginn der 2000er Jahre siehe BMFSFJ 2005a: 21. Die Quelle enthält an anderer Stelle außerdem quantitative Angaben zu den Betreuungsquoten innerhalb der verschiedenen Altersgruppen und vergleicht diesbezüglich die Daten für Ost- und Westdeutschland. Vgl. BMFSFJ 2005a: 16.

oder -erweiterungen geführt.[303] Auch dieser Umstand ist für die Gestaltung familienpolitischer Instrumente bedeutsam. Nicht allein etwaige Einkommensausfälle durch die (vorübergehende) Aufgabe der Erwerbstätigkeit wirken sich tendenziell negativ auf die Reproduktionsentscheidung junger Frauen aus. Auch die als Voraussetzung für eine erfolgreiche berufliche Karriere stetig zunehmenden Anforderungen an deren Bildungsvoraussetzungen erhöhen die Hemmschwelle hinsichtlich einer möglichen Entscheidung für Kinder oder verzögern diese potentiell. Dafür spricht der statistisch zu belegende Umstand, dass die Kinderlosigkeit bei Frauen mit steigenden Bildungsabschlüssen zunimmt. Tatsächlich sinkt mit zunehmenden Investitionen für individuelle Bildung die Wahrscheinlichkeit, Kinder, insbesondere mehrere Kinder zu bekommen (Bertram/Rösler/Ehlert 2005a: 7). Gerade für hochqualifizierte Akademikerinnen ist, ungeachtet etwaig vorhandener Kinderwünsche, eine Realisierung dieser Wünsche offenbar ausgesprochen unattraktiv. In Deutschland ist die Kinderlosigkeit innerhalb dieser Gruppe mit etwa 30 Prozent am stärksten ausgeprägt (Bertram/Rösler/Ehlert 2005a: 8; Vom Lehn 2007).

Zusätzlich zu den Opportunitätskosten, welche durch die (zumindest vorübergehende) Aufgabe der beruflichen Tätigkeit für viele junge Frauen entstehen können, fallen auch die erhöhten Kosten für die Ausbildung von Kindern ins Gewicht. Zudem verlängert sich durch die tendenziell steigende Ausbildungsdauer des Nachwuchses die Zeitspanne, in der diese Kinder vom Einkommen der Eltern abhängig sind. Kinder gelten nicht zuletzt wegen der hohen Kosten, die ihre Versorgung, Betreuung sowie die für sie aufzubringenden Bildungsausgaben verursachen, als einer der wichtigsten Faktoren für Armut in Deutschland. Verschärft wird das Armutsrisiko durch die Tatsache, dass Eltern durch ihre Entscheidung, Kinder zu bekommen, mit einer höheren Wahrscheinlichkeit als andere soziale Gruppen von langfristigen Einkommensausfällen betroffen sind (Wingen 1997: 167–179).

Die hier kurz skizzierten Themenkomplexe Frauenerwerbstätigkeit, Kinderbetreuung und Kinderkosten, mitsamt ihren soziokulturellen Implikationen, stellen aus familienpolitischer Perspektive einige der wichtigsten Bezugspunkte der letzten Jahrzehnte dar. Die Analyse veranschaulicht, dass die Entscheidung junger Menschen für oder gegen Kinder stark von der Bewertung von Kriterien der individuellen ökono-

---

[303] Dabei bezieht sich diese Aussage keineswegs ausschließlich auf materielle, sondern ebenso auf immaterielle Opportunitätskosten, die durch die Verwirklichung eines Kinderwunsches, beispielsweise aufgrund des Verzichts auf andere als familiäre biografische Optionen und Lebensziele, entstehen können.

mischen Rationalität abhängt. Auf weitere, familienpolitisch ebenfalls relevante Einflussfaktoren kann aufgrund der gebotenen Knappheit der Ausführungen im Rahmen dieser Arbeit nicht näher eingegangen werden.

Die genannten Aspekte stellen maßgebliche Referenzpunkte für die Gestaltung von Familienpolitik in Deutschland dar. Dabei präferierten die Parteien des bürgerlich-konservativen Lagers und die politische Linke in den letzten Jahrzehnten deutlich voneinander differierende Lösungsansätze für die angesprochenen Problemfelder und entwickelten ihre Konzeptionen jeweils auf Basis unterschiedlicher normativer Wertvorstellungen. Ungehindert dieser Differenzen hat etwa seit Mitte der 1990er Jahre ein merklicher Politikwandel hinsichtlich der Argumentationen zur Begründung konkreter familienpolitischer Maßnahmen sowie bezüglich der grundsätzlich mit familienpolitischen Mitteln zu verfolgenden Zielsetzungen stattgefunden. Inwieweit ist dieser nun jedoch als Paradigmenwechsel im Sinne einer Wiederbelebung bevölkerungspolitischer Ideen aufzufassen?

Zunächst ist festzuhalten, dass der Entwicklungsverlauf der deutschen Familienpolitik in der jüngeren Vergangenheit nicht nur als Abfolge sachpolitischer Entscheidungen, etwa auf Basis ökonomischer oder demografischer Kriterien, zu begreifen ist, sondern auch als Spiegel normativer und soziokultureller Vorstellungen der am politischen Gestaltungsprozess beteiligten Akteure sowie als Produkt der zum jeweiligen Zeitpunkt bestehenden machtpolitischen Konstellationen aufgefasst werden kann. Entscheidungen über die Anpassung bestehender oder die Einführung neuer familienpolitischer Instrumente stellten in den letzten Jahrzehnten immer auch den im zeitgeschichtlichen und gesellschaftspolitischen Kontext erzielbaren Kompromiss aus teils widerstrebenden Überzeugungen dieser politischen Akteure dar.

Im Gegensatz zu Japan, wo es der LDP über Jahrzehnte hinweg gelang, eine stabile Machtposition zu bewahren und wo aus diesem Grund der familienpolitische Gestaltungsprozess fast durchgängig von konservativ-liberalen Wertvorstellungen geprägt war, weist die Entwicklung der deutschen Familienpolitik aufgrund immer wieder wechselnder Machtverhältnisse stärkere Diskontinuitäten auf. Daher ist im Rahmen der Analyse des deutschen Falles der bereits angesprochenen Konkurrenz des bürgerlich-konservativen und des sozialdemokratischen beziehungsweise linken politischen Lagers um die der Entwicklung familienpolitischer Konzeptionen als Maßstab zugrunde zu legenden normativen und soziokulturellen Wertvorstellungen besonderes Augenmerk zu schenken. Abgesehen von situationsspezifischen sachpolitischen Faktoren ist die Entwicklung der deutschen Familienpolitik geradezu als Funktion dieses Wettbewerbs der Werte zu interpretieren.

Der Familienpolitik der 1950er und 1960er Jahre lag ein aus heutiger Sicht ausgesprochen konservatives Familienmodell zugrunde. Die typische Familienstruktur baute auf der damals üblichen geschlechtsspezifischen Rollenverteilung auf, die dem (Ehe-)Mann die Funktion des vollzeiterwerbstätigen Alleinernährers und der (Ehe-)Frau die Verantwortung für die Haushaltsführung sowie die Kindererziehung zuschrieb. Die relative Stabilität dieses Modells wurde stark von der positiven ökonomischen Entwicklung Deutschlands während der ersten Nachkriegsjahrzehnte begünstigt. Der wirtschaftliche Aufschwung bedingte eine hohe Arbeitskräftenachfrage vor allem im industriellen Sektor und sicherte der Mehrheit der männlichen Bevölkerung stabile und in der Regel für die Versorgung der (Kern-)Familie ausreichend vergütete Einkommen. Auf eine Beteiligung der (Ehe-)Frauen am Erwerb des Familienunterhaltes konnte unter diesen Bedingungen weitgehend verzichtet werden. Die Alltagserfahrung vieler Menschen während der wirtschaftlichen Hochwachstumsphase, dass die Sicherung der Existenz der Familie im Normalfall allein aus der Erwerbsleistung des Mannes zu bestreiten war, bekräftigte die ohnehin verbreitete Auffassung, dass im Bereich der Familienpolitik Eingriffe von staatlicher Seite auf Ausnahmefälle, etwa zur Unterstützung besonders kinderreicher Familien oder zur Linderung besonderer wirtschaftlicher Härten, zu beschränken seien. Vornehmlich diesem Zweck diente denn auch die Einführung des dualen Familienlastenausgleichs, also der Gewährung sowohl von Kindergeldzahlungen[304] als auch von Steuerfreibeträgen für Kinder. Familienpolitik schien zu jener Zeit auf den Aspekt der Sicherung akzeptabler finanzieller Rahmenbedingungen für die Gründung und Entwicklung von Familien reduzierbar. Diese Interpretation ergab sich als naheliegende Schlussfolgerung aus der im Grundgesetz festgeschriebenen Förderung von Ehe und Familie, und sie dient bis heute der Legitimation einer steuerlichen und rechtlichen Privilegierung der Ehe als Basis der Familie.[305] Vor allem im Verständnis der Parteien des bürgerlich-konservativen Lagers baut staat-

---

[304] Im Jahr 1954 wurde zunächst ein arbeitgeberfinanziertes Kindergeld eingeführt. Es betrug 25 DM monatlich für das dritte und jedes weitere Kind. Anspruchsberechtigt waren bis 1955 nur erwerbstätige Eltern. Im Jahr 1961 erfolgte die Einführung eines aus Bundesmitteln finanzierten Kindergeldes, welches für zweitgeborene Kinder 25 DM und für weitere Kinder 40 DM betrug und an eine Einkommensobergrenze von 7.200 DM gekoppelt war. Im Jahr 1964 wurde die Finanzierung des Kindergeldes vollständig an die öffentlichen Haushalte übertragen und die Beträge erneut erhöht.

[305] Dazu siehe auch Kaufmann 2002: 463–490.

liche Familienpolitik bis heute auf der engen Verknüpfung von Ehe und Familie auf. Eine implizite Voraussetzung für die Kontinuität dieses Beziehungs- und Familienmusters als gesellschaftsprägendes Standardmodell ist die weitgehende Beschränkung der biografischen Optionen von Frauen auf die eheliche beziehungsweise häuslich-familiäre Perspektive.

Den hohen Stellenwert der Ehe im gesellschaftspolitischen Verständnis der christlich-liberalen Koalition (1953–1966) dokumentierte unter anderem die Einführung des Ehegattensplittings ab 1958. Da die Steuererleichterungen gleichermaßen für kinderlose Ehepaare wie verheiratete Eltern galten (und bis heute gelten), diente diese Maßnahme zwar indirekt auch der Unterstützung von Familien, in erster Linie aber der Festigung des Lebensmodells der Ehe. Durch die zweigeteilte steuerliche Veranlagung des Gesamteinkommens der Ehepartner, in der Realität jedoch häufig ausschließlich des männlichen Ernährers, genießen seither vor allem Paare mit hohen Einkommensunterschieden beziehungsweise einem einzigen Einkommen hohe Steuervorteile. Für erwerbsorientierte (Ehe-)Frauen sank daher mit Einführung dieses Instruments der finanzielle Anreiz für das Aufnehmen einer eigenen Erwerbstätigkeit. Das Ehegattensplitting ist deshalb als geradezu beispielhaft für den Versuch der bürgerlich-konservativen politischen Kräfte in Deutschland anzusehen, zentrale Wertvorstellungen über familiale Beziehungsmuster, namentlich das Familienmodell des männlichen Alleinernährers und der nicht erwerbstätigen Ehefrau und Mutter, durch den Einsatz steuer- und familienpolitischer Mittel in der Gesellschaft durchzusetzen respektive für die Zukunft zu bewahren.

Mit den wirtschaftlichen Strukturveränderungen der 1960er und 1970er Jahre setzte, ungeachtet gegenteiliger familienpolitischer Bemühungen der christlich-liberalen Koalition, ein allmählicher Bedeutungsverlust des bürgerlich-konservativen Familienmodells ein. Das veränderte Erwerbsverhalten vieler Frauen verlieh zudem der feministischen Bewegung neuen Schwung, die der bis dahin üblichen geschlechtsspezifischen Rollenverteilung schon seit langem kritisch gegenüberstand und von deren Engagement für den Ausbau von Frauenrechten starke Impulse für die gesellschaftspolitische Debatte insgesamt, aber auch für die weitere Gestaltung familienpolitisch relevanter Politikfelder in Deutschland ausgingen. Der wirtschaftliche Modernisierungsschub begünstigte also in mehrfacher Hinsicht das Aufbrechen tradierter soziokultureller Strukturen. Die wirtschaftlichen und sozialen Transformationsprozesse fanden seit 1969, als die bis dahin amtierende Regierungskoalition aus CDU/CSU und SPD von der sozial-liberalen Koalition unter der Führung Willi Brandts abgelöst wurde, auch Widerhall in der Familienpolitik. Der

Regierungswechsel bedeutete insofern auch eine Schwächung bürger-lich-konservativer Politikinhalte.

Die Familienpolitik der von 1969 bis 1982 regierenden sozial-liberalen Koalitionen unter Willy Brandt und ab 1974 unter Helmut Schmidt war geprägt von einer weitgehenden Abkehr vom System des dualen Famili-enlastenausgleichs und von ersten Bemühungen, die Erwerbsanreize für Mütter zu erhöhen. Der duale Familienlastenausgleich wurde zugunsten direkter Kindergeldzahlungen neu geordnet.[306] Dabei wurden die zuvor von der christlich-liberalen Koalitionsregierung eingeführten Steuerfrei-beträge 1975 im Gegenzug zu der Erhöhung der Kindergeldzahlungen wieder abgeschafft.[307] Weitere Maßnahmen bezogen sich auf die Verbesse-rung der Vereinbarkeit von Erwerbsarbeit und familiärem Engagement für Mütter, etwa durch die Einführung beruflicher Freistellungen von Richterinnen und weiblichen Beamten für die Erziehung ihrer Kinder unter 16 Jahren im Jahr 1969[308] und die Gewährung sogenannter Pflege-tage zur Betreuung kranker Kinder 1974 (Arbeitsfreistellung bis zu einer Dauer von fünf Tagen). Mit Blick auf die Unterstützung erwerbstätiger Mütter wurde 1979 ein maximal viermonatiger Mutterschutzurlaub ein-geführt, den die betreffenden Mütter im Anschluss an die ohnehin ge-währte achtwöchige Mutterschaftsschutzfrist unter Garantie der Arbeits-platzsicherheit in Anspruch nehmen konnten. Zur finanziellen Absiche-rung während dieser Zeit wurde der Mutterschaftsurlaub von der Einfüh-rung eines steuerfinanzierten Mutterschaftsgeldes in Höhe des letzten Nettolohns flankiert, sofern dieser nicht den Betrag von 750 DM pro Monat überstieg. Die Einführung dieses Instruments ließ allerdings zwei unterschiedliche Interpretationen zu. Zum einen wurde die Maßnahme mit der beabsichtigten Linderung der Doppelbelastung erwerbstätiger Mütter durch Arbeit und Kindererziehung begründet, zum anderen mö-gen aber auch arbeitsmarktpolitische Erwägungen eine Rolle gespielt ha-

---

[306] Zunächst wurde 1971 das Kindergeld für das zweite Kind auf 60 DM erhöht. Im Jahr 1975 wurde eine Kindergeldreform beschlossen, die eine Ausdehnung des Kindergeldes auf das erste Kind sowie die Erhöhung der Zahlungsbeträge (erstes Kind 50 DM, zweites Kind 70 DM, ab dem dritten Kind 120 DM) vorsah. Außerdem wurden die Steuerfreibeträge für Kinder und die Einkommens-grenzen für das Kindergeld für zweitgeborene Kinder abgeschafft. In den Jahren 1978, 1979 und 1981 wurden die Beträge für Kindergeldzahlungen jeweils erneut angehoben. Das Kindergeld betrug nach den Anpassungen von 1981 für das erste Kind 50 DM, für das zweite Kind 120 DM und ab dem dritten Kind 240 DM.

[307] Allerdings wurde 1980 ein sogenannter Kinderbetreuungsfreibetrag für Al-leinerziehende und Ehepaare eingeführt.

[308] Galt ab 1974 auch für Männer.

ben. Ob der mit dieser Maßnahme ebenfalls vermittelte Anreiz für Frauen, bei der Geburt von Kindern aus dem Arbeitsleben auszuscheiden, von vornherein beabsichtigt war, lässt sich nicht sicher belegen. Es ist jedoch plausibel, dass angesichts der in den 1970er Jahren steigenden Erwerbslosenquote entsprechende Effekte durchaus willkommen waren.[309] Auch unter den sozial-liberalen Regierungen Brandts und Schmidts folgte die Gestaltung der Familienpolitik also, zumindest partiell, dem staatspolitischen Primat makroökonomischer Rationalitätskriterien.

Es ist jedoch kaum zu bestreiten, dass insbesondere die Familienpolitik der Regierung Brandt die Belange von Frauen stärker berücksichtigte als die Konzepte der sich stärker auf konservative Überzeugungen berufenden Vorgängerregierungen und sie insofern durchaus progressiveren Charakter hatte als die Familienpolitik der 1950er und 1960er Jahre. Dies wird nicht zuletzt daran deutlich, dass auch Kernforderungen der feministischen Bewegung aufgegriffen und ernsthafte Versuche unternommen wurden, das von vielen Frauen seit langem eingeforderte Recht auf körperliche Selbstbestimmtheit politisch umzusetzen.

Beispielhaft für den Anspruch, die Frauen- und Familienpolitik zu modernisieren, war die, allerdings erst von der neu formierten sozial-liberalen Regierung Helmut Schmidts am 18. Juni 1974 verabschiedete Reform des Paragrafen 218 StGB, mit der erstmals eine Fristenlösung für Schwangerschaftsabbrüche (bis zur zwölften Woche) eingeführt und damit eine zentrale Forderung der Frauenbewegung nach einer Liberalisierung des Abtreibungsrechts erfüllt werden sollte.[310] Während dieser Schritt von den Befürwortern einer progressiv-feministisch orientierten Familienpolitik als Beitrag zur Geschlechtergleichstellung und als Ausdruck des Bekenntnisses des deutschen Staates zum Recht von Frauen auf umfassende – also auch körperliche – Selbstbestimmtheit begrüßt wurde, rief er bei den Unterstützern bürgerlich-konservativer Positionen starke Gegenwehr hervor. Unmittelbar nach der Verabschiedung des reformierten Paragrafen 218 StGB legten CDU und CSU Beschwerde beim Bundesverfassungsgericht ein, welches per einstweiliger Anordnung die Umsetzung des Gesetzesbeschlusses untersagte und die Fristenlösung in wesentlichen Teilen für verfassungswidrig erklärte. Mit seiner Entscheidung vom 25. Februar 1975 entschied das Bundesverfassungsgericht endgültig, dass die Fristenlösung verfassungswidrig war und schlug die Einführung einer Indikationslösung vor.[311] Auf Basis dieser Entscheidung wurde am

---

[309] Ähnlich äußert sich dazu auch Claudia Pinl. Vgl. Pinl 2003: 7.

[310] Fünftes Gesetz zur Reform des Strafrechts (5. StrRG) vom 18.06.1974, BGBl. I 1297.

[311] BverfGE 39, 1 Schwangerschaftsabbruch I. (25.02.1975).

18. Mai 1976 eine neue Fassung des Paragrafen 218 StGB beschlossen, die Schwangerschaftsabbrüche zwar grundsätzlich weiterhin unter Strafe stellte, aber vier Indikationen als Ausnahmen einführte, auf Grundlage derer ein Abbruch fürderhin straffrei blieb.

Das Beispiel der Auseinandersetzungen um die Gestaltung des Paragrafen 218 StGB verdeutlicht einige, für die Entwicklung der deutschen Familienpolitik charakteristische Aspekte. Zunächst entstand, hervorgerufen durch exogene Faktoren (wirtschaftliche Strukturveränderungen, zunehmende Erwerbsbeteiligung von Frauen, Dynamisierung der Frauenrechtsbewegung, Forderungen nach einer Liberalisierung des Abtreibungsrechts), eine Situation, die politische Antworten erforderte. Der Konflikt der beteiligten gesellschaftlichen und politischen Akteure über geeignete Lösungsansätze bezog sich dabei nicht in erster Linie auf die Frage der grundsätzlichen Notwendigkeit einer entsprechenden Reaktion, sondern vor allem auf ihre konkrete Umsetzung, in der Hall'schen Terminologie formuliert also auf die Neudefinition der Parameter eines bestehenden familienpolitischen Instruments. Obwohl die sozioökonomischen Veränderungen und deren gesellschaftspolitische Konsequenzen eigentlich zuvörderst eine Herausforderung für den politischen Pragmatismus der streitenden Parteien bedeuteten, wurde die Auseinandersetzung um die Reaktion auf diese Herausforderung hauptsächlich entlang grundlegender normativer Argumentationen geführt. Die starke Betonung des normativ-weltanschaulichen Charakters der Debatte und die relative Unterrepräsentiertheit von Sachargumenten, die sich auf die bestehenden pragmatischen Erfordernisse bezogen, ist kennzeichnend für den Verlauf vieler familienpolitischer Auseinandersetzungen in Deutschland und erschwert häufig die Konsensfindung. Auch im Fall der Reform des Paragrafen 218 StGB wurde das Ergebnis des familienpolitischen Entscheidungsprozesses vorrangig über den Wettbewerb der rivalisierenden Wertekonzepte des bürgerlich-konservativen Lagers um CDU und CSU und der Befürworter progressiv-feministischer Ideen auf Seite der SPD vermittelt. Dieser grundsätzliche Konflikt ist bis heute bestimmend für die Gestaltung der deutschen Familienpolitik. Aufgrund des hohen Stellenwertes dieser differierenden Wertekonzepte für die konkrete Gestaltung familienpolitischer Instrumente sowie für die Formulierung grundlegender Zielsetzungen werden familienpolitische Kurswechsel in Deutschland häufig erst durch Veränderungen der machtpolitischen Konstellationen ermöglicht.

Dieses Muster zeigte sich auch nach der Abwahl der SPD bei der Bundestagswahl von 1982. Eine der ersten familienpolitischen Handlungen der neu aufgelegten christlich-liberalen Koalition war die Wiedereinführung und Reform des dualen Familienlastenausgleichs. Erste konkrete Maßnahmen bestanden in der Senkung des Kindergeldes und in der Wiedereinführung sowie schrittweisen Erhöhung der Steuerfreibeträge für Kinder.[312] Ein bestimmendes Merkmal der Familienpolitik der Kohl-Ära[313] war die erneute Bekräftigung zentraler Elemente der bürgerlich-konservativen Familienauffassung der Nachkriegszeit, während die in den 1970er Jahren eingeführten und weiterentwickelten progressiv-feministischen Elemente eine deutliche Schwächung erfuhren. Die Abneigung des konservativen politischen Lagers gegen alternative Familien- und Erwerbsmodelle offenbarte sich in der Reform einiger familienpolitischer Instrumente, die von den sozial-liberalen Regierungen Willy Brandts und Helmut Schmidts ursprünglich mit dem Ziel eingeführt worden waren, die Vereinbarkeit von Mutterschaft und Erwerbstätigkeit zu verbessern und die, wenn auch nur indirekt, eine Aufwertung alternativer Familienmodelle bewirkt hatten. Unter der Regierungsverantwortung Helmut Kohls wurde 1984 das Mutterschaftsgeld auf (maximal) 510 DM verringert, gleichzeitig aber auf alle Mütter, unabhängig von deren vorherigen Erwerbsstatus, erweitert. Dieser Schritt bedeutete für nicht erwerbstätige Mütter eine deutliche finanzielle Verbesserung im Vergleich zur alten Regelung. Für die wachsende Zahl berufstätiger Mütter bewirkte er dagegen eine relative finanzielle Schlechterstellung. Obwohl die Reform vordergründig eine Erweiterung der familienpolitischen Leistungen darstellte und zudem im Sinne einer Verbesserung der Verteilungsgerechtigkeit öffentlicher Finanzmittel interpretiert werden konnte, diente sie gleichzeitig auch der Senkung der bestehenden Erwerbsanreize für junge Mütter und wirkte so tendenziell stabilisierend für das von der Kohl-Regierung präferierte Familienmodell des männlichen Alleinernährers. Gleiches gilt für die im Jahr 1989 beschlossene Verlängerung der Bezugsdauer des Erziehungsgeldes und des Erziehungsurlaubs auf 18 Monate. Auch durch diese Intervention wurde der Anreiz für eine möglichst rasche Rückkehr von Müttern in das Erwerbsleben verringert und somit deren spätere berufliche Integrationschancen durch

---

[312] Noch im Jahr der Bundestagswahl wurde die Senkung des Kindergeldes für das zweite und dritte Kind um jeweils 20 DM (auf 100 DM und 220 DM) beschlossen und zusätzlich die Regelaltersgrenze für den Bezug dieser Leistung von 18 auf 16 Jahre gesenkt (1992 wieder zurückgenommen). Im Jahr 1983 erfolgte die Wiedereinführung der 1975 abgeschafften Kinderfreibeträge. Zusätzlich zum Kindergeld wurde je Kind ein steuerlicher Freibetrag in Höhe von 432 DM gewährt. Durch Erhöhungen in den Jahren 1986, 1992, 1996 und 1997 stieg der Kinderfreibetrag deutlich auf 6.912 DM je Kind im Jahr 1997 an. Zur Einführung des 1986 in Kraft getretenen Bundeserziehungsgeldgesetzes siehe auch Wingen 1993: 49.

[313] Regierungszeit der christlich-liberalen Koalition unter Bundeskanzler Helmut Kohl von 1982 bis 1998.

die Verlängerung der familienbedingten Karriereunterbrechung tendenziell reduziert.[314]

Mit dem Wahlsieg von SPD und Bündnis 90/Die Grünen wurden 1998 die Weichen für den familienpolitischen Gestaltungsprozess in Deutschland einmal mehr neu gestellt. Bereits im Koalitionsvertrag wurden ambitionierte Ziele zur Verbesserung der sozialen Absicherung von Familien und Kindern sowie ein „Neuer Aufbruch für die Frauenpolitik"[315] verkündet. Tatsächlich vollzog sich mit der Regierungsübernahme der rot-grünen Koalition eine die Bedürfnisse von Frauen wieder stärker berücksichtigende familienpolitische Kurskorrektur. Einige indirekt familienpolitisch wirksame Maßnahmen resultierten vor allem aus dem politischen Willen der Koalitionsparteien, die Gleichstellung von Frauen in der Gesellschaft zu verbessern. Zentrales Element dieser Politik war das „Aktionsprogramm Frau und Beruf" des Jahres 1999, welches Frauen bessere Bildungs- und Karrierechancen ermöglichen sollte (BMFSFJ 1999). Die Förderung weiblicher Erwerbsbeteiligung und die Verbesserung der Vereinbarkeit von Berufs- und Familienleben für Frauen entsprachen dabei gewissermaßen zwei Seiten der gleichen Medaille. Im Gegensatz zur familienpolitischen Tradition der CDU/CSU, die aus der Präferenz des Alleinernährermodells nie einen Hehl machten, bekannte sich das neue Regierungsbündnis explizit zur Annerkennung der Vielfältigkeit der Familienformen (SPD und Bündnis 90/Die Grünen 1998: 34).

Dieser Aspekt unterstreicht die bereits mehrfach getroffene Feststellung, dass die strategische Ausrichtung der Familienpolitik sowie die Gestaltung ihrer Instrumente in Deutschland ganz wesentlich als Funktion der Konkurrenz unterschiedlicher normativer Wertvorstellungen der konservativ-bürgerlichen und der sozialdemokratischen beziehungsweise linken politischen Kräfte des Landes zu interpretieren sind. Mit Blick auf die in dieser Arbeit untersuchte Fragestellung nach einem bevölkerungspolitisch motivierten Paradigmenwechsel innerhalb der Familienpolitik ist jedoch festzustellen, dass ungeachtet der Differenzen bezüglich der jeweils vertretenen Wertekonzeptionen die übergeordnete Zielsetzung der Familienpolitik bis zu Beginn der 2000er Jahre stets auf die Frage der sozialen Absicherung von Kindern, Frauen und Familien fokussiert war, also zumindest bis zur Jahrtausendwende, trotz verschiedentlicher Neuakzentuierungen, noch kein grundsätzlicher Paradigmen-

---

[314] Ab dem 01.01.1992 wurde der Erziehungsurlaub erneut deutlich verlängert (auf 36 Monate) sowie die Bezugsdauer von Erziehungsgeld auf 24 Monate ausgedehnt.

[315] Überschrift des Abschnitts VIII der Koalitionsvereinbarung. Vgl. SPD und Bündnis 90/Die Grünen 1998: 34.

wechsel vollzogen wurde. Dies gilt auch für die erste Legislaturperiode der rot-grünen Koalition.

Die wichtigsten Maßnahmen der Familienpolitik zwischen 1998 und 2001 betrafen die Höherbewertung der Erziehungszeiten bei der Rentenversicherung (1999)[316], die Anhebung des Kindergeldes[317], die Aufstockung des Kinderfreibetrags (1999)[318], die Einführung eines Betreuungsfreibetrags (2000)[319] sowie die Reform des Bundeserziehungsgeldgesetzes (2001)[320]. Mit letzterer wurden nicht nur einige finanzielle Leistungen neu geregelt, sondern auch der Erziehungsurlaub durch die sogenannte Elternzeit ersetzt.[321] Die Einführung der Elternzeit ist als einer der wichtigsten familienpolitischen Kurswechsel der jüngeren Vergangenheit zu bewerten. Im Gegensatz zu früheren Maßnahmen bezieht sich die Elternzeit erstmals ausdrücklich auf beide Elternteile und nicht nur auf Mütter.[322] Gleiches gilt für die Verbesserung der Zuverdienstmöglichkeiten von Familien während der Elternzeit durch die Einführung des Rechts auf Ausübung einer Teilzeitbeschäftigung von bis zu 30 Wochenstunden. Durch die ausdrückliche Einbeziehung von Vätern *und* Müttern in alle Aspekte der Kleinkindbetreuung zielte die Reform in der Konsequenz auf die Kontinuität der Erwerbstätigkeit von Müttern im Rahmen eines Doppelversorgerarrangements beziehungsweise eines partnerschaftlichen Familienmodells ab (BMFSFJ 2005b: 99). Die Anreizwirkung des reformierten Gesetzes richtete sich außerdem auf einen beschleunigten Wiedereintritt von Frauen in den Arbeitsmarkt und somit auf eine allgemeine Verbesserung ihrer Arbeitsmarktintegration (Schmitt 2006: 8).

Die Neuordnung des Bundeserziehungsgeldgesetzes bedeutete daher auch eine Absage an die Dominanz des konservativen Familienmodells

---

[316] Ab 1999 wurden Erziehungszeiten bei der Rentenversicherung statt mit 75 Prozent mit 100 Prozent des durchschnittlichen Arbeitsentgelts angerechnet.

[317] Ebenfalls im Jahr 1999 wurde das Kindergeld für das erste und zweite Kind von 220 DM auf 250 DM monatlich erhöht.

[318] Kinderfreibetrag und Kindergeld wurden 1999 auf monatlich 270 DM für die ersten beiden Kinder angehoben.

[319] Im Jahr 2000 wurde zusätzlich zu den vorgenannten Maßnahmen ein Betreuungsfreibetrag in Höhe von 3.024 DM für Kinder bis 16 Jahre eingeführt.

[320] Mit der Reform dieses Gesetzes wurde eine Erhöhung der Jahreseinkommensgrenze für Eltern mit einem Kind von 29.400 DM auf 16.470 Euro vorgenommen. Zusätzlich wurde der Kinderzuschlag erhöht und der Bezug des Erziehungsgeldes neu geregelt.

[321] Siehe dazu auch Rürup/Gruescu 2005: 47. Ausführlich zum Umgang der Familien mit der Elternzeit siehe BMFSFJ 2004: 14–53.

[322] Beide Elternteile haben Anspruch auf eine Elternzeit von drei Jahren, die sie entweder parallel oder auch seriell antreten können.

des männlichen Alleinernährers und der nicht erwerbstätigen Ehefrau und Mutter. Sie entsprach zudem weitgehend der ursprünglich feministischen Auffassung, dass die Verantwortung für die Kinderfürsorge und -erziehung beiden Elternteilen gleichberechtigt obliege.[323] Insgesamt ist festzuhalten, dass die zwischen 1998 und 2001 getroffenen familien- und potentiell auch geburtenfördernden Maßnahmen vor allem aus dem politischen Anspruch beider Koalitionspartner (SPD, Bündnis 90/Die Grünen) erwuchsen, die gesellschaftliche und familiäre Gleichstellung von Frauen zu verbessern. Dieses Ziel ist seither zu einem wesentlichen Bestandteil der Frauen- und Familienpolitik in Deutschland geworden. Häufig werden allerdings nicht ausschließlich feministische, sondern gerade in den letzten Jahren zunehmend auch demografische und bevölkerungspolitische Argumente ins Feld geführt, um das Anliegen des sogenannten „Gender Mainstreaming" sachlich zu begründen.[324]

6.3.2.3 Bevölkerungspolitische Neuakzentuierung der Familienpolitik

Der Verweis auf die demografische Entwicklung Deutschlands ist seit den 1990er Jahren im Rahmen sozialstaatlicher Debatten immer stärker zu einer zentralen Bezugsgröße geworden.[325] Anfangs richtete sich der Blick hauptsächlich auf den Alterungsprozess[326] und auf das damit eng verknüpfte Problem der zukünftigen Absicherung der staatlichen Rentenzahlungen und anderer Sozialleistungen. Seit Anfang der 2000er Jahre geriet auch die rückläufige beziehungsweise seit den 1970er Jahren fast unverändert niedrige Geburtenrate als Ursache für die Bedrohung des sozialen Sicherungssystems wieder stärker in den Fokus des Interesses. Folgerich-

---

[323] Eine ähnliche Aussage treffen auch Rüling, Kassner und Grottian, die ebenfalls feststellen, dass mit der Novellierung des Bundeserziehungsgeldgesetzes „(...) – zumindest rhetorisch – die Vorstellung vom Tisch [sei], dass sich nur eine Person überwiegend um das Kind kümmern soll." Vgl. Rüling/Kassner/Grottian 2004: 11.

[324] Für Erläuterungen des BMFSFJ zum inhaltlichen Verständnis des Begriffs „Gender Mainstreaming" siehe http://www.gender-mainstreaming.net/gm/Wissensnetz/was-ist-gm,did=13986.html (letzter Zugriff 24.06.2010).

[325] Der gestiegene Stellenwert der demografischen Entwicklung für den politischen Gestaltungsprozess ist etwa an der Einrichtung der *Enquete-Kommission Demographischer Wandel* während der zwölften Wahlperiode des Deutschen Bundestages im Jahr 1992 abzulesen. Diese bestand bis 2002 fort und sollte demografische Daten erfassen, aufbereiten, die Bedeutung demografischer Abläufe für die politische Arbeit einschätzen und schließlich entsprechende Empfehlungen formulieren. Zu den Ergebnissen der Arbeit dieser Kommission siehe Deutscher Bundestag 2002.

[326] Siehe auch Auth 2007: 81.

tig löste sich die politische Auseinandersetzung über den Umgang mit dem demografischen Wandel seit dieser Zeit allmählich von der inhaltlichen Verengung auf sozialstaatliche und arbeitsmarktpolitische Aspekte und verhalf so auf Umwegen schließlich der Frauen- und Familienpolitik zu einem beachtlichen Bedeutungsgewinn. Obwohl von Gerhard Schröder im Vorfeld der Vereidigung des Bundeskabinetts im Oktober 1998 noch als „Gedöns" bezeichnet, avancierte die Gestaltung der deutschen Familienpolitik bereits im Rahmen des Bundestagswahlkampfes 2002 zu einem der zentralen Zukunftsthemen. Insbesondere die Frage der Vereinbarkeit von Familie und Beruf wurde in diesem Zusammenhang politisch wie öffentlich intensiv diskutiert. Dabei wurde mit zunehmender Nachdrücklichkeit auch die Frage aufgeworfen, warum in Deutschland überhaupt seit Jahrzehnten ‚zu wenige' Kinder geboren werden.[327]

Anfangs fast unmerklich vollzog sich durch die verstärkte Zuspitzung der demografiepolitischen Debatte auf den Aspekt des Reproduktionsverhaltens und der damit oft implizierten Annahme, das niedrige Fertilitätsniveau sei in jedem Falle nachteilig für die weitere soziale und ökonomische Entwicklung Deutschlands, eine entscheidende qualitative Veränderung des Diskurses. Die häufig kaum reflektierte Basisfeststellung, niedrige Geburtenraten wirkten sich per se negativ auf die Zukunftsfähigkeit des Landes aus, führte dazu, dass sich der Fokus der politischen Auseinandersetzung mit den Folgen des demografischen Wandels von reaktiven Aspekten, etwa bezüglich notwendiger Modifikationen innerhalb des sozialen Sicherungssystems, hin zu aktiven Aspekten einer zielgerichteten Beeinflussung der Bevölkerungsentwicklung, und zwar maßgeblich mit den Mitteln der Familienpolitik, verschob. Dies kommt faktisch einer Aufgabe des seit Ende des Zweiten Weltkriegs bestehenden Tabus staatlicher Bevölkerungspolitik in Deutschland gleich. Das vermeintliche Bedrohungsszenario des demografischen Wandels ließ in den letzten Jahren die Notwendigkeit bevölkerungspolitischer Interventionen zunehmend plausibler und dringlicher erscheinen.

Dieser innerhalb des politischen Systems kaum problematisierte, aber doch grundlegende Wandel in der politischen Kultur Deutschlands vollzog sich indes nicht über Nacht und war zudem überlagert von der bereits dargelegten Konkurrenz abweichender normativer Wertekonzeptionen der bürgerlich-konservativen respektive der linksdemokratischen Parteien sowie ihrer jeweiligen Anhänger. Die konkrete Politikgestaltung erfolgt in Deutschland, abgesehen von situationsabhängigen, etwa finanzpolitischen Kriterien, vorwiegend entlang des im Rahmen dieser

---

[327] Eine Aufzählung einiger Beispiele für diese Debatte findet sich bei Rüling/ Kassner/Grottian 2004: 11.

Konkurrenz austarierten Handlungsspielraums. Insofern resultieren die immer wieder sichtbaren Diskontinuitäten im Verlauf des familienpolitischen Gestaltungsprozesses aus einem Mix aus sachpolitischen Zwängen und grundsätzlichen normativen Differenzen der beteiligten politischen Kräfte. Ungeachtet dieser Differenzen ist in den letzten Jahren eine alle politischen Lager übergreifende Neuakzentuierung der Familienpolitik hinsichtlich der mit ihr grundsätzlich zu verfolgenden Zielsetzungen wahrzunehmen, die daran erkennbar ist, dass bevölkerungspolitische Absichten nicht länger verleugnet, sondern vielmehr mit dem Verweis auf die drängende Zukunftsaufgabe der Bewältigung des demografischen Wandels legitimiert werden.

Eingeleitet wurde dieser politische Paradigmenwechsel mit dem Beginn der zweiten Legislaturperiode der rot-grünen Koalition. Bis 2002 war unter Ägide der Familienministerin des ersten Kabinetts Gerhard Schröders (1998–2002), Christine Bergmann, zunächst der Ausbau familienfördernder Transferleistungen fortgesetzt worden. Die letzte familienpolitische Initiative ihrer Amtszeit, die Verabschiedung des Zweiten Gesetzes zur Familienförderung[328], enthielt mehrere entsprechende Maßnahmen.[329] Unter der neuen Familienministerin Renate Schmidt (zweites Kabinett Schröder) verschob sich ab 2002 der Schwerpunkt der Familienpolitik merklich von der Frauen- und Gleichstellungspolitik hin zu bevölkerungspolitischen Zielsetzungen.[330] Das Konzept einer seither in erster Linie mit demografischen und ökonomischen Argumenten begründeten und erkennbar pronatalistischen Familienpolitik wurde maßgeblich von Bert Rürup mitentwickelt (Rürup/Gruescu 2003). Das als „nachhaltige Familienpolitik" beworbene Politikmodell dient vor allem der Realisierung zweier Ziele: Zum einen soll eine Anhebung der Fertilitätsrate erreicht werden, um der weiteren Alterung der Bevölkerung entgegenzuwirken, zum anderen gilt es, das Erwerbspersonenpotential durch die Anhebung der Frauenerwerbsquote zu erhöhen. Die Sozialwissenschaftlerin Diana Auth stellt hierzu fest, dass Frauen in zweifacher Weise

---

[328] In Kraft getreten am 01.01.2002.

[329] Unter anderem wurde das Kindergeld für erste und zweite Kinder auf 154 Euro monatlich erhöht und zusätzlich der Freibetrag für das allgemeine sächliche Existenzminimum von 6.912 DM auf 3.648 Euro aufgestockt. Der Betreuungsfreibetrag für unter 16-jährige Kinder (3.024 DM) sowie der Ausbildungsfreibetrag entfielen zugunsten eines neu eingeführten Freibetrags für alle Kinder bis zum 27. Lebensjahr. Außerdem wurde ein Erziehungsfreibetrag für Kinder eingeführt und im Gegenzug der Haushaltsfreibetrag für Alleinerziehende (schrittweise bis 2005) abgeschafft. Weiterhin wurden Erziehungszeiten in der Renten- und Arbeitslosenversicherung höher als zuvor angerechnet.

[330] Siehe auch Auth 2007: 81, 92.

Adressatinnen dieses Konzepts seien: einerseits als Gebärende, andererseits als Arbeitskräfte (Auth 2007: 93). Diese doppelte Funktionalisierung von Frauen im Kontext demografischer Transformationsprozesse erinnert dabei durchaus an die pronatalistischen Bemühungen der DDR-Politik in den 1970er und 1980er Jahren.

Kernstück der neu ausgerufenen nachhaltigen Familienpolitik ist der massive Ausbau des Kinderbetreuungsangebots in Deutschland. Dieses Ziel verfolgt unter anderem das im Dezember 2004 verabschiedete und zum 1. Januar 2005 in Kraft getretene „Tagesbetreuungsausbaugesetz"[331], kurz TAG, welches zum Zeitpunkt seiner Verabschiedung vorsah, bis zum Jahr 2010 insgesamt 230.000 zusätzliche Betreuungsplätze für unter dreijährige Kinder entweder in Kindertageseinrichtungen oder bei Tagesmüttern zu schaffen. Ob der Ausbau der Betreuungsmöglichkeiten tatsächlich den gewünschten positiven Effekt auf die Geburtenentwicklung entfalten kann, ist seit Einführung des Gesetzes Gegenstand der politischen und wissenschaftlichen Debatte.[332] Gleiches gilt für die Finanzierung der durch das Gesetz geregelten Maßnahmen.[333] Grundsätzlich bestehen bei den verschiedenen politischen Parteien abweichende Ansichten über den sinnvollen Einsatz finanzieller Mittel für familienpolitische Fördermaßnahmen. Während die SPD eine „Objektförderung" bevorzugt, sich also dafür einsetzt, dass Steuergelder in bessere, umfangreichere und kostenfreie Kinderbetreuung ab dem Kleinstkindalter investiert werden, um Vätern und Müttern die Fortführung der Erwerbstätigkeit zu ermöglichen, plädieren die christlichen Parteien, vor allem die CSU, für eine „Subjektförderung", also steuerfinanzierte Transferleistungen, etwa in Form eines Betreuungsgeldes für jene Eltern, die Kleinkinder zu Hause betreuen (Stiegler/Oerder 2007: 1).

Wie bereits in der Vergangenheit bestehen also auch weiterhin Differenzen hinsichtlich der konkret zu verfolgenden Gestaltungsoptionen innerhalb der deutschen Familienpolitik, wobei diese Unterschiede vor allem auf den Wettbewerb voneinander abweichender Wertekonzeptionen der Anhänger des bürgerlich-konservativen und des linksdemokratischen Lagers zurückzuführen sind. Es wird gleichzeitig aber auch deut-

---

[331] Genaue Bezeichnung: Gesetz zum qualitätsorientierten und bedarfsgerechten Ausbau der Tagesbetreuung für Kinder. Ausführlichere Erläuterungen zu diesem Gesetz finden sich u. a. bei Spieß/Wrohlich 2005: 32–35.

[332] Zu den Auswirkungen infrastruktureller Angebote auf die Situation von Familien (im europäischen Vergleich) siehe Rüling/Kassner 2007: 100ff. Ob Kindergärten das Problem des Geburtenmangels lösen können, haben u.a. auch Kröhnert und Klingholz untersucht. Siehe Kröhnert/Klingholz 2005: 11–12.

[333] Zu den Kosten und ihrer teilweisen Refinanzierung durch externe Effekte siehe Dohmen 2007: 23ff.

lich, dass bezüglich der grundlegenden Zielsetzungen der deutschen Familienpolitik mittlerweile die Gemeinsamkeiten überwiegen. Vor dem Hintergrund der sich kontinuierlich verschärfenden Demografiedebatte hat sich seit den 1990er Jahren in allen politischen Parteien die Auffassung durchgesetzt, eine pronatalistische Neuorientierung der Familienpolitik sei nicht nur wünschenswert, sondern für die Zukunftssicherung des Landes geradezu unabdingbar.

Dass die deutsche Familienpolitik tatsächlich einen bevölkerungspolitisch motivierten Paradigmenwechsel erfahren hat, ist spätestens mit dem Regierungswechsel des Jahres 2005 offensichtlich geworden. Obgleich potentiell geburtenfördernde Maßnahmen auch vor diesem Zeitpunkt bereits verstärkt vorangetrieben worden waren, vermieden es die jeweils in den familienpolitischen Gestaltungsprozess involvierten Parteien lange, sich explizit zu pronatalistischen und bevölkerungspolitischen Zielsetzungen zu bekennen. Seit dem Rückgang der Fertilitätsrate unter das Bestandserhaltungsniveau in den 1970er Jahren galten positive Impulse für die Geburtenentwicklung zwar stets als erwünscht, wurden jedoch nicht zum eigentlichen Politikziel erhoben. Die politische Notwendigkeit familienfördernder und, oft durchaus mitbeabsichtigt, auch potentiell pronatalistisch wirksamer Maßnahmen wurde vielmehr stets mit gesellschaftspolitischen Zielen begründet, etwa mit der Verbesserung der Geschlechtergleichstellung beziehungsweise der Lebens-, Betreuungs- und Bildungssituation von Kindern. Obwohl die faktische Entwicklung der Familienpolitik seit den 1990er Jahren immer offensichtlicher auch auf pronatalistische Anreize setzte, blieb das Tabu staatlicher Bevölkerungspolitik, unabhängig von Veränderungen der politischen Machtkonstellationen, bis zur Mitte des ersten Jahrzehnts des 21. Jahrhunderts vordergründig unangetastet.

Das bisweilen geradezu bemüht wirkende Festhalten aller Parteien an diesem fest in der politischen Kultur Nachkriegsdeutschlands verankerten Dogma ist hauptsächlich vor dem Hintergrund parteitaktischer Überlegungen zu begreifen. Obwohl spätestens seit Beginn der 2000er Jahre eine merkliche pronatalistisch akzentuierte Neugewichtung der deutschen Familienpolitik nicht mehr zu leugnen war, vermieden es alle politischen Lager weitgehend, die Abkehr vom Tabu staatlicher Bevölkerungspolitik offen zu kommunizieren und sichtbar davon abzurücken. Weder das bürgerlich-konservative noch das linksdemokratische Lager konnte nach üblicher machtpolitischer Logik ein Interesse daran haben, sich durch einen solchen Tabubruch angreifbar zu machen und so möglicherweise seine jeweilige strategische Position innerhalb des politischen Systems Deutschlands zu schwächen.

Das beständige Ringen der diese Lager repräsentierenden Parteien um die grundlegende Gestaltungskompetenz in der deutschen Politik prägt den politischen Alltag seit Gründung der Bundesrepublik. Mit der Bildung einer großen Koalition aus CDU/CSU und SPD im Herbst 2005 war allerdings erstmals seit Ende der 1960er Jahre auch eine vorübergehende Abschwächung dieser politischen Konkurrenzsituation verbunden. Die Zusammenarbeit in der neuen Regierungskoalition stellte an die beteiligten Parteien nicht nur grundsätzlich höhere Anforderungen hinsichtlich ihrer Konsensfähigkeit, sondern führte auch dazu, dass die lange Zeit von politischer Rhetorik überdeckten Gemeinsamkeiten der rivalisierenden Kontrahenten nun transparenter wurden. Dies gilt auch für die Haltung zu bevölkerungspolitischen Politikelementen in der Familienpolitik. Die Koalitionsvereinbarung enthielt konsequenterweise erstmals ein eindeutiges Bekenntnis zum staatlichen Ziel der Geburtenförderung. In der Präambel des Koalitionsvertrags heißt es dazu:

> *„Eine Gesellschaft ohne Kinder hat keine Zukunft. In Deutschland werden zu wenige Kinder geboren. Wir wollen mehr Kinder in den Familien und mehr Kinder in der Gesellschaft"*[334]

Als Begründung für diese Kursänderung wurden die Folgen der demografischen Entwicklung angeführt. Tatsächlich enthielt bereits der erste Satz der Präambel einen Verweis auf den demografischen Wandel als eine der wichtigsten Herausforderungen für die zukünftige Entwicklung Deutschlands:

> *„Deutschland steht vor großen Herausforderungen: Arbeitslosigkeit, Staatsverschuldung, demographischer Wandel und der Veränderungsdruck der Globalisierung verlangen große politische Anstrengungen, um heutigen und künftigen Generationen ein Leben in Wohlstand zu sichern."*[335]

Die hier angeführten Passagen des Koalitionsvertrags belegen die von den großen deutschen Volksparteien gemeinschaftlich getragene Abkehr vom Dogma des Verzichts auf Bevölkerungspolitik vor dem Hintergrund der als krisenhaft eingeschätzten demografischen Entwicklung. Sie dokumentieren zugleich eine grundlegende Veränderung der übergeordneten familienpolitischen Zielsetzung in Deutschland.

Die große Koalition führte mit dem Bundeselterngeld- und Elternzeitgesetz (BEEG) von 2007[336] und dem Kinderförderungsgesetz (KiFöG) von 2008[337] neue familienpolitische Instrumente ein, mittels derer die Rahmenbedingungen für junge Familien nachhaltig verbessert werden und

---

[334] Vgl. CDU/CSU/SPD 2005: 11.
[335] Vgl. CDU/CSU/SPD 2005: 10.
[336] In Kraft getreten am 01.01.2007.
[337] In Kraft getreten am 16.12.2008.

so positive Effekte auf die Entwicklung der Geburtenrate erreicht werden sollten. Im Gegensatz dazu handelte es sich bei der Einführung des Familienleistungsgesetzes (FamLeistG) zum 1. Januar 2009 nur nominell um die Installation eines neuen familienpolitischen Instruments, faktisch entsprach diese Maßnahme jedoch einer Modifikation bereits bestehender Leistungen.[338]

Mit der Einführung von Elterngeld und Erziehungszeit durch das tatsächlich als neues familienpolitisches Instrument zu bewertende BEEG wurden vor allem zwei Ziele verfolgt. Zum einen sollte eine stärkere Einbindung von Männern in die Betreuung und Erziehung von Kleinkindern gefördert und zum anderen Einkommensausfälle während der Elternzeit durch die Kopplung des Elterngeldes an das vorherige Erwerbseinkommen besser als durch das mit Einführung des Gesetzes ab 1. Januar 2007 entfallene Erziehungsgeld kompensiert werden.[339]

Die Verabschiedung des KiFöG stellte, obwohl es sich de jure um die Einführung eines neuen familienpolitischen Instruments handelte, de facto eine Fortsetzung, allerdings auch eine weitere Forcierung des bereits unter der rot-grünen Koalition begonnenen Ausbaus des Kinderbetreuungsangebots dar.[340] Die Verabschiedung dieses Gesetzes offenbarte den angesichts des wachsenden Drucks durch die demografische Ent-

---

[338] Das Gesetz verfügte erstmals seit sieben Jahren eine Erhöhung des Kindergeldes und der Kinderfreibeträge. Es beinhaltete eine Erhöhung des Kindergeldes für das erste und zweite Kind um je 10 Euro auf 164 Euro sowie für alle weiteren Kinder um 16 Euro. Damit wurde das Kindergeld für das dritte Kind auf nun 170 Euro und für das vierte und alle weiteren Kinder auf 195 Euro angehoben. Die Kinderfreibeträge stiegen von 5.808 Euro auf 6.000 Euro. Private Haushalte können seit 01.01.2009 Kosten für haushaltsnahe Dienstleistungen bis zu einer Höhe von 4.000 Euro steuerlich absetzen.

[339] Das Elterngeld kann sowohl von Vätern als auch Müttern bis zu einer Dauer von 14 Monaten bezogen werden. Diesen Gesamtzeitraum können beide Elternteile frei untereinander aufteilen, wobei für ein Elternteil eine maximale Elternzeitdauer von 12 Monaten vorgesehen ist. Das Elterngeld beträgt 67 Prozent des letzten durchschnittlichen Nettogehalts (unter Berücksichtigung abzugsfähiger Werbungskosten). Die Untergrenze des Elterngeldes liegt bei 300 Euro, die Obergrenze bei 1.800 Euro.

[340] Ein Ziel des Gesetzes ist der massive Ausbau der Kleinkinderbetreuung. Bis zum Jahr 2013 soll für jedes dritte Kind ein Betreuungsplatz bei einer Tagesmutter oder in einer Kindertagesstätte zur Verfügung stehen. Um dies zu gewährleisten, sollen zwischen 2009 und 2013 insgesamt 750.000 Betreuungsplätze geschaffen werden. Zusätzlich wird ab 2013 ein Rechtsanspruch auf einen Kinderbetreuungsplatz vom vollendeten ersten Lebensjahr an eingeführt. Eltern, die ihre Kinder zu Hause betreuen, erhalten dann ein Betreuungsgeld. Für die Einführung dieser Leistung hatte sich vor allem die CSU vehement eingesetzt. Siehe dazu auch Fischer 2007.

wicklung nunmehr deutlich verstärkten politischen Willen der Volksparteien, mittels einer massiven Ausweitung der außerhäuslichen Kinderbetreuungsmöglichkeiten, den Abbau eines der wichtigsten Hemmnisse für die Realisierung von Kinderwünschen junger Menschen in Deutschland zu beschleunigen. Dass diese Maßnahme gemeinschaftlich von einer großen Koalition aus CDU/CSU und SPD getroffen wurde, belegt überdies, dass Geburtenförderung, ungeachtet voneinander abweichender Wertvorstellungen und daraus resultierender Differenzen zwischen den politischen Lagern, zu einem allgemeinen Politikziel in Deutschland geworden ist.

6.4 Resümee

Nach dem Ende des Zweiten Weltkriegs wurde die deutsche Familienpolitik für einen Zeitraum von etwa fünf Jahrzehnten von einem relativ stabilen Rahmenparadigma bestimmt, welches erst in den 1990er Jahren mit dem Aufflammen der seither stetig an Dynamik gewinnenden politischen und öffentlichen Debatte über die Ursachen und vielfältigen Folgen des demografischen Wandels allmählich an Bedeutung verlor. Charakteristisch für das familienpolitische Nachkriegsparadigma war eine Reihe von Merkmalen, die jeweils politische, normative und moralische Überzeugungen nicht nur der in die konkrete Gestaltung der Familienpolitik involvierten politischen Akteure, sondern auch weiter Teile der deutschen Gesellschaft widerspiegelten.

Von zentraler Bedeutung war die unmittelbar in den Erfahrungen der Vorkriegs- und Kriegszeit wurzelnde rigorose Ablehnung jeglicher staatlicher Bevölkerungspolitik und einer willentlichen Beeinflussung des Reproduktionsverhaltens der Bürger. Die anhaltende moralische Entrüstung über die im Namen der nationalsozialistischen Bevölkerungs- und Familienpolitik begangenen Verbrechen trug wesentlich zur Stabilität des während der Nachkriegszeit wirkenden Tabus staatlicher Bevölkerungs- und Geburtenpolitik bei. Das familienpolitische Nachkriegsparadigma wurde jedoch nicht ausschließlich von der dogmatischen Ablehnung bevölkerungspolitischer Interventionen des Staates getragen, sondern baute ebenso auf einigen weiteren Grundüberzeugungen auf, die den Gestaltungsrahmen für die Entwicklung beziehungsweise die Modifikation familienpolitischer Instrumente definierten.

Wichtigster Bezugspunkt für die inhaltliche Ausrichtung dieser Instrumente war ein stark von konservativen Wertvorstellungen beeinflusstes Familienleitbild auf Basis des Beziehungsmodells des männlichen Alleinernährers und der nicht berufstätigen Ehefrau, Vollzeithausfrau und Mutter. Die Ehe stellt in diesem Arrangement nicht nur die Norm für die partnerschaftliche Beziehung von Eltern, sondern auch die Grundlage für die Kindererziehung dar. Die langjährige Dominanz dieses konservativen Familienleitbildes, das zudem eng verknüpft ist mit einem vor allem auf männliche und familiäre Bedürfnisse ausgerichteten Frauenleitbild, zeigt bis heute deutliche Spuren in der Gestaltung der Familienpolitik in der Bundesrepublik Deutschland und darf als mitverantwortlich für die negative Fertilitätsentwicklung der vergangenen Jahrzehnte angesehen werden. Ein Instrument, das den hohen Stellenwert konservativer Wertvorstellungen für die Gestaltung der deutschen Familienpolitik belegt, ist das Ehegattensplitting, das der steuerlichen Bevorteilung von (auch kinderlosen) Eheleuten gegenüber nicht Verheirateten (auch nicht verheirateten Eltern) dient. Ungeachtet wiederkehrender Kritik an diesem Instrument wird daran bis heute festgehalten. Ebenfalls auf ein hauptsächlich konservative Werte repräsentierendes Familienverständnis ist die unzureichende öffentliche Kinderbetreuung in Deutschland zurückzuführen. Die außerhäusliche Betreuung von Kleinkindern spielte in der Bundesrepublik (im Gegensatz zur damaligen DDR) lange Zeit eine untergeordnete Rolle. Dies änderte sich erst, als in den 1990er Jahren die von Bevölkerungswissenschaftlern schon länger geführte Auseinandersetzung mit den vielfältigen Aspekten des demografischen Wandels auch das politische und öffentliche Bewusstsein erreichte.

Während der etwa fünf Jahrzehnte des Bestehens des häufig fälschlicherweise als traditionell missverstandenen, vielmehr jedoch als konservativ zu interpretierenden familienpolitischen Nachkriegsparadigmas beschränkte sich die Gestaltung der deutschen Familienpolitik überwiegend auf die Vermittlung sozialer Transferleistungen zum Wohle ökonomisch benachteiligter Familien. Bevölkerungspolitische Zielsetzungen blieben dagegen explizit ausgeklammert. Über die politischen Handlungsalternativen zur Sicherstellung der familienpolitischen Wohlfahrtsfunktion des Staates bestand zwischen den Lagern der großen Volksparteien, CDU/CSU und SPD, zwar immer wieder Dissens. Dieser führte jedoch keine grundlegenden Kursveränderungen herbei, sondern fand lediglich in mehrfach wechselnden Gewichtungen der unterschiedlichen familienpolitischen Fördermethoden Ausdruck. Während das konservative politische Lager jahrzehntelang für einen dualen Familienlastenausgleich eintrat, also einen Mix aus direkten und indirekten Transfers, etwa mittels Kindergeldzahlungen respektive der Gewährung steuerlicher Freibeträge für Kinder präferierte, setzten insbesondere die SPD-geführten Regierungen Willy Brands und Helmut Schmidts stärker auf direkte Transfers und reduzierten den Umfang der indirekten, über die Gewährung von Steuervorteilen vermittelten Familienförderung.

Während der 1970er Jahre gewannen schließlich ursprünglich feministische Anliegen an Bedeutung, die vor allem von der SPD und später, in den 1980er Jahren, auch von den Grünen aufgegriffen wurden. Wichtige frauenpolitische Reformbemühungen bezogen sich auf die allgemeine Verbesserung der Gleichstellung der Geschlechter, die Liberalisierung des Abtreibungsrechts sowie arbeitsmarktpolitische Interventionen zur Verbesserung der Arbeitsplatzsicherheit von Müttern und ferner der Vereinbarkeit von Erwerbstätigkeit und Familienleben. Obwohl diese Bemühungen zunächst vor allem auf die Verbesserung der sozialen und ökonomischen Lebensumstände von Frauen abzielten, waren sie gleichzeitig auch von großer Relevanz für die Familienpolitik. Die im Vergleich zu dem konservativen Familienleitbild der christlichen Unionsparteien stärkere politische Berücksichtigung alternativer Arbeits- und Familienmodelle in Phasen der politischen Dominanz des linksdemokratischen Lagers verlieh der Familienpolitik insgesamt neue Impulse und orientierte sich in vielen Aspekten stärker als das als traditionell idealisierte konservative Modell an der Lebenswirklichkeit der Deutschen.

Unabhängig von der unterschiedlichen Akzentuierung familienpolitischer Kernthemen und den sie prägenden ideologischen Konflikten während verschiedener Phasen sich abwechselnder machtpolitischer Konstellationen in der Bundesrepublik zeichnete sich die Familienpolitik der Nachkriegsära durch einige persistente Merkmale aus, die das familienpolitische Rahmenparadigma dieser Zeit maßgeblich definierten. Dazu gehörten die starke sozialpolitische Grundorientierung der eingesetzten familienpolitischen Instrumente, die weitgehende Betonung der Eigenverantwortlichkeit der Familien für ihre eigene Existenzsicherung sowie der hohe Stellenwert vermeintlich traditioneller, in Wahrheit aber idealisierter konservativer Wertvorstellungen. Der für diese Arbeit wichtigste Aspekt betrifft jedoch die explizite Verneinung bevölkerungspolitischer, insbesondere explizit pronatalistischer Zielsetzungen seitens des Staates.

Seit der zweiten Hälfte der 1990er Jahre ist eine merkliche Schwächung dieses Paradigmas sichtbar geworden. Mit der Regierungsbildung der Koalition aus SPD und Bündnis 90/Die Grünen im Jahr 1998 richtete sich der Fokus der Familienpolitik wieder stärker als während der 16-jährigen Ära CDU-geführter Regierungen unter Bundeskanzler Helmut Kohl auf Fragen der Geschlechtergleichstellung. Der im Koalitionsvertrag von 1998 verkündete neue Aufbruch für die Frauenpolitik bezog sich insbesondere auf die Verbesserung der Vereinbarkeit von Erwerbs- und Familienleben für junge Frauen. Vor allem aber rückte die neue Familienpolitik bewusst vom Leitbild des Alleinernährermodells ab und bekannte sich ausdrücklich zur Anerkennung der Vielfältigkeit der Familienformen. Dennoch blieb die primäre Zielsetzung der Familienpolitik auch unter Rot-Grün zunächst auf sozial- und frauenpolitische Fortschritte ausgerichtet.

Eine deutliche, bevölkerungspolitisch akzentuierte Wende vollzog die deutsche Familienpolitik erstmals während der zweiten Amtszeit Gerhard Schröders ab 2002 unter der neu ins Bundeskabinett berufenen Familienministerin Renate Schmidt. Beeinflusst von der zu diesem Zeitpunkt bereits in großem Umfang politische und öffentliche Aufmerksamkeit generierenden Demografiedebatte war die Gestaltung der deutschen Familienpolitik bereits im Rahmen des Bundestagswahlkampfes 2002 zu einem der zentralen Zukunftsthemen avanciert. Im Gegensatz zu früheren familienpolitischen Entwicklungsphasen geriet nun insbesondere die Frage nach den Gründen für das dauerhaft niedrige Fertilitätsniveau sowie nach den politischen Optionen hinsichtlich einer möglichen Redynamisierung des Reproduktionsgeschehens in den Mittelpunkt des Interesses. Nachdem zuvor vor allem der Ausbau von Leistungen zur Familien- und Frauenförderung vorangetrieben worden war, begann nun eine Phase der zielgerichteten pronatalistisch-bevölkerungspolitischen Neuverortung der deutschen Familienpolitik. Die in der Folgezeit unternommenen Reformbemühungen wurden regelmäßig mit dem Verweis auf bevölkerungspolitische Notwendigkeiten begründet. Ein noch unter Regierungsverantwortung der SPD und Bündnis 90/Die Grünen im Jahr 2005 neu installiertes Instrument, das die Ernsthaftigkeit der pronatalistischen Ambitionen verdeutlicht, ist das Tagesbetreuungsausbaugesetz, welches den massiven Ausbau der Kleinkinderbetreuung erstmals in dieser Form gesetzlich verankerte.

Die Bildung einer großen Koalition aus CDU und SPD nach dem Scheitern des rot-grünen Regierungsbündnisses Gerhard Schröders im Jahr 2005 markiert den entscheidenden Wendepunkt auf dem Weg zu einem umfassenden pronatalistisch-bevölkerungspolitisch geprägten Paradigmenwechsel in der deutschen Familienpolitik. In bis dahin ungekannter Offenheit und Deutlichkeit bekannte sich die von Bundeskanzlerin Angela Merkel geführte Regierung zum Ziel der Geburtenförderung als staatspolitischer Kernaufgabe.

Die Koalitionsvereinbarung von 2005 enthält zwei im Hinblick auf die Überprüfung der Hypothese dieser Untersuchung zentrale Aussagen. Erstens stellen CDU/CSU und SPD darin gemeinsam fest, dass in Deutschland zu wenige Kinder geboren werden. Zweitens proklamieren sie vor dem Hintergrund des postulierten Nachwuchsmangels das Politikziel einer Anhebung der Geburtenrate. Begründet wird diese politische Neuorientierung mit den Herausforderungen durch die ablaufende demografische Entwicklung und den sich unter diesbezüglich erschwerenden Rahmenbedingungen notwendigen Anstrengungen zur Wohlstandssicherung im Interesse der zukünftigen Generationen.

Angesichts der dogmatischen Ablehnung bevölkerungspolitischer Zielsetzungen in den Jahrzehnten nach dem Ende des Zweiten Weltkriegs mag der scheinbare Gleichmut, mit dem dieses Tabu zumindest implizit für obsolet erklärt wurde, überraschen. Auf die herausragende Bedeutung der gemeinsam vollzogenen Kursänderung in der Familienpolitik wurde von den Akteuren der beteiligten Parteien zwar hingewiesen[341], aber die bevölkerungspolitische Dimension des Paradigmenwechsels bleib weitgehend ausgeblendet. Der Aspekt der grundlegend neuen Positionierung zur Frage der Anwendung staatlicher Bevölkerungspolitik wurde weder innerhalb des politischen noch im Rahmen des öffentlichen Diskurses dezidiert thematisiert.[342] Eine explizite Kontextuierung der neuen, nunmehr als ‚nachhaltig' beworbenen Familienpolitik als Element einer gezielt pronatalistischen Bevölkerungspolitik sowie eine Abgrenzung gegen das während der Nachkriegsära gültige familienpolitische Paradigma wurden (außerhalb des wissenschaftlichen Diskurses) weitgehend unterlassen. Eine in Anbetracht der Deutlichkeit der von der großen Koalition vorgenommenen Neuakzentuierung der deutschen Familienpolitik durchaus nahe liegende thematische Problematisierung des damit avisierten pronatalistisch-bevölkerungspolitischen Interventionswillens, der immerhin in auffallendem Kontrast zu der vehementen Ablehnung staatlicher Bevölkerungspolitik während der Nachkriegszeit steht, fand kaum statt. Vielmehr wurde die bevölkerungspolitische Dimension des familienpolitischen Kurswechsels, etwa durch den inflationären Gebrauch der Modevokabel „Nachhaltigkeit", verdeckt beziehungsweise allenfalls unterschwellig mitkommuniziert. Im Vordergrund der politischen Debatte standen und stehen in der Regel die mutmaßlichen Folgen des demografischen Wandels, wobei der alarmistische Te-

---

[341] So sprachen die Generalsekretäre der Parteien der großen Koalition (Ronald Pofalla, CDU; Markus Söder, CSU und Hubertus Heil, SPD) in einer gemeinsamen Erklärung zur Einführung des Bundeselterngeld- und Elternzeitgesetzes (BEEG) von einem beabsichtigten „Systemwechsel" in der deutschen Familienpolitik. Bundesfamilienministerin Ursula von der Leyen (CDU) bezeichnete das neu eingeführte Elterngeld als wichtigen Baustein für eine „neue Familienpolitik". Siehe: http://www.faz.net/artikel/C30923/schwarz-rot-einigt-sich-ein-systemwechsel-in-der-familienpolitik-30020240.html

[342] Innerhalb der wissenschaftlichen Debatte wird er hingegen durchaus behandelt. Allerdings dominiert hier vor allem der Aspekt der Ökonomisierung der Familienpolitik die kritische Auseinandersetzung mit den jüngeren Entwicklungen zur Reformierung des familienbezogenen Leistungssystems. Siehe u.a. Auth 2007, Evers/Heinze 2008.

nor und die ausgeprägte Krisenrhetorik eine eingehende Auseinandersetzung mit der Frage nach der Notwendigkeit und der Legitimität einer
bevölkerungspolitisch motivierten Reformierung der deutschen Familienpolitik zumeist in den Hintergrund treten lassen. Der Umstand, dass
die bevölkerungspolitische Dimension der Neuorientierung der deutschen Familienpolitik innerhalb der politischen und öffentlichen Debatte
von anderen Aspekten überlagert wurde, steht der in dieser Arbeit vertretenen Position, die von den beteiligten politischen Akteuren selbst als
Paradigmenwechsel gewertete Kursänderung sei gerade durch die Über-
windung des Dogmas der Ablehnung staatlicher Bevölkerungspolitik
gekennzeichnet, indes nicht entgegen.

Spätestens mit der seit 2005 erfolgten Einführung gänzlich neuer familienpolitischer Instrumente ist der bevölkerungspolitische Gestaltungs-
wille des Staates deutlich erkennbar geworden. Sowohl das Kinderförderungsgesetz (KiFöG) als auch das Bundeselterngeld- und Elternzeitgesetz
(BEEG) sollen die Lebensbedingungen für Eltern und Kinder deutlich
verbessern und auf diese Weise Hindernisse bezüglich der Realisierung
etwaig vorhandener Kinderwünsche abbauen. Gerade die durch den
Erlass des BEEG beschlossene Einführung von Elternzeit und Elterngeld
beziehungsweise die konkrete Gestaltung dieser Maßnahmen provozierte jedoch auch scharfe Kritik. Das Elterngeld (in der Regel 67 Prozent
des letzten Nettoeinkommens des Leistungsbeziehers) kommt Eltern mit
hohen Erwerbseinkommen überproportional zugute. Die gezielte Besserstellung einer bestimmten Bevölkerungsgruppe bei der Familien- und
Geburtenförderung wurde von einigen Kritikern als Einstieg in eine
qualitative Bevölkerungspolitik interpretiert. Entsprechend äußerte sich
etwa der Armutsforscher Christoph Butterwegge (Butterwegge 2006:
323). In einer Pressemitteilung des Familiennetzwerks „Familie ist Zukunft" wird die Kritik noch deutlicher formuliert. Wörtlich heißt es dazu:

> *„Angesichts der Tatsache, dass jahrzehntelang in Deutschland jegliche*
> *politische Maßnahme, die auch nur im entferntesten an Bevölkerungspoli-*
> *tik erinnert hätte, unverzüglich an den Marterpfahl einer sozialkritischen*
> *Öffentlichkeit gekommen wäre, fällt deren großes Schweigen heute, ange-*
> *sichts einer als „Familienpolitik" getarnten Bevölkerungspolitik mit unver-*
> *hohlen eugenischen Zügen, besonders stark ins Gewicht."*[343]

Im Hinblick auf die Fragestellung dieser Arbeit ist zusammenfassend
festzustellen, dass die Kriterien für den Nachweis eines politischen Paradigmenwechsels gemäß der von Peter Hall zur Bewertung politischer
Veränderungen entwickelten Systematik im Fall der deutschen Familien-

---

[343] http://www.familie-ist-zukunft.de/seite/?p=144 (letzter Aufruf 18.09.2010).

politik als erfüllt anzusehen sind. Seit Ende der 1990er Jahre wurden nicht nur die bestehenden familienpolitischen Instrumente mit dem Ziel der Verstärkung der Anreize zur Geburtenförderung modifiziert und ausgebaut, sondern, etwa mit dem Tagesbetreuungsausbaugesetz und dem Bundeselterngeld- und Elternzeitgesetz, auch gänzlich neue Instrumente eingeführt. Die inhaltliche Schwerpunktsetzung der deutschen Familienpolitik hat sich in den vergangenen eineinhalb Jahrzehnten merklich von sozialpolitischen zu pronatalistisch-bevölkerungspolitischen Aspekten verlagert. Diese Neuorientierung ist nicht nur indirekt an der konkreten Umsetzung der in dieser Zeit vorgenommenen Modifikationen bestehender beziehungsweise der Gestaltung neu eingeführter familienpolitischer Instrumente abzulesen. Gezielte Geburtenförderung wird als übergeordnetes Ziel der deutschen Familienpolitik spätestens seit der Regierungsbildung der großen Koalition aus CDU/CSU und SPD im Jahr 2005 auch explizit formuliert und von den Akteuren des politischen Systems offensiv als unmittelbar notwendig für die zukünftige Wohlstandssicherung der Gesellschaft nach außen kommuniziert. Ebenso wie für das japanische Fallbeispiel ist somit auch für den deutschen Fall ein politischer Paradigmenwechsel dritter Ordnung im Sinne der hier verwendeten Systematik Peter Halls zu konstatieren. Auf Grundlage des oben geführten Nachweises ist die zu Beginn dieser Arbeit aufgestellte Hypothese, gemäß welcher der wachsende demografiepolitische Handlungsdruck auf die politischen Akteure in Deutschland sowohl eine Enttabuisierung als auch eine deutliche Verstärkung bevölkerungspolitischer Elemente in der Familienpolitik bedingt, als zutreffend zu bewerten.

7 GESAMTERGEBNIS UND AUSBLICK

Ausgehend von der allgemeinen Problemstellung, die Reaktionen der politischen Systeme Japans und Deutschlands auf die Herausforderungen durch die Folgen des gegenwärtig ablaufenden und sich in den nächsten Jahrzehnten nach heutiger Erwartung weiter dynamisierenden demografischen Wandels zu untersuchen, bestand das Ziel dieser Arbeit in der Auseinandersetzung mit demografiepolitisch motivierten Anpassungs- und Veränderungsprozessen in der Familienpolitik. Dabei sollte vor allem geklärt werden, ob die Hypothese zutrifft, dass der durch die demografische Entwicklung, also die langfristige strukturelle Bevölkerungsalterung bei anhaltendem Populationsrückgang, verursachte politische Handlungsdruck bereits zu einer stärkeren Gewichtung beziehungsweise, etwas pointierter formuliert, zu einer Renaissance bevölkerungspolitischer Zielsetzungen in den Familienpolitiken der Untersuchungsländer geführt hat (siehe Abschnitt 2.1.2). Voraussetzung für die Beantwortung dieser Frage war hierbei die Verwendung einer Systematik zur qualitativen Bewertung politischer Veränderungen. Für diese Arbeit wurde auf eine ursprünglich von Peter Hall entworfene Konzeption zur Beschreibung politischen Wandels[344] zurückgegriffen, die für den Anwendungskontext der vorliegenden Untersuchung weiter auf die Unterscheidung zwischen vollständigen politischen Paradigmenwechseln und den verschiedenen Kategorien geringfügigerer politischer Veränderungen zugespitzt wurde.

Im Rahmen der zu Beginn dieser Arbeit (siehe Abschnitt 2.2.3) unternommenen Auseinandersetzung mit verschiedenen Theorien zur Erklärung politischer Veränderungen wurden auch alternative Ansätze berücksichtigt, die sich jeweils aus unterschiedlichen Perspektiven mit der Frage des Einflusses sozialer Lernprozesse auf Entstehung und Verlauf politischer Transformationsszenarien befassen. Neben den Konzepten des Advocacy-Koalitionsansatzes[345] sowie des Government-Learnings[346] beziehungsweise des Lesson-Drawings[347] wurde vor allem auch der Challenge-Response-Ansatz[348] berücksichtigt, der ebenso wie das Modell Peter Halls eine Differenzierung politischer Veränderungsprozesse nach

---

[344] Vgl. Hall 1989b.
[345] Vgl. Sabatier/Jenkins-Smith 1999: 117–166
[346] Vgl. Etheredge 1981: 73–161.
[347] Vgl. Rose 1993.
[348] Vgl. Toynbee 1961.

voneinander unterscheidbaren Transformationsphasen ermöglicht. Der Challenge-Response-Ansatz weist allerdings eine stärkere Fokussierung auf die Motivationen und Handlungsspielräume der aktiven politischen Akteure auf. Bezogen auf den hier bearbeiteten Forschungsgegenstand und die Fragestellung der vorliegenden Arbeit erwies er sich deshalb insgesamt zwar als zu spezifisch, bot aber gleichzeitig Anregung, wo immer möglich, die Frage nach den Rahmenbedingungen und Gestaltungsmöglichkeiten familien- und bevölkerungspolitischen Handelns in Japan und Deutschland aufzugreifen, sie aus verschiedenen Blickwinkeln zu erörtern und so schließlich das Verständnis für die ablaufenden Prozesse zu vertiefen. Insofern sieht sich diese Untersuchung der Idee des Challenge-Response-Ansatzes[349] durchaus verpflichtet, auch wenn sich die eigentliche Analyse der familien- und bevölkerungspolitischen Veränderungen grundsätzlich auf das Modell Peter Halls stützt.

Die Klärung der Frage, ob hinsichtlich der Familienpolitiken Japans und Deutschlands bevölkerungspolitisch akzentuierte Paradigmenwechsel stattgefunden haben, erfolgte auf Basis einer breit gefächerten Auseinandersetzung mit allgemeinen demografischen und demografiepolitischen Aspekten. Die Darstellung der Ausgangsbedingungen für die jüngeren familienpolitischen Entwicklungen umfasste über die Schilderung der demografischen Faktenlage hinaus auch eine Analyse der gesellschaftlichen Triebkräfte hinter dem demografischen Wandel sowie der angesichts dieser, sich teilweise überlagernden, Wirkfaktoren denkbaren politischen Reaktionen. Im Rahmen dieser Grundlagenanalyse wurde auch der Bereich der Migrationspolitik angesprochen, zum einen, weil hier deutliche Unterschiede zwischen den beiden untersuchten Ländern bestehen, die mithin differierende demografiepolitische Gesamtstrategien repräsentieren, zum anderen, um jeweils den Stellenwert der Familienpolitik innerhalb des grundsätzlich zur Verfügung stehenden demografiepolitischen Instrumentariums zu verdeutlichen.

Das Ergebnis der vorliegenden Untersuchung lässt sich folgendermaßen zusammenfassen: Wie in der zu Beginn dieser Arbeit aufgestellten Hypothese vermutet, haben sich in den vergangenen eineinhalb Jahrzehnten sowohl in Japan als auch in Deutschland, angetrieben von demografischen Entwicklungen, umfangreiche familienpolitische Veränderungen vollzogen, die mit zunehmender Deutlichkeit bevölkerungspolitische Absichten erkennen lassen. Der politische Wille, die staatliche Familienpolitik bewusst auch zur Verfolgung pronatalistisch-bevölkerungspolitischer Ziele einzusetzen, lässt sich dabei nicht nur indirekt am fami-

---

[349] Eingehender zum Challenge-Response-Ansatz siehe u.a.: Best 2007; Reiner/ Schnapp 2007: 29–38.

lienpolitischen Output ablesen. Er wird von den Akteuren der betreffenden politischen Systeme seit einigen Jahren auch offen kommuniziert. Es darf behauptet werden, dass mittlerweile in beiden Staaten die Neuordnung der während der Nachkriegsära zunächst hauptsächlich entlang sozialpolitischer Kriterien entwickelten Familienpolitik zu einer im bevölkerungspolitischen Sinne ‚nachhaltigen' Familienpolitik als zentrale Zukunftsaufgabe angesehen wird. Dieser Kurswechsel wird in Japan wie in Deutschland angesichts der in beiden Ländern ausgeprägten Krisenerwartungen bezüglich der Konsequenzen des demografischen Wandels von weiten Teilen der Gesellschaft mitgetragen und überwiegend befürwortet. Seit Mitte der 1990er Jahre wurden jeweils nicht nur die bestehenden familienpolitischen Instrumente mit Blick auf die Optimierung ihrer pronatalistischen Anreizwirkung modifiziert, sondern auch neue Instrumente eingeführt, deren Hauptzweck in der gezielten Geburtenförderung besteht. Weil spätestens seit Mitte der 2000er Jahre die während der gesamten Nachkriegsära aufrechterhaltene dogmatische Ablehnung staatlicher Interventionen zur zielgerichteten Beeinflussung der Bevölkerungsentwicklung nachweislich aufgegeben, ja ins Gegenteil verkehrt wurde, ist es legitim, eine grundlegende Veränderung der übergeordneten Zielsetzungen der Familienpolitiken in beiden Ländern zu konstatieren. Damit sind nach Peter Halls Systematik zur qualitativen Bewertung politischer Veränderungen alle Voraussetzungen erfüllt, um für beide Staaten von einer politischen Veränderung dritter Ordnung, also einem grundlegenden Paradigmenwechsel in diesem Politikbereich, zu sprechen.

Der vollzogene Paradigmenwechsel in beiden untersuchten Staaten wirft die Frage auf, wie ein solcher Kursschwenk angesichts der allenfalls geringfügigen Erfolge pronatalistischer Bemühungen in der Vergangenheit zu begründen ist. Diesbezüglich ist zu berücksichtigen, dass die seitens der Akteure politischer Systeme vorgenommene Beurteilung des Krisencharakters von demografischen Veränderungsprozessen und ihrer mutmaßlichen Folgen in der Zukunft überwiegend subjektiv-rationalen Charakter hat. Obgleich zentrale Aussagen demografischer Prognosen selbst eine hohe Treffsicherheit und insofern auch ein vergleichsweise hohes Maß an objektiver Rationalität aufweisen (siehe Kapitel 4), trifft dies auf die aus ihnen abgeleiteten Schlussfolgerungen nicht in gleicher Weise zu. Die dem familienpolitischen Paradigmenwechsel zugrunde liegende Annahme, die demografische Entwicklung sei in erster Linie als gesellschaftliche, ökonomische und politische Krise zu begreifen, ist letztlich in weiten Teilen als Produkt sozialer Konstruktionen zu interpretieren. Aus dem maßgeblich vermittels solcher Konstruktionen zugewiesenen Krisenpostulat folgt jedoch aufgrund der internen Machtlogik der untersuchten politischen Systeme ein demografiepolitischer Handlungs-imperativ, dem sich die politisch Handelnden nicht entziehen können. Der aus der mehrheitlich geteilten Krisenerwartung erwachsende Handlungsdruck kann indes bezüglich der Anwendung demografiepolitischer Strategien und gemessen an Kriterien der objektiven Rationalität grundsätzlich auch vermeintlich oder tatsächlich paradoxe Reaktionsmuster hervorbringen. Insofern stellt der bereits ausgeführte Mangel an Belegen für die Tauglichkeit migrationspolitischer oder familienpolitischer Strategien zur Bewältigung der mutmaßlichen Demografiekrise kein grundsätzliches Argument gegen einen Paradigmenwechsel dar. Auch der Challenge-Response-Ansatz, der unter anderem versucht, die Motivationen politischer Akteure für ihre Reaktionen auf spezifische Herausforderungen[350] zu erklären, schließt die Möglichkeit paradoxer Handlungsmuster ausdrücklich ein. Bezogen auf den in dieser Arbeit untersuchten Zusammenhang familienpolitischer (und migrationspolitischer) Reaktionen auf die bestehenden oder erwarteten demografischen Herausforderungen ist zu fragen, inwieweit vor dem Hintergrund der eingeschränkten Tauglichkeit der in diesen Politikbereichen eingesetzten Instrumente, deren verstärkte Anwendung als Ergebnis rationaler Abwägungsprozesse gewertet werden kann.

Die Unverdrossenheit, mit der bevölkerungspolitisch motivierte Bemühungen in den Migrations- und vor allem in den Familienpolitiken Japans und Deutschlands seit einigen Jahren forciert werden, mag zunächst widersinnig anmuten, wenn man bedenkt, dass eine nachhaltige Wirksamkeit insbesondere pronatalistischer Familien- beziehungsweise Bevölkerungspolitik im Hinblick auf das Ziel einer Anhebung der Fertilitätsrate auf oder über das Bestandserhaltungsniveau weder durch historische noch durch internationale Exempel zu belegen ist. Der scheinbaren Aussichtslosigkeit des Unterfangens, mit politischen Mitteln eine gleichermaßen signifikante wie andauernde Erhöhung der Geburtenhäufigkeit bewirken zu wollen, stehen jedoch Argumente gegenüber, die für eine solche Politik sprechen und die unbestreitbar rationalem Kalkül folgen.

Ein Argument zielt auf die Einordnung der vermeintlich geringen Erfolgschancen pronatalistischer Bevölkerungspolitik. Obgleich der Ein-

---

[350] Heinrich Best weist in diesem Zusammenhang darauf hin, dass eine Herausforderung im Sinne des Challenge-Response-Ansatzes dann besteht, wenn eine bestimmte Problemlage den Erzeugungs- und Reproduktionsmodus von Sozialgebilden ernsthaft infrage stellt, sie außerdem zum Gegenstand öffentlicher Wahrnehmung wird und schließlich auf die Agenda von Eliten gelangt (Best 2007: 18). Beide Bedingungen treffen bezüglich des demografischen Wandels zweifellos zu.

satz pronatalistischer Bevölkerungspolitik keine nachhaltige Anhebung des Fertilitätsniveaus auf oder über Bestandserhaltungsniveau erwarten lässt, kann, wie die oben bereits erwähnten Beispiele Frankreichs oder der ehemaligen DDR belegen, mittels zielgerichteter Geburtenförderungspolitik gemeinhin eine gewisse Dynamisierung des Reproduktionsgeschehens erreicht werden. Selbst eine begrenzte Steigerung der Geburtenhäufigkeit kann indes eine spürbare Verlangsamung der strukturellen Alterung der jeweiligen Bevölkerung bewirken und so zu einer Abmilderung der Folgen des demografischen Wandels beitragen. Insofern erscheint eine zielgerichtete Geburtenförderungspolitik umso plausibler, je ausgeprägter die Krisenerwartung der handlungsrelevanten Akteure des betreffenden politischen Systems und je stärker der von ihnen unterstellte Effekt pronatalistisch-bevölkerungspolitischer Maßnahmen ist.

Ein weiteres Argument bezieht sich auf den direkten Vergleich der Erfolgsperspektiven alternativer demografiepolitischer Handlungsansätze. So besteht grundsätzlich auch die Option einer massiven Anwerbung junger Ausländer. Zum einen sind jedoch auch die Erfolgsaussichten einer solchen Einwanderungspolitik relativ gering (siehe Abschnitte 2.1.3.1, 5.3.2, 5.3.3, 6.3.1). Zum anderen kann umfangreiche Zuwanderung von Ausländern nicht nur zu einer Lösung demografischer Probleme beitragen, sondern gleichzeitig auch neue, möglicherweise noch gravierendere Probleme hervorrufen.[351] In Deutschland etwa hat Zuwanderung in den letzten Jahrzehnten enorme gesellschaftliche Probleme verursacht. Die hohen Folgekosten für die soziale Integration von Ausländern in die native Gesellschaft lassen außerdem vermeintliche fiskalische Vorteile migrationspolitischer Lösungen gegenüber bekanntermaßen teuren pronatalistischen Maßnahmen in langfristiger Perspektive letztlich fragwürdig erscheinen.

Ein drittes Argument zielt auf die zeitliche Dimension verschiedener in Frage kommender Politikansätze zur Bewältigung der Folgen des demografischen Wandels. Grundsätzlich handelt es sich bei dem gegenwärtig ablaufenden demografischen Strukturwandel nicht um einen dauerhaft mit gleichbleibender Dynamik ablaufenden Prozess. Vielmehr sprechen sämtliche demografische Prognosen dafür, dass die gegenwärtige Transformationsphase beschleunigter demografischer Strukturveränderung in der zweiten Hälfte des 21. Jahrhunderts allmählich in eine Phase relativ stabiler Bevölkerungsentwicklung münden wird. Der Zeithorizont für das Auftreten der gegenwärtig angenommenen wirtschaftlichen, sozialen und politischen Zukunftsprobleme infolge des demogra-

---

[351] Im Schema des Challenge-Response-Ansatzes wäre in diesem Fall vom Eintreten einer Challenge zweiter Ordnung zu sprechen. Vgl. Best 2004: 16–18.

fischen Wandels sowie für das Entwickeln geeigneter Lösungsstrategien umfasst also nur einige Jahrzehnte. Unter der Prämisse, die unerwünschten demografischen Effekte ohnehin nicht völlig neutralisieren zu können, erscheinen pronatalistisch-bevölkerungspolitische Maßnahmen zur geringfügigen, aber nachhaltigen Anhebung des Fertilitätsniveaus durchaus rational, etwa um die Alterungsdynamik zumindest abzuschwächen und deren Folgen kontrollierbar zu halten. Auch die Beurteilung der demografiepolitischen Eignung des migrationspolitischen Ansatzes müsste schließlich die zeitliche Dimension entsprechender Initiativen sowie deren Folgen berücksichtigen. Diesbezüglich sind zwei Feststellungen zu treffen, welche die vermeintliche Attraktivität der Zuwanderungsoption relativieren. Einerseits ist der demografische Strukturwandel kurz- und mittelfristig unter realistischen Voraussetzungen auch durch Immigration kaum nennenswert zu beeinflussen. Andererseits wären die zu erwartenden Integrationsprobleme der eingewanderten Personen allemal langfristiger Natur. Gemessen an den bislang in Deutschland gemachten Erfahrungen würde selbst eine erfolgreiche Integrationspolitik jahrzehntelange finanzielle und soziale Belastungen für die native Bevölkerung bedeuten, so dass sich die Folgeprobleme eines anhaltenden massenhaften Ausländerzustroms, ebenso wie die damit abzuwendenden demografischen Schwierigkeiten selbst, wohl ohnehin erst in der zweiten Hälfte des 21. Jahrhunderts lösen ließen.

Insgesamt erscheinen Maßnahmen im Rahmen einer dezidiert pronatalistischen Bevölkerungspolitik, insbesondere im Vergleich zur Option einer stark forcierten Immigration von Menschen fremder Herkunft, insofern plausibler, als die Aufwendungen für geburtenfördernde Maßnahmen im Gegensatz zu den Folgekosten umfänglicher Einwanderung von Ausländern relativ gut zu kalkulieren sind. In der Gesamtschau sind die Erfolgsaussichten migrationspolitischer Ansätze zur Bewältigung der demografischen Krise demnach nicht positiver zu bewerten als Maßnahmen zur gezielten Geburtenförderung. Vor allem aus der Perspektive von politischen Akteuren, die sich aufgrund einer vermeintlich gesellschaftserschütternden Krisensituation grundsätzlich zum Handeln verpflichtet sehen, erscheint die seit einigen Jahren deutlich erkennbare Aufwertung zielgerichteter Geburtenförderungspolitik deshalb keineswegs paradox, sondern durchaus plausibel. Die begründbare Attraktivität einer staatlichen Geburtenförderung gegenüber anderen demografiepolitischen Optionen hat sowohl in Japan als auch in Deutschland zu einer massiven Aufwertung der Familienpolitik beigetragen.

Trotz der bestehenden Ähnlichkeiten hinsichtlich der wesentlichen demografie- und familienpolitischen Entwicklungslinien in Japan und Deutschland sind auch deutliche Unterschiede augenscheinlich. Der of-

fensichtlichste Unterschied zwischen beiden Staaten besteht in der Anwendung migrationspolitischer Instrumente. Während Deutschland sich
seit den 1960er Jahren faktisch zu einem geradezu prototypischen Einwanderungsland entwickelt hat (ein knappes Fünftel der hier lebenden
Menschen besitzt einen Migrationshintergrund), war die japanische Migrationspolitik der letzten Jahrzehnte vor allem auf das Ziel der Zuwande-
rungsvermeidung ausgerichtet. In Deutschland ist der Ausländeranteil
seit den 1960er Jahren deutlich gestiegen, in Japan stagniert er seither auf
äußerst niedrigem Niveau. Unter allen Industriestaaten ist Japan das
Land mit dem niedrigsten Ausländeranteil. In Deutschland wurde dagegen mehrfach auf Maßnahmen zur gezielten Immigrationsförderung zurückgegriffen, hauptsächlich mit Blick auf wirtschafts- und arbeitsmarktpolitische Interessen. In Japan hingegen wurde Arbeitsimmigration
selbst in Phasen starken wirtschaftlichen Wachstums nur in vergleichsweise geringem Umfang geduldet. Auch hinsichtlich der Dauerhaftigkeit
des Verbleibs der zugewanderten Ausländer im Zielland bestehen deutliche Unterschiede. In Deutschland mündeten viele der ursprünglich als
temporär angelegten Aufenthalte in dauerhafte Niederlassungen der zugewanderten Personen und deren Familien. In Japan verbleibt bis heute
der überwiegende Teil der Ausländer nur zeitweilig im Land. Im Laufe
der vergangenen Jahrzehnte ist in Deutschland die gesellschaftliche Akzeptanz einer in gewissen Grenzen zugelassenen Zuwanderung allmählich gestiegen. In Japan besteht insbesondere gegenüber der dauerhaften
Ansiedlung ausländischer Personen und deren Integrationsvermögen in
die Gesellschaft nach wie vor große Skepsis. Diese setzt dem Gestaltungsspielraum der staatlichen Migrationspolitik relativ enge Grenzen.

Divergenzen zwischen beiden Ländern bestehen auch hinsichtlich
ihrer politischen Kulturen und den daraus resultierenden Mustern politischer Entscheidungsabläufe. Während in Deutschland die konkrete Politikgestaltung im Wesentlichen von grundlegenden Prinzipien und langfristig wirksamen Leitkonzepten bestimmt wird, wird sie in Japan flexib-
ler und pragmatischer gehandhabt und orientiert sich stärker an den
situationsspezifischen Rahmenbedingungen. Der Gestaltungsspielraum
politischen Handelns wird in Japan stärker als in Deutschland von dem
Anspruch der involvierten Akteure vorgegeben, konkrete Vorhaben auf
einen möglichst breiten politischen und gesellschaftlichen Konsens zu
gründen.

In Bezug auf die bevölkerungspolitisch orientierte Umformung der
Familienpolitik bedeutet dies, dass entsprechende politische Initiativen
in Japan zu Beginn oft nicht in Form rechtsverbindlicher Instrumente
umgesetzt werden, sondern zunächst eher den Charakter von Absichts-
erklärungen besitzen. Erst mit einiger zeitlicher Verzögerung werden

anfangs eher vage formulierte Rahmenpläne in konkreter ausgearbeitete verbindliche Gesetze überführt. Auf diese Weise gelang in den 1990er Jahren mit dem für seine mangelnde Rechtsverbindlichkeit kritisierten Angel Plan ein vergleichsweise konfliktarmer Einstieg in weiterführende Maßnahmen zur Umformung der Familienpolitik im Interesse bevölkerungspolitischer Zielsetzungen. Prägend für Deutschland sind dagegen lange und intensive Debatten über diverse Detailfragen einzelner Maßnahmen und Instrumente, die zum großen Teil entlang grundlegender normativ-ideologischer Prinzipienkonflikte geführt werden. Die Intensität, mit der solche Auseinandersetzungen oft geführt werden, ist insofern bemerkenswert, als bezüglich grundlegender Handlungserfordernisse häufig durchaus weitgehende Einigkeit zwischen den politischen Konfliktparteien besteht. Ungeachtet der Unterschiede hinsichtlich der Art der Umsetzung einzelner Maßnahmen, die zwischen Japan und Deutschland unbestreitbar bestehen, hat in beiden Staaten der demografische Wandel respektive haben die aus der bisherigen und der für die Zukunft prognostizierten Entwicklung abgeleiteten Krisenerwartungen im Ergebnis eine erkennbar pronatalistisch-bevölkerungspolitisch akzentuierte Neuordnung der Familienpolitiken angestoßen.

Wichtige Impulse für den familienpolitischen Paradigmenwechsel erfolgten in beiden Ländern in Phasen der vorübergehenden Veränderung eingefahrener machtpolitischer Verhältnisse. Nach Jahrzehnten der politischen Dominanz innerhalb des „55er Systems" sah sich die LDP in Japan zu Beginn der 1990er Jahre nicht nur angesichts des Fertilitätsschocks des Jahres 1990, sondern mehr noch durch den drohenden Machtverlust infolge der zunehmenden Konkurrenz durch neu entstandene Parteien zur Schärfung ihres familienpolitischen Profils veranlasst, um so ihre Handlungsstärke in Bezug auf die Bewältigung der sich anbahnenden demografischen Krise sichtbar nach außen zu dokumentieren. In Deutschland war es die Bildung einer großen Koalition aus CDU/CSU und SPD im Jahr 2005, die eine zeitweise Abschwächung des jahrzehntelang intensiv geführten Wertekonflikts beider politischer Lager bewirkte und so ein gemeinsames Bekenntnis ermöglichte, die Familienpolitik künftig auch zur Verfolgung pronatalistisch-bevölkerungspolitischer Zielsetzungen einsetzen zu wollen und entsprechende Reformbemühungen zu unternehmen.

Eine weitere Gemeinsamkeit zwischen den hier untersuchten Fallbeispielen besteht hinsichtlich des Verlaufs des Prozesses der Intensivierung bevölkerungspolitischer Ambitionen. Nach Phasen erster, zunächst eher zaghafter Versuche in den 1990er Jahren (in Japan seit 1994, in Deutschland seit 1998), die staatliche Familienpolitik moderat nach demografiepolitischen Kriterien zu modifizieren, erfolgte in den 2000er Jahren (in

Japan seit 2003, in Deutschland seit 2005) eine deutliche Verstärkung der Bemühungen, nach Jahrzehnten des Geburtenrückgangs respektive der Stagnation des Fertilitätsniveaus, endlich wieder eine Dynamisierung des Reproduktionsverhaltens zu bewirken. Parallel dazu hatte auch die Intensität der in beiden Ländern seit längerem geführten Demografiedebatte gegen Mitte der 2000er Jahre erheblich zugenommen. Der sich als Folge der Verschärfung der Demografiedebatte verstärkende Handlungsdruck auf die politischen Akteure in Verbindung mit der offenkundigen Erfolglosigkeit der zuvor getroffenen Maßnahmen zur Familien-, Frauen- und Geburtenförderung führte schließlich zu einem umfassenden Richtungswechsel in den Familienpolitiken Japans und Deutschlands in der zweiten Hälfte der 2000er Jahre. Der bereits in den 1990er Jahren eingeleitete Paradigmenwechsel wurde also erst vollzogen, als offensichtlich wurde, dass innerhalb des alten familienpolitischen Paradigmas, dessen bestimmendes Merkmal neben der starken Betonung konservativer Wertvorstellungen vor allem der Verzicht auf eine zielgerichtete staatliche Geburtenförderung war, die Lösung der Fertilitätsprobleme und damit ein substanzieller Beitrag zur Eindämmung der strukturellen Bevölkerungsalterung nicht zu erreichen war.

Angesichts der jahrzehntelangen Stabilität des die Familienpolitiken Japans und Deutschlands bestimmenden Nachkriegsparadigmas stellt sich die Frage, wie nachhaltig der Wechsel zu dem gegenwärtigen, nunmehr erkennbar pronatalistisch-bevölkerungspolitisch geprägten Paradigma sein wird. Auch wenn heute nicht abzusehen ist, wie lange das zur Mitte der 2000er Jahre etablierte neue familienpolitische Rahmenparadigma schließlich Bestand haben wird, spricht doch einiges dafür, dass bevölkerungspolitische Zielsetzungen bei der künftigen Gestaltung der Familienpolitik eher an Bedeutung gewinnen als verlieren werden. Zum einen besteht wenig Anlass zu der Vermutung, dass das grundlegende Problem einer im bevölkerungspolitischen Sinne ‚nachhaltigen' Familienpolitik, nämlich jenes der langfristig unter Bestandserhaltungsniveau liegenden Fertilitätsrate, innerhalb der kommenden Jahrzehnte gelöst werden könnte. Dafür erscheint der Einfluss politischer Interventionen zur Dynamisierung des Reproduktionsverhaltens einer Population generell, auch mit Blick auf die bisherigen Erfahrungen mit explizit pronatalistischen Familienpolitiken, etwa während 1930er und 1940er Jahre in Japan und Deutschland oder während der 1970er und 1980er Jahre in der damaligen DDR, als zu gering, um eine nachhaltige Trendumkehr bei der Geburtenentwicklung bewirken zu können. Zum anderen sind voraussichtlich weder in Japan noch in Deutschland innerhalb des Zeithorizonts der nächsten Jahrzehnte die Folgen der bereits eingeschlagenen demografischen Entwicklung für die Gesellschaft abzuwenden. Dies gilt selbst für den nach heutigen Prognosen unwahrscheinlichen Fall, dass in absehbarer Zeit ein deutlicher Anstieg der Fertilitätsraten mindestens auf Bestandserhaltungsniveau gelingen sollte. Aufgrund der außerordentlichen Trägheit demografischer Prozesse werden die Konsequenzen der anhaltenden Unterjüngung der Populationen Japans und Deutschlands noch lange Zeit die jeweiligen politischen Rahmenbedingungen mitdefinieren, was die Erwartung rechtfertigt, dass dezidiert bevölkerungspolitische Zielsetzungen für die Gestaltung der Familienpolitiken beider in dieser Arbeit untersuchter Staaten langfristig hohe Relevanz behalten und mit hoher Wahrscheinlichkeit noch an Bedeutung gewinnen werden.

ANHANG

INTERVIEW MIT MAKOTO ATOH

Interviewer: Holger Rockmann
Datum: 07.11.2005
Ort: Rega Royal Hotel, Campus der Waseda Universität, Tōkyō
Interview übersetzt aus dem Englischen.

Prof. Dr. Makoto Atoh ist Präsident der Population Association of Japan und war bis März 2005 Generaldirektor des National Institute of Population and Social Security Research. Er ist außerdem Professor für Soziologie und Demografie an der Waseda Universität in Tōkyō.

Frage: Seit wann findet in Japan eine Debatte über den demografischen Wandel statt? Wer sind dabei die maßgeblichen Protagonisten?

Antwort: Tatsächlich existiert das Problem der demografischen Alterung in Japan schon seit den späten 1950er beziehungsweise den frühen 1960er Jahren. Allerdings wurde es zunächst noch durch den wirtschaftlichen Aufschwung in dieser Zeit überlagert. In Bezug auf die Unterstützung alter Menschen konzentrierte sich die Politik zunächst auf monetäre Förderprogramme, zumal in jener Situation genügend finanzielle Mittel dafür zur Verfügung standen. Anlass für die Verabschiedung dieser Förderprogramme war vor allem der Umstand, dass sich die LDP davon versprach, ihre treuen Wähler, insbesondere aus den ländlichen Wahlkreisen, bei der Stange zu halten und so ihre politische Position zu bewahren oder zu stärken.

In den 1970er Jahren wurde die Problematik mehr und mehr durch die Frauenbewegung und Feministinnengruppen in die Öffentlichkeit getragen. Traditionell wurden soziale Fürsorgeleistungen in Japan gemeinhin als Sache der Frauen angesehen. Daher haben diese auch am meisten unter dem Alterungsprozess zu leiden, der zudem häufig ihrer beruflichen Verwirklichung, einem der Hauptanliegen der Frauenbewegung, im Wege steht. Zum Kernbegriff der Sozialstaatsdebatte der 1970er Jahre wurde der Begriff *„nihongata fukushi"* (soziale Wohlfahrt japanischer Prägung, *Anm. d. Interviewers*). Eine wichtige Protagonistin für die Frauenbewegung war und ist Keiko Higuchi, die stets für eine stärkere Unterstützung für Frauen warb. Der sensationelle Erfolg der Novelle *Kōkotsu no*

312

hito von Sawako Ariyoshi, welche unter dem Titel *The Twilight Years* 1984 auch in englischer Sprache erschien, verdeutlicht, welchen Stellenwert die Alterungsproblematik in Japan zu jener Zeit bereits besaß. Dieses Buch wurde quasi zum Auslöser einer breiten öffentlichen Debatte über die demografische Alterung in Japan.

Frage: Findet in Japan eine öffentliche Diskussion und/oder eine Expertendiskussion über Familienpolitik respektive Bevölkerungspolitik statt?

Antwort: Ja beides, aber nicht so sehr im Sinne einer wirklich familienpolitischen Debatte. Es geht häufig eher um die generellen Anliegen der jeweiligen gesellschaftlichen und politischen Gruppen, die eben auch den Bereich der Familienpolitik tangieren können.

Frage: Welche Auswirkungen hat der demografische Wandel auf die japanische Politik?

Antwort: Um dieser Frage nachzugehen, muss man sich zunächst die Besonderheiten des japanischen Wahlsystems vor Augen führen. Lange Zeit hatten die ländlichen Wahlkreise politisch ein überproportionales Gewicht, so dass die demografischen Veränderungen, welche in den urbanen Gebieten rasanter verlaufen, erst spät politische Beachtung fanden. Unter Premierminister Koizumi hat sich da vieles geändert. Er hat ein Gespür für die Probleme der Städter. Durch die Ungleichverteilung der Wahlkreise wurde traditionell immer versucht, der ländlichen Bevölkerung besonders entgegenzukommen und entsprechend dort mit teuren Wahlgeschenken auf Stimmenfang zu gehen. So wurden die eher urbanen Probleme der sinkenden Geburtenrate und einer auf die moderne Lebensorganisation abgestimmten Familienpolitik lange vernachlässigt.

Frage: Lässt sich eine Verstärkung bevölkerungspolitischer Ambitionen ausmachen?

Antwort: Ja. Als Ausgangspunkt für solche Überlegungen muss wohl das Jahr 1990 und die Veröffentlichung der Bevölkerungsstatistik für 1989 (bekannt geworden als „1,57-Schock" beziehungsweise Fertilitätsschock, *Anm. d. Interviewers*) angesehen werden. Schon vorher war sich die Politik, besonders auf der Ebene der Bürokraten, des Problems der sinkenden Geburtenzahlen bewusst, und so erfolgte die politische Reaktion auf den Schock von 1990 sehr schnell. Der innenpolitische Beratungsausschuss im Büro des Premierministers wurde mit der Aufgabe betraut, Ideen zu entwickeln, wie man der Entwicklung entgegenwirken könnte. Die Installation in diesem Amt verdeutlicht die politische Bedeutung, die der sinkenden Geburtenrate beigemessen wurde. Schon im Januar 1991 wurden politische Leitlinien veröffentlicht, wie dem Problem zu begegnen sei. Diese Leitlinien waren zunächst noch unverbindlich, doch sie legten die Richtung fest und signalisierten ein klares Bekenntnis der Politik, durch entsprechende Maßnahmen dem Geburtenschwund gezielt entgegenwirken zu wollen. Das Problem bestand und besteht grundsätzlich darin, dass eine solche Politik die privaten Entscheidungsräume der Menschen berührt und deshalb sehr sensibel vertreten werden muss, wenn sie überhaupt Akzeptanz seitens der Bürger erfahren soll. In den Beratungsausschuss wurden junge, fähige Bürokraten geholt, die frische Ideen kreieren sollten.

Wichtig ist hier, sich die Struktur der japanischen Politik klarzumachen. Es gibt grundsätzlich zwei Ebenen: die der Parlamentarier oder allgemein der Politiker und die der Bürokraten in den verschiedenen Ämtern und Ministerien. Letztere sind im Prinzip diejenigen, welche Strategien entwickeln und Maßnahmen vorschlagen, während die Politiker vor allem die Entscheidungen für oder gegen die jeweiligen Maßnahmen zu treffen beziehungsweise sie vor dem Wähler zu vertreten haben. Insofern ist die Ebene der Bürokraten für den Prozess der Lösungssuche sehr wichtig.

Normalerweise haben fast alle politischen Entscheidungen, Maßnahmen etc. eine wirtschaftliche Dimension beziehungsweise sind darauf ausgerichtet, die japanische Wirtschaft zu fördern. Deshalb ist das Finanzministerium das mächtigste unter den Ministerien. Das MHLW hat insofern gewissermaßen nur nachgeordneten Charakter. Deshalb zeigt die Implementierung der Ideenschmiede für Maßnahmen gegen den Geburtenrückgang im Innenausschuss des Büros des Premierministers deutlich, dass der Entwicklung sehr hoher Stellenwert beigemessen wird. Insofern hatten die politischen Richtlinien von Anfang an hohes Gewicht.

1991 wurde das *One Year Care*-Gesetz erlassen. Eigentlich waren viele LDP-Politiker zunächst dagegen, weil diese Maßnahme ihrem traditionellen Familienbild widersprach, aber letztlich passierte das Gesetz dann doch das Parlament, weil sehr deutlich war, dass etwas passieren musste. Das Jahr 1990 stellte durch den Fertilitätsschock für diejenigen Bürokraten einen Durchbruch dar, die schon seit längerer Zeit Maßnahmen vorgeschlagen oder vorbereitet hatten, diese aber aufgrund der ablehnenden Haltung der LDP nicht umsetzen konnten.

Frage: Spielen solche Themen in den Wahlkämpfen in Japan eine Rolle?

Antwort: Ja, wie alle gesellschaftlich wichtigen Themen wird auch der demografische Wandel angesprochen, insbesondere dann, wenn es darum geht, die Gesellschaft zukunftssicher zu machen. Der Fokus liegt jedoch meist auf der wirtschaftlichen Dimension und auf der Sicherung der Sozialsysteme. Familienpolitik bestimmt die Wahlkämpfe thematisch weniger stark.

Frage: Welches sind in Japan die Themen mit der höchsten öffentlichen und politischen Aufmerksamkeit in Bezug auf die Bewältigung des demografischen Wandels? Gibt es so etwas wie demografiepolitische Angstthemen?

Antwort: Ich verweise auf Ihre letzte Frage. Vor allem werden die Zukunft der Sozialsysteme sowie die Konsequenzen der Veränderung der Altersstruktur für das Wirtschaftssystem thematisiert. Allerdings ist in Japan auch eine gewisse Erleichterung darüber auszumachen, dass die Bevölkerungsdichte in Zukunft wieder abnehmen wird. Eines der Schreckgespenster der japanischen Gesellschaft ist ja seit vielen Jahrzehnten die enorme Bevölkerungsdichte in den Ballungsräumen der Tōkaidō-Metropolen (Tōkyō, Nagoya, Ōsaka; *Anm. d. Interviewers*).

Frage: Ist aktive Bevölkerungspolitik in Japan ähnlich negativ konnotiert wie in Deutschland?

Antwort: Das kann man so sagen. Ähnlich wie in Deutschland gibt es auch in Japan eine erhöhte Sensibilität im Umgang mit bevölkerungspolitischen Fragen, die den Erfahrungen der Kriegszeit geschuldet ist. Pronatalistische Politik genießt hier einen schlechten Ruf. Allerdings hat sich die öffentliche Meinung nach dem „1,57-Schock" von 1990 langsam wieder geändert. Man kann zwar nicht so weit gehen, zu behaupten, dass es eine breite Zustimmung zu einer deutlich pronatalistischen Politik gäbe, aber so etwas wie eine Einsicht, dass die Politik etwas gegen die sinkende Geburtenrate tun muss, hat sich seit 1990 durchgesetzt. Dass bevölkerungspolitische Maßnahmen tatsächlich kontrovers diskutiert werden, zeigen die Reaktionen auf die nach dem „1,57-Schock" verabschiedeten Maßnahmen. Diese riefen einige Feministinnengruppen auf den Plan, die sich wohl allzu sehr an die Politik der Kriegsjahre und deren Motto *„umeyo, fuyaseyo"*, welches seinen begrifflichen Ursprung letztlich in Texten der Bibel hatte, erinnert fühlten. Wie sich die öffentliche Meinung bezüglich solcher Fragen entwickelt hat, kann man gut an den regelmäßigen Meinungsumfragen ablesen, die diverse Tageszeitungen seit vielen Jahren durchführen, um die Einstellungen der Bürger zu der von der Regierung betriebenen Politik zu dokumentieren. Die Zustimmung zu familienpolitischen Maßnahmen ist jedenfalls nach anfänglicher Skepsis nach und nach gestiegen. Die Politik hat das Problem, dass sie zwar handeln muss, aber dabei nicht allzu pronatalistisch auftreten darf, obwohl das, was sie tun muss, letztendlich natürlich pronatalistische Züge trägt. So ist beispielsweise die Zahlung von Kindergeld in Japan im

Gegensatz zu Deutschland umstritten, weil der Verdacht naheliegt, dass der Staat die Frauen für das Gebären von Kindern zu bezahlen versucht, etwa nach dem Motto ‚Geld gegen Kinder'. Auch deshalb konzentriert man sich auf andere Maßnahmen, die insbesondere die Vereinbarkeit von Arbeit und Kinderbetreuung zum Ziel haben, oder versucht, Zuschüsse zweckgebunden zu verteilen, zum Beispiel in Form von Gutscheinen für den Besuch von Kindergärten. Dies ist schon deshalb wichtig, weil sichergestellt werde sollte, dass das gezahlte Geld tatsächlich auch der Betreuung von Kindern zugute kommt und nicht anderweitig ausgegeben wird. Alles in allem konzentriert man sich in Japan in Sachen Familienpolitik mehr auf die Verbesserung der Infrastruktur als auf die direkte Zahlung von Kindergeld.

Frage: Halten Sie es für ethisch vertretbar, eine aktive Bevölkerungspolitik zu fordern oder zu betreiben?

Antwort: Das ist eine schwierige Frage. Es muss natürlich sichergestellt werden, dass das Recht des Einzelnen auf Selbstbestimmung nicht verletzt wird. Auf der anderen Seite ist es jedoch auch notwendig, etwas gegen bestimmte, für die gesamte Gesellschaft ungünstige Prozesse zu tun. Es ist schließlich auch eine Frage der Ethik, eine Politik zu betreiben, die eine für alle Bürger lebenswerte Gesellschaft zum Ziel hat. Insofern ist die Politik zum Handeln verpflichtet, auch wenn dieses Handeln eine bevölkerungspolitische Dimension hat.

Frage: Sollte sich Politik also aktiv in demografische Prozesse einmischen oder sollte sie den demografischen Wandel lediglich verwalten?

Antwort: Nur den Wandel zu verwalten reicht nicht aus. Wie ich bereits dargelegt habe, ist Politik schon deshalb zum aktiven Handeln angehalten, weil sie dazu verpflichtet ist, ein lebenswertes Lebensumfeld für die im Staat lebenden Menschen zu erstreben.

Frage: Welchen Einfluss kann Politik überhaupt auf den Verlauf des demografischen Wandels nehmen? Was unternimmt die japanische Politik konkret, um dem Geburtenrückgang entgegenzuwirken?

Antwort: Die Politik kann den demografischen Wandel nicht aufhalten, aber sie kann und sie muss Maßnahmen ergreifen, um seine Auswirkungen abzumildern. Es wird in Japan tatsächlich auch einiges getan, um der sinkenden Fertilität entgegenzuwirken. Neben Maßnahmen wie den sogenannten Angel Plans wurden auch einige Basisgesetze verabschiedet, die dieses Ziel verfolgen. Es gibt ja eine ganze Reihe solcher Basisgesetze, darunter eben auch welche, die dem Altern der Gesellschaft und der sinkenden Geburtenrate entgegenwirken sollen. Gerade in letzter

Zeit sind diesbezüglich die Bemühungen erheblich verstärkt worden. Besonders wichtig waren die Gesetze von 2003. In diesem Jahr wurden zwei Basisgesetze verabschiedet, die bevölkerungspolitisch relevant sind. Erstens das *Shōshika Shakai Kaisaku Kihonhō* (Basisgesetz für Maßnahmen zur Bewältigung einer Gesellschaft mit abnehmender Kinderzahl, *Anm. d. Interviewers*) und zweitens das *Jisedai Ikusei Shien ni Kansuru Tōmen no Torikumi Hōshin* (Plan zur zügigen Implementierung von Unterstützungsmaßnahmen für die Erziehung der nächsten Generation, *Anm. d. Interviewers*). Der Name des letztgenannten Plans vermeidet den direkten Bezug zu einer erwünschten Steigerung der Geburtenzahlen, um sich nicht einer pronatalistischen Absicht verdächtig zu machen beziehungsweise um mögliche Widerstände von Gegnern einer pronatalistischen Politik zu vermeiden.

Diese Basisgesetze sind zunächst keine Gesetze im üblichen Sinne, sondern verstehen sich vor allem als Formulierung politischer Zielsetzungen. Sie werden jedoch in Japan sehr ernst genommen und bestimmen daher durchaus das politische Handeln hierzulande. Insofern ist ihre Bedeutung keineswegs zu unterschätzen. Bezug nehmend auf die beiden angesprochenen Gesetze kann das Jahr 2003 als Wendepunkt auf dem Weg zu einer bevölkerungspolitisch ausgerichteten Politik in Japan angesehen werden. Insbesondere von dem zweiten der beiden oben genannten Gesetze erwarte ich mir in Zukunft einige wichtige Impulse. Es verpflichtet unter anderem Unternehmen mit mehr als 300 Beschäftigten, der jeweiligen lokalen Filiale des Arbeitsministeriums Pläne vorzulegen, wie Erwerbstätigkeit und Kinderbetreuung zu regeln sind und welche familienfreundlichen Maßnahmen darüber hinaus ergriffen werden, etc. Es gibt eine Berichtspflicht und die Pläne können maximal einen Zeitraum von zehn Jahren umfassen. Nach Ablauf der Zeitspanne des vorgelegten Planes muss dargelegt werden, welchen Erfolg die ergriffenen Maßnahmen hatten und auf Grundlage dieser Ergebnisse der nächste Plan formuliert werden. Gegenwärtig gehen gerade die ersten Berichte ein. Etwa 60 Prozent der Unternehmen haben bereits Pläne abgegeben. Übrigens war der Vorsitzende der Business Association hier in Japan, der gleichzeitig auch Toyota-Chef ist, gegen dieses Gesetz. Es konnte aber dennoch im Parlament durchgesetzt werden. Auch ich habe dafür im Parlament geworben. Bislang sieht das Gesetz allerdings noch keine Sanktionen für Unternehmen vor, die nicht wie gefordert Pläne einreichen. Das kann sich aber in der Zukunft ändern. In Japan ist es nicht ungewöhnlich, dass bei der Einführung eines neuen Gesetzes zunächst auf Sanktionen verzichtet wird, um so eine höhere Akzeptanz zu erreichen beziehungsweise es überhaupt zu ermöglichen, die notwendige politische Zustimmung für das entsprechende Gesetz zu erreichen. Als

Beispiel möchte ich auf das Gesetz zur Gleichstellung von Frauen verweisen, welches zunächst ebenso ohne Sanktionen verabschiedet wurde. Nach zehn Jahren wurden diese dann aber doch eingeführt und heute ist das Gesetz absolut verbindlich. Oft werden erst nach einer Zeitspanne von fünf oder zehn Jahren Sanktionen eingeführt, was dem Gesetz dann verbindlichen Charakter verleiht. Insofern stellen die 2003 eingeführten Gesetze einen großen Schritt in Richtung einer bevölkerungspolitisch motivierten Familienpolitik dar.

Frage: Gibt es in Japan überhaupt etwas, das man als koordinierte Familienpolitik bezeichnen könnte?

Antwort: In Japan gibt es zwar kein Familienministerium, aber dennoch muss das, was politisch passiert, um die Belange von Familien zu regeln, als Familienpolitik bezeichnet werden. Ich zumindest tue dies beispielsweise in dem gerade erschienenen Buch *Shōshika no seisakugaku*, für welches ich das zweite Kapitel verfasst habe. Dort geht es genau darum – um die Familienpolitik in Japan. Man muss die politischen Aktionen zur Förderung von Familien ja schließlich irgendwie benennen. Was die politische Koordinierung familienpolitischer Maßnahmen anbelangt, diese erfolgt vor allem über ein Referat für Familienpolitik, welches im MHLW verortet ist.

Frage: Der demografische Wandel ist ein eher langfristiges Phänomen. Eignet es sich daher vielleicht gar nicht als Thema für die Politik, da entsprechende Maßnahmen zwar viel Geld kosten, sich deren Erfolg kurzfristig aber kaum nachweisen lässt?

Antwort: In der Tat gibt es im Zusammenhang mit dem demografischen Wandel unterschiedliche Blickwinkel, von denen eben einige eher langfristig und andere kurzfristig ausgerichtet sind. Zum Beispiel betrachten die Soziologen das Phänomen eher aus einer langfristigen Perspektive, und die Wirtschaftswissenschaftler haben eher mit kurzfristig ausgerichteten Fragestellungen zu tun. Aber es gibt durchaus einen Meinungsaustausch zwischen den unterschiedlichen Lagern. Nebenbei bemerkt sind auch die Massenmedien sehr wichtig, um die Öffentlichkeit auf die demografische Problematik hinzuweisen und sie permanent im Bewusstsein zu halten. Gerade in diesem Sektor passiert ja auch schon eine Menge.

Frage: Haben sich die Voraussetzungen für eine stärkere Fokussierung der Politik auf familienpolitische Fragestellungen mit der wirtschaftlichen Krise Japans verschlechtert oder vielleicht sogar verbessert, weil Faktoren wie Humankapital und Bildung durch sie eher noch an Bedeutung gewinnen?

Antwort: Wissen Sie, man darf ja auch nicht vergessen, dass die Politik nur ein Faktor ist, und wahrscheinlich ist sie auch nicht der einflussreichste in Bezug auf den demografischen Wandel.

Wertetabelle zu Abb. 19
Entwicklung der Gesamtfertilitätsrate in Deutschland (1871–2008)

Jahr	Gesamtfertilitätsrate			
	Deutsches Reich	BRD	DDR + Ostberlin	Gesamtdeutsch-land
1871/1880	4,70			
1881/1990	4,68			
1891/1900	4,57			
1901/1910	4,17			
1915	2,48			
1931	1,80			
1935	2,08			
1950		2,10		
1952		2,08	2,40	
1953		2,05	2,37	
1954		2,10	2,35	
1955		2,11	2,35	
1956		2,20	2,26	
1957		2,30	2,21	
1958		2,29	2,21	
1959		2,37	2,35	
1960		2,37	2,33	
1961		2,46	2,40	
1962		2,44	2,42	
1963		2,52	2,47	
1964		2,54	2,51	
1965		2,51	2,48	
1966		2,53	2,42	
1967		2,49	2,34	
1968		2,38	2,30	
1969		2,21	2,24	
1970		2,02	2,19	
1971		1,92	2,13	
1972		1,71	1,79	
1973		1,54	1,58	
1974		1,51	1,54	
1975		1,45	1,54	
1976		1,45	1,64	
1977		1,40	1,85	
1978		1,38	1,90	
1979		1,38	1,89	
1980		1,44	1,94	

1981		1,44	1,85	
1982		1,41	1,86	
1983		1,33	1,79	
1984		1,29	1,74	
1985		1,28	1,73	
1986		1,35	1,70	
1987		1,37	1,74	
1988		1,41	1,67	
1989		1,40	1,57	
1990		1,45	1,52	1,45
1991		1,42	0,97	1,33
1992		1,40	0,83	1,29
1993		1,39	0,77	1,28
1994		1,35	0,77	1,24
1995		1,34	0,84	1,25
1996		1,40	0,95	1,32
1997		1,44	1,04	1,37
1998		1,41	1,09	1,36
1999		1,41	1,15	1,36
2000		1,41	1,21	1,38
2001		1,38	1,23	1,35
2002		1,37	1,24	1,34
2003		1,36	1,26	1,34
2004		1,37	1,31	1,36
2005		1,36	1,30	1,34
2006		1,34	1,30	1,33
2007		1,37	1,37	1,37
2008		1,37	1,40	1,38

Werte zwischen 1871 und 1935: Bundesinstitut für Bevölkerungsforschung
Werte ab 1950: Statistisches Bundesamt.

ABKÜRZUNGSVERZEICHNIS

AufenthG	Aufenthaltsgesetz
AuslG	Ausländergesetz
BEEG	Bundeselterngeld- und Elternzeitgesetz
BGBl	Bundesgesetzblatt
BiB	Bundesinstitut für Bevölkerungsforschung
BMFJ	Bundesministerium für Familie und Jugend (ab 1963)
BMFJ	Bundesministerium für Frauen und Jugend (1991–1994)
BMFSFJ	Bundesministerium für Familie, Senioren, Frauen und Jugend (seit 1994)
BRD	Bundesrepublik Deutschland
BverfGE	Bundesverfassungsgerichtsentscheidung
CDU	Christlich Demokratische Union
CSU	Christlich Soziale Union
DDR	Deutsche Demokratische Republik
DPJ	Demokratische Partei Japans
EU	Europäische Union
FamLeistG	Familienleistungsgesetz
FDP	Freie Demokratische Partei
GezVeN	Gesetz zur Verhütung erbkranken Nachwuchses
GG	Grundgesetz
GKV	Gesetzliche Krankenversicherung
IT	Informationstechnologie(n)
KiFöG	Kinderförderungsgesetz
Kita	Kindertagesstätte
LDP	Liberaldemokratische Partei
LP	Liberale Partei
MHLW	Ministry of Health, Labour and Welfare (2001 aus der Zusammenlegung von MHW und MOL hervorgegangen)
MHW	Ministry of Health and Welfare (bis 2001)
MOL	Ministry of Labour (bis 2001)
Nikkeiren	Nippon Keidanren (eigtl. *Nippon Keizai Dantai Rengōkai* = Verband der japanischen Wirtschaftsorganisationen)
NIPSSR	National Institute of Population and Social Security Research
NJP	Neue Japan-Partei
NS	Nationalsozialismus
OECD	Organization for Economic Co-operation and Development
PARC	Policy Affairs Research Council
RGBl	Reichsgesetzblatt

SED	Sozialistische Einheitspartei Deutschlands
SPJ	Sozialistische Partei Japans
StAG	Staatsangehörigkeitsgesetz
StGB	Strafgesetzbuch
StrRG	Strafrechtsreformgesetz
TAG	Tagesbetreuungsausbaugesetz
UN	United Nations
UNHCR	United Nations High Commissioner for Refugees
USA	United States of America
WHO	World Health Organization (Weltgesundheitsorganisation)

ABBILDUNGSVERZEICHNIS

TABELLENVERZEICHNIS

LITERATURVERZEICHNIS

AINOYA, Yasutaka/OGAWA, Masaaki/KAKIUCHI, Kunimitsu/KAWAI, Katsu-
yoshi/SANADA, Naoshi (Hrsg.). 1999. *2000nen nihon no fukushi. Ronten to kadai*
[Japans Wohlfahrt im Jahr 2000. Diskurse und Aufgaben], Tōkyō: Ōtsuki Shoten.

ARAI, Makoto. 2002. „The Aging Society and the Social Security System in Japan",
in: Harald Conrad/Ralph Lützeler (Hrsg.), *Aging and Social Policy: A German-
Japanese Comparison (Monographien aus dem Deutschen Institut für Japanstudien,
Bd. 26)*, München: Iudicium, S. 37–49.

ARIYOSHI, Sawako. 1972. *Kōkotsu no hito* [Der Alterssenile], Tōkyō: Shinchōsha.

ARIYOSHI, Sawako. 1984. *The Twilight Years*, London: P. Owen.

ASAI, Haruo. 1998. *Jidō fukushi kaikaku to jissen no kadai* [Die Reform der Jugend-
wohlfahrt und Praxisprobleme], Tōkyō: Nippon Hyōronsha.

ASHINO, Yuriko. 1996. „Reproductive Rights: A Female View", in: *Japan Echo*, Jg.
23, Sonderausgabe („The Greying Society"): 35–37.

ATOH, Makoto. 1994. „The Recent Fertility Decline in Japan. Change in Women's
Role and Status and their Policy Implications", in: The Population Problems
Research Council, The Mainichi Newspapers (Hrsg.), *The Population and Society
of Postwar Japan: Based on Half a Century of Surveys on Family Planning*, Tōkyō:
Mainichi Newspapers, S. 51–72.

ATOH, Makoto. 1996. „Fewer Children, More Seniors", in: *Japan Echo*, Jg. 23,
Sonderausgabe („The Greying Society"): 10–16.

ATOH, Makoto. 2000. „Measures to Cope with Below-Replacement Fertility. What
is Needed?", in: Population Problems Research Council (Hrsg.), *Japanese Population: Postwar Fifty-Years Trajectory*, Tōkyō: Mainichi Newspapers, S. 153–178.

ATOH, Makoto. 2008. „Japan's Population Growth during the Past 100 Years", in:
Florian Coulmas/Harald Conrad/Annette Schad-Seifert/Gabriele Vogt (Hrsg.),
The Demographic Challenge: A Handbook about Japan, Leiden/Boston: Brill, S. 5–24.

ATOH, Makoto/AKACHI, Mayuko. 2003. „Low Fertility and Family Policy in
Japan in an International Comparative Perspective", Diskussionspaper 156,
Center for Intergenerational Studies, Institute of Economic Research, Hitotsu-
bashi University, http://hermes-ir.lib.hit-u.ac.jp/rs/bitstream/10086/14372/1/
pie_dp156.pdf (letzter Zugriff 02.07.2010).

AUTH, Diana. 2007. „Pronatalistischer Aktionismus: von der bevölkerungspolitischen Instrumentalisierung und Ökonomisierung der Familienpolitik in
Deutschland", in: Diana Auth/Barbara Holland-Cunz (Hrsg.), *Grenzen der Bevölkerungspolitik: Strategien und Diskurse demographischer Steuerung*, Opladen/
Farmington Hills: Budrich, S. 81–102.

AUTH, Diana/HOLLAND-CUNZ, Barbara (Hrsg.). 2007. *Grenzen der Bevölkerungspolitik: Strategien und Diskurse demographischer Steuerung*, Opladen/Farmington
Hills: Budrich.

AVRAMOV, Dragana/CLIQUET, Robert. 2007. „Xenophobie und Integration von
Migranten. Einstellungen von Europäern gegenüber Ausländern", in: *Zeitschrift für Bevölkerungswissenschaft*, Jg. 32, 3–4/2007: 533–560.

BANDELOW, Nils. 2003. „Lerntheoretische Ansätze in der Policy-Forschung", in: Matthias L. Maier/Frank Nullmeier/Tanja Pritzlaff (Hrsg.), *Politik als Lernprozess?*, Opladen: Leske + Budrich, S. 98–121.

BARTNIK, Roman/FRANK, Micheel. 2005. „Öffentliche Alterssicherung im Umbruch: Strukturen, Problemfelder und aktuelle Reformansätze in Deutschland und Japan", in: *Zeitschrift für Bevölkerungswissenschaft*, Jg. 30, 2–3/2005: 245–278.

BARTRAM, David. 2000. „Japan and Labor Migration: Theoretical and Methodological Implications of Negative Cases", in: *International Migration Review*, 34 (1): 5–32.

BECK, Ulrich. 1986. *Risikogesellschaft. Auf dem Weg in eine andere Moderne*, Frankfurt a. M.: Suhrkamp.

BEFU, Harumi. 1993. „Nationalism and Nihonjinron", in: Harumi Befu (Hrsg.), *Cultural Nationalism in East Asia: Representation and Identity*, Berkeley, Calif.: Institute of East Asian Studies, University of California, S. 107–135.

BERGER, Thomas U. 1998. „The Perils and Promise of Pluralism. Lessons from the German Case for Japan", in: Myron Weiner/Tadashi Hanami (Hrsg.), *Temporary Workers or Future Citizens?*, New York: New York University Press, S. 319–352.

BERTRAM, Hans/RÖSLER, Wiebke/EHLERT, Nancy. 2005a. „Zeit, Infrastruktur und Geld. Familienpolitik als Zukunftspolitik", in: *Aus Politik und Zeitgeschichte*, 23–24/2005: 6–15.

BERTRAM, Hans/RÖSLER, Wiebke/EHLERT, Nancy. 2005b. *Nachhaltige Familienpolitik. Zukunftssicherung durch einen Dreiklang von Zeitpolitik, finanzieller Transferpolitik und Infrastrukturpolitik*, Berlin: Bundesministerium für Familie, Senioren, Frauen und Jugend.

BEST, Heinrich (Hrsg.). 2004. *Challenge and Response. Das Forschungsprogramm des SFB 580 in den Jahren 2004 bis 2008*, Mitteilungen des SFB 580, Heft 15, Jena: SFB 580.

BEST, Heinrich. 2007. „Der Challenge-Response-Ansatz als forschungsleitende Perspektive für die Transformationsforschung", in: Dorothée de Nève/Marion Reiser/Kai-Uwe Schnapp (Hrsg.), *Herausforderung – Akteur – Reaktion. Diskontinuierlicher sozialer Wandel aus theoretischer und empirischer Perspektive*, Baden-Baden: Nomos, S. 11–23.

BIRG, Herwig. 1998. „Demographisches Wissen und politische Verantwortung. Überlegungen zur Bevölkerungsentwicklung Deutschlands im 21. Jahrhundert", in: *Zeitschrift für Bevölkerungswissenschaft*, Jg. 23, 3/1998: 221–251.

BIRG, Herwig. 2001. „Die demographische Entwicklung in Deutschland und Europa: Konturen eines Jahrhundertproblems", Vortrag auf der Pressekonferenz am 16.08.2001 in Berlin im Deutschen Städtetag aus Anlass der Gründung der Deutschen Gesellschaft für Demographie.

BIRG, Herwig. 2003. *Die demographische Zeitenwende*, München: C. H. Beck.

BIRG, Herwig. 2004. *Die Weltbevölkerung: Dynamik und Gefahren*, München: C. H. Beck.

BIRG, Herwig. 2005. *Die ausgefallene Generation. Was die Demographie über unsere Zukunft sagt*, München: C. H. Beck.

BLECHINGER-TALCOTT, Verena. 2006. „Regieren in Japan im Vergleich", in: Verena Blechinger-Talcott/Christiane Frantz/Mark Thompson (Hrsg.), *Politik in Japan: System, Reformprozesse und Außenpolitik im internationalen Vergleich*, Frankfurt a. M./New York: Campus Verlag, S. 29–44.

BOCK, Gisela. 1986. *Zwangssterilisation im Nationalsozialismus. Studien zur Rassenpolitik und Frauenpolitik*, Opladen: Westdeutscher Verlag.

BOLING, Patricia. 1998. „Family Policy in Japan", in: *Journal of Social Policy,* 27 (2): 173–190.

BOLING, Patricia. 2004. „The Unexpected Convergence of French and Japanese Family Policy", Vortrag beim Annual Meeting of RC 19, Research Committee on Poverty, Social Welfare and Social Policy, Paris, 2.–4. September 2004.

BOSSE, Friederike. 1994. „Überalterung der Bevölkerung stellt neue Anforderungen an Japans Sozialpolitik", in: *Japan 1993/94 – Politik und Wirtschaft*, Institut für Asienkunde, Hamburg, S. 84–111.

BOSSE, Friederike. 1997. „Japan steht vor einer gesetzlichen Pflegeversicherung", in: *Japan – Wirtschaft, Politik, Gesellschaft*, Institut für Asienkunde, Hamburg, Heft 4: 374–383.

BOSSE, Friederike. 1998. „Japans Altersversorgungssysteme stehen unter Reformdruck", in: *Japan – Wirtschaft, Politik, Gesellschaft*, Institut für Asienkunde, Hamburg, Heft 5: 496–507.

BOSSE, Friederike. 2000. „Überalterung lenkt Japans Blick auf Pflege und Zuwanderung", in: *Japan – Wirtschaft, Politik, Gesellschaft*, Institut für Asienkunde, Hamburg, Heft 6: 560–567.

BRINSCHWITZ, Sonja. 2001. „Abtreibungen aus ‚erbpflegerischen Gründen' und die ‚Bekämpfung der Abtreibungsseuche'. Bevölkerungspolitische Maßnahmen in Schwerin während des Nationalsozialismus", in: Wolfgang Voegli, *Nationalsozialistische Familienpolitik zwischen Ideologie und Durchsetzung*, Hamburg: Mauke, S. 210–246.

BRINTON, Mary C. 1992. „Christmas Cakes and Wedding Cakes. The Social Organization of Japanese Women's Life Course", in: Takie Sugiyama Lebra (Hrsg.), *Japanese Social Organization*, Honolulu: University of Hawaii Press, S. 79–107.

BROSE, Nicole. 2006. „Gegen den Strom der Zeit? Vom Einfluss der religiösen Zugehörigkeit und Religiosität auf die Geburt von Kindern und die Wahrnehmung des Kindernutzens", in: *Zeitschrift für Bevölkerungswissenschaft*, Jg. 31, 2/ 2006: 257–282.

BRÜDERL, Josef. 2004. „Die Pluralisierung partnerschaftlicher Lebensformen in Westdeutschland und Europa", in: *Aus Politik und Zeitgeschichte*, B 19/2004: 3–10.

BUNDESAMT FÜR MIGRATION UND FLÜCHTLINGE (Hrsg.). 2008. *Asyl in Zahlen 2007*, Nürnberg.

BUNDESMINISTERIUM DES INNERN. 2005. *Schily: BiB-Studie zeigt – Junge Menschen wollen immer weniger Kinder*, Pressemitteilung vom 2. Mai 2005, Berlin.

BUNDESMINISTERIUM DES INNERN, UNABHÄNGIGE KOMMISSION „ZUWANDERUNG" (Hrsg.). 2001. *Zuwanderung gestalten. Integration fördern*, Bericht vom 4. Juli 2001, Berlin/Bonn.

BUNDESMINISTER FÜR ARBEIT UND SOZIALORDNUNG (Hrsg.). 1976. *Bericht über die Beratungen der Bund-Länder-Arbeitsgruppe zur Fortentwicklung einer umfassenden Konzeption der Ausländerbeschäftigungspolitik*, Bonn, den 17. Dezember 1976, IIc²–2400122.

BUNDESMINISTERIUM FÜR ARBEIT UND SOZIALORDNUNG, REFERAT ÖF-
FENTLICHKEITSARBEIT UND KOMMUNIKATION (Hrsg.). 2000. *Das IT-
Sofortprogramm der Bundesregierung: Informationen für ausländische IT-Fachkräfte
und Unternehmen*, Berlin.

BUNDESMINISTERIUM FÜR FAMILIE, FRAUEN UND JUGEND (Hrsg.). 2000.
*Sechster Familienbericht. Familien ausländischer Herkunft in Deutschland: Leistun-
gen – Belastungen – Herausforderungen*, Deutscher Bundestag, 14. Wahlperiode,
Drucksache 14/4357, Berlin/Bonn.

BUNDESMINISTERIUM FÜR FAMILIE, SENIOREN, FRAUEN UND JUGEND
(Hrsg.). 1999. *Die Bundesregierung. Programm „Frau und Beruf" – Aufbruch in die
Gleichstellungspolitik*, Bonn.

BUNDESMINISTERIUM FÜR FAMILIE, SENIOREN, FRAUEN UND JUGEND
(Hrsg.). 2004. *Bericht über die Auswirkungen der §§ 15 und 16 Bundeserziehungs-
geldgesetz. (Elternzeit und Teilzeitarbeit während der Elternzeit)*, Berlin/Bonn.

BUNDESMINISTERIUM FÜR FAMILIE, SENIOREN, FRAUEN UND JUGEND
(Hrsg.). 2005a. „Familie ja, Kinder nein. Was ist los in Deutschland?", in:
Monitor Familienforschung. Beiträge aus Forschung, Statistik und Familienpolitik,
Ausgabe 1–3, Jg. 2005, Berlin.

BUNDESMINISTERIUM FÜR FAMILIE, SENIOREN, FRAUEN UND JUGEND
(Hrsg.). 2005b. *Siebter Familienbericht. Familie zwischen Flexibilität und Verlässlich-
keit*, Berlin.

BUNDESMINISTERIUM FÜR FAMILIE, SENIOREN, FRAUEN UND JUGEND
(Hrsg.). 2006. „Erziehung, Haushalt und Beruf: Anforderungen und Unterstüt-
zungen für Familien", in: *Monitor Familienforschung. Beiträge aus Forschung,
Statistik und Familienpolitik*, Ausgabe 4–8, Jg. 2006, Berlin.

BUNDESMINISTERIUM FÜR FAMILIE, SENIOREN, FRAUEN UND JUGEND
(Hrsg.). 2007. „Kinderreichtum in Deutschland", in: *Monitor Familienforschung*,
Ausgabe Nr. 10, Berlin.

BUNDESRAT FÜR WIRTSCHAFT UND ARBEIT (Hrsg.). 2005. *Alterung und Familienpolitik. Gutachten des Wissenschaftlichen Beirats*, Dokumentation Nr. 548, Berlin.

BUNDESRAT. 2007. *Gesetz zur Anpassung der Regelaltersgrenze an die demografische
Entwicklung und zur Stärkung der Finanzierungsgrundlagen der gesetzlichen Rentenversicherung (RV-Altersgrenzenanpassungsgesetz)*, Drucksache 157/07 (Beschluss), Bundesanzeiger Verlagsgesellschaft mbH, Köln.

BUNDESREGIERUNG (Hrsg.). 2005. *Lebenslagen in Deutschland. Der 2. Armuts- und
Reichtumsbericht der Bundesregierung*, Berlin.

BUSINESSWEEK ONLINE [ohne Verfasser]. 2003. „The Stars of Asia – Opinion
Shapers. Mariko Bando – Director General, Gender Equality Bureau, Japan",
Ausgabe 09.06.2003, http://www.businessweek.com/magazine/content/03_23/
b3836628.htm (letzter Zugriff 28.09.2009).

BUTTERWEGGE, Christoph. 2003. „Familie und Familienpolitik im Wandel", in:
Christoph Butterwegge/Michael Klundt (Hrsg.), *Kinderarmut und Generationen-
gerechtigkeit. Familien und Sozialpolitik im demografischen Wandel*, Opladen: Leske
+ Budrich, S. 225–242.

BUTTERWEGGE, Christoph. 2006. *Krise und Zukunft des Sozialstaates*, Wiesbaden:
VS Verlag für Sozialwissenschaften.

BUTTERWEGGE, Christoph/KLUNDT, Michael. 2003. *Kinderarmut und Generationengerechtigkeit. Familien und Sozialpolitik im demografischen Wandel*, Opladen: Leske + Budrich.

CABINET OFFICE, GOVERNMENT OF JAPAN. 2004. „Annual Report on the Aging Society. 2004", http://www8.cao.go.jp/kourei/english/annualreport/2004/04wp-e.html (letzter Zugriff 23.11.2008).

CDU/CSU/SPD. 2005. *Gemeinsam für Deutschland – mit Mut und Menschlichkeit*, Koalitionsvertrag zwischen CDU, CSU und SPD, 11.11.2005, Berlin, http://www.cdu.de/doc/pdf/05_11_11_Koalitionsvertrag.pdf (letzter Zugriff 18.03.2010).

CHIAVACCI, David. 2004. „Japan als starker und schwacher Immigrationsstaat: Die Diskrepanz zwischen Anspruch und Realität der Migrationspolitik", in: Manfred Pohl/Iris Wieczorek (Hrsg.), *Japan 2004: Politik und Wirtschaft*, Hamburg: Institut für Asienkunde, S. 47–84.

CHITOSE, Yoshimi. 2004. „Policies Targeted to Families with Children. Policy Responses to Declining Fertility", in: National Institute of Population and Social Security Research (Hrsg.), *Child Related Policies in Japan*, Tōkyō: National Institute of Population and Social Security Research, S. 13–21.

CONRAD, Harald/LÜTZELER, Ralph. 2002. „German and Japanese Social Policy in Comparative Perspective. An Overview", in: Harald Conrad/Ralph Lützeler (Hrsg.), *Aging and Social Policy: A German-Japanese Comparison (Monographien aus dem Deutschen Institut für Japanstudien, Bd. 26)*, München: Iudicium, S. 11–34.

CONRAD, Harald. 2003. „Gibt es einen Paradigmenwechsel in der jüngeren japanischen Sozialpolitik? Reformen, Wirkungen, Hemmnisse", in: Manfred Pohl/Iris Wieczorek (Hrsg.), *Japan 2003: Politik und Wirtschaft*, Hamburg: Institut für Asienkunde, S. 75–97.

COULMAS, Florian. 2007. *Die Gesellschaft Japans: Arbeit, Familie und demografische Krise*, München: C. H. Beck.

DEUTSCHER BUNDESTAG (Hrsg.). 2002. *Schlussbericht der Enquete-Kommission „Demographischer Wandel – Herausforderungen unserer älter werdenden Gesellschaft an den Einzelnen und die Politik"*, Bundestagsdrucksache 14/8800 vom 28.03.2002, Berlin.

DEUTSCHES REICH. 1933. *Gesetz zur Verhütung erbkranken Nachwuchses vom 14. Juli 1933*, Reichsgesetzblatt I, 1933, Nr. 86, S. 529–531.

DEUTSCHES REICH. 1935. *Gesetz zur Änderung des GezVeN*, Reichsgesetzblatt I, S. 773.

DIXON, Ruth B. 1978. „Late Marriage and Non-Marriage as Demographic Responses. Are They Similar?", in: *Population Studies*, Jg. 32: 449–466.

DÖGE, Peter. 2006. „Männer – auf dem Weg zu aktiver Vaterschaft?", in: *Aus Politik und Zeitgeschichte*, 7/2007: 27–32.

DOHMEN, Dieter. 2007. *Bedarf, Kosten und Finanzierung des Kita-Ausbaus für die unter 3-Jährigen*, FiBS-Forum Nr. 38, Berlin: Forschungsinstitut für Bildungs- und Sozialökonomie.

DOI, Tōji. 1941. *Kokumin yūsei-hō* [Nationales Eugenikgesetz], Kyōto: Kyōiku Tosho.

DORBRITZ, Jürgen. 2004. „Demographisches Wissen, Einstellungen zum demographischen Wandel und Ursachen des Geburtenrückgangs", in: *Zeitschrift für Bevölkerungswissenschaft*, Jg. 29, 3–4/2004: 329–361.

DORBRITZ, Jürgen. 2005. „Kinderlosigkeit in Deutschland und Europa. Daten, Trends und Einstellungen", in: *Zeitschrift für Bevölkerungswissenschaft*, Jg. 30, 4/2005: 359–408.

DORBRITZ, Jürgen/LENGERER, Andrea/RUCKDESCHEL, Kerstin. 2005. *Einstellungen zu demographischen Trends und zu bevölkerungsrelevanten Politiken. Ergebnisse der Policy Acceptance Study in Deutschland*, Wiesbaden: Bundesinstitut für Bevölkerungsforschung.

ECKHARD, Jan. 2006. „Kinderlosigkeit durch Partnerschaftslosigkeit. Der Wandel der Partnerschaftsbiographien und Zusammenhänge mit der Geburtenentwicklung", in: *Zeitschrift für Bevölkerungswissenschaft*, Jg. 31, 1/2006: 105–125.

EGGEN, Bernd/RUPP, Martina. 2007. „Kinderreichtum. Eine Ausnahme in der neueren Geschichte", in: *Statistisches Monatsheft Baden-Württemberg*, Heft 3: 6–14.

EHMER, Josef. 2004. „‚Nationalsozialistische Bevölkerungspolitik' in der neueren historischen Forschung", in: Rainer Mackensen (Hrsg.), *Bevölkerungslehre und Bevölkerungspolitik im „Dritten Reich"*, Opladen: Leske + Budrich, S. 21–44.

EHMER, Josef (Hrsg.). 2006. *Bevölkerungskonstruktionen in Geschichte, Sozialwissenschaften und Politiken des 20. Jahrhunderts: transdisziplinäre und internationale Perspektiven*, Köln: Zentrum für Historische Sozialforschung.

ELTERN-GRUPPE/G+J MEDIAFORSCHUNG/INSTITUT FÜR DEMOSKOPIE ALLENSBACH. 2005. *Familienanalyse 2005*, München.

ESPING-ANDERSEN, Gøsta. 1990. *The Three Worlds of Welfare Capitalism*, Cambridge: Polity Press.

ETHEREDGE, Lloyd S. 1981. „Government Learning: An Overview", in: Samuel L. Long (Hrsg.), *The Handbook of Political Behavior (Bd. 2)*, New York: Plenum Press, S. 73–161.

ETŌ MURASE, Mikiko. 2000. „The Establishment of Long-Term Care Insurance", in: Hideo Ōtake (Hrsg.), *Power Shuffles and Policy Processes: Coalition Government in Japan in the 1990s*, Tōkyō/New York: Japan Center for International Exchange, S. 21–50.

ETŌ MURASE, Mikiko. 2001. „Women's Leverage on Social Policymaking in Japan", in: *Political Science and Politics*, 34 (2): 241–246.

ETTE, Andreas/RUCKDESCHEL, Kerstin. 2007. „Die Oma macht den Unterschied! Der Einfluss institutioneller und informeller Unterstützung für Eltern auf ihre weiteren Kinderwünsche", in: *Zeitschrift für Bevölkerungswissenschaft*, Jg. 32, 1–2/2007: 51–72.

ETZEMÜLLER, Thomas. 2007. *Ein ewigwährender Untergang: Der apokalyptische Bevölkerungsdiskurs im 20. Jahrhundert*, Bielefeld: transcript/PRO.

EUROPÄISCHE KOMMISSION, STATISTISCHES AMT (Hrsg.). 2003. *Eurostat-Jahrbuch 2003. Der statistische Wegweiser durch Europa. Daten aus den Jahren 1991–2001*, Luxemburg: Amt für amtliche Veröffentlichungen der Europäischen Gemeinschaften.

EUROPÄISCHE KOMMISSION, STATISTISCHES AMT (Hrsg.). 2009. *Europa in Zahlen – Eurostat-Jahrbuch 2009*, Luxemburg: Amt für amtliche Veröffentlichungen der Europäischen Gemeinschaften.

EVERS, Adalbert; HEINZE, Rolf G. (Hrsg.). 2008. *Sozialpolitik. Ökonomisierung und Entgrenzung*, VS Verlag für Sozialwissenschaften, Wiesbaden.

FEENEY, Griffith. 1990. „The Demography of Aging in Japan: 1950–2025", in: NUPRI Research Paper Series, Nr. 55, Tōkyō: Nihon University Population Research Institute.

FERTIG, Michael/TAMM, Marcus. 2006. „Kinderarmut in reichen Ländern", in: *Aus Politik und Zeitgeschichte*, 26/2006: 18–24.

FISCHER, Sebastian. 2007. „Stoiber kämpft für die CSU-Familie", *Spiegel Online*, Ausgabe 24.05.2007, http://www.spiegel.de/politik/deutschland/0,1518,484756,00.html (letzter Zugriff 20.03.2010).

FOREIGN PRESS CENTER JAPAN (Hrsg.). 2005. „Japan's population registers first decline", Media Resources, Japan Brief, Onlineausgabe vom 26.12.2005, http://www.fpcj.jp/old/e/mres/japanbrief/jb_598.html (letzter Zugriff 14.02. 2010).

FOUNDATION FOR CHILDREN'S FUTURE. 2003. *Child Welfare: Information from Japan*, Nr. 6, Tōkyō: Foundation for Children's Future.

FOUNDATION FOR CHILDREN'S FUTURE. 2007. *Child Welfare: Information from Japan*, Nr. 10, Tōkyō: Foundation for Children's Future.

FTHENAKIS, Wassilios Emmanuel. 2006. „Familien: auch heute ein Zukunftsmodell. Perspektiven für die Familienpolitik", in: Christine Henry-Huthmacher (Hrsg.), *Politik für Familien: Wege in eine kinderfreundliche Gesellschaft*, Freiburg im Breisgau/Basel/Wien: Herder Verlag, S. 15–57.

FUBOREN. 2003. *Tōkyō-to hoikuen fubo no renrakukai, ,Tōkyō fuboren'* [Verbindungskonferenz der Elternbeiräte der Kindertagesstätten in Tōkyō, ,Tōkyō fuboren'], http://homepage1.nifty.com/tokyo-fuboren/index.htm (letzter Zugriff 28.09. 2005).

FUKUDA, Nobutaka. 2003. „Comparing Family-Friendly Policies in Japan and Europe – Are We in the Same or in a Different League?", in: *Journal of Population and Social Security: Population Study 1*: 31–45.

FUKUDA, Shizue. 2001. *Kore kara no jidō fukushi* [Die Zukunft der Kinderwohlfahrt], Kyōto: Miverva Shobō.

GALTON, Francis. 1883. *Inquiries Into Human Faculty and Its Development*, London: J. M. Dent and Co/New York: E.P. Dutton and Co.

GARON, Shaldon. 1997. *Molding Japanese Minds: The State in Everyday Life*, Princeton: Princeton University Press.

GAUTHIER, Anne Helene. 1996. *The State and the Family: A Comparative Analysis of Family Policies in Industrialized Countries*, Oxford: Claredon Press.

GESTRICH, Andreas. 1999. *Geschichte der Familie im 19. und 20. Jahrhundert*, München: Oldenbourg.

GOODMAN, Roger. 2000. *Children of the Japanese State: The Changing Role of Child Protection Institutions in Contemporary Japan*, Oxford, UK/Tōkyō: Oxford University Press.

GRUESCU, Sandra/RÜRUP, Bert. 2005. „Nachhaltige Familienpolitik", in: *Aus Politik und Zeitgeschichte*, 23–24/2005: 3–6.

GRÜNHEID, Evelyn. 2006. „Die demographische Lage in Deutschland 2005", in: *Zeitschrift für Bevölkerungswissenschaft*, Jg. 31, 1/2006: 3–104.

HAAK, René (Hrsg.). 2006. *Arbeitswelten in Japan (Jahrbuch des Deutschen Instituts für Japanstudien, Bd. 18)*, München: Iudicium.

HAHN, Daphne. 2000. *Modernisierung und Biopolitik: Sterilisation und Schwangerschaftsabbruch nach 1945*, Frankfurt a. M./New York: Campus Verlag.

HAILBRONNER, Kay. 2001. „Reform des Zuwanderungsrechts. Konsens und Dissens in der Ausländerpolitik", in: *Aus Politik und Zeitgeschichte*, B 43/2001: 7–19.

HALL, Peter A. 1989a. „Introduction", in: Peter Hall (Hrsg.), *The Political Power of Economic Ideas: Keynesianism Across Nations*, Princeton, N. J.: Princeton University Press, S. 3–26.

HALL, Peter A. 1989b. „Conclusion", in: Peter Hall (Hrsg.), *The Political Power of Economic Ideas: Keynesianism Across Nations*, Princeton, N. J.: Princeton University Press, S. 361–391.

HALL, Peter A. 1993. „Policy Paradigms, Social Learning and the State. The Case of Policymaking in Britain", in: *Comparative Politics*, 25: 275–296.

HARTMANN, Jürgen. 1992. *Politik in Japan: Das Innenleben einer Wirtschaftsweltmacht*, Frankfurt a. M./New York: Campus Verlag.

HECLO, Hugh. 1974. *Modern Social Politics in Britain and Sweden: From Relief to Income Maintenance*, New Haven: Yale University Press.

HEIGL, Andreas. 2007. „Demographische Entwicklung und Ökonomie: Was kommt auf uns zu?", in: *Zeitschrift für Bevölkerungswissenschaft*, Jg. 32, 3–4/2007: 445–468.

HENRY-HUTHMACHER, Christine. 2006. *Politik für Familien: Wege in eine kinderfreundliche Gesellschaft*, Freiburg im Breisgau/Basel/Wien: Herder.

HIGUCHI, Keiko. 1997. „Toward a Bright and Cheerful Aged Society with Fewer Children", in: Foreign Press Center (Hrsg.), *What Is Needed For a Rapidly Aging Society*, Reference Reading Series 26: 45–53.

HOF, Bernd. (2001). *Auswirkungen und Konsequenzen der demographischen Entwicklung für die gesetzliche Kranken- und Pflegeversicherung. PKV-Dokumentation 24*, Köln: Verband der privaten Krankenversicherung e. V.

HÖHN, Charlotte. 1988. „Population Policies in Advanced Societies: Pronatalist and Migration Strategies", in: *European Journal of Population* 3, 3/4: 459–481.

HÖHN, Charlotte. 2000. „Demographische Probleme des 21. Jahrhunderts aus deutscher Sicht", in: *Zeitschrift für Bevölkerungswissenschaft*, Jg. 25, 3–4/2000: 375–398.

HORLACHER, David E. 2002. „Population Ageing in Japan: Economic Issues and Implications for Southeast Asia", Vortrag vom 13.10.2002 auf der 2002 IUSSP Regional Population Conference, Bangkok, Thailand.

HOUSE OF COUNCILLORS, INVESTIGATION COMMITTEE ON NATIONAL LIFE AND ECONOMY. 1996. *Appropriate Economic Management to Respond to the Demand of the Economic Society in the 21ˢᵗ Century – Summary*, Tōkyō: House of Councillors, Research Office.

HÜLSKAMP, Nicola. 2006. *Ursachen niedriger Fertilität in hoch entwickelten Staaten. Soziologische, ökonomische und politische Einflussfaktoren*, Köln: KUV.

HÜLSKAMP, Nicola/SEYDA, Susanne. 2004. *Staatliche Familienpolitik in der sozialen Marktwirtschaft. Ökonomische Analyse und Bewertung familienpolitischer Maßnahmen*, Köln: Deutscher Instituts-Verlag.

INSTITUT FÜR ASIENKUNDE, HAMBURG (Hrsg.). 1993a. „Gerichtsurteil hebt Benachteiligung nichtehelicher Kinder bei Erbfolge auf", in: *Japan – Wirtschaft, Politik, Gesellschaft*, Institut für Asienkunde, Hamburg, Heft 2: 162.

INSTITUT FÜR ASIENKUNDE, HAMBURG (Hrsg.). 1993b. „Kinderreiche Familien erwünscht", in: *Japan – Wirtschaft, Politik, Gesellschaft*, Institut für Asienkunde, Hamburg, Heft 1: 77.

INSTITUT FÜR ASIENKUNDE, HAMBURG (Hrsg.). 1996. „Kinderwohlfahrtsprogramm ,Angel Plan' wegen Personalnöten zurückgeschnitten", in: *Japan aktuell – Wirtschaft, Politik, Gesellschaft*, Heft 6: 636.

INSTITUT FÜR ASIENKUNDE, HAMBURG (Hrsg.). 2002. „Neues Gesetz soll Eltern die Pflege von kranken Kindern erleichtern", in: *Japan aktuell – Wirtschaft, Politik, Gesellschaft*, Heft 1: 34.

INSTITUT FÜR DEMOSKOPIE ALLENSBACH (Hrsg.). 2004. *Einflußfaktoren auf die Geburtenrate. Ergebnisse einer Repräsentativbefragung der 18- bis 44jährigen Bevölkerung*, Allensbach, http://www.ifd-allensbach.de/pdf/akt_0407.pdf (letzter Zugriff 25.02.2010).

INSTITUT FÜR SOZIOLOGIE UND SOZIALPOLITIK DER AKADEMIE DER WISSENSCHAFTEN DER DDR (Hrsg.). 1984. *Demographische Prozesse und Bevölkerungspolitik in der Deutschen Demokratischen Republik 1970 bis 1983*, Wissenschaftlicher Rat für Sozialpolitik und Demografie beim Wissenschaftlichen Rat für die Wirtschaftswissenschaftliche Forschung der Akademie der Wissenschaften der DDR, Berlin.

IWAO, Sumiko. 1993. *The Japanese Woman: Traditional Image and Changing Reality*, New York: Free Press.

IRIYAMA, Kaoru. 2003. „Länderinfo: Zuwanderung nach Japan", Migration und Bevölkerung, 04/2003, http://www.migration-info.de/migration_und_bevoelkerung/artikel/030406.htm (letzter Zugriff 22.01.2009).

JINKŌ MONDAI SHINGIKAI, TŌKYŌ (Hrsg.). 1959. *Jinkō Hakusho: Tenkanki Nihon no jinkō mondai* [Bevölkerungsweißbuch: Wendepunkt der Bevölkerungsfrage Japans], Tōkyō: Ōkurashō Insatsukyoku.

JOLIVET, Muriel. 1997. *Japan: The Childless Society?*, London/New York: Routledge.

KAJITA, Takamichi. 1998. „The Challenge of Incorporating Foreigners in Japan. ,Ethnic Japanese' and ,Sociological Japanese'", in: Myron Weiner, Tadashi Hanami (Hrsg.), *Temporary Workers of Future Citizens? Japanese and U.S. Migration Policies*, New York: New York University Press, S. 120–147.

KASHIWAZAKI, Chikako/AKAHA, Tsuneo. 2006. „Japanese Immigration Policy: Responding to Conflicting Pressures", Migration Information Source, http://www.migrationinformation.org/Profiles/display.cfm?ID=487 (letzter Zugriff 20.01.2009).

KAUFMANN, Franz-Xaver. 2002. „Politics and Policies towards the Family in Europe: A Framework and an Inquiry into their Differences and Convergences", in: Franz-Xaver Kaufmann et al. (Hrsg.), *Family Life and Family Policies in Europe, Volume 2, Problems and Issues in Comparative Perspective*, Oxford: Oxford University Press, S. 419–490.

KAUFMANN, Franz-Xaver. 2003. *Varianten des Wohlfahrtsstaats. Der deutsche Sozialstaat im internationalen Vergleich*, Frankfurt a. M.: Suhrkamp.

KAUFMANN, Franz-Xaver. 2005. *Schrumpfende Gesellschaft. Vom Bevölkerungsrückgang und seinen Folgen*, Frankfurt a. M.: Suhrkamp.

KAUTSKY, Karl Johann. 1924. *Der Kampf gegen den Geburtenrückgang. Kapitalistische oder sozialistische Geburtenpolitik*, Wien: Verlag der Wiener Volksbuchhandlung.

KEVENHÖRSTER, Paul. 1993. *Politik und Gesellschaft in Japan*, Mannheim: B.I.-Taschenbuchverlag.

KEVENHÖRSTER, Paul/PASCHA, Werner/SHIRE, Karen. 2010. *Japan. Wirtschaft – Gesellschaft – Politik (2., aktualisierte Auflage)*, Wiesbaden: VS Verlag für Sozialwissenschaften.

KIMURA, Rihito. 2002. „Bioethical Public Policy and the Making of the 1997 Japanese Long-Term Care Insurance Law", in: Harald Conrad/Ralph Lützeler (Hrsg.), *Aging and social policy: a German-Japanese comparison (Monographien aus dem Deutschen Institut für Japanstudien, Bd. 26)*, München: Iudicium, S. 335–349.

KISTLER, Ernst/HILPERT, Markus. 2001. „Auswirkungen des demographischen Wandels auf Arbeit und Arbeitslosigkeit", in: *Aus Politik und Zeitgeschichte*, B 3–4/2001: 5–13.

KLEIN, Axel. 2006. *Das politische System Japans*, Bonn: Bier'sche Verlagsanstalt.

KLEMENT, Carmen/RUDOLPH, Brigitte. 2003. „Auswirkungen staatlicher Rahmenbedingungen und kultureller Leitbilder auf das Geschlechterverhältnis. Deutschland und Finnland", in: *Aus Politik und Zeitgeschichte*, 44/2003: 23–30.

KOCH, Matthias. 2007. „Von parasitären Singles und pagodenförmigen Bevölkerungspyramiden. Zum bevölkerungswissenschaftlichen Wortschatz aus multilingualer und interkultureller Perspektive", in: *DIJ Newsletter*, 31 (Juni 2007): 1–2.

KOCH, Matthias/HARMER, Claus/COULMAS, Florian. 2007. *Trilingual Glossary of Demographic Terminology*, Leiden/Boston: Brill.

KOHLBACHER, Florian/HERSTATT, Cornelius (Hrsg.). 2008. *The Silver Market Phenomenon. Business Opportunities in an Era of Demographic Change*, Berlin: Springer.

KOHLI, Martin/KÜNEMUND, Harald (Hrsg.). 2000. *Die zweite Lebenshälfte: Gesellschaftliche Lage und Partizipation im Spiegel des Alters-Surveys*, Opladen: Leske + Budrich.

KÖLLNER, Patrick. 2006. *Die Organisation japanischer Parteien. Entstehung, Wandel und Auswirkungen formaler und informeller Institutionen*, Mitteilungen des Instituts für Asienkunde Hamburg, Nr. 390, Hamburg: IFA.

KONDŌ, Atsushi. 2002. „Development of Immigration Policy in Japan", in: *Asian and Pacific Migration Journal*, 11 (4): 415–436.

KŌNO, Shigemi/OKADA, Minoru. 1992. *Tei-shusseiryoku o meguru sho-mondai* [Verschiedene Fragen im Zusammenhang mit einem niedrigen Fertilitätsniveau], Tōkyō: Taimeidō.

KŌNO, Shigemi. 1996. „Demographic Aspects of Population Ageing in Japan", in: *Ageing in Japan*, Tōkyō: Japan Ageing Research Center, S. 5–52.

KŌSEISHŌ JIDŌKYOKU (Hrsg.). 1963. *Jidō fukushi hakusho* [Weißbuch der Kinderwohlfahrt], Tōkyō: Kōsei mondai kenkyūkai.

KŌSHIRO, Kazutoshi. 1998. „Does Japan Need Immigrants?", in: Myron Weiner/Tadashi Hanami (Hrsg.), *Temporary Workers or Future Citizens: Japanese and U.S. Migration Policies*, New York: New York University Press, S. 151–176.

KRETSCHMAR, Heike. 1997. *Zur Praxis der Geburtenpolitik und des Schwanger-schaftsabbruchs in der Zeit des Nationalsozialismus in Deutschland von 1933 bis 1945*, Dissertation, Institut für Geschichte der Medizin des Universitätsklini-kums Charité der Humboldt-Universität zu Berlin, Berlin.

KRÖHNERT, Steffen/KLINGHOLZ, Reiner. 2005. „Emanzipation oder Kinder-geld? Der europäische Vergleich lehrt, was man für höhere Geburtenraten tun kann", in: *Sozialer Fortschritt*, 54 (12): 280–290.

KÜHN, Heinz. 1979. *Stand und Weiterentwicklung der Integration der ausländischen Arbeitnehmer und ihrer Familien in der Bundesrepublik Deutschland. Memorandum des Beauftragten der Bundesregierung*, Bonn: Bundesminister für Arbeit und Sozialordnung.

KÜNZLER, Jan. 2002. „Paths Towards a Modernization of Gender Relations, Poli-cies, and Family Building", in: Franz-Xaver Kaufmann u.a. (Hrsg.), *Family Life and Family Policies in Europe, Vol. 2, Problems and Issues in Comparative Perspective*, Oxford: Oxford University Press, S. 252–298.

KUPFERSCHMIDT, Frank. 2007. *Umverteilung und Familienpolitik: eine empirische Analyse der Verteilungs- und Umverteilungswirkungen familienpolitischer Leistun-gen in Deutschland*, Frankfurt a. M./Berlin/Bern/Bruxelles/New York/Oxford/ Wien: Peter Lang Verlagsgruppe.

KURODA, Yasumasa. 2005. *The Core of Japanese Democracy. Latent Interparty Politics*, New York: Palgrave Macmillan.

LAMBERT, Priscilla Ann. 2004. *Japanese Family Policy in the 1990s: Business Consent in the Policy-Making Process*, Dissertation, University of California, San Diego.

LASSEGARD, Edith. 1993. „Japan", in: Moncrieff Cochran (Hrsg.), *International Handbook of Child Care Policies and Programs*, Westport, Conn.: Greenwood Press, S. 313–332.

LEENEN, Wolf Rainer. 1977. „Bevölkerungsentwicklung und Bevölkerungspolitik in beiden deutschen Staaten", in: *Deutschland Archiv*, Jg. 10: 609–625.

LENGERER, Andrea. 2004. „Zur Akzeptanz von Familienpolitik", in: *Zeitschrift für Bevölkerungswissenschaft*, Jg. 29, 3–4/2004: 387–420.

LEWIS, Jane. 1992. „Gender and the Development of Welfare Regimes", in: *Journal for European Social Policy*, Bd. 2, 159–173.

LEWIS, Jane/OSTNER, Ilona. 1994. „Gender and the Evolution of European Social Policies", Universität Bremen, Zentrum für Sozialpolitik, ZeS-Arbeitspapier Nr. 4/94.

LIE, John. 2000. „The Discourse of Japaneseness", in: Mike Douglass/Glenda S. Roberts (Hrsg.), *Japan and Global Migration: Foreign Workers and the Advent of a Multicultural Society*, London/New York: Routledge, S. 70–90.

LÖRCHER, Siegfried. 1980. „Sozialversicherung, Altersversorgung, Rentensys-tem", in: Manfred Pohl (Hrsg.), *Japan 1979/80: Politik und Wirtschaft*, Hamburg: Institut für Asienkunde, S. 81–106.

LÜTZELER, Ralph. 1992. *Bevölkerung und Hochwachstum. Geografische Aspekte der natürlichen Bevölkerungsbewegung in Japan seit Beginn der wirtschaftlichen Hoch-wachstumsphase*, Marburger Japan-Reihe 8, Marburg: Förderverein Marburger Japan-Reihe.

LÜTZELER, Ralph. 2008. „Regional Demographics", in: Florian Coulmas/Harald Conrad/Annette Schad-Seifert/Gabriele Vogt (Hrsg.), *The Demographic Challen-ge: A Handbook about Japan*, Leiden/Boston: Brill, S. 61–79.

MAAS, Gertrud. 1943. „Die Kinderzahl in Ehen mit und ohne Ehestandsdarlehen", in: *Archiv für Rassen- und Gesellschaftsbiologie*, Bd. 37: 227–275.

MACKENROTH, Gerhard. 1953. *Bevölkerungslehre. Theorie, Soziologie und Statistik der Bevölkerung*, Berlin/Göttingen/Heidelberg: Springer.

MACKENSEN, Rainer; REULECKE, Jürgen (Hrsg.). 2005. *Das Konstrukt „Bevölkerung" vor, im und nach dem „Dritten Reich"*, Wiesbaden: VS Verlag für Sozialwissenschaften.

MALEK, Tanja/HILKERMEIER, Lena. 2003. „Überlegungen zur Bedeutung organisationaler Lernansätze in der und für die Politikwissenschaft", in: Matthias L. Maier/Frank Nullmeier/Tanja Pritzlaff (Hrsg.), *Politik als Lernprozess?*, Opladen: Leske + Budrich, S. 78–97.

MALTHUS, Thomas Robert. 1798. *An Essay on the Principle of Population, as it Affects the Future Improvement of Society*, London.

MATZ, Klaus-Jürgen. 1980. *Pauperismus und Bevölkerung. Die gesetzlichen Ehebeschränkungen in den süddeutschen Staaten während des 19. Jahrhunderts*, Stuttgart: Klett-Cotta.

MAU, Steffen/Verwiebe, Roland. 2009. *Die Sozialstruktur Europas*, Konstanz: UVK-Verlagsgesellschaft.

MAYER, Hans-Jürgen. 1998. „Minderheiten: Probleme und Perspektiven", in: Manfred Pohl/Hans Jürgen-Mayer (Hrsg.), *Länderbericht Japan*, Bonn: Bundeszentrale für politische Bildung, S. 117–123.

McLANAHAN, Sara. 2004. „Diverging Destinies: How Children are Faring Under the Second Demographic Transition", in: *Demography*, 41 (4): 607–627.

METZLER, Manuel. 2004. „Jugendhilfe in Japan: Reformen und zukünftige Aufgaben", in: Manfred Pohl/Iris Wieczorek (Hrsg.), *Japan 2004: Politik und Wirtschaft*, Hamburg: Institut für Asienkunde, S. 285–307.

METZLER, Manuel. 2005. „Sinkende Kinderzahlen in Japan. Schlaglichter aus soziologischer Sicht", in: *Japan aktuell – Wirtschaft, Politik, Gesellschaft*, Heft 1: 18–25.

MINISTRY OF HEALTH, LABOUR AND WELFARE. 2000. „Report from the ‚Sukoyaka Family 21' Planning Committee. National Campaign for Maternal and Child Health until 2010", http://www.mhlw.go.jp/english/wp/other/councils/sukoyaka21/ (letzter Zugriff 24.08.2005).

MIYAKE, Yoshiko. 1991. „Doubling Expectations: Motherhood and Women Factory Work Under State Management in Japan in the 1930s and 1940s", in: Gail Lee Bernstein (Hrsg.), *Recreating Japanese Women, 1600–1945*, Berkeley: University of California Press, S. 267–295.

MOMOSE, Takashi. 1997. *Nihon fukushi seido shi* [Die Geschichte des japanischen Wohlfahrtssystems], Tōkyō: Minerva Shobō.

MÜNZ, Rainer. 2001. „Geregelte Zuwanderung: Eine Zukunftsfrage für Deutschland", in: *Aus Politik und Zeitgeschichte*, B 43/2001: 3–6.

MURAMATSU, Minoru. 1996. „The Story of Family Planning in Japan", in: *Japan Echo*, Jg. 23, Sonderausgabe („The Greying Society"): 30–34.

NADERI, Robert. 2004. „Einstellungen gegenüber Ausländern in Deutschland", in: *Zeitschrift für Bevölkerungswissenschaft*, Jg. 29, 3–4/2004: 471–492.

NAEGELE, Gerhard. 2001. „Demographischer Wandel und Erwerbsarbeit", in: *Aus Politik und Zeitgeschichte*, B 3–4/2001: 3–4.

NAGASE, Nobuko. 2001. „Balancing Work and Family in Japan. Inertia and a Need for Change", Vortrag am „Think Social Harmony: Canada-Japan Social Policy Symposium", 23.–24.06.2001, Ochanomizu University, Tōkyō, http://www.asiapacificresearch.ca/caprn/cjsp_project/work_paper.cfm (letzter Zugriff 18.07.2005)

NAKAJIMA, Kuni. 1984. „Kokkateki bosei – senjika no joseikan" [Staatliche Mutterschaft – Das Frauenbild in Kriegszeiten], in: Joseigaku Kenkyūkai (Hrsg.), *Onna no imeeji*, Tōkyō: Keisō Shobō, S. 235–263.

NATIONAL INSTITUTE OF POPULATION AND SOCIAL SECURITY RESEARCH (Hrsg.). 1995. „Overview of the Result of the 2nd Public Opinion Survey on Population Issues in Japan", Institute of Population Problems, Ministry of Health and Welfare, Tōkyō, http://www.ipss.go.jp/ps-chosa/e/pospi_2nd/jinko3.pdf (letzter Zugriff 18.01.2010).

NATIONAL INSTITUTE OF POPULATION AND SOCIAL SECURITY RESEARCH (Hrsg.). 2000. „The 2nd Survey of Japanese Family Household Report", Department of Population Structure Research, Tōkyō, http://www.ipss.go.jp/ps-katei/e/nsf_2nd/jinko4.pdf (letzter Zugriff 25.02.2010).

NATIONAL INSTITUTE OF POPULATION AND SOCIAL SECURITY RESEARCH (Hrsg.). 2002. „Population Projections for Japan 2001–2050", Tōkyō, http://www.ipss.go.jp/pp-newest/e/ppfj02/ppfj02.pdf (letzter Zugriff 29.01.2010).

NATIONAL INSTITUTE OF POPULATION AND SOCIAL SECURITY RESEARCH (Hrsg.). 2003. „Population Statistics of Japan 2003", Tōkyō: National Institute of Population and Social Security Research.

NATIONAL INSTITUTE OF POPULATION AND SOCIAL SECURITY RESEARCH (Hrsg.). 2003. „The Cost of Social Security in Japan Fiscal Year 2001", Tōkyō, http://www.ipss.go.jp/ss-cost/e/cost01/main.htm (letzter Zugriff 03.02.2010).

NATIONAL INSTITUTE OF POPULATION AND SOCIAL SECURITY RESEARCH (Hrsg.). 2008. „Population Statistics of Japan 2008", Tōkyō, http://www.ipss.go.jp/p-info/e/psj2008/PSJ2008.html (letzter Zugriff 25.02.2010).

NATIONAL WOMEN'S EDUCATION CENTER. 2005. „International Comparative Research on ‚Home Education' 2005: Survey on Children and the Family Life", http://www.nwec.jp/en/publish/page02.html (letzter Zugriff 19.04.2009).

NEUSS-KANEKO, Margret. 1990. *Familie und Gesellschaft in Japan*, München: C. H. Beck.

NIHON JINKŌ GAKKAI (Hrsg.). 2002. *Jinkō Daijiten* [Bevölkerungsenzyklopädie], Tōkyō: Baifūkan.

NIPPON KEIDANREN (Hrsg.). 2003a. „Interim Recommendations on Accepting Non-Japanese Workers", http://www.keidanren.or.jp/english/policy/2003/108.html (letzter Zugriff 29.01.2009).

NIPPON KEIDANREN (Hrsg.). 2003b. *Japan 2025: Envisioning a Vibrant, Attractive Nation in the Twenty-First Century*, Tōkyō: Keizai Kōhō Center.

NISHIO, Kanji. 1992. „*Rōdō sakoku*" *no susume* [Empfehlungen zur „Arbeiterabschottung"], Tōkyō: PHP Kenkyūjo.

OBERTREIS, Gesine. 1986. *Familienpolitik in der DDR 1945–1980*, Opladen: Leske + Budrich.

ŌBUCHI, Hiroshi/ATOH, Makoto (Hrsg.). 2005. Shōshika no seisakugaku [Analyse der politischen Maßnahmen zum Geburtenrückgang], Tōkyō: Hara Shobō.

OCHIAI, Emiko. 1997. *The Japanese Family System in Transition: A Sociological Analysis of Family Change in Postwar Japan*, Tōkyō: LTBC International Library Foundation.

ODUNCU, Fuat/PLATZER, Katrin/HENN, Wolfram (Hrsg.). 2005. *Der Zugriff auf den Embyo. Ethische, rechtliche und kulturvergleichende Aspekte der Reproduktionsmedizin*, Göttingen: Vandenhoeck & Ruprecht.

OGAWA, Naohiro/RETHERFORD, Robert D. 1993. „The Resumption of Fertility Decline in Japan: 1973–92", in: *Population Development Review*, 19 (4): 703–741.

OKAZAKI, Yōichi. 1994. „Economic Development and Population Problems in Postwar Japan", in: Population Problems Research Council (Mainichi Newspapers) (Hrsg.), *The Population and Society of Postwar Japan: Based on Half a Century of Surveys on Family Planning*, Tōkyō: Mainichi Newspapers, S. 29–47.

ŌNISHI, Takahiro. 2010. *Jitsu wa, nihon wa shōshika o mezashiteita* [In Wahrheit hatte Japan einen Geburtenrückgang beabsichtigt], *Nikkei Business*, 17.02.2010, Interview mit Hiroshi Kitō, Professor der Wirtschaftswissenschaft (Bereich Demografiegeschichte) der Sophia University, http://business.nikkeibp.co.jp/article/topics/20100215/212778/?P=1 (letzter Zugriff 21.10.2010).

ORGANIZATION FOR ECONOMIC COOPERATION AND DEVELOPMENT (Hrsg.). 2002. *OECD Employment Outlook 2002*, Paris: OECD.

OZAWA, Martha N. 1991. „Child Welfare Programmes in Japan", in: *Social Service Review*, 65/1: 1–21.

OZAWA, Martha N./KŌNO, Shigemi. 1997. „Child Well-being in Japan: The High Cost of Economic Success", in: Giovanni Andrea Cornia/Sheldon Danziger (Hrsg.), *Child Poverty and Deprivation in the Industrialized Countries, 1945–1995*, Oxford: Clarendon Press, S. 307–334.

PAUER, Erich. 1995. „Die Rolle des Staates in Industrialisierung und Modernisierung", in: Gesine Foljanty-Jost/Anna-Maria Thränhardt (Hrsg.), *Der schlanke japanische Staat: Vorbild oder Schreckbild?*, Opladen: Leske + Budrich, S. 28–47.

PAUL, Alexander. 1941. „Steigerung der ehelichen Fruchtbarkeit", in: *Archiv für Bevölkerungswissenschaft und Bevölkerungspolitik*, Jg. 11: 232–246.

PENG, Ito. 2000. „Childcare Policies in Japan: Postwar Developments and Recent Reforms", in: Thomas P. Boje/Arnlaug, Leira (Hrsg.), *Gender, Welfare State and the Market: Towards a New Division of Labour*, London/New York: Routledge, S. 175–205.

PENG, Ito. 2001. „Women in the Middle: Welfare State Expansion and Devolution in Japan", in: *Social Politics*, 8: 191–196.

PFISTER, Christian. 2007. *Bevölkerungsgeschichte und historische Demographie 1500–1800*, in: Lothar Gall (Hrsg.), *Enzyklopädie deutscher Geschichte Band 28* (2. Auflage), München: Oldenbourg.

PINL, Claudia. 2003. „Uralt, aber immer noch rüstig: der deutsche Ernährer", in: *Aus Politik und Zeitgeschichte*, 44/2003: 6–11.

POHL, Manfred (Hrsg.). 1981. *Japan 1980/81: Politik und Wirtschaft*, Hamburg: Institut für Asienkunde.

POHL, Manfred. 2005. *Geschichte Japans*, 3. Auflage, München: C. H. Beck.

PREUSS, Roland. 2010. *Die Greencard fehlt*, Süddeutsche Zeitung vom 1. März 2010, http://www.sueddeutsche.de/wirtschaft/it-branche-die-green-card-fehlt-1. 9542 (letzter Zugriff 21.06.2010).

RAYMO, James M. 1998: „Later Marriage or Fewer? Changes in the Marital Behavior of Japanese Women", in: *Journal of Marriage and the Family*, 60 (4): 1023–1034.

REGIERUNGSKANZLEI DER DEUTSCHEN DEMOKRATISCHEN REPUBLIK (Hrsg.), „Gesetz über den Mutter- und Kinderschutz und die Rechte der Frau vom 27.09.1950", in: *Gesetzblatt der Deutschen Demokratischen Republik 1950*, Nr. 111, Berlin (Ost), S. 1037–1041.

REISER, Marion/SCHNAPP, Kai-Uwe. 2007. „Jenseits der Linearität – konzeptionelle Grundlagen für die Beschreibung diskontinuierlicher Entwicklungsprozesse", in: Dorothée de Nève/Marion Reiser/Kai-Uwe Schnapp (Hrsg.), *Herausforderung – Akteur – Reaktion. Diskontinuierlicher sozialer Wandel aus theoretischer und empirischer Perspektive*, Baden-Baden: Nomos, S. 25–51.

RETHERFORD, Robert D./OGAWA, Naohiro/SAKAMOTO, Satomi. 1999. „Values and Fertility Change in Japan", in: Richard Leete (Hrsg.), *Dynamics of Value in Fertility Change*, Oxford: Oxford University Press, S. 121–147.

RETHERFORD, Robert D./OGAWA, Naohiro/MATSUKURA, Rikiya/IHARA, Hajime. 2004. *Trends in Fertility by Education in Japan, 1966–2000*, Tōkyō: Nihon University Population Research Institute.

ROBERTS, Glenda S. 2002. „Pinning Hopes on Angels: Reflections from an Aging Japan's Urban Landscape", in: Roger Goodman (Hrsg.), *Family and Social Policy in Japan: Anthropological Approaches*, Cambridge/New York: Cambridge University Press, S. 54–91.

ROSE, Richard. 1993. *Lesson-Drawing in Public Policy: A Guide to Learning Across Time and Space*, Chatham, N. J.: Chatham House Publishers.

ROSENBLUTH, Frances. 2001. „The Comparative Politics of Gender", Vortrag im Rahmen des Meetings der American Political Science Association in San Francisco, 29.08.–03.09.2001.

RUDD, Christopher. 1994. „Japan's Welfare Mix", in: *The Japan Foundation Newsletter*, 22/3: 14–17.

RÜLING, Anneli/KASSNER, Karsten. 2007. *Familienpolitik aus der Gleichstellungsperspektive. Ein europäischer Vergleich*, Berlin: Friedrich-Ebert-Stiftung.

RÜLING, Anneli/KASSNER, Karsten/GROTTIAN, Peter. 2004. „Geschlechterdemokratie leben. Junge Eltern zwischen Familienpolitik und Alltagserfahrungen", in: *Aus Politik und Zeitgeschichte*, B 19/2004: 11–18.

RÜRUP, Bert/GRUESCU, Sandra. 2003. *Nachhaltige Familienpolitik im Interesse einer aktiven Bevölkerungsentwicklung*, Berlin: Bundesministerium für Familie, Senioren, Frauen und Jugend.

RÜRUP, Bert/GRUESCU, Sandra. 2005. *Familienorientierte Arbeitszeitmuster. Neue Wege zu Wachstum und Beschäftigung*, Berlin: Bundesministerium für Familie, Senioren, Frauen und Jugend.

RYŪICHI, Kaneko/ISHIKAWA, Akira/ISHII, Futoshi/SASAI, Tsukasa/IWASAWA, Miho/MITA, Fusami/MORIIZUMI, Rie. 2008. „Population Projections for Japan 2006–2055. Outline of Results, Methods, and Assumptions", in: *The Japanese Journal of Population*, Jg. 6, Nr. 1: 76–114.

SABATIER, Paul. A./JENKINS-SMITH, Hank C. 1999. „The Advocacy Coalition Framework. An Assessment", in: Paul A. Sabatier (Hrsg.), *Theories of the Policy Process*, Boulder/San Francicso/Oxford: Westview Press, S. 117–166.

SACKS, Paul. 1980. „State Structure and the Asymmetrical Society: An Approach to Public Policy in Britain", in: *Comparative Politics*, 12 (April 1980): 349–476.

SCHAD-SEIFERT, Annette. 2002. „(Ehe-)Paarhaushalt als Auslaufmodell? Die Debatte um Parasiten-Singles in Japan", in: Manfred Pohl/Iris Wieczorek (Hrsg.), *Japan 2001/2002 – Politik und Wirtschaft*, Hamburg: Institut für Asienkunde, S. 228–253.

SCHAD-SEIFERT, Annette. 2006. „Coping with Low Fertility? Japan's Government Measures for a Gender Equal Society", *DIJ Working Paper*, 06/4, http:// www.dijtokyo.org/publications/WP0604-%20Schad.pdf (letzter Zugriff 15.12. 2009).

SCHÄFERS, Bernhard/ZIMMERMANN, Günter E. 1995. „Armut und Familie – Zunahme der familialen Verarmung seit den 70er Jahren", in: Bernhard Nauck/ Corinna Onnen-Isemann (Hrsg.), *Familie im Brennpunkt von Wissenschaft und Forschung*, Neuwied/Kriftel/Berlin: Luchterhand, S. 561–578.

SCHEUING, Volker. 2004. „Vergessene Debatte über den Geburtenrückgang", Frankfurter Allgemeine Zeitung vom 22. Juni 2004, S. 8.

SCHMID, Josef. 2001. „Bevölkerungsentwicklung und Migration in Deutschland", in: *Aus Politik und Zeitgeschichte*, B 43/2001: 20–30.

SCHMITT, Christian. 2007. „Familiengründung und Erwerbstätigkeit im Lebenslauf", in: *Aus Politik und Zeitgeschichte*, 7/2007: 3–8.

SCHNEIDER, Norbert F./LIMMER, Ruth/RUCKDESCHEL, Kerstin. 2002. „Berufsmobilität und Lebensform. Sind berufliche Mobilitätserfordernisse in Zeiten der Globalisierung noch mit Familie vereinbar?", in: *Schriftenreihe des Bundesministeriums für Familie, Senioren, Frauen und Jugend*, Bd. 208, Stuttgart u.a.: Kohlhammer.

SCHÖNWÄLDER, Karen. 2006. „Politikwandel in der (bundes-)deutschen Migrationspolitik", in: Ulrike Davy/Albrecht Weber (Hrsg.), *Paradigmenwechsel in Einwanderungsfragen? Überlegungen zum neuen Zuwanderungsgesetz*, Baden-Baden: Nomos, S. 8–22.

SCHULZ, Reiner/SWIACZNY, Frank. 2005. „Bericht 2005 zur Entwicklung der Weltbevölkerung. Aktuelle demographische Trends", in: *Zeitschrift für Bevölkerungswissenschaft*, Jg. 30, 4/2005: 409–453.

SHWALB, David W./SHWALB, Barbara J./SUKEMUNE, Seisoh/TATSUMOTO, Shin. 1992. „Japanese Nonmaternal Child Care: Past, Present, and Future", in: Michael E. Lamb/Kathleen J. Sternberg/C.-P. Hwang/A. G. Broberg (Hrsg.), *Child Care in Context. Cross-Cultural Perspectives*, Hilldale, N. J.: Erlbaum, S. 331–353.

SCHWARZ, Karl. 1999. „Rückblick auf eine demographische Revolution. Überleben und Sterben, Kinderzahl, Verheiratung, Haushalte und Familien, Bildungsstand und Erwerbstätigkeit der Bevölkerung in Deutschland im 20. Jahrhundert im Spiegel der Bevölkerungsstatistik", in: *Zeitschrift für Bevölkerungswissenschaft*, 24 (3): 229–279.

SCHWARZ, Karl. 2000. „Aufforderung an die Demographen zum Einstieg in die Bevölkerungspolitik", in: *Zeitschrift für Bevölkerungswissenschaft*, Jg. 25, 3–4/ 2000: 431–440.

SCHWARZ, Karl. 2001. „Bericht 2000 über die demographische Lage in Deutschland", in: *Zeitschrift für Bevölkerungswissenschaft*, Jg. 26, 1/2001: 3–54.

SEELEIB-KAISER, Martin. 2001. *Globalisierung und Sozialpolitik. Ein Vergleich der Diskurse und Wohlfahrtssysteme in Deutschland, Japan und den USA*, Frankfurt a. M./New York: Campus Verlag.

SLUPIK, Vera. 1984. *Die Bedeutung des Kindergeldrechts als Instrument von Bevölkerungspolitik. Eine explorative Untersuchung*, Occasional Paper 11, Berlin: Freie Universität Berlin.

SOMMER, Monika M. 1999. „Leitmotiv Überalterung. Arbeits- und Sozialpolitik in Japan", in: Manfred Pohl (Hrsg.), *Japan 1998/99 – Politik und Wirtschaft*, Hamburg: Institut für Asienkunde, S. 209–226.

SONNABEND, Lisa. 2007. „Die traditionelle Familie stirbt aus", *Spiegel Online*, Ausgabe 28.11.2007, http://www.spiegel.de/politik/deutschland/0,1518, 520186,00. html (letzter Zugriff 13.01.2008).

SPD UND BÜNDNIS 90/DIE GRÜNEN. 1998. *Aufbruch und Erneuerung. Deutschlands Weg ins 21. Jahrhundert*, Koalitionsvereinbarung zwischen der Sozialdemokratischen Partei Deutschlands und Bündnis 90/Die Grünen vom 20. Oktober 1998, Bonn, http://www.boell.de/downloads/stiftung/1998_Koalitionsvertrag.pdf (letzter Zugriff 18.03.2010).

SPEIGNER, Wulfram. 1986. „Zur Verschiebung der Altersstruktur in der DDR. Ursachen, Verlauf, Auswirkungen", in: Wissenschaftlicher Rat für Sozialpolitik und Demografie (Hrsg.), *Protokolle und Informationen*, II. Internationales Demographie-Seminar, 28. bis 30. Oktober in Linosee bei Rheinsberg, 2/1986, Berlin, S. 6–21.

SPENGLER, Oswald. 1923. *Der Untergang des Abendlandes*, München: C. H. Beck.

SPIEGEL ONLINE [ohne Verfasser]. „China – Abschied von der Ein-Kind-Politik", *Spiegel Online*, Ausgabe 05.07.2007, http://www.spiegel.de/politik/ausland/ 0,1518,492494,00.html (letzter Zugriff 28.03.2010).

SPIESS, Katharina C./WROHLICH, Katharina. 2005. „Kindertageseinrichtungen. Bedarf und nachhaltige Finanzierung", in: *Aus Politik und Zeitgeschichte*, 23–24/ 2005: 30–37.

STATISTISCHE ÄMTER DES BUNDES UND DER LÄNDER (Hrsg.). 2007. „Bevölkerungs- und Haushaltsentwicklung im Bund und in den Ländern", in: *Demografischer Wandel in Deutschland*, Heft 1, Wiesbaden.

STATISTISCHES BUNDESAMT (Hrsg.). 2006. *Bevölkerung Deutschlands bis 2050– 11. koordinierte Bevölkerungsvorausberechnung*, Wiesbaden.

STATISTISCHES BUNDESAMT (Hrsg.). 2007. *Geburten in Deutschland*, Wiesbaden.

STATISTISCHES BUNDESAMT (Hrsg.). 2008a. *Datenreport 2008. Ein Sozialbericht für die Bundesrepublik Deutschland*, Bonn: Bundeszentrale für politische Bildung.

STATISTISCHES BUNDESAMT (Hrsg.). 2008b. „Familienland Deutschland. Ergänzende Tabellen zur Pressekonferenz am 22. Juli 2008 in Berlin", http:// www.destatis.de/jetspeed/portal/cms/Sites/destatis/Internet/DE/Presse/pk/ 2008/Familienland/Tabellenanhang__pdf,property=file.pdf (letzter Zugriff 12.11.2008).

STATISTISCHES BUNDESAMT (Hrsg.). 2009a. *Statistisches Jahrbuch für die Bundesrepublik Deutschland 2009*, Wiesbaden.

STATISTISCHES BUNDESAMT (Hrsg.). 2009b. *Zusammenfassende Übersichten. 1 Eheschließungen, Geborene und Gestorbene. 1.6 Neue Länder und Berlin Ost*, Wiesbaden.

STEINHOFF, Patricia G. 1994. „A Cultural Approach to the Family in Japan and the United States", in: L.-J. Cho and M. Yada (Hrsg.), *Tradition and Change in the Asian Family*, Honolulu: East West Center, S. 29–44.

STEINMANN, Gunter. 2007. *Kindermangel in Deutschland. Bevölkerungsökonomische Analysen und familienpolitische Lösungen*, Frankfurt a. M. [u.a.]: Peter Lang Verlagsgruppe.

STESLICKE, William. 1998. www-nichibei.org/je/steslicke.html (letzter Zugriff 02.10.2003).

STIEGLER, Barbara/OERDER, Katharina. 2007. *Taschengeld für Mutter oder Krippenplatz fürs Kind. Eine Genderanalyse zum Betreuungsgeld*, WISO direkt, 12/2007, Bonn: Abteilung Wirtschafts- und Sozialpolitik der Friedrich-Ebert-Stiftung.

SUZUKI, Kazue. 1995. „Women Rebuff the Call for More Babies", in: *Japan Quarterly*, 42 (1): 14–20.

TACHI, Minoru. 1943. *Jinkō mondai setsuwa* [Geschichte der Bevölkerungsproblematik], Tōkyō: Han'yōsha.

TALCOTT, Paul. 2002. „The Politics of Japan's Long-Term Care Insurance System", in: Harald Conrad/Ralph Lützeler (Hrsg.), *Aging and Social Policy: A German-Japanese Comparison (Monographien aus dem Deutschen Institut für Japanstudien, Bd. 26)*, München: Iudicium, S. 89–121.

TANAKA, Hiroshi. 1995. *Zainichi gaikokujin: hō no kabe, kokoro no mizo* [Ausländer in Japan: Die Mauer des Gesetzes, der Graben des Herzens], Tōkyō: Iwanami Shoten.

TERASAWA, Katsuko. 2000. „Labor Law, Civil Law, Immigration Law and the Reality of Migrants and their Children", in: Mike Douglass, Glenda S. Roberts (Hrsg.), *Japan and Global Migration. Foreign Workers and the Advent of a Multicultural Society*, London/New York: Routledge, S. 219–243.

THANG, Leng Leng. 2002. „Touching of the Hearts. An Overview of Programmes to Promote Interaction between the Generations in Japan", in: Roger Goodman (Hrsg.), *Family and Social Policy in Japan. Anthropological Approaches*, Cambridge: Cambridge University Press, S. 156–176.

THE JAPAN TIMES ONLINE [ohne Verfasser]. 2008. „Refugees in Japan", Ausgabe 12.10.2008, http://search.japantimes.co.jp/cgi-bin/ed20081012a2.html (letzter Zugriff 24.01.2009).

THRÄNHARDT, Dietrich. 2006. „Internationalisierung ohne Einwanderung: Der japanische Weg", in: Verena Blechinger-Talcott/Christiane Frantz/Mark Thompson (Hrsg.), *Politik in Japan*, Frankfurt a. M.: Campus Verlag, S. 251–268.

TIPTON, Elise K. 1995. „Birth Control and the Population Problem in Prewar and Wartime Japan", in: Vera Mackie (Hrsg.), *Feminism and the State in Modern Japan*, Melbourne: Japanese Studies Centre, S. 41–48.

TOYNBEE, Arnold J. 1961. *Der Gang der Weltgeschichte*, 2 Bände (Kurzfassung), Zürich [u.a.]: Europa Verlag.

TRAPPE, Heike. 1995. *Emanzipation oder Zwang? Frauen in der DDR zwischen Beruf, Familie und Sozialpolitik*, Berlin: Akademie Verlag.

343

TREMMEL, Jörg. 2005. „Instrumente zur ethischen Beurteilung finanzieller Steuerungsmechanismen im Rahmen antinatalistischer Geburtenpolitiken. Die Vier-Fünftel-Regel in der Diskussion", in: *Zeitschrift für Bevölkerungswissenschaft*, Jg. 30, 4/2005: 455–482.

UENO, Chizuko. 1998. „The Declining Birthrate. Whose Problem?", in: *Review of Population and Social Policy*, Nr. 7: 103–128.

UENO, Chizuko. 2003. www.nichibei.org/je/editorial.html#WELFARE (letzter Zugriff 02.10.2003).

ULRICH, Ralf. 2001. „Bevölkerungspolitik", in: *Geographische Rundschau*, Jg. 53, 2/ 2001: 51–54.

UNITED NATIONS. 1956. „The Aging of Population and its Economic and Social Implication", in: *Population Studies*, Nr. 26, New York.

UNITED NATIONS (Hrsg.). 1958. *The Future World of World Population*, New York: United Nations.

UNITED NATIONS (Hrsg.). 1997. *The Sex and Age Distribution of World Population. 1996*, New York: United Nations.

UNITED NATIONS (Hrsg.). 2000. *Convention on the Elimination of all Forms of Discrimination Against Women*, Division for the Advancement of Women, Department of Economic and Social Affairs, New York: United Nations.

UNITED NATIONS. 2002. *National Population Policies 2001*, New York: United Nations.

UNITED NATIONS, DEPARTMENT OF ECONOMIC AND SOCIAL AFFAIRS, POPULATION DIVISION (Hrsg.). 2001. *Replacement Migration: Is It a Solution to Declining and Ageing Populations?*, New York: United Nations.

VEIL, Mechthild. 2003. „Kinderbetreuungskultur in Europa. Schweden, Frankreich, Deutschland", in: *Aus Politik und Zeitgeschichte*, 44/2003: 12–22.

VOEGELI, Wolfgang (Hrsg.). 2001. *Nationalsozialistische Familienpolitik zwischen Ideologie und Durchsetzung*, Hamburg: Mauke.

VOEGELI, Wolfgang/WILLENBACHER, Barbara. 2001. „Das realisierte System der familienpolitischen Leistungen im Nationalsozialismus", in: Wolfgang Voegeli (Hrsg.), *Nationalsozialistische Familienpolitik zwischen Ideologie und Durchsetzung*, Hamburg: Mauke, S. 17–47.

VOGT, Gabriele. 2007. „Japans neue Migrationspolitik", in: ZAR (Zeitschrift für Ausländerrecht und Ausländerpolitik), Jg. 27, 7/2007: 238–243.

VOM LEHN, Brigitta. 2007. „Akademiker wollen weniger Kinder", *Welt Online*, Ausgabe 10.12.2007, http://www.welt.de/wissenschaft/article1447332/Akademiker_wollen_weniger_Kinder.html (letzter Zugriff 13.01.2008).

WALKE, Anja. 2003. „Arbeitsmarkt und Beschäftigung im Zeichen des demografischen Wandels. Wie sich Japan auf die Alterung und Entvölkerung vorbereitet. Teil 1: Herausforderungen an die Politik", in: *Japan aktuell – Wirtschaft, Politik, Gesellschaft*, Heft 5: 441–451.

WALLA, Wolfgang/EGGEN, Bernd/LIPINSKI, Heike. 2006. *Der demographische Wandel. Herausforderungen für Politik und Wirtschaft*, Stuttgart: Kohlhammer.

WALTHER, Kathrin/SCHAEFFER-HEGEL, Barbara. 2006. „Karriere mit Kindern?!", in: *Aus Politik und Zeitgeschichte*, 7/2007: 15–20.

WEBER, Claudia. 1995. „Frauen in Japan. Zwischen Tradition und Moderne", in: Manfred Pohl/Hans-Jürgen Mayer (Hrsg.), *Länderbericht Japan. Geographie, Geschichte, Politik, Wirtschaft, Gesellschaft, Kultur*, Bonn: Bundeszentrale für politische Bildung, S. 421–429.

WELFARE LAWS AND REGULATIONS STUDY GROUP (KŌSEI HŌKI KEN-KYŪKAI). 2000. *Zoku: kō naru shin-fukushi seisaku* [Fortsetzung: Die neue Wohlfahrtspolitik], Tōkyō: Taisei Shuppansha.

WELFARE POLICY STUDY GROUP (FUKUSHI SEISAKU KENKYŪKAI). 1996. *Kō naru shin-fukushi seisaku: „shin-gōrudo puran", „enzeru puran" no yōten kaisetsu* [Die neue Wohlfahrtspolitik: Eine Erläuterung des New Gold-Plans und des New Angel-Plans], Tōkyō: Taisei-Shuppansha.

WILKOSZEWSKI, Harald. 2004. „Einfluss auf die Bevölkerungsalterung im Mittelpunkt", in: *Demografische Forschung aus erster Hand*, Jg. 1, Nr. 2: 3.

WINGEN, Max. 1993. *Vierzig Jahre Familienpolitik in Deutschland – Momentaufnahmen und Entwicklungslinien*, Grafschaft bei Bonn: Vektor-Verlag.

WINGEN, Max. 1997. *Familienpolitik: Grundlagen und aktuelle Probleme*, Bonn: Bundeszentrale für politische Bildung.

WINGEN, Max. 2002. „Ein erneutes Plädoyer für eine bevölkerungsbewusste Familienpolitik", in: *Zeitschrift für Bevölkerungswissenschaft*, Jg. 27, 1/2002: 69–85.

WINGEN, Max. 2003. *Bevölkerungsbewusste Familienpolitik: Grundlagen, Möglichkeiten und Grenzen*, Wien: IEF.

YASHIRO, Naohiro. 1996. „The Economics of Marriage", in: *Japan Echo*, Jg. 23, Sonderausgabe („The Greying Society"): 22–28.

YOSHIDA, Kiyohisa. 2006. „*Shōshika*" *tomeru itsutsu no kyokuron* [Fünf radikale Thesen, um den Geburtenrückgang zu stoppen], *Yomiuri Weekly*, 25.06.2006, http://www.yomiuri.co.jp/atmoney/yw/yw06062501.htm (letzter Zugriff 21.10.2010).

YOSHIZUMI, Kyōko. 1995. „Marriage and Family: Past and Present", in: Kumiko Fujimura-Fanselow/Atsuko Kameda (Hrsg.), *Japanese Women: New Feminist Perspectives on the Past, Present, and Future*, New York: The Feminist Press, S. 183–197.

ZINTERER, Tanja. 2004. *Politikwandel durch Politikberatung? Die kanadische Royal Commission on Aboriginal Peoples und die Unabhängige Kommission „Zuwanderung" im Vergleich*, Wiesbaden: VS Verlag für Sozialwissenschaften.

Internetangaben

http://japaninfo.at/news/japan-aktuell_344-meilenstein-der-rechtssprechung (letzter Zugriff 19.01.2009)

http://www.destatis.de/basis/d/bevoe/bevoetab2.php. (letzter Zugriff 25.05.2005)

http://www.familie-ist-zukunft.de/seite/?p=144 (letzter Zugriff 18.09.2010)

http://www.faz.net/artikel/C30923/schwarz-rot-einigt-sich-ein-systemwechsel-in-der-familienpolitik-30020240.html (letzter Zugriff 27.08.2011)

http://www.gender-mainstreaming.net/gm/Wissensnetz/was-ist-gm,did=13986.html (letzter Zugriff 24.06.2010)

http://www.gesetze-im-internet.de/it-argv/index.html (letzter Zugriff 14.10.2007)

http://www.herwig-birg.de/downloads/simrechnung/daten/Schaubilder-1.pdf
(letzter Zugriff 12.09.2009)
http://www.migration-online.de/migstat/view._aWQ9MjQz_.html
(letzter Zugriff 24.09.2009)
http://www.mofa.go.jp/j_info/visit/visa/03.html#categories
(letzter Zugriff 22.01.2009)

ZEITUNGEN

THE ASAHI SHIMBUN. 2005. „Population drop may have already started", Ausgabe 17.12.2005, Tōkyō.
SÜDDEUTSCHE ZEITUNG. 1979. „Schmidt warnt vor Katastrophenstimmung
wegen Geburtenrückgangs", Ausgabe 03.08.1979, München.

INTERVIEWS

Interview mit Makoto Atoh, 07.11.2005, Rega Royal Hotel, Campus der Waseda
Universität, Tōkyō; im Anhang.

MONOGRAPHIEN AUS DEM
DEUTSCHEN INSTITUT FÜR JAPANSTUDIEN

Bd. 1:   Harumi Befu, Josef Kreiner (Eds.): *Othernesses of Japan. Historical and Cultural Influences on Japanese Studies in Ten Countries.* 1992, ²1995 ISBN 978-3-89129-481-9 342 S., kt.

Bd. 2:   Erich Pauer (Hg.): *Technologietransfer Deutschland – Japan von 1850 bis zur Gegenwart.* 1992 ISBN 978-3-89129-482-6 330 S., geb.

Bd. 3:   Shigeyoshi Tokunaga, Norbert Altmann, Helmut Demes (Eds.): *New Impacts on Industrial Relations – Internationalization and Changing Production Strategies.* 1992 ISBN 978-3-89129-483-3 492 S., geb.

Bd. 4:   Roy Andrew Miller: *Die japanische Sprache. Geschichte und Struktur.* Aus dem überarbeiteten englischen Original übersetzt von Jürgen Stalph *et al.* 1993 ISBN 978-3-89129-484-0 XXVI, 497 S., 24 Tafeln, geb.

Bd. 5:   Heinrich Menkhaus (Hg.): *Das Japanische im japanischen Recht.* 1994 ISBN 978-3-89129-485-7 XVI, 575 S., geb.

Bd. 6:   Josef Kreiner (Ed.): *European Studies on Ainu Language and Culture.* 1993 ISBN 978-3-89129-486-4 324 S., geb.

Bd. 7:   Hans Dieter Ölschleger, Helmut Demes, Heinrich Menkhaus, Ulrich Möhwald, Annelie Ortmanns, Bettina Post-Kobayashi: *Individualität und Egalität im gegenwärtigen Japan. Untersuchungen zu Wertemustern in bezug auf Familie und Arbeitswelt.* 1994 ISBN 978-3-89129-487-1 472 S., geb.

Bd. 8:   Gerhard Krebs, Bernd Martin (Hg.): *Formierung und Fall der Achse Berlin-Tōkyō.* 1994 ISBN 978-3-89129-488-8 256 S., geb.

Bd. 9:   Helmut Demes, Walter Georg (Hg.): *Gelernte Karriere. Bildung und Berufsverlauf in Japan.* 1994 ISBN 978-3-89129-489-5 521 S., geb.

Bd. 10: Josef Kreiner (Ed.): *Japan in Global Context. Papers presented on the Occasion of the Fifth Anniversary of the German Institute for Japanese Studies, Tōkyō.* 1994 ISBN 978-3-89129-490-1 123 S., geb.

Bd. 11: Josef Kreiner (Ed.): *The Impact of Traditional Thought on Present-Day Japan.* 1996 ISBN 978-3-89129-491-8 236 S., geb.

Bd. 12:   Josef Kreiner, Hans Dieter Ölschleger (Eds.): *Japanese Culture and Society. Models of Interpretation.*
1996   ISBN 978-3-89129-492-5   361 S., geb.

Bd. 13:   Josef Kreiner (Ed.): *Sources of Ryūkyūan History and Culture in European Collections.*
1996   ISBN 978-3-89129-493-2   396 S., geb.

Bd. 14:   Aoki Tamotsu: *Der Japandiskurs im historischen Wandel. Zur Kultur und Identität einer Nation.* Aus dem japanischen Original übersetzt von Stephan Biedermann, Robert Horres, Marc Löhr, Annette Schad-Seifert.
1996   ISBN 978-3-89129-494-9   140 S., geb.

Bd. 15:   Edzard Janssen, Ulrich Möhwald, Hans Dieter Ölschleger (Hg.): *Gesellschaften im Umbruch? Aspekte des Wertewandels in Deutschland, Japan und Osteuropa.*
1996   ISBN 978-3-89129-495-6   272 S., geb.

Bd. 16:   Robert Horres: *Raumfahrtmanagement in Japan. Spitzentechnologie zwischen Markt und Politik.*
1996   ISBN 978-3-89129-496-3   267 S., geb.

Bd. 17/1:   Shūzō Kure: *Philipp Franz von Siebold. Leben und Werk.* Deutsche, wesentlich vermehrte und ergänzte Ausgabe, bearbeitet von Friedrich M. Trautz. Herausgegeben von Hartmut Walravens.
1996   ISBN 978-3-89129-497-0   LXVI, 800 S., geb.

Bd. 17/2:   Shūzō Kure: *Philipp Franz von Siebold. Leben und Werk.* Deutsche, wesentlich vermehrte und ergänzte Ausgabe, bearbeitet von Friedrich M. Trautz. Herausgegeben von Hartmut Walravens.
1996   ISBN 978-3-89129-497-0   XXX, 899 S., geb.

Bd. 18:   Günther Distelrath: *Die japanische Produktionsweise. Zur wissenschaftlichen Genese einer stereotypen Sicht der japanischen Wirtschaft.*
1996   ISBN 978-3-89129-498-7   253 S., geb.

Bd. 19:   Gerhard Krebs, Christian Oberländer (Eds.): *1945 in Europe and Asia – Reconsidering the End of World War II and the Change of the World Order.*
1997   ISBN 978-3-89129-499-4   410 S., geb.

Bd. 20:   Hilaria Gössmann (Hg.): *Das Bild der Familie in den japanischen Medien.*
1998   ISBN 978-3-89129-500-7   338 S., geb.

Bd. 21:   Franz Waldenberger: *Organisation und Evolution arbeitsteiliger Systeme – Erkenntnisse aus der japanischen Wirtschaftsentwicklung.*
1999   ISBN 978-3-89129-501-4   226 S., geb.

Bd. 22:   Harald Fuess (Ed.): *The Japanese Empire in East Asia and Its Postwar Legacy.*
1998   ISBN 978-3-89129-502-1   253 S., geb.

Bd. 23:   Matthias Koch: *Rüstungskonversion in Japan nach dem Zweiten Weltkrieg. Von der Kriegswirtschaft zu einer Weltwirtschaftsmacht.*
1998   ISBN 978-3-89129-503-8   449 S., geb.

Bd. 24: Verena Blechinger, Jochen Legewie (Eds.): *Facing Asia – Japan's Role in the Political and Economical Dynamism of Regional Cooperation.* 2000 ISBN 978-3-89129-506-9 328 S., geb.

Bd. 25: Irmela Hijiya-Kirschnereit (Hg.): *Forschen und Fördern im Zeichen des Ginkgo. Zehn Jahre Deutsches Institut für Japanstudien.* 1999 ISBN 978-3-89129-505-2 270 S., geb.

Bd. 26: Harald Conrad, Ralph Lützeler (Eds.): *Aging and Social Policy. A German-Japanese Comparison.* 2002 ISBN 978-3-89129-840-4 353 S., geb.

Bd. 27: Junko Ando: *Die Entstehung der Meiji-Verfassung. Zur Rolle des deutschen Konstitutionalismus im modernen japanischen Staatswesen.* 2000 ISBN 978-3-89129-508-3 273 S., geb.

Bd. 28: Irmela Hijiya-Kirschnereit (Hg.): *Eine gewisse Farbe der Fremdheit. Aspekte des Übersetzens Japanisch-Deutsch-Japanisch.* 2001 ISBN 978-3-89129-509-0 316 S., geb.

Bd. 29: Peter J. Hartmann: *Konsumgenossenschaften in Japan: Alternative oder Spiegelbild der Gesellschaft?* 2003 ISBN 978-3-89129-507-6 628 S., geb.

Bd. 30: Silke Vogt: *Neue Wege der Stadtplanung in Japan. Partizipationsansätze auf der Mikroebene, dargestellt anhand ausgewählter* machizukuri-*Projekte in T kyō.* 2001 ISBN 978-3-89129-841-1 312 S., geb.

Bd. 31: Birgit Poniatowski: *Infrastrukturpolitik in Japan. Politische Entscheidungsfindung zwischen regionalen, sektoralen und gesamtstaatlichen Interessen.* 2001 ISBN 978-3-89129-842-8 417 S., geb.

Bd. 32: Gerhard Krebs (Hg.): *Japan und Preußen.* 2002 ISBN 978-3-89129-843-5 356 S., geb.

Bd. 33: René Haak, Hanns Günther Hilpert (Eds.): *Focus China – The New Challenge for Japanese Management.* 2003 ISBN 978-3-89129-844-2 223 S., geb.

Bd. 34: Iwo Amelung, Matthias Koch, Joachim Kurtz, Eun-Jung Lee, Sven Saaler (Hg.): *Selbstbehauptungsdiskurse in Asien: China – Japan – Korea.* 2003 ISBN 978-3-89129-845-9 438 S., geb.

Bd. 35: Andrea Germer: *Historische Frauenforschung in Japan. Die Rekonstruktion der Vergangenheit in Takamure Itsues „Geschichte der Frau"* (Josei no rekishi). 2003 ISBN 978-3-89129-504-5 425 S., geb.

Bd. 36: Isa Ducke, Sven Saaler (Hg.): *Japan und Korea auf dem Weg in eine gemeinsame Zukunft: Aufgaben und Perspektiven.* 2003 ISBN 978-3-89129-846-6 232 S., geb.

Bd. 38:   René Haak, Dennis S. Tachiki (Eds.): *Regional Strategies in a Global Economy. Multinational Corporations in East Asia.*
2004   ISBN 978-3-89129-848-0   294 S., geb.

Bd. 39:   Sven Saaler: *Politics, Memory and Public Opinion. The History Textbook Controversy and Japanese Society.*
2005, ^{2}2006   ISBN 978-3-89129-850-3   202 S., kt.

Bd. 40:   Matthias Koch, Sebastian Conrad (Hg.): *Johannes Justus Rein. Briefe eines deutschen Geographen aus Japan 1873–1875.*
2006   ISBN 978-3-89129-851-0   423 S., geb.

Bd. 41:   Anja Osiander: *Der Fall Minamata – Bürgerrechte und Obrigkeit in Japan nach 1945.*
2007   ISBN 978-3-89129-852-7   388 S., geb.

Bd. 42:   Ralph Lützeler: *Ungleichheit in der* global city *Tōkyō. Aktuelle sozialräumliche Entwicklungen im Spannungsfeld von Globalisierung und lokalen Sonderbedingungen.*
2008   ISBN 978-3-89129-853-4   467 S., geb.

Bd. 43:   Patrick Heinrich, Yuko Sugita (Eds.): *Japanese as Foreign Language in the Age of Globalization.*
2008   ISBN 978-3-89129-854-1   266 S., geb.

Bd. 44:   Hiromi Tanaka-Naji: *Japanische Frauennetzwerke und Geschlechterpolitik im Zeitalter der Globalisierung.*
2008   ISBN 978-3-89129-855-8   580 S., geb.

Bd. 45:   Carola Hommerich: *„Freeter" und „Generation Praktikum" – Arbeitswerte im Wandel? Ein deutsch-japanischer Vergleich.*
2009   ISBN 978-3-89129-856-3   289 S., geb.

Bd. 46:   Gerhard Krebs: *Japan im Pazifischen Krieg. Herrschaftssystem, politische Willensbildung und Friedenssuche.*
2010   ISBN 978-3-89129-010-1   932 S., geb.

Bd. 47:   Susanne Brucksch: *Ungleiche Partner, gleiche Interessen? Kooperationen zwischen Unternehmen und zivilgesellschaftlichen Umweltorganisationen in Japan.*
2011   ISBN 978-3-86205-035-2   332 S., geb.

Bd. 48:   Barbara Geilhorn: *Weibliche Spielräume. Frauen im japanischen Nō- und Kyōgen-Theater.*
2011   ISBN 978-3-86205-036-9   258 S., geb.

Bd. 49:   Holger Rockmann: *Demografischer Wandel in Japan und Deutschland. Bevölkerungspolitischer Paradigmenwechsel in der Familienpolitik.*
2011   ISBN 978-3-86205-037-6   350 S., geb.